GERSTENBERG VERLAG

50 Klassiker

ARCHITEKTUR

VOR 1900

Vom Parthenon zum Eiffelturm

dargestellt von Rolf H. JOHANNSEN

Die Sprache der Architektur

Die bildenden Künste, Architektur, Malerei und Skulptur, sprechen eine gemeinsame Sprache, mit der sie auf den Betrachter zugehen, auf ihn wirken, ihn manipulieren und für ihre Ziele einzunehmen versuchen. Wie jede Sprache ist auch die der Künste Veränderungen unterworfen. Die Ursachen für diese Veränderungen liegen in der Entwicklung der Kunst selbst, vor allem aber im Aufkommen neuer Ideen und in Umwälzungen im politischen, religiösen oder gesellschaftlichen Bereich begründet. Sichtbarster Ausdruck des Wandels ist der Stil, mit dem an den großen Epochenumbrüchen von Antike, Mittelalter und Neuzeit die Herausbildung neuer Themen einhergeht. Zentral in der Architektur der Antike steht das »Haus des Gottes«, der Tempel. Das alles beherrschende Thema des Mittelalters ist das »Haus der zum Gottesdienst versammelten Gemeinde«, die Kirche. Allein vom Kirchenbau gingen Neuerungen und die stilistische Entwicklung aus. Dies änderte sich mit Beginn der Neuzeit, die das »Haus des (privilegierten) Menschen«, sei es als Schloss, Stadtpalast oder Villa, zu ihrem ureigenen Thema machte. Neue, bis dahin unbekannte Bauaufgaben brachte die Industrialisierung im 19. Jahrhundert hervor. Gleichzeitig stellte sie die Materialien – Glas, Eisen und Eisenbeton – zu ihrer Bewältigung zur Verfügung. Bauten der Warenproduktion, des Vertriebs und Verkehrs treten an die Stelle von Tempel, Kirche und Schloss.

■ Der Architekt der St. Paul's Cathedral Sir Christopher Wren. In der Hand hält Wren den Grundriss von St. Paul's.

Architektur ist die am stärksten auf die Öffentlichkeit wirkende der bildenden Künste. Ihr können wir nicht ausweichen. Mit Architektur erreicht man die Massen, was sie zu einem wirksamen Propagandamittel macht. Dies haben die Mächtigen, aber auch ihre Widersacher zu allen Zeiten gewusst und damit »Baupolitik« betrieben. Bis heute dient Bauen der Stiftung von Identität, der Legitimation von Herrschaft und der Demonstration von Macht. Architektur wird zum Symbol und Manifest. Neben dem graduellen Unterschied in Bezug auf ihre Wirkung besteht zwischen Malerei und Skulptur auf der einen und Architektur auf der anderen Seite

eine weitere, grundlegende Differenz. Architektur, von der einfachen Hütte bis zum Wolkenkratzer, ist für das physische Überleben des Menschen in den meisten Regionen der Erde existenziell notwendig. Die Entwicklung hat dazu geführt, dass unsere Lebenswelt nicht mehr die Natur, sondern die gebaute Umwelt ist. Doch anders als der von der Natur abhängige Mensch verstehen wir kaum noch die Sprache unserer Umgebung. Warum ließ Karl der Große Säulen aus Ravenna nach Aachen bringen und in seine Pfalzkapelle einbauen, und warum verschleppte Napoleon diese Säulen tausend Jahre später nach Paris? Warum wurde dem Londoner Tower ein Bau aus der Normandie als Vorbild zugrunde gelegt? Was bedeutet es, wenn der Hauptsitz einer Bank oder ein staatlicher Verwaltungsbau des 19. Jahrhunderts sich des architektonischen »Vokabulars« des italienischen Renaissancepalastes oder der »Grammatik« des Barockschlosses bedient? Wie sind überhaupt die Entstehungsbedingungen von Architektur? Wie wirkten Bauherren, Auftraggeber, Architekten und Ingenieure auf das, was schließlich entstand? Fragen, auf die dieser Band anhand von fünfzig Beispielen Antworten gibt.

■ Blick vom Petersplatz auf den Petersdom. Dieser größte je errichtete christliche Sakralbau entstand von 1506 bis 1614 unter der Leitung so berühmter Architekten wie Bramante, Michelangelo und Bernini.

Annähernd zweieinhalbtausend Jahre europäischer Architektur bis zum Ende des 19. Jahrhunderts werden von diesem Buch durchschritten. Parthenon und Eiffelturm – der Tempel, der als nie wieder erreichter Höhepunkt einer Entwicklung dasteht, und das in eine neue Zeit weisende Monument aus Eisen – stecken die Spannbreite ab. Viele der vorgestellten Bauten sind ins kollektive Gedächtnis eingegangen und doch für Überraschungen gut. Andere sind eher unbekannt. Ihre Entdeckung lohnt. Die Sprache der historischen Architektur ist nicht tot. Über alle Brüche und Umwälzungen hinweg leben »Vokabular« und »Grammatik« der alten Baukunst bis in die heutige Architektur fort.

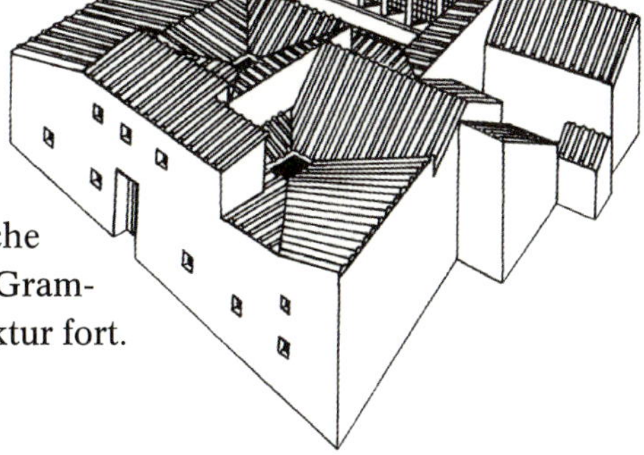

■ Das Haus der Vettier in Pompeji

Parthenon

Athen, Akropolis (447–432 v. Chr.) · Konzeption und Durchführung: Perikles, Iktinos und Phidias

Noch heute gilt der griechische Tempel als Höhepunkt aller Architektur. In der Neuzeit wurde er zum Synonym für europäische Kultur schlechthin. Seine Wurzeln liegen in der Zeit um 600 v. Chr., als die Griechen dazu übergingen, ihre Tempel nicht mehr aus Holz und Lehm, sondern aus Stein zu errichten. Mit dem Athener Parthenon, anderthalb Jahrhunderte später, fand der griechische Tempel seine klassische Ausprägung. Als er in der zweiten Hälfte des 18. Jahrhunderts wieder entdeckt, aufgemessen und die wissenschaftlichen Ergebnisse publiziert waren, verdrängte der Parthenon und mit ihm die griechische Architektur die bis dahin sakrosankten römischen Vorbilder. Hiervon zeugen das englische Greek Revival wie auch der kontinentale Klassizismus. Doch wirklich verstanden wurde der Parthenon noch lange nicht. Sein wahres Geheimnis ist nicht das Proportionssystem, das den Bau vom Größten bis zum Kleinsten durchzieht und mit einer einfachen mathematischen Formel zu fassen ist, sondern die Kurvatur, die sich im Zentimeterbereich abspielenden Abweichungen der einzelnen Bauglieder aus der Horizontalen und Vertikalen.

■ Der Parthenon-Tempel auf der Athener Akropolis

Der Aufstieg Athens zur Großmacht begann mit der vernichtenden Niederlage der bis dahin unbesiegten Perser in der Schlacht von Marathon 490 v. Chr. Zehn Jahre später wendete sich das Kriegsglück wieder. Aus der Schlacht bei den Thermopylen in Mittelgriechenland gingen die Perser als Sieger hervor und bedrohten nun Athen, wo man sich auf zwei delphische Orakel aus der Zeit nach Marathon besann. Herodot hat sie überliefert. Das erste besagt in seltener Deutlichkeit, dass Athen zerstört werde; das zweite, äußerst vage, dass die Perser nicht auf dem Land besiegt werden könnten. Die Orakel sollten Recht behalten. Die Perser plünderten und zerstörten Athen und die Akropolis, wurden aber in der Seeschlacht bei der Insel Salamis geschlagen. Wie zahlreiche andere griechische Heiligtümer sollte auch die Athener Akropolis, so hatten die griechischen Städte nach der letzten großen Schlacht gegen die Perser 479 v. Chr. bei Platää geschworen, nicht wieder aufgebaut werden. Lange Bestand hatte der Eid nicht. Zu stark war der Wunsch der Athener, ihrer Vormachtstellung, die sie durch die Gründung eines Schutzbündnisses gegen die Perser, den Attischen Seebund, noch gefestigt hatten, auch architektonisch Ausdruck zu verleihen. Zum Sinnbild und Inbegriff der neuen Großmacht Athen sollte der Tempel auf der Akropolis werden, den man der jungfräulichen Stadtgöttin, der Athena Parthenos, weihen wollte.

▪ Ansicht und Blick in den Tempel (Rekonstruktion). Zeichnung von Peter Connolly

Der Tempelneubau und die anderen Bauvorhaben auf der Akropolis – Propyläen, Erechtheion und Niketempel – waren nicht unumstritten. Athens Regierungsform war demokratisch, wenn auch nicht nach heutigen Maßstäben. Frauen, Männer ohne Bürgerrecht und Sklaven hatten kein Mitspracherecht, und die kleine Gruppe der männlichen Vollbürger war sich alles andere als einig. Doch konnten sich die Befürworter des Tempelbaus um 450 v. Chr. durchsetzen. Ihnen zu Hilfe kam die wenige Jahre zuvor erfolgte Überführung der Kasse des Attischen Seebundes nach Athen, in die die Bündnispartner jährlich 460 Talente – circa elf Tonnen Silber – einzahlten. Nichts lag näher als der Griff in die Seebund-

WARNUNG VOR DEN PERSERN

An das Ende der Erde
flieh' aus der Heimat
Flieh vom hochragenden
Felsen der Stadt! …
Nichts bleibt verschont,
denn alles erliegt dem
verzehrenden Feuer …

Delphisches Orakel, überliefert von Herodot, Buch VII

■ Perikles, Phidias und die Kunstverständigen beraten über den Bau des Parthenon. Holzstich. Aus: Hermann Göll, *Die Künstler und Dichter des Altertums*, 1876

kasse zur Finanzierung der eigenen Bauvorhaben. Hinzu kamen eine relativ stabile politische Lage und ein herausragender Politiker und Redner, Perikles, der den Bau des Parthenon zu seiner Sache machte.

Wahrscheinlich war Perikles der Vorsitzende der Baukommission, eine Position, die ihm eine erhebliche Einflussnahme auf das Tempelprojekt sicherte. Ihm zur Seite standen der Architekt Iktinos und der Bildhauer Phidias, dem die Oberaufsicht übertragen wurde. Um sein Projekt verwirklichen zu können, ließ Perikles als Erstes einen bereits im Bau befindlichen Tempel, den so genannten Vor-Parthenon, abtragen. Damit wollte er die Erinnerung an Kimon, seinen 450 v. Chr. verstorbenen politischen Widersacher, aus der Adelspartei löschen, der mutmaßlicher Initiator dieses Neubaus war. Mit dem Wechsel der »Bauherren« ging ein Wandel des Konzepts einher. Vom stilistischen Standpunkt betrachtet, war es der Sprung von der Archaik in die Klassik. Mit dem Verhältnis seiner 6 Frontsäulen zu 16 Seitensäulen war der Vor-Parthenon noch archaisch lang und schmal proportioniert gewesen. Er hatte nichts von der Körperhaftigkeit des Baues, der ihn ersetzen sollte.

Mit dem Tempel der Athena Parthenos hatten sich die Athener das Ziel gesetzt, alles bis dahin Gewesene an Kostbarkeit zu übertreffen mit Marmor als Baumaterial sowie mit dem Skulpturenschmuck. Mit den Bauarbeiten wurde 447 v. Chr. begonnen. Der Parthenon entstand in der für damalige Verhältnisse unglaublich kurzen Bauzeit von 15 Jahren. Auf der Grundfläche des Tempels (Stylobat) von etwa 31 × 70 m erhebt sich die Ringhalle (Säulenhalle) mit 8 Säulen an den Fronten und 17 Säulen an den Langseiten, was dem klassischen Verhältnis von 1 : 2 (+1) entspricht. Die Säulen gehören der dorischen Ordnung an: Sie stehen ohne vermittelnde Basis direkt auf dem Stylobat. Der untere Durchmesser der Parthenonsäulen beträgt 1,90 m bei einer Höhe von knapp 10,50 m und einer Jochweite (Abstand

DAS PERIKLEISCHE ZEITALTER
war in politischer und kultureller Hinsicht die Glanzzeit Athens. Perikles (495–429 v. Chr.) war der bedeutendste Redner seiner Zeit. Ihm gelangen der Ausgleich mit Sparta und die Umformung des Seebundes zum Attischen Seereich. Der Bildhauer Phidias, der Tragiker Sophokles und der Geschichtsschreiber Herodot standen ihm nahe, doch war laut Thukydides Athen unter Perikles nur noch dem »Namen nach eine Demokratie, in Wirklichkeit aber die Herrschaft des ersten Mannes«.

von Säulenmittelachse zu Säulenmittelachse) von 4,30 m. Die Entasis (Schwellung der Säule) beträgt weniger als 2 cm. An den Ecken des Baus sind die Säulen absichtlich um 5 cm verstärkt und die Joche um etwa 60 cm verengt. Über den Säulen erheben sich ein 3,30 m hohes umlaufendes Gebälk und jeweils ein Giebeldreieck an den Fronten.

Bedingt durch die starke Verengung des Säulenabstandes (Kontraktion) an den Ecken, ist der Umgang um die beiden Räume des Parthenon ungewöhnlich schmal. Bei den Räumen handelt es sich um eine nach Westen gerichtete so genannte Rückhalle (Opisthodom) und einen weitaus größeren, nach Osten gerichteten Raum für das Kultbild der Göttin Athena Parthenos, die Cella.

Ebenso bedeutend wie die Architektur des Parthenon war der heute weitgehend abgenommene Skulpturenschmuck. Im Cellaraum stand das – verlorene – etwa 10 m hohe Goldelfenbeinbild der Athena, das zugleich Staatsschatz und Kultbild war. In den Bildfeldern des Gebälks (Metopen) waren mythische, auf Athen bezogene historische Schlachten dargestellt: der Kampf der olympischen Götter gegen die Giganten, die Kentaurenschlacht, der Kampf um Troja und wahrscheinlich die Schlacht bei Marathon. Der im oberen Bereich der Außenwand der Cella angebrachte, ursprünglich kaum sichtbare Fries zeigte den Festzug an den Panathenäen, dem Hauptfest der Stadt zu Ehren ihrer Göttin. Im West-

DIE KOSTEN

Die Baukosten für den Parthenon betrugen etwa 200 Talente (circa fünf Tonnen Silber). Den größten Posten machten dabei die Steinbruch- und Transportkosten aus. Verteilt auf 15 Jahre, dürfte der Tempelbau die Kasse des Attischen Seebundes mit jährlichen Einnahmen von 460 Talenten (circa elf Tonnen Silber) also nicht allzu sehr belastet haben. Für die Statue der Athena Parthenos, die zugleich Staatsschatz war, wurden 40 Goldtalente aufgewendet, was einer Goldrücklage von über einer Tonne im Gegenwert von 13 Tonnen Silber entsprach.

■ Idealtypische Rekonstruktion der Bebauung des 5. Jahrhunderts v. Chr. Blick von Osten auf den Parthenon, die Propyläen, das Erechtheion und die Kolossalstatue der Athena Promachos. Lithographie von Carl Votteler. Aus: *Album des Klassischen Altertums*, Gera 1891

■ Das 421 bis 406 v. Chr. errichtete, nach dem mythischen Urkönig Athens benannte Erechtheion auf der Athener Akropolis. In der Korenhalle rechts übernehmen weibliche Tragefiguren (Karyatiden) die Funktion der Säulen.

giebel war der Kampf zwischen Athena und Poseidon um das attische Land zu sehen und über dem Eingang zum Kultbildraum die Geburt der Athena aus dem Kopf ihres Vaters Zeus.

Den Grund- und damit auch den Aufriss des Parthenon legte Iktinos nicht in absoluten Maßen – Ellen oder Fuß –, sondern mithilfe eines Proportionssystems fest. Wie ein roter Faden zieht sich die Formel 1:2 (+1) durch den ganzen Bau. Mal vier genommen, also durch das Verhältnis von 4:9, bestimmt sie die Proportionen des Stylobats wie auch die des Cellarechtecks. Im Aufriss der Tempelfront, ohne Dachaufbau, findet sich mit 9:4 die Umkehrung des soeben beschriebenen Verhältnisses, woraus sich für die Tempelflanken zwangsläufig das Quadrat beider Verhältnisse (81:16) ergibt. Sind die Proportionsverhältnisse und die überstarke Eckkontraktion des Parthenon noch mit dem Auge nachzuvollziehen und zu rationalisieren, so fließt die Kurvatur des Baus unmerkbar in die Wahrnehmung ein. Der Stylobat des Parthenon von immerhin fast 31 × 70 m ist gewölbt. Er ist in der Mitte der Langseiten 11 cm und in der Mitte der Fronten 6 cm höher als an den Ecken. Über die Säulen, die um 7 cm, an den Ecken um 10 cm und darüber hinaus diagonal aus der Vertikalen zur Mitte geneigt sind, wird die Kurvatur bis ins Gebälk getragen. Der Bau gerät in Schwingung, wird zur körperhaften Architektur; keine mathematisch genaue Horizontale oder Vertikale findet sich an ihm, kaum ein rechter Winkel.

PARTHENON

DIE ATHENER AKROPOLIS

Funde weisen eine Besiedlung der Athener Akropolis bereits für die Jungsteinzeit nach. In mykenischer Zeit (1400–1200 v. Chr.) wurde auf ihr eine Burg errichtet, von der Reste erhalten sind (Pelasgermauer). Bereits zu dieser Zeit dürften die Hauptgötter Athens – Athena, Poseidon und Erechtheus – auf der Akropolis verehrt worden sein. In der Archaik (7. und 6. Jh. v. Chr.) entwickelte Athena sich zur bedeutendsten Gottheit. Der Alte Athenatempel wurde errichtet, und ab 566 v. Chr. begann man zu Ehren der Göttin die Panathenäen zu feiern. Weiter wurden ihr zahlreiche Mädchenstatuen (Koren) geweiht. Die Blütezeit der Athener Akropolis lag in der 2. Hälfte des 5. Jh. v. Chr. Unter der Ägide von Perikles wurden der Parthenon und die Propyläen errichtet und, zum Ende des Jahrhunderts hin, Erechtheion und Niketempel. Zahlreiche Statuen wurden aufgestellt, von denen die 7 m hohe Bronzestatue der Athena Promachos (»Vorkämpferin«) des Phidias die berühmteste war. Mit dem Niedergang Athens – 404 v. Chr. wird die Stadt von Sparta besetzt – endete die Großbautätigkeit auf der Akropolis. Schenkungen und Weihungen, besonders von Statuen, sind jedoch bis zum Ende des Römischen Reiches nachzuweisen. In byzantinischer Zeit, spätestens um 550, wurden die heidnischen Kulte auf der Akropolis eingestellt und Parthenon und Erechtheion in Kirchen umgeweiht. Athen sank endgültig zur Provinzstadt herab. Nach einem kurzen florentinischen Intermezzo eroberten die Türken 1458 die Akropolis und wandelten den Parthenon in eine Moschee um. Den bis dahin in seiner Substanz erhaltenen Tempel zerstörte 1678 eine Pulverexplosion. Knapp hundert Jahre später, 1762, begannen die englischen Maler und Architekten James Stuart und Nicholas Revett mit der Herausgabe der *Antiquities of Athens*. Das Werk bestand aus Stichen, die den Parthenon europaweit bekannt machten und dem Klassizismus wesentliche Impulse gaben. Um 1800 ließ der englische Gesandte in Konstantinopel, Lord Elgin, große Teile des Parthenonfrieses und der Giebelskulptur sowie Teile der Metopen abnehmen und nach London verschiffen (heute im British Museum). Lob erntete Elgin nicht, der Griechenlanddichter Lord Byron und andere beschimpften ihn als Plünderer und Tempelschänder. Die türkische Herrschaft in Griechenland endete 1830. Für den ersten neugriechischen König, Otto von Bayern, plante der Berliner Architekt Karl Friedrich Schinkel die Errichtung eines Schlosses auf der Akropolis. Das Projekt wurde nicht ausgeführt. Stattdessen machte man sich an die Entfernung nachantiker Bauten und ergriff erste Maßnahmen zum Schutz. Die Akropolis wurde zum Denkmal. Größte Probleme werfen heute Umweltverschmutzung und Massentourismus auf.

DATEN

Errichtet von 447–432 v. Chr. für das Standbild der Athena Parthenos und als Staatsschatzhaus. Die Konzeption und Durchführung des Baus ist eine Gemeinschaftsarbeit des Politikers Perikles, des Architekten Iktinos und des Bildhauers Phidias.

EMPFEHLUNGEN

Lesenswert:

John Griffiths Pedley: *Griechische Kunst und Archäologie*, Köln 1999

Lambert Schneider, Christoph Höcker: *Die Akropolis von Athen. Antikes Heiligtum und modernes Reiseziel*, Köln 1990

Heiner Knell: *Architektur der Griechen*, Darmstadt 1988

AUF DEN PUNKT GEBRACHT

Der antike Tempel war das Haus und die Wohnung eines Gottes, nicht der Versammlungsraum einer Gemeinde. Er ist von außen nach innen gedacht. Das Raumerlebnis spielt eine nur untergeordnete Rolle. Es ist die plastisch-körperhafte Gestalt des Baus, die das Wesen des griechischen Tempels ausmacht und ihn lebendig-gegenwärtig erscheinen lässt.

Theater von Epidauros

Epidauros (um 300 v. Chr.)

Nach wie vor ein ungelöstes Rätsel ist die herausragende Akustik des Theaters von Epidauros. Noch der leiseste Flüsterton im Rund der Orchestra ist auf den obersten Rängen zu hören. Waren es komplizierte Berechnungen, die hierfür die Voraussetzungen schufen, spielte der Zufall eine Rolle? Und – das Theater bot immerhin bis zu 14 000 Plätze – wo kamen die Zuschauer her, die sich auf den mühsamen Weg in die Berge der Argolis machten? Kaum aus Epidauros allein, das zehn Kilometer entfernt am Saronischen Golf liegt. Schon eher aus dem auf der gegenüberliegenden Seite des Golfes gelegenen Athen, später aus der gesamten griechisch-römischen Welt. Hauptattraktion war aber nicht das Theater, sondern das Asklepiosheiligtum, zu dem es gehörte.

▪ Statue des Asklepios. Römische Kopie nach einer griechischen Statue aus der Zeit um 350 v. Chr. Berlin, Antikensammlung

Der Sage nach soll Asklepios (Äskulap) ein Sohn des Apollon und der sterblichen Koronis gewesen und vom Blitz des Zeus in die Unterwelt geschleudert worden sein, als er die Wunderheilung an einem Toten versuchte. Auch Homer erwähnt Asklepios. Er schildert ihn als einen Helden und Arzt, dessen Söhne am Trojanischen Krieg teilnahmen und sich durch die vom Vater ererbten Fähigkeiten in der Heilkunst auszeichneten. Allmählich wurde aus dem Heros dann der Gott der Heilkunst, als der er mit dem 5. Jahrhundert v. Chr. verstärkt in Erscheinung tritt. Mehrere griechische Städte stritten nun um die Ehre, der Geburtsort des Gottes gewesen zu sein. Epidauros gewann, und man entschied, dass Asklepios gemäß lokaler Tradition auf dem Berg, der sein Heiligtum überragte, geboren worden war. In Epidauros nahm dann auch der Siegeszug des Gottes seinen Anfang. Mehr als 300 antike Asklepiosheiligtümer werden gezählt.

Der Aufstieg des Asklepioskults war die Folge des Zerfalls der alten Ordnung und eines allgemeinen Mentalitätswandels am Ende des 5. Jahrhunderts v. Chr. in Griechenland. 431 v. Chr. brach der fast dreißig Jahre dauernde Peloponnesische Krieg aus, an dessen Ende die Perser als die eigentlichen Sieger dastanden. 430 v. Chr. wurde Athen von der Pest heimgesucht, und im folgenden Jahr starb Perikles. Zehn Jahre später entstand das Athener Asklepiosheiligtum am Fuß der Akropolis. Halt wurde nicht mehr bei der kriegerischen, kaum mit menschlichen Zügen ausgestatteten Göttin Athena gesucht, sondern bei dem Retter- und

■ Das Theater von Epidauros

Heilgott Asklepios. Mit diesen Veränderungen einher ging die Ablösung der Klassik von der kulturellen und zeitlichen Epoche des Hellenismus.

Infolge der steigenden Popularität des Asklepios entfaltete sich im 4. Jahrhundert in Epidauros eine rege Bautätigkeit. Das Asklepiosheiligtum selbst besteht aus einer in mehrere Bezirke gegliederten Fülle von Bauten und Monumenten. Der Weg führt von einem im Norden gelegenen Tor (Propylon) vorbei an hellenistischen und römischen Kur- und Badeanlagen zu einem großen Festplatz und zum Zentrum des Kultbezirks. Hierzu gehören der Rundtempel (Tholos) des Asklepios, in dessen Unterbau möglicherweise die dem Gott heiligen Schlangen gehalten wurden, und das Abaton (»das Unzugängliche«), in dem die Kranken ihren Heilschlaf hielten. Mit dem Kult des Asklepios waren jedoch nicht nur Wallfahrten von Kranken, sondern auch alle vier Jahre stattfindende Festspiele verbunden. Eigens für sie wurden Übungs- und Wettkampfstätten (Gymnasium), ein Stadion, ein Gästehaus und das Theater errichtet. Mit seinen ursprünglich 34, später 55 Sitzreihen lehnt sich das Theater etwa 500 m südöstlich des Kultbezirks an den Nordhang eines Hügels. Der Grundriss geht von der Orchestra aus, in deren Mitte ein Altar stand. Der Durchmesser der Orchestra beträgt 20,45 m und entspricht damit genau dem des Stylobats (Grundfläche des Tempels) der Asklepios-Tholos im Kultbezirk. Um die Orchestra, wo der

■ Die Orchestra des Theaters von Epidauros. Im Hintergrund die Reste des Bühnenhauses

Chor auftrat, legte der Architekt ein fiktives Zwanzigeck als Planfigur. Hiervon bilden zwölf Teile die keilförmigen, durch Stufen voneinander getrennten Abschnitte des unteren Ranges der Cavea (Zuschauerbereich). Es folgt ein Umgang und der um die Mitte des 2. Jahrhunderts v. Chr. hinzugefügte obere Rang. Die Keileinteilung des unteren Ranges ist im oberen Rang fortgesetzt, doch sind hier die Abschnitte in ihrer Mitte nochmals durch Stufen geteilt.

Der Cavea antwortete ein zweigeschossiges, heute nur noch in den Fundamenten erhaltenes Bühnenhaus (Skene) von 27 m Länge. Vor der Skene befand sich das 3,5 m höher als die Orchestra gelegene Proskenion, auf dem die Schauspieler auftraten. Seitlich wurde die Skene von den ebenfalls zweigeschossigen Architekturen der Paraskenien abgeschlossen. Zwischen den Paraskenien und den seitlichen Stützmauern der Cavea befanden sich die Eingänge für die Zuschauer. Wie seit dem 5. Jahrhundert üblich, war die Wand der Skene durch drei Portale geöffnet. Die zur Orchestra gerichtete Fassade des Proskenions gliederten ionische Halbsäulen. In die Säulenzwischenräume (Interkolumnien) dieser Schaufassade konnten Bilder eingeschoben werden.

Im Theater von Epidauros dürften, wie für Athen seit dem 6. Jahrhundert v. Chr. belegt, neben kultischen Handlungen auch Tragödien, Komödien und Satyrspiele aufgeführt worden sein. Hölzerne Zuschauerbänke und Bühnenbauten errichtete man in Athen zunächst nur für die Dauer der Aufführungen. Ihr steinernes Dionysostheater am Südabhang der Akropolis erhielt die Stadt etwa zur Zeit der Errichtung des Theaters von Epidauros. Der Name des Theaters weist auf den Ursprung des griechischen Theaters hin, der im Kult des Weingottes Dionysos liegt. Gespielt wurde an den Festen zu Ehren dieses Gottes, den Großen Dionysien im März und, seit der zweiten Hälfte des 5. Jahrhunderts v. Chr., den Lenäen im Januar, dem Fest zu Ehren der Begleiterinnen des Gottes. Den Ablauf der Feiern regelten städtische Beamte. Am ersten Tag wurden fünf Komödien gespielt und an den drei folgenden Tagen je eine Tetralogie, von denen jede aus drei Tragödien und einem Satyrspiel bestand. Theater war eine Angelegenheit von höchster Bedeutung, sodass Aufführungen im Athener Dionysostheater mit seinen etwa 17 000 Sitzplätzen das gesamte Leben der Stadt lahm gelegt haben müssen.

PAUSANIAS

Trotz einiger Irrtümer ist die von Pausanias um 180 n. Chr. verfasste *Beschreibung von Hellas* eine Quelle ersten Ranges für die Kunst- und Kulturgeschichte des antiken Griechenlands. Darin bezeichnet der Reiseschriftsteller Pausanias das Theater von Epidauros als ein »besonders sehenswürdiges«. Zwar gebühre den römischen Theatern der Vorrang und gebe es größere, doch übertreffe das Theater von Epidauros alle an Harmonie und Schönheit.

THEATER VON EPIDAUROS

HEILERFOLGE IN EPIDAUROS

Bei Ausgrabungen in Epidauros wurden Fragmente von Inschriftenstelen gefunden. Von solchen Stelen (Säulen) berichtet um 180 n. Chr. auch der Reiseschriftsteller Pausanias: »Innerhalb des Bezirks (des Heiligtums) standen Stelen, mehrere früher, jetzt aber sind nur noch sechs übrig geblieben. Auf diesen stehen Namen eingegraben, von Männern und Frauen, die von Asklepios geheilt wurden, wie auch die Krankheit, woran ein jeder litt, und die Weise, wie er geheilt wurde«, und weiter: »Außer diesen Stelen gibt es noch eine alte, worauf eingraviert steht, dass Hippolytos dem Gott zwanzig Pferde dargebracht habe.« Die unglaubliche Weihung von zwanzig Pferden, die im Altertum ein Vermögen darstellten, erläutert Pausanias näher. Hippolytos, Sohn des athenischen Helden Theseus, wies die Liebe seiner Stiefmutter zurück, woraufhin sie ihn beim Vater der unerlaubten Nachstellung beschuldigte. Theseus verfluchte seinen Sohn und bat Poseidon, ein Meerungeheuer zu schicken, um die Pferde seines Sohnes scheu zu machen. Hippolytos stürzte vom Wagen und wurde zu Tode geschleift. Asklepios holte Hippolytos jedoch ins Leben zurück, der dann nach Italien ging und dort König wurde. Aus Pausanias' Bericht ist zu schließen, dass die Stele des Hippolytos wesentlich älter als die anderen ihm bekannten war und eine besondere Rolle im Heiligtum spielte. Auf ihr wurde nicht von der Heilung anonymer Privatpersonen berichtet, sondern von der eines wenn auch nur lokalen, so doch kultisch verehrten Heros. Der Werbeeffekt dieser Stele lag weit über dem der anderen, wurden durch sie doch Athener und Römer, die alten und die neuen Machthaber in Griechenland, angesprochen. Die anderen Inschriften berichten ebenfalls von Heilungen, die kaum weniger wunderbar waren. Eine zentrale Rolle im Heilungsprozess spielte dabei der Heilschlaf im dafür vorgesehenen Abaton. Nach einem solchen Schlaf entband eine Frau nach fünfjähriger Schwangerschaft einen Sohn; eine zweite gebar eine Tochter, nachdem ihr der Gott Asklepios selbst im Traum erschienen war; Blinde lernten wieder sehen, Lahme wieder laufen. Es ist anzunehmen, dass in Epidauros in erster Linie psychosomatische Erkrankungen geheilt wurden und in den Berichten ein Funken Wahrheit steckt. Man setzte auf die Selbstheilungskraft von Körper und Geist. Nicht zuletzt aufgrund der in Epidauros erzielten Heilerfolge war dem Christentum eine Verdrängung des Asklepioskultes kaum möglich, sodass, wie so häufig, der Weg der Vereinnahmung eingeschlagen wurde. So sah der Theologe Origines von Alexandrien (1. Hälfte des 3. Jh. n. Chr.) Asklepios als den würdigsten der alten Götter an und machte ihn zum Quasi-Vorläufer Christi. Der letzte Schritt der Vereinnahmung war dann um 400 die Errichtung einer Kirche in der Nähe des Heiligtums.

DATEN

Errichtet in der 2. Hälfte des 4. oder am Anfang des 3. Jh. v. Chr. für das Asklepiosheiligtum von Epidauros. Um die Mitte des 2. Jh. v. Chr. erweitert. Die Architektenfrage ist ungeklärt. Dank der Großzügigkeit eines römischen Senators erlebte das Heiligtum im 2. Jh. n. Chr. eine zweite rege Bauperiode. 267 wurde die Anlage von den Goten verwüstet, aber wieder repariert. Das Asklepiosheiligtum hatte bis weit in die christliche Zeit Bestand. Erst 426 wurde es von dem byzantinischen Kaiser Theodosius II. geschlossen.

In den 1880er Jahren fanden in Epidauros die ersten Ausgrabungen statt. Weitere folgten. Die Cavea des Theaters wurde für die seit 1954 wieder stattfindenden Festspiele instand gesetzt.

AUF DEN PUNKT GEBRACHT

Das Theater von Epidauros galt bereits in der Antike als das schönste. Heute stellt es das besterhaltene dar. Griechische Theater waren nicht nur Vorbild für den Zuschauerraum des Bayreuther Festspielhauses und Ausgangspunkt der Bemühungen um eine grundsätzliche Reform des Theaterbaus im 19. Jahrhundert, sondern auch die Voraussetzung für zahlreiche Freilufttheater des 20. Jahrhunderts.

EMPFEHLUNGEN

Lesenswert:

Armin von Gerkan, Wolfgang Müller: *Das Theater von Epidauros*, Stuttgart 1961

Richard Allan Tomlinson: *Epidauros*, London – Toronto – Sydney – New York 1983

Haus der Vettier

Pompeji (2. Jh. v. Chr.) · Letzte Besitzer: A. Vettius Restitutus und A. Vettius Conviva

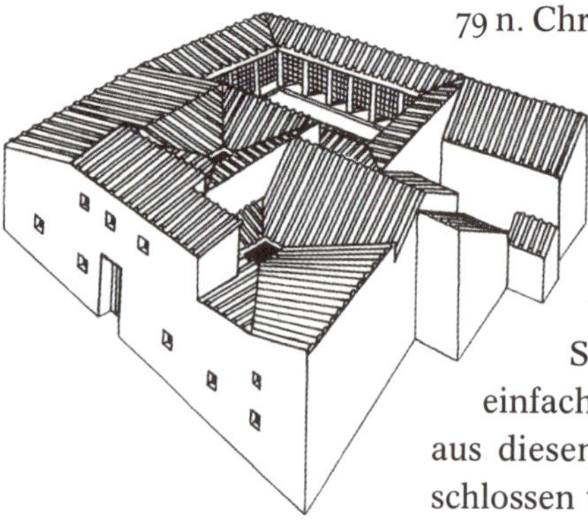

■ Ansicht des Hauses der Vettier aus der Vogelperspektive

■ Fresko eines Ehepaares aus Pompeji, wahrscheinlich des »studiosus« Terentius Neo und seiner Gattin, entstanden kurz vor der Zerstörung der Stadt. Neapel, Museo Nazionale Archeologico

Was Pompeji und das ebenfalls bei dem Ausbruch des Vesuvs 79 n. Chr. verschüttete Herkulaneum so einzigartig machen, sind nicht die makabren Abdrücke der Körper der Toten, die als Hohlräume in der hart gewordenen Asche Pompejis erhalten blieben, sondern der in versteinerter Asche und Lava konservierte historische Augenblick. Andere Ausgrabungen, etwa die in Trojas, Karthagos oder in Ostias an der Tibermündung, förderten Städte zutage, die durch Kriege zerstört oder irgendwann einfach aufgegeben und verlassen wurden. Nur mühsam kann aus diesen Funden auf das tägliche Leben der Bewohner geschlossen werden. Pompeji und Herkulaneum dagegen erlauben den authentischen unmittelbaren Blick in die Lebenswirklichkeit der Antike.

Mit der Befriedung des westlichen Mittelmeerraumes im 2. Jahrhundert v. Chr. setzte ein wirtschaftlicher Aufschwung ein, der Pompeji und Herkulaneum zu wohlhabenden Landstädten machte. Die Folge war ein Bauboom, der den öffentlichen und privaten Sektor gleichermaßen ergriff. Fehlplanungen blieben nicht aus. Pompeji war nach griechischem Muster über einem Rechteckraster begonnen worden und wurde nun in Fortsetzung des Systems erheblich nach Osten erweitert, wobei man von Einwohnerzahlen ausging, die die Stadt nie erreichen sollte. Zum Zeitpunkt des Untergangs waren nur

Von der Renaissance bis weit ins 19. Jahrhundert beschäftigten sich viele Architekten mit der Rekonstruktion des »Pompejanischen Hauses«. Vor den ersten Ausgrabungen in Pompeji bildeten Vitruvs um 30 v. Chr. entstandene *Zehn Bücher über Architektur* die maßgebliche Quelle. Hinzu kam Plinius der Jüngere, der um 100 n. Chr. in seinen Briefen zwei pompejanische Villen in der Umgebung Roms beschreibt.

■ Haus der Vettier, Ansicht des Peristyls. Photo um 1925

etwa zwei Drittel des Stadtgebiets bebaut. Während der regen Bauphase waren sämtliche öffentlichen Gebäude entweder um- oder neu gebaut worden. Große Bäder entstanden, ein griechisches Theater und um 80 v. Chr. ein Amphitheater (das älteste bekannte). Hellenistischer Einfluss machte sich breit, der Pompeji über die Hafenstädte am Golf von Neapel erreichte. Die Bewohner der Region lernten eine ihnen unbekannte verfeinerte Lebensart kennen und begannen sie nachzuahmen. Das Repräsentationsbedürfnis stieg, und die reichen Kaufleute und Großgrundbesitzer versuchten, sich gegenseitig in der Größe und Ausstattung ihrer Häuser zu übertreffen. Zwei Haustypen bildeten sich heraus, das herrschaftliche Stadthaus und die Vorstadtvilla. Beide Typen folgten zwar einem im Wesentlichen immer gleichen, doch äußerst wandelbaren und anpassungsfähigen Grundrissschema. Die Haupträume waren auf einer Achse angeordnet. Auf den Eingang (Vestibulum) folgte stets ein erster Hof (Atrium) mit seitlichen Flügelräumen (Alae) zur Aufbewahrung der Ahnenbilder. Ihm schloss sich das Empfangszimmer (Tablinum) an, von dem aus der säulenumstandene Gartenhof (Peristyl) mit Speisezimmern (Triklinen) und Festräumen betreten wurde. Im Idealfall bildete die Hauptraumfolge die Mittelachse des Hauses, um die dann die übrigen Räume symmetrisch gruppiert wurden. Im städtischen Bereich war das Schema jedoch meist auf enge und unregelmäßig geschnittene Grundstücke anzupassen, so auch beim Haus der Vet-

■ Fresko im Haus der Vettier. Geflügelte Eroten als Goldschmiede

tier, einem typischen und dazu noch sehr gut erhaltenen Vertreter des »Pompejanischen Hauses«. Es wurde im 2. Jahrhundert v. Chr. errichtet, in der Folgezeit mehrfach umgebaut und wohl auch erweitert. Deutlich ist im Grundriss die Folge von Vestibulum, Atrium und Peristyl zu erkennen. Das Tablinum wurde im Haus der Vettier weggelassen oder fiel einem Umbau zum Opfer. Die Achse ist leicht nach links verschoben. So entstand Platz für ein kleineres Nebenatrium, an dem die Wirtschaftsräume lagen.

Wie bei vielen Häusern in Pompeji sind wir auch beim Haus der Vettier über dessen letzte Besitzer relativ gut informiert. Es waren A. Vettius Restitutus und A. Vettius Conviva. Ihre Siegel fand man bei Ausgrabungen im Haus. Wahrscheinlich gehörten sie dem Stand der Freigelassenen an und waren in den lokalen Adel aufgestiegen. Durch Weinherstellung und -handel reich geworden, kauften sie um 50 n. Chr. das nach ihnen benannte Haus und

Schon regnete es Asche, doch zunächst nur dünn. Ich schaute zurück: Im Rücken drohte dichter Qualm, der uns, sich über den Erdboden ausbreitend, wie ein Gießbach folgte … Dann hellte es sich ein wenig auf, doch es war anscheinend nicht das Tageslicht, sondern ein Vorbote des nahenden Feuers. Aber das Feuer blieb in ziemlicher Entfernung stehen; es wurde wieder dunkel, wieder fiel Asche, dicht und schwer, die wir, fortgesetzt aufstehend, abschüttelten; wir wären sonst verschüttet und durch die Last erdrückt worden.

Plinius der Jüngere, *Briefe*, VI, 20

ließen es neu gestalten. Sie waren Emporkömmlinge. Unverhohlen stellten sie ihren Reichtum zur Schau. Für jedermann sichtbar waren ihre Geldtruhen im Atrium. Gleichzeitig bewiesen die Vettier einen ausgezeichneten Geschmack. Die Wandmalereien, mit denen sie das Atrium und die um das Peristyl gelegenen Räume ausstatten ließen, gehören zu den qualitativ hochwertigsten Pompejis. Neben dieser sozusagen offiziellen Ausstattung fanden sich im Haus zahlreiche Spuren, die näheren Aufschluss über die Bewohner geben. Das Obergeschoss war an einen P. Crusius Faustus vermietet. Durch Inschriften an der Hausfassade empfahl sich A. Vettius Conviva für ein öffentliches Amt. Direkt am Eingang befand sich eines der in Pompeji häufig anzutreffenden Graffiti: Es lobt eine Prostituierte und nennt den Preis für ihre Dienste.

Warnzeichen, Vorbeben, von denen Plinius der Jüngere berichtet, gingen dem Ausbruch des Vesuvs am Mittag des 24. August 79 n. Chr. voraus. Sie wurden nicht ernst genommen, sodass der Ausbruch die meisten Bewohner bei ihrer täglichen Beschäftigung überraschte. In heilloser Flucht versuchten sie sich zu retten. Ein Bäcker hatte kurz vor dem Ausbruch noch Brot in seinen Ofen geschoben. Andere waren gerade beim Essen und sprangen vom gedeckten Tisch auf, als der Vulkan ausbrach. Viele wollten ihre Wertsachen

■ Grundriss des Hauses der Vettier

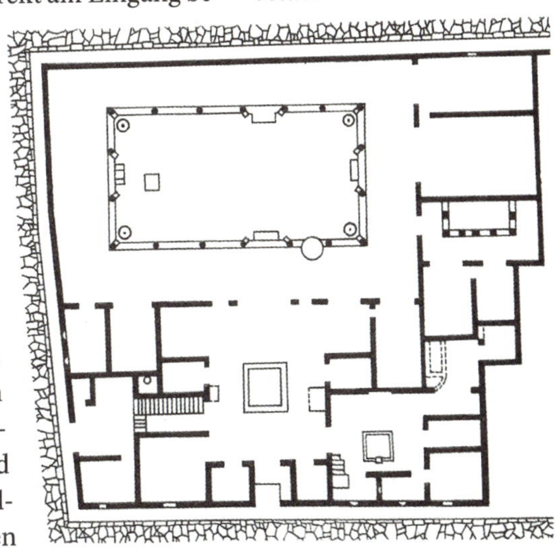

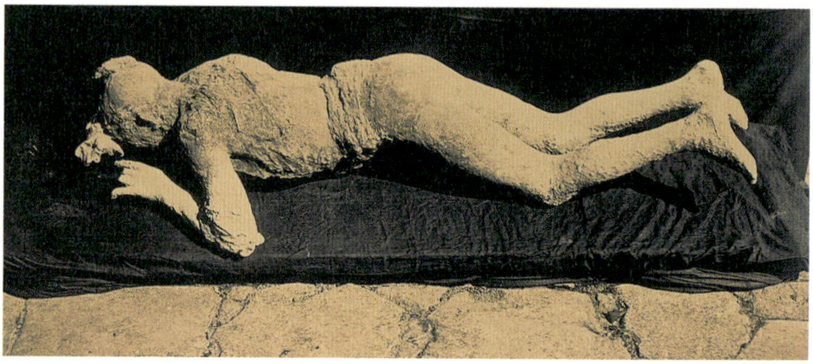

■ Vom Lavastrom überraschte Einwohnerin von Pompeji beim Ausbruch des Vesuvs 79 n. Chr. Gipsabdruck des Hohlraums (nach Verwesung der Leiche) unter der Lavaschicht

mitnehmen, so auch eine Frau im Haus des Fauns, das dem Haus der Vettier schräg gegenüber liegt. Sie brach im Tablinum zusammen. Um sie verstreut fand man ihren Schmuck und Geld. Eine andere Frau hatte es noch bis auf die Straße geschafft, wo sie dann ein paar Häuser weiter mit ihren Mägden umkam. Andere flüchteten sich mit Vorräten in Keller – aber auch das vergebens. Innerhalb weniger Stunden verschwand Pompeji von der Landkarte. Etwa ein Fünftel der auf 10 000 geschätzten Einwohner kam im Asche- und Gesteinsregen um, erstickte an den vulkanischen Gasen oder wurde unter Säulen und einstürzenden Bauten begraben. Ihre Körper fand man als Abdrücke in der Asche. Im Haus der Vettier wurden keine Leichen gefunden. Seine Bewohner müssen es zumindest noch bis auf die Straße geschafft haben.

■ Fresko im Haus der Vettier. Psychen mit Blumen

HAUS DER VETTIER

DIE WIEDERENTDECKUNG HERKULANEUMS UND POMPEJIS

Im Mittelalter war das Wissen um Herkulaneum und Pompeji verloren gegangen. Erst in der Renaissance, als man die antiken Autoren wieder zu lesen begann, kehrten sie in das Bewusstsein der Gelehrten zurück. Doch es sollten noch mehr als zweihundert Jahre von der literarischen bis zur tatsächlichen Wiederentdeckung vergehen. Nachdem bereits in den Jahrzehnten zuvor vereinzelt Statuen gefunden worden waren, stieß man 1738 auf die Reste des Theaters von Herkulaneum. Großflächige Ausgrabungen verhinderte die meterdicke, steinhart gewordene Schicht aus Asche und Schlamm, von der die Stadt bedeckt war. In erster Linie war man jedoch auf der Suche nach Statuen und legte dazu Schächte und Stollen an. Um 1760 wurden die Grabungen in Herkulaneum eingestellt. An anderer Stelle, unter einer verhältnismäßig lockeren Ascheschicht, waren Aufsehen erregende Funde gemacht worden. 1763 lag der Beweis vor: Man hatte Pompeji entdeckt. In den nächsten 20 Jahren wurde systematisch gegraben. Bekannt wurde kaum etwas. Eifersüchtig wachte der Hof in Neapel über sein Monopol. Pompeji war so gut wie unzugänglich, und die Funde verschwanden in den königlichen Sammlungen. Zu Beginn des 19. Jh. änderte sich die Situation in Pompeji grundlegend. Nicht mehr der einzelne Fund, sondern die Stadt als Ganzes rückte in das Interesse der Forschung und der Laien. Forderungen kamen auf, die größeren Häuser zu restaurieren und der Allgemeinheit zugänglich zu machen. Eine Sensation waren die Wandmalereien, die nun in farbigen Publikationen europaweit verbreitet und nachgeahmt wurden. Bis Anfang der 1830er Jahre wurden das Haus des tragischen Dichters, das Haus der Dioskuren, das Haus des Meleager und das Haus des Fauns freigelegt. In freier Anlehnung an diese und andere Vorbilder entstanden für den preußischen Kronprinzen Friedrich Wilhelm (IV.) die Römischen Bäder in Potsdam-Sanssouci und für Ludwig I. von Bayern das Pompejanum in Aschaffenburg. Mit der Ernennung Giuseppe Fiorellis zum Direktor der Ausgrabungen hielten 1860 wissenschaftliche Methoden Einzug in Pompeji. Grabungstagebücher wurden geführt, die Funde verzeichnet und genau beschrieben. Fiorelli war es dann auch, der das Verfahren zum Ausgießen der von den Leichen zurückgelassenen Hohlräume entwickelte. Die Ausgrabungen in Pompeji gehen weiter, werden jedoch hinsichtlich des Zustandes, in dem sich die Stadt heute befindet, zusehends fragwürdiger. Die Schäden des letzten Erdbebens sind noch immer nicht behoben. Wasser, Frost und Wurzeln zerstören die Mauern und die am Ort verbliebenen Wandmalereien. Es droht der zweite, endgültige Untergang Pompejis.

DATEN

Im 2. Jh. v. Chr. errichtet. Das Haus nimmt eine Fläche von etwa 1200 m² ein und war teilweise zweistöckig. Die Neuausstattung des Hauses von um 50 n. Chr. veranlassten wahrscheinlich seine letzten Besitzer, die reichen Kaufleute und Weinproduzenten A. Vettius Restitutus und A. Vettius Conviva. Nach dem Erdbeben von 62 n. Chr. wurde es wieder aufgebaut. Das Haus der Vettier wurde ab September 1894 ausgegraben und sofort überdacht. Die Wandmalereien sind sehr gut erhalten.

EMPFEHLUNGEN

Lesenswert:

Filippo Coarelli (Hg.): *Pompeji. Archäologischer Führer*, Augsburg 1997

Michael Grant: *Pompeji und Herculaneum. Untergang und Auferstehung der Städte am Vesuv*, Bergisch Gladbach 1978

Salvatore Ciro Nappo: *Pompeji. Die versunkene Stadt*, Erlangen 1998

Pompeji. *Natur, Wissenschaft und Technik in einer römischen Stadt*, Katalog Deutsches Museum, München 2000

AUF DEN PUNKT GEBRACHT

Die um die Mitte des 18. Jahrhunderts begonnenen Ausgrabungen machten Pompeji zur europäischen Sensation. Bis heute hat die Stadt nichts von ihrer Anziehungskraft verloren. Sie ist der authentischste Ort der Antike.

Kolosseum

Rom (72–80 n. Chr.) · Auftraggeber: Vespasian

EINE APOKALYPTISCHE PROPHEZEIUNG
Solange das Kolosseum steht, wird Rom stehen; wenn das Kolosseum fällt, fällt auch Rom, wenn Rom untergeht, vergeht auch die Welt.
Der angelsächsische Mönch Beda (672/73–735), in Lord Byrons *Childe Harold's Pilgrimage*, 1812–1818

Der Legende nach 753 v. Chr. von Romulus gegründet, tatsächlich wohl erst um 575 v. Chr. entstanden, besaß Rom in den ersten Jahrhunderten kaum eine spezifische Kunst oder Architektur. Dies sollte sich erst im 1. Jahrhundert v. Chr. ändern. Der römische Feldherr Sulla eroberte 86 v. Chr. Athen, plünderte es und ließ Hunderte von griechischen Statuen nach Rom verschleppen, wo sie einen unglaublichen Eindruck machten. Auf kulturellem Gebiet erwiesen sich die Besiegten als die Sieger. Die realistische, ungeschönte Selbstdarstellung der römischen Republik wich der idealisierenden, die griechische Kultur zum Vorbild nehmenden Darstellung des »Augusteischen Zeitalters«. Namenspatron dieser ersten Blütezeit römischer Kunst und Architektur war Oktavian, der aus den Machtkämpfen nach der Ermordung Cäsars 44 v. Chr. siegreich hervorging und 27 v. Chr. vom Senat den Titel Augustus (der Erhabene) erhielt, den fortan alle römischen Kaiser tragen sollten. Die Kunst in der Zeit Augustus' war eine ausgesprochen höfisch-verfeinerte. Auf sie bauten die nachfolgenden Kaiser der julisch-claudischen Dynastie auf. Der Verweis auf die politische Kontinuität war wichtiger als die Wahrung des persönlichen Geschmacks. Mit dem Selbstmord Neros 68 n. Chr. endete die Dynastie. Aus den Kämpfen um die Nachfolge ging der Flavier Vespasian siegreich hervor.

■ Außenansicht des Kolosseums

Mit Vespasian betrat erstmals ein Kaiser nicht senatorischer Herkunft die Bühne der Macht. Er war Plebejer, zwar einer aus den alten Familien Roms, jedoch gehörte sie nicht der Führungsschicht, dem Patriziat, an. Entsprechend »plebejisch« – zum Schimpfwort wurde der Ausdruck erst später – war die Kunst seiner Zeit. Bewusst wandte sich Vespasian von der überfeinerten Hofkunst julisch-claudischer Zeit ab. Seine Bildnisse sind weit entfernt von jeder höfischen Idealisierung oder Heroisierung. Sie zeigen einen freundlichen, nicht sonderlich schönen Mann mit aus-

■ Blick von den Rängen in die Arena mit den 1939/40 freigelegten Gängen und Kellern

geprägt individuellen Gesichtszügen. »Plebejisch«, im Sinne von »für das Volk«, ist auch ein Großteil seiner Bauten, von denen an erster Stelle das »Amphiteatrum Flavium«, besser bekannt unter dem Namen Kolosseum, zu nennen ist. Bei der Wahl des Bauplatzes dürften praktische Erwägungen kaum eine Rolle gespielt haben. Zwar lag das Kolosseum zentral, am westlichen Rand des antiken religiösen Zentrums von Rom, dem Forum Romanum, doch befand sich hier ein See und damit ein denkbar ungünstiger Baugrund. Wichtiger waren politische Implikationen. Der See gehörte zu den Gärten der äußerst luxuriös ausgestatteten »Domus Aurea«, des Goldenen Hauses des Nero, das sich der Kaiser auf einem durch den Stadtbrand von 64 n. Chr. frei gewordenen innerstädtischen Gelände hatte errichten lassen. Programmatisch stellte Vespasian dieser Villa, einem Bau, den man als privaten Rückzugsort charakterisieren könnte, eine Stätte der Volksbelustigung an die Seite. »Panem et circenses« – Brot und Zirkusspiele – lautet dann auch das von dem römischen Satiriker

■ Vespasian, römischer Kaiser 69–79 n. Chr., Porträtbüste

»Non olet« – (Geld) riecht nicht – ist das wohl bekannteste aus der Antike überlieferte geflügelte Wort. »Non olet«, sagte Vespasian zu seinem Sohn, als dieser ihn auf die neue Latrinensteuer ansprach, und hielt ihm Münzen unter die Nase, denen ihre Herkunft nicht anzumerken war.

Der große runde Schauplatz zu Rom, sechstes Wunderwerk der Welt. Kolosseum um 1750, Guckkastenblatt, Kupferstich, altkoloriert

Juvenal geprägte Schlagwort, mit dem er den Sittenverfall in seiner Heimatstadt zu Beginn des 2. Jahrhunderts n. Chr. brandmarkte. Schlechthin *der* Ort der Sittenlosigkeit muss ihm das Kolosseum gewesen sein, das zwei Jahrzehnte zuvor mit hunderttägigen Spielen, Gladiatorenkämpfen und Tierhatzen eröffnet worden war.

Das Kolosseum wurde über einer elliptischen Grundfläche von etwa 188 × 156 m errichtet und ist knapp 49 m hoch. Die Fassade weist eine rationale Gliederung in Achsen und Geschosse auf. Längs- und Querachsen waren durch vor die Fassade gestellte und von Viergespannen (Quadrigen) bekrönte Architekturen hervorgehoben. Die unteren drei Geschosse der Fassade gliedern Arkaden mit vorgeblendeten Säulenkolonnaden. Das vierte, zum Ende des Jahrhunderts von Domitian hinzugefügte Geschoss ist bis auf fensterartige Öffnungen in jedem zweiten Wandabschnitt geschlossen. Gegliedert ist es durch Pilaster, aus der Wand hervortretende Pfeiler, die ein den Bau abschließendes Kranzgesims tragen. Oberhalb der Fenster sind in dichter Folge vorkragende Konsolen angebracht. Sie sind mit Löchern versehen, in die Masten für Sonnensegel gesteckt wurden, mit denen Teile der Ränge überdacht werden konnten. Für eine Belebung der Fassade sorgten in das zweite und dritte Arkadengeschoss gestellte Statuen sowie bronzene Schilde auf den geschlossenen Wandabschnitten des vierten Geschosses.

Zwei kämpfende Gladiatoren, im Hintergrund der Schiedsrichter. Bildfeld aus dem Bodenmosaik der römischen Villa von Nennig bei Trier, 2. Viertel des 3. Jh. n. Chr.

Wie die Fassade war auch das Zugangs- und Wegesystem des Kolosseum äußerst rational organisiert. Immerhin sollten 50 000 bis 70 000 Besucher das

Theater innerhalb kurzer Zeit betreten und wieder verlassen können. Privilegierten Gästen, dem Kaiser, hohen Staatsbeamten, Vestalinnen (Hüterinnen des Staatsfeuers) und Priestern waren die vier Zugänge in den Hauptachsen vorbehalten. Alle anderen Besucher betraten das Theater durch die übrigen 76 nummerierten Bögen der Erdgeschossarkade. Den Ziffern entsprachen Nummern auf den Eintrittsmarken. Der Eintritt selbst war kostenlos. Die Feinverteilung der Zuschauer erfolgte dann über eine hinter der Arkade umlaufende zweischiffige Bogenhalle, von der konzentrisch ein erster Kranz von Treppen, Durchgänge zu einem zweiten Treppenkranz und ebenerdige Zugänge in die Arena abgingen. Die Treppen führten auf die insgesamt fünf Ränge. Erhaltene Inschriftentafeln aus dem Zuschauerbereich verdeutlichen die strikte Trennung der Klassen innerhalb der römischen Gesellschaft. Die wenigen Stufen hinter den Absperrungen zur Arena waren den Senatoren und ihrem Gefolge vorbehalten. Es folgten die Ränge für die Ritter und die übrigen Schichten. Ein Abschnitt des fünften Ranges, der als der schlechteste galt, war den Frauen vorbehalten.

Die Arena hatte eine Ausdehnung von etwa 80 × 50 m. Unterkellert wurde sie wahrscheinlich erst von Domitian, sonst wäre kaum zu erklären, wie Vespasian »Naumachien« (»Seeschlachten«), zu denen die Arena geflutet wurde, veranstalten konnte. Der Länge nach durchquert ein Gang das Kellergeschoss. Er führte zu Gebäuden, die außerhalb des Theaters lagen, so zum »Ludus Magnus«, der wichtigsten Gladiatorenschule und -kaserne Roms. Seitlich des Ganges befanden sich die Käfige für die Tiere und Maschinerien. Letztere dienten dazu, Tiere und auch Kulissen durch den spätestens seit Domitian aus beweglichen hölzernen Bohlen bestehenden Boden nach oben und in die Mitte der Arena zu befördern.

Können für die Fassadengliederung noch durchaus griechische Vorbilder hellenistischer Zeit angeführt werden, so ist das Kolosseum vom bautechnischen Standpunkt her betrachtet ein durch und durch römischer Bau. Nur Pfeiler, tragende Wände des Keller- und des Erdgeschosses und die Fassade wurden im teuren Haustein ausgeführt. Fundament und Mauerwerk

STEINBRUCH DER PÄPSTE
Die Gladiatorenkämpfe im Kolosseum wurden zu Beginn des 5. Jahrhunderts abgeschafft; die letzten Spiele sind für das Jahr 523 belegt. Im Mittelalter lag das Kolosseum weitgehend verlassen da. Mit dem Wiederaufstieg des Papsttums im 15. Jahrhundert nutzte man den Bau als Steinbruch für Palast- und Kirchenbauten. Begehrt waren auch die eisernen Stifte, mit denen die Blöcke verklammert waren; hierauf weisen die Löcher in der nur zu etwa zwei Fünfteln erhaltenen Fassade hin.

■ Außenansicht des Kolosseums

■ Russell Crowe als Gladiator in dem gleichnamigen Historienfilm von Ridley Scott, USA 2000

im Inneren bestehen dagegen weitgehend aus kostengünstigem, leicht und schnell zu verarbeitendem Beton und Ziegeln. Marmor wurde kaum verwendet.

Konsequent ist im Kolosseum das den Griechen zwar bekannte, bei Großbauten von ihnen aber nicht angewandte Prinzip der Wölbung durchgeführt. Ein ausgeklügeltes System von Bogen und Bogengängen durchzieht die drei Arkadengeschosse des Baus. Plakativ führen die Rundbogenöffnungen das Konstruktionsprinzip vor Augen. Doch zeigen die Fassaden auch das griechische Konstruktionsprinzip der »geraden Bedeckung«. »Tragende Säule und lastendes Gebälk« wurden vor die Arkaden geblendet – ein einfacher, wenig auffälliger Vorgang, der dem griechischen Konstruktionsprinzip allerdings eine völlig neue Qualität verlieh. Säule und Gebälk werden an der Kolosseumsfassade ihrer realen Funktion enthoben und »vergeistigt«. Sie tragen und lasten nicht mehr wirklich wie beim Tempel, sondern veranschaulichen, deuten und idealisieren die in einem Bau vertikal und horizontal wirkenden Kräfte. Sie schaffen die unförmige Masse »Mauer« zur strukturierten und gegliederten »Wand« um. In beiden Formen, griechisch-freistehend und römisch-wandorganisierend, sollten Säule und Gebälk zu einem der folgenreichsten Motive der europäischen Architekturgeschichte werden.

KOLOSSEUM

DORISCH – IONISCH – KORINTHISCH

Die griechische Architektur entwickelte drei Säulenordnungen, die sich besonders in ihrer Bekrönung, dem Kapitell, unterscheiden. Benannt sind sie nach zwei der vier griechischen Hauptstämme, den Dorern und Ioniern, und nach der griechischen Handelsstadt Korinth. Die älteste, die dorische Ordnung, entstand im 7./6. Jh. v. Chr. Ihr Kapitell besteht aus dem runden wulstförmigen Echinus und der viereckigen unverzierten Deckplatte, dem Abakus. Über dem Kapitell erhebt sich das Gebälk, das sich in der dorischen Ordnung aus einem Architrav und dem Metopen- und Triglyphenfries zusammensetzt. Ursprünglich stand die dorische Ordnung direkt auf dem Stylobat auf, im Gegensatz zu den beiden anderen Ordnungen, deren Säulenschaft sich über einer Plinthe und einer meist dreiteiligen, aus Wulst-Kehle-Wulst bestehenden Basis erhebt. Die schlanker als die dorische proportionierte ionische Ordnung ist seit dem 6. Jh. v. Chr. nachweisbar. Ihr Kapitell zeichnet sich durch schneckenartig eingerollte Voluten aus. Der Schaft der ionischen Säule ist wie bei der dorischen kanneliert oder geriefelt. Doch anders als in der dorischen Ordnung, wo zwischen den Kanneluren nur ein scharfkantiger Grat stehen bleibt, setzen in der ionischen Ordnung Stege die Kanneluren voneinander ab. Die im 5. Jh. v. Chr. aufkommende korinthische Ordnung lehnt sich in ihrer Proportionierung, Schaft- und Basisbildung eng an die ionische an. Das Gebälk beider Ordnungen ist ebenfalls ähnlich. Der Architrav setzt sich aus in der Regel drei wie Stufen voneinander abgesetzten Faszien (Bänder) zusammen. Über ihm verlaufen meist mehrere Schmuckbänder. Das Kapitell der korinthischen Ordnung besteht aus einem Akanthusblätterkelch mit aufstrebenden, sich zu den Ecken hin einrollenden Ranken. Die Römer fügten den drei klassischen Säulenordnungen zwei weitere hinzu, die an die dorische angelehnte toskanische Ordnung, mit meist unkanneliertem Schaft und einem Ring unterhalb des Kapitells, und die komposite, deren Kapitell sich aus der ionischen Volute und dem korinthischen Akanthuskelch zusammensetzt. Um 30 v. Chr. interpretiert Vitruv die Säulenordnungen anthropomorph. In seinen *Zehn Büchern über Architektur* bezeichnet er die dorische Ordnung als die männliche, die ionische als die weibliche und die korinthische als die jungfräuliche. In eben dieser Reihen- und Rangfolge – in Supraposition – erscheinen die Säulen auch an der Kolosseumsfassade. Mit der Wiederentdeckung der Antike im 15. Jh. lebte auch die von Vitruv den Ordnungen beigegebene Rangfolge wieder auf, wurde weiterentwickelt und neuen Bauaufgaben angepasst.

AUF DEN PUNKT GEBRACHT

Das Kolosseum ist der Urvater aller großen Sportstadien. Das im Kolosseum zur Reife geführte System dezentraler Erschließung und die Einteilung der Ränge in Blöcke bilden noch immer die baulichen Grundvoraussetzungen für den sicheren Betrieb von Stätten für Massenveranstaltungen. Hinsichtlich seiner Platzkapazität belegt das größte Amphitheater der Antike noch unter heutigen Stadien einen guten Mittelfeldplatz.

DATEN

Errichtet von 72–80 n. Chr. im Auftrag Kaiser Vespasians westlich des Forum Romanum in einer Senke zwischen Palatin, Esquilin und Caelius. Vollendet von seinen Söhnen und Nachfolgern Titus und Domitian (viertes Geschoss). Der Grundriss ist ellipsenförmig. Die größte Ausdehnung beträgt 187,75 × 155,60 m, die Höhe 48,5 m; die Arena misst etwa 80 × 50 m. Als Baumaterialien kamen vor allem Beton und Ziegel zum Einsatz. Haustein, in Form von Travertin, findet sich nur an Pfeilern im Keller- und im Erdgeschoss und der Fassade. Verbunden wurden die Blöcke durch in Blei gegossene eiserne Klammern. Die unteren Sitzreihen waren mit Marmor verkleidet.

Brände und Erdbeben beschädigten den Bau bereits in der Antike mehrfach. Seine Nutzung als Steinbruch endete 1744 mit der Weihung zu Ehren der christlichen Märtyrer. Seit jüngster Zeit deckt wieder ein Holzboden Teile des Arenakellers.

EMPFEHLUNGEN

Lesenswert:

Nancy H. Ramage, Andrew Ramage: *Römische Kunst. Von Romulus zu Konstantin*, Köln 1999

Filippo Coarelli: *Rom. Ein archäologischer Führer*, Mainz 2000

Pantheon

Rom (118–128) · Auftraggeber: Hadrian

■ Hadrian, römischer Kaiser (117–138 n. Chr.). Marmorner Porträtkopf. Paris, Musée du Louvre

Mit der Verleihung des Ehrennamens Augustus an den Cäsar-Neffen Oktavian besiegelte der Senat 27 v. Chr. das Ende der römischen Republik. Sofort machte Augustus sich auf die Suche nach Orten der Selbstdarstellung. Außerhalb der republikanischen Stadt sollte für das werdende Kaisertum etwas Neues entstehen. Augustus' Blick fiel auf das bis dahin kaum bebaute Marsfeld nordwestlich des Kapitols. Sein Schwiegersohn Agrippa übernahm die Gestaltung und ließ in der Mitte des Marsfeldes das erste Pantheon und die ersten öffentlichen Bäder Roms errichten. Andere Kaiser folgten Augustus' Beispiel. Nero baute westlich des Pantheon Thermen, Domitian ein Stadion, dessen Wettkampffeld von der heutigen Piazza Navona ganz in der Nähe des Pantheon eingenommen wird.

Das Pantheon Agrippas war ein rechteckiger Tempelbau von etwa 20 × 44 m Grundfläche. Es sollte der Herrscherfamilie geweiht werden, was Augustus jedoch ablehnte. Er erlaubte lediglich die Aufstellung seiner Statue in der Vorhalle. Wahrscheinlich wurde der Tempel dann den Planetengöttern geweiht, allen voran Venus und Mars – womit die abgelehnte Ehrung auf eine höhere und damit weit wirksamere Ebene geführt wurde. Bereits Cäsar hatte Venus als Ahnherrin seines Hauses angesehen, das im julisch-claudischen Kaiserhaus aufgehen sollte. Gleichzeitig galt die Göttin als Mutter des Äneas, dem wie den von Mars gezeugten Zwillingen Romulus und Remus die Gründung Roms nachgesagt wurde. Mit Beginn seiner Regierung 117 ließ Hadrian die Bäder Agrippas und die angrenzende Bebauung restaurieren. Das dem Namen nach allen, de facto aber eben nur den julisch-claudischen Hausgöttern geweihte Pantheon konnte den Ansprüchen des neuen Kaisers nicht genügen. Hadrian ließ es abreißen und einen Neubau errichten. Eine »Damnatio Memoriae« (»Auslöschen der Erinnerung«) des ersten Erbauers hatte er dabei nicht im Sinn. Im Gegenteil, Hadrian war bestrebt, sich in Beziehung zu vorausgegangenen Kaisern zu setzen, besonders, da Zweifel an der Rechtmäßigkeit seiner Herrschaft nicht verstummen wollten.

Im Pantheon wird die der griechischen Architekturauffassung diametral entgegengesetzte römische Auffassung deutlich. Mit Ausnahme des Eingangsportikus ist das Pantheon im Außenbau ziemlich unansehnlich. Den Römern ging es um das Umbaute, um den Raum, den Griechen um den Außenbau. Ein Raumerlebnis, wie es das Pantheon bietet, wäre den Erbauern des Parthenon völlig unverständlich geblieben.

Ursprünglich lag vor dem hadrianischen Pantheon ein

säulenumstandener Hof, zu dem Stufen hinaufführten. Durch das höher gewordene Straßenniveau liegt der Eingang heute zu ebener Erde. Mit der Inschrift unter dem Giebel erinnerte Hadrian an Agrippa. Die achtsäulige Vorhalle ist in drei Schiffe geteilt. Die seitlichen enden in halbrunden Nischen, in denen ursprünglich Statuen Augustus' und Hadrians standen. Das breitere Mittelschiff führt in den weiten, hellen Raum des Pantheon. Sein einziges Licht erhält er durch den Oculus (Auge) im Scheitel der Kuppel. Der erste Eindruck ist überwältigend. Der Raum wird als ein einheitliches Ganzes erlebt. Dies bewirkt ein einfaches Maßverhältnis. Als Idee hatte der Architekt dem Raum eine Kugel zugrunde gelegt. Die Hälfte dieser Kugel formte er als Kuppelschale. Für die Höhe des gesamten Raumes nahm er den Kugeldurchmesser, wodurch eine gedankliche Vervollständigung der Kuppel zur Kugel möglich wird, ohne die Grenzen des umbauten Raumes zu sprengen. Die Kuppel ruht so zugleich über dem Raum und im Raum.

■ Ansicht des Pantheon

Die Wand des Erdgeschosses ist in gleich breite, abwechselnd geschlossene und offene Abschnitte geteilt. Vor die geschlossenen Wandfelder sind kleine rahmende Architekturen (Ädikulen) zur Aufnahme von Statuen gestellt. Sie stehen *im* Raum. Die offenen Abschnitte vergittern Säulen, wodurch der Architekt vermied, dass die hinter den Säulen gelegenen Nischen zu stark in den Gesamtraum hineinwirken und ihn verunklären. Die Nischen liegen so *hinter* dem Kuppelraum. Auch in ihnen wurden Götterbilder aufgestellt. Ein kräftig vorspringendes Gesims trennt das Erd- von einem über ihm liegenden Halbgeschoss, dessen antike Gliederung heute weitgehend unter einer barocken Umgestaltung verborgen ist. Auch hier wechselten sich geschlossene und offene Abschnitte ab, doch sind die Gliederungselemente verkleinert, und das im Erdgeschoss angewandte Gliederungsschema ist verdoppelt und variiert. Das Gesims, das fla-

■ Rekonstruktion des Pantheon zur römischen Kaiserzeit. Aquarell von Peter Connolly

■ Innenansicht des Pantheon

chere Relief der Wand (Pilaster statt Säulen) und die Verkleinerung der Motive erwecken den Anschein, das Halbgeschoss liege weiter zurück als das Erdgeschoss. Dies ist ein bewusst eingesetzter Kunstgriff. Die Kuppel scheint ferner als sie ist und nicht lastend. Jeder geschossübergreifende, bis in die Kuppelzone führende oder sie auch nur antastende vertikale Zug ist vermieden, wodurch es dem Betrachter unmöglich wird, sich in ein maßstäbliches Verhältnis zur Kuppel zu setzen. Zusätzlich verdeckt ein Gesims über dem Halbgeschoss den Kuppelansatz. Fünf Reihen zu je 28 Kassetten gliedern die Kuppelschale. Durch Verkleinerung passen sie sich dem Rund an. Sie führen nicht ganz bis zur Lichtöffnung. Ein Streifen bleibt ungegliedert. Der Oculus ist nicht fixiert, hat keinen festen Ort. Die Kuppel wird zur Himmelsschale, der Oculus zum Gestirn.

Politische Gründe, nicht zuletzt die Zweifel an seiner Legitimität, bewogen Hadrian zur Durchführung eines umfangreichen Bauprogramms in Rom und im ganzen Reich. Mit der Vergöttlichung seiner Schwiegermutter im Jahr nach seiner Thronbesteigung setzte Hadrian sich als rechtmäßiger Nachfolger Trajans in Szene und schuf die Voraussetzung für die eigene Vergöttlichung. Den Tempel seiner Schwiegermutter errichtete er direkt neben dem Pantheon, daneben dann wiederum einen ihm selbst geweihten Tempel. Bewusst setzte Hadrian sich in Beziehung zu Augustus als dem Begründer des römischen Kaisertums. Nach dem von Augustus gelieferten Vorbild des Cäsartempels errichtete auch Hadrian seinem Vorgänger Trajan einen Tempel und sich selbst ein Mausoleum.

Die Statuen beider Kaiser standen in der Vorhalle des Pantheon. Wie das augusteische war auch das hadrianische Pantheon nicht für *alle* Götter bestimmt. Es wurde eine Auswahl getroffen. Beide Bauten dienten der Propaganda, waren Tempel der Herrscher und der ihnen besonders verbundenen Gottheiten.

VILLA HADRIANA

Ab 126 schuf Hadrian sich ein Privatrefugium außerhalb Roms beim heutigen Tivoli. Seine »Villa« hatte kaiserliche Ausmaße, doch die Politik blieb ausgeschlossen. Hier war Hadrian der gebildete Privatmann und Philhellene. Bauten und Anlagen benannte er nach Orten in Griechenland und Ägypten. Gerne wird die Villa Hadriana als Sinnbild des unterworfenen Imperiums oder antikes Disneyland interpretiert. Beides ist falsch; sie ist eine sehr persönliche Bildungs- und Erinnerungslandschaft.

PANTHEON

BIOGRAPHIE

Publius Aelius Hadrianus wurde am 24. Januar 76 in Italica, in der Nähe des heutigen Sevilla, geboren. Nach dem Tod seines Vaters wurde er zu einem entfernten Verwandten nach Rom gegeben. Der Verwandte war Trajan, der als erster Adoptivkaiser und Provinziale den römischen Kaiserthron besteigen sollte. Um seine Bindung an Trajan zu festigen, heiratete Hadrian im Jahre 100 Sabina, eine Nichte der Kaiserin Plotonia. Wohl erst auf dem Sterbebett gab Trajan dem Drängen Plotonias nach und bestimmte Hadrian zum Erben. Trotz Zweifel an der Rechtmäßigkeit seiner Adoption wurde Hadrian 117 zum Kaiser ausgerufen. Um seine Macht zu festigen, ließ er 118 seine einflussreichsten Widersacher, vier Heerführer Trajans, hinrichten, drängte den Einfluss des Senats zurück und baute den Beamtenapparat aus. Die expansive Außenpolitik seines Vorgängers setzte er nicht fort. Ihm ging es um die Konsolidierung des Reiches. Zum Schutz der Grenzen ließ er den Limes ausbauen und in Nordengland den Hadrianswall errichten. Für inneren Frieden sorgte er durch Rechts-, Finanz- und Heeresreformen. Ausgedehnte Reisen dienten Hadrian der Überwachung der Reichsverwaltung. Anfang der 120er Jahre inspizierte er die West- und Ostprovinzen, 128 die afrikanischen Besitzungen und um 130 erneut den Osten, wo er als Gott verehrt wurde. Bis heute zeugen Stadtgründungen und Bauten in damals bereits bestehenden Städten von diesen Reisen. Hadrian schätzte die griechische Kultur, war philosophisch und literarisch hoch gebildet. So wurde Athen nach Rom zu seinem bevorzugten Aufenthaltsort. Auf Betreiben Hadrians wurden die Athener Philosophenschulen zur Universität zusammengefasst und entstand am Südabhang der Akropolis das Odeion, eine Halle mit mehr als 5000 Plätzen. Der Reiseschriftsteller Pausanias berichtet weiter von der Vollendung dreier Tempel und der Errichtung einer Bibliothek und eines Gymnasiums durch den Kaiser. Athen ernannte ihn zum Archonten (Regenten) und ließ sein Bildnis im Parthenon aufstellen. Wie in Athen entfaltete Hadrian auch in Rom eine rege Bautätigkeit. Ab 121 erfolgten die Errichtung des Tempels der Venus und Roma westlich des Kolosseums, ab 126 die Anlage der Villa bei Tivoli und 134 der Bau des Hadrian-Mausoleums, der heutigen Engelsburg. 130 ertrank Antinous, der Liebling Hadrians, im Nil. Hadrian errichtete für seine kultische Huldigung Tempel und Statuen im ganzen Reich. Er selbst starb acht Jahre später, am 10. Juli 138, in dem Badeort Baiae bei Neapel.

AUF DEN PUNKT GEBRACHT

Keine Raumschöpfung in Verbindung mit einer Idee war so wirksam wie die des Pantheon. Die Kuppel wurde zur Würdeformel par excellence, vom frühen Kirchenbau bis hin zu Lord Norman Fosters Berliner Reichstagskuppel. Die Pantheon-Idee lebte in der französischen Revolution wieder auf. 1791 wurde die Pariser Kirche Sainte-Geneviève zum Panthéon der Franzosen umgewidmet. Spätestens mit der Beisetzung Lord Nelsons 1805 wurde St. Paul's in London zum Pantheon der Briten. Mit der Einweihung der Walhalla bei Regensburg 1842 erhielten auch die Deutschen ihr Pantheon.

DATEN

Errichtet von 118–128 im Auftrag Kaiser Hadrians. Ein Architektenname ist nicht überliefert. Der Raum des Pantheon ist 43,30 m hoch und breit. Die Grundfläche der Vorhalle misst 33,10 × 15,50 m. Das Fundament besteht aus einem 7,30 m breiten und 4,50 m hohen Ring aus Gussmauerwerk. Das aufstrebende Mauerwerk ist etwa 6 m stark. Durchzogen ist es von Entlastungsbögen und Gewölben. Die Kuppel wurde über einer Holzverschalung in einem Stück gegossen.

Abgesehen von Plünderungen, die besonders den bronzenen Bauschmuck betrafen, und des in der Mitte des 18. Jh. veränderten Halbgeschosses (ein schmaler Streifen ist rekonstruiert) zeigt sich das Pantheon weitgehend im antiken Zustand. Einer der bedeutendsten Künstler der Renaissance, Raffael, fand im Pantheon seine letzte Ruhestätte.

EMPFEHLUNGEN

Lesenswert:

William L. MacDonald: *The Pantheon. Design, Meaning, and Progeny*, London 1976

Marguerite Yourcenar: *Ich zähmte die Wölfin. Die Erinnerungen des Kaisers Hadrian*, München 1961

Konstantinsbogen

Rom (313–315) · Auftraggeber: Der Senat und das römische Volk

Der Legende nach siegte Konstantin am 28. Oktober 312 in der Schlacht bei der Milvischen Brücke in Rom unter dem Zeichen Christi. Sein Gegner Maxentius, oder der »Tyrann«, so ist er auf dem Konstantinsbogen bezeichnet, ertrank jämmerlich im Tiber. Von den Christen wurde der Sieg sofort als Wunder gedeutet. Konstantin war jedoch Realpolitiker und kein religiöser Eiferer, weit davon entfernt, den Spieß nun umzudrehen und zur Heidenverfolgung überzugehen. Ihm ging es vielmehr darum, die christliche wie auch die heidnische Bevölkerung hinter sich zu wissen. Und als Realpolitiker konnte er auch nichts gegen die Aufbietung des gesamten Apparates römischer Machtdarstellung zur Feier seines Sieges haben, zu der Geldverteilung, Triumphzug und Triumphbogen gehörten.

Über einen Triumphzug entschied, zumindest der Form nach, nicht der siegreiche Feldherr oder Kaiser, sondern der Senat. Meist sammelte sich der Zug auf dem Marsfeld, berührte den Circus Maximus und bog dann Richtung Kolosseum ab, wo er in das Forum Romanum einzog. Der Länge nach wurde dann das politische und religiöse Zentrum der Stadt durchquert, linker Hand die Kaiserpaläste auf dem Palatin und rechter Hand die Kaiserforen. Ziel war das Kapitol mit dem Tempel des höchsten Gottes, des Jupiter Capitolinus. Drei Triumphbogen haben sich auf dem Forum erhalten: der Titusbogen aus dem Jahr 81, der Septimius-Severus-Bogen von 203 unterhalb des Kapitols und der Konstantinsbogen beim Kolosseum. Doch nur mit einem dieser Bogen, dem für Konstantin, wurde an eine Schlacht erinnert. Den Titusbogen errichtete Domitian für seinen vergöttlichten Bruder und Vorgänger Titus. Er ist der kleinste der drei Bogen und weist nur einen Durchgang auf. Der Septimius-Severus-Bogen hat wie

■ Der Konstantinsbogen

■ Blick auf Rom mit dem Konstantinsbogen links. Stich von Giovanni Battista Piranesi aus *Vedute di Roma*, 1775

der Konstantinsbogen drei Durchgänge und wurde dem Kaiser vom Senat zu seinem zehnjährigen Regierungsjubiläum gesetzt.

Konstantin wuchs in der Zeit der Tetrarchie (»Viererherrschaft«) auf, die das Ergebnis einer umfassenden Reichsreform unter Diocletian war. Ziel war die Dezentralisierung der Verwaltung. Zwei Augusti (Kaiser) standen dem Reich vor, mit je einem adoptierten Unterkaiser an der Seite, der den Titel eines Cäsars trug. Diocletian war Augustus im Osten, der von ihm zum Mitkaiser erhobene Maximian im Westen. Der Vater Konstantins, Constantius I. Chlorus, war Maximian als Cäsar beigeordnet. Rom war nur noch dem Namen nach Hauptstadt. Maximian herrschte von Mailand aus über Italien und Afrika und Constantius I. von Trier und York aus über den Westen und Norden. Nach zwanzig Jahren, im Jahre 305, traten die Augusti wie vorgesehen zugunsten der beiden Cäsaren zurück, die wiederum neue Cäsaren ernannten. Spätestens zu diesem Zeitpunkt begannen sich die Schwächen des Systems zu zeigen. Die dynastischen Interessen der Einzelherrscher waren nicht zu unterdrücken. So wurde Konstantin nach dem Tod seines Vaters im Juli 306 in York zum Augustus ausgerufen. Die Reaktion aus Rom ließ nicht lange auf sich warten, und im Oktober wurde Maximians Sohn Maxentius zum (Gegen-)Kaiser ausgerufen. Im Jahre 307 heiratete Konstantin eine Tochter Maximians. Es war eine Heirat aus politischem Kalkül, denn nachdem er seine Position im Westen gesichert hatte, begann Konstantin 312 mit der Eroberung Italiens und schlug Maxentius im Oktober des Jahres vor Rom. An diesen Sieg erinnert der Konstantinsbogen.

Die Architektur des Bogens lehnt sich eng an die des gut hundert Jahre früher entstandenen Septimius-Severus-Bogens an.

■ *Konstantin und Helena mit dem Kreuz*. Gemälde, 1502, von Cima da Conegliano. S. Giovanni in Bragora

IN HOC SIGNO VINCES

In der Nacht vor der Schlacht an der Milvischen Brücke waren Konstantin in einem Lichtkreuz die Worte »In diesem Zeichen wirst du siegen« erschienen, woraufhin er die Schilde seiner Soldaten mit dem Christusmonogramm versehen ließ. Einen wesentlichen Beitrag zur Legendenbildung leistete die Inschrift am Bogen, nach der Konstantin den Sieg »durch göttliche Eingebung« erlangt habe.

Dies wird besonders im Hauptgeschoss deutlich. Beide Bogen weisen einen hohen mittleren Durchgang auf, den niedrigere seitliche Durchgänge begleiten. Vor die Wand gestellte Säulen rahmen die Bogen und betonen die Gliederung der Fassaden in drei Achsen. Die Säulen an den Bogen sind nicht konstruktiv bedingt, sondern als Würdeformeln eingesetzt. Sie stehen auf Sockeln, und über ihnen erheben sich am Konstantinsbogen Statuen, zwischen denen Inschriftentafeln und Reliefs angebracht sind.

Unübersehbar an dem für Konstantin errichteten Bogen ist der politische und der mit ihm einhergehende wirtschaftliche und kulturelle Niedergang Roms: Ältere Monumente wurden für die skulpturale Ausstattung des Bogens ausgeschlachtet. Leistungsfähige Werkstätten, wie zu Zeiten Hadrians, gab es nicht mehr. Eigens für den Bogen angefertigt wurden lediglich die Reliefs mit Siegesgöttinnen, gefangenen Barbaren, Trophäen und Allegorien, die bis in Höhe der Bogenscheitel reichen. Hinzu kamen die langgestreckten Reliefs über den seitlichen Durchgängen. Sie zeigen Stationen des Feldzuges gegen Maxentius. Es folgen hadrianische Rundbilder mit Jagd- und Opferszenen. Zur Einpassung in den Bogen wurden die Köpfe Hadrians einfach mit den Zügen Konstantins und des 313 noch mit ihm verbündeten Licinius versehen. Unverändert fanden sowohl Statuen vom Trajansforum als auch die Reliefs zwischen ihnen eine Zweitverwendung.

Die älteren Reliefs und Statuen wurden nicht wahllos eingefügt. Zusammen mit jenen, die für den Bogen geschaffen wurden, ergeben sie ein von unten nach oben entwickeltes Programm. Die Allegorien deuten auf den zukünftigen Sieg. In den Rundbildern folgen die Darstellung des Feldzuges, die der Ruhe und der Dankopfer nach dem Sieg sowie der Hinweis auf vorausgegangene römische Siege über die Barbaren.

■ Arc de Triomphe, Paris. Erbaut 1806–1836

Der Triumphbogen ist eine Erfindung der römischen Republik, der im zweiten nachchristlichen Jahrhundert massiv Eingang in den Städtebau außerhalb Italiens fand. Mit der Verbreitung einher ging seine Bedeutungserweiterung. Die dreibogige, von Säulen gerahmte Fassade des Bogens entwickelte sich zu einem vielseitig verwendbaren architektonischen Motiv, das etwa vor Stadttore und Bogen von Wasserleitungen geblendet werden konnte. Die Fassade wie auch der Bogen selbst wurden zur Formel, mit der Rom seinen Besitz- und Führungsanspruch auch in entlegenen Provinzen – im libyschen Tripolis wie im algerischen Timgad – zur Geltung brachte.

KONSTANTINSBOGEN

BIOGRAPHIE

Flavius Valerius Constantinus wurde am 27. Februar 282 in Naissus, heute Niš in Serbien, geboren. Er war ein natürlicher Sohn des Kaisers Constantius I. Chlorus (»der Blasse«) und seiner Konkubine Helena. Am 25. Juli 306 starb Constantius im englischen York. Drei Tage später wurde sein Sohn vom Heer zum Augustus ausgerufen. 312 eroberte Konstantin Italien und schlug am 28. Oktober des Jahres seinen Gegner Maxentius an der Milvischen Brücke, wodurch er zum Alleinherrscher im Westen wurde. Licinius, der Kaiser des Ostens, erließ 313, auch im Namen Konstantins, die Mailänder Konstitution. Diese gewährte Religionsfreiheit, zog aber das Christentum anderen Glaubensformen und Kulten eindeutig vor. 324 schlug Konstantin dann auch Licinius, womit das Reich nochmals für 70 Jahre vereinigt wurde. Seit 312 Kaiser im Westen und seit 324 Kaiser des vereinigten Reiches, initiierte Konstantin eine Reihe von Großbauten, an deren Finanzierung er sich beteiligte. In Trier, einer der Hauptstädte des Römischen Reiches zu seiner Zeit, ließ Konstantin den Kaiserpalast vollenden, von dem im Wesentlichen die um 310 errichtete Palastaula, oder Basilika, erhalten blieb. Drei Jahre später ehrten ihn der Senat und die Bevölkerung Roms mit der Errichtung des Konstantinsbogens. Die von seinem Rivalen um die Alleinherrschaft im Westen begonnene Maxentiusbasilika auf dem Forum Romanum ließ Konstantin vollenden. Gleichzeitig widmete er sie durch die Aufstellung seiner Kolossalstatue um. Drei der großen frühchristlichen Basiliken Roms gehen auf Konstantin zurück: Alt-Sankt-Peter (um 320–330), Sankt Paul vor den Mauern und San Giovanni in Laterano. Hinzu kamen Kirchengründungen in Jerusalem (Grabeskirche, um 325–336) und Bethlehem (Geburtskirche, um 333). Mindestens ebenso weitreichend wie die Kirchenbautätigkeit und damit de facto die Anerkennung des Christentums war die Entscheidung Konstantins zur Verlegung der Hauptstadt des Römischen Reiches nach Osten. Die Gründung Konstantinopels, zuvor Byzantion und heute Istanbul, erfolgte 326, die feierliche Einweihung vier Jahre später. Die Gründe, die zur Verlegung der Hauptstadt führten, sind umstritten. Möglicherweise lagen außenpolitische Motive vor, als Grund wird aber auch der Wunsch Konstantins nach einer christlichen Hauptstadt als Gegenpol zum heidnischen Rom in Erwägung gezogen. Für alle anderen Bereiche der neuen Stadt lieferte Rom in jedem Fall das Vorbild. Die bedeutendsten Kirchengründungen Konstantins in der neuen Hauptstadt waren die Hagia Sophia und die Apostelkirche mit seinem Mausoleum. Konstantin starb am 2. Mai 337 in Nikomedia, heute Izmit, am Marmarameer. Erst auf dem Sterbebett soll er die Taufe empfangen haben. Die Erwachsenentaufe, wenn auch nicht erst kurz vor dem Tod, war in der Antike üblich.

DATEN

Errichtet für Kaiser Konstantin vom Senat und dem Volk Roms als Dank für den Sieg über Maxentius in der Schlacht an der Milvischen Brücke vom 28. Oktober 312. Am 25. Juli 315 eingeweiht. Der Bogen ist etwa 25 m hoch, 25,70 m breit und 7,40 m tief und der prächtigste der drei erhaltenen Triumphbogen Roms. Die Inschrift in der Mitte der Attika lautet: »Dem Cäsar Flavius Constantius Maximus Pius Felix Augustus weihen der Senat und das römische Volk diesen Triumphbogen zum Dank dafür, dass er durch göttliche Eingebung und die Größe seines Geistes zusammen mit seinem Heer mit gerechten Waffen den Staat an dem Tyrannen und zugleich all seinen Anhängern rächte.«

AUF DEN PUNKT GEBRACHT

Triumphbogen ehrten und verherrlichten Taten und Personen in der Antike wie in der Neuzeit. Als temporäre Festarchitektur oder vor Kirchen- und Schlossfassaden geblendet, war der Triumphbogen in der Renaissance und im Barock unverzichtbarer Bestandteil europäischer Herrscherinszenierung. Frei stehende Triumphbogen entstanden wieder verstärkt nach 1800, in Paris die Arc du Carrousel und de Triomphe, in London der Marble Arch und in München das Siegestor.

EMPFEHLUNGEN

Lesenswert:

Filippo Coarelli: *Rom. Ein archäologischer Führer*, Mainz 2000

Nancy H. Ramage, Andrew Ramage: *Römische Kunst. Von Romulus zu Konstantin*, Köln 1999

Hagia Sophia

Istanbul (532–537) · Konzeption und Durchführung: Anthemios von Tralleis und Isidoros von Milet

■ Kaiser Justinian I. (527–565 v. Chr.) Mosaik, 6. Jahrhundert. Ravenna, Sant' Apollinare Nuovo

■ Außenansicht der Hagia Sophia. Radierung, koloriert, um 1820. Aus: F. J. Bertuch, *Bilderbuch für Kinder*

Wie bei keinem anderen Bau sperrt sich der Innenraum der Hagia Sophia, eine der genialsten Schöpfungen der Weltarchitektur, der Beschreibung und damit auch der Analyse. Bestaunt und zum Weltwunder erklärt, blieb der Bau doch für zehn Jahrhunderte ohne Nachfolge. Zu einmalig waren Konzept und Konstruktion. Nicht als christlicher Kirchenbau, sondern erst als Hauptmoschee des Osmanischen Reiches sollte die Hagia Sophia eine Wirkung entfalten: Sinan, einer der bedeutendsten Architekten des 16. Jahrhunderts, besann sich auf den Bau und errichtete mehrere Moscheen nach seinem Vorbild.

Die Hauptstadt des byzantinischen Reiches, Konstantinopel, das heutige Istanbul, wurde am 25. November 326 anstelle der alten griechischen Siedlung Byzantion gegründet und am 11. Mai 330 von Konstantin eingeweiht. Die Stadt sollte zum »Zweiten Rom«, zur nun christlichen Hauptstadt des Römischen Reiches werden. Doch bereits 395 wurde das Reich geteilt. Germaneneinfälle und Plünderungen Roms durch die Ostgoten und Vandalen führten im 5. Jahrhundert zur Auflösung des Westreiches. Das Ostreich bestand fort, erlebte im Mittelalter mehrere Blüten und ging nach langem Abstieg am 29. Mai 1453 mit dem Tod des letzten byzantinischen Kaisers bei der Verteidigung der Stadt gegen die Osmanen unter.

Das Vorbild für die Stadt konnte nur Rom sein. Forum Romanum, Palatin und Circus Maximus fanden ihre Nachfolge im heute von einem Stadtviertel überbauten Palastbezirk. Ohne römisches Vorbild war die Gründung einer Palastkirche, die Bischofs-, Hof- und Staatskirche in einem war und der Konstantin den Namen Hagia Sophia – »Heilige Weisheit« – gab. Die Gestalt der Kirche lässt sich nicht mehr exakt rekonstruieren. Ein Jahr nach ihrer Vollendung 360 stürzte die Kuppel ein. Kaiser Julian, wegen seines Versuchs, heidnische Kulte wieder als Staatsreligion einzuführen, Apostata (»der Abtrünni-

■ Die Hagia Sophia mit den in türkischer Zeit hinzugefügten Minaretten

ge«) genannt, spottete darüber – nun eigne sich die Hagia Sophia nur noch als Pferdestall. Die Betrachtung der römischen Kirchenbauten Konstantins zusammen mit der Bemerkung Julians führen zu der Annahme, dass es sich bei der ersten Hagia Sophia um eine Kombination von basilikalem Langhaus mit zentralisierendem überkuppelten Altarbereich handelte oder aber der Bau über ein von einer Kuppel überhöhtes Mittelschiff verfügte. Für beide Rekonstruktionen spricht die Überlieferung, nach der der Wiederaufbau der Hagia Sophia nach einem Brand 404 als fünfschiffige Basilika erfolgte. Dieser fiel am 13. Januar 532 zusammen mit Teilen des Kaiserpalastes einem Aufstand zum Opfer. Sofort nach der Niederschlagung des Aufstandes machte sich Justinian I. an den Neubau der Hagia Sophia. Dies ist der noch heute bestehende Kirchenbau. Voller Stolz verglich Justinian ihn bei der Weihe Weihnachten 537 mit dem legendären Tempel Salomos in Jerusalem, den er mit der Hagia Sophia übertroffen zu haben meinte.

DAS ACHTE WELTWUNDER

Um 200 v. Chr. beschrieb Philon von Byzanz erstmals sieben Weltwunder. Die Siebenzahl blieb bestehen, doch waren die Werke, die zu den Wundern gezählt wurden, austauschbar. Im 13. Jahrhundert kam die Hagia Sophia hinzu als »das achte Schaustück, berichtenswerter als alle anderen«, wie es in einer anonymen Handschrift heißt. Im 15. Jahrhundert wurde die Hagia Sophia dann auch zu den Sieben Weltwundern gezählt.

Aus den Daten ihrer Grundsteinlegung und Weihe, die von dem Historiker Prokop (um 500–nach 565) überliefert sind, ergibt sich für die Hagia Sophia eine extrem kurze Bauzeit von nicht einmal sechs Jahren. Die Berichte über den Bauhergang sind jedoch widersprüchlich und zum Teil legendär gefärbt. Aber allein die Bauzeit erlaubt es, auf eine hervorragende Baustellenorganisation und Logistik zu schließen, wofür das bereits aus dem antiken Athen überlieferte Leiturgasystem verantwortlich gemacht wird. Nach dem Leiturgasystem waren die Bürger per Gesetz zu unentgeltlichen Leistungen für den Staat und die Allgemeinheit verpflichtet und hatten die damit verbundenen Kosten zu tragen.

Als Baumeister der Hagia Sophia nennt Prokop den Physiker, Mechaniker und Experimentator Anthemios von Tralleis und den Mathematiker Isidoros von Milet. Letzterer scheint vor allem als »Statiker« beteiligt gewesen zu sein und wird für den Kuppeleinsturz von 558 verantwortlich gemacht. Der enorme Schub seiner zu flach konstruierten Kuppel hatte die Nord- und Südpfeiler bereits kurz nach der Vollendung der Kirche ausweichen lassen. Erdbeben führten dann zu ihrem Wegknicken. Noch unter Justinian wurde die Kuppel um etwa sieben Meter höher und mit steilerem Umriss wieder aufgebaut. Die Folge war, dass die horizontalen Schubkräfte abnahmen und innerhalb der Pfeiler vertikal abgeleitet werden konnten. Diese »Statik«, die

■ Blick vom Narthex in den Innenraum

Die über diese Rundung sich erhebende gewaltige kugelförmige Kuppel gewährt einen vorzüglich schönen Anblick. Sie scheint gar nicht auf einem festen Unterbau aufzusitzen, sondern an goldener Kette vom Himmel herabhängend den Raum zu überdecken. All das ist unglaublich hoch in der Luft zusammengeführt, eines am anderen hängend und allein auf das Nächste sich stützend. Prokop (um 500–nach 565)

nicht auf Berechnungen, sondern auf Erfahrungswerten beruhte, stellte sich als die richtige heraus. Spätere Teileinstürze sind nicht auf die Kuppelkonstruktion, sondern auf ein Nachgeben der Unterkonstruktion zurückzuführen.

Die architektonische Seite des Projekts dürfte hauptsächlich Anthemios von Tralleis übernommen haben. Von einer Einflussnahme seitens Justinians und seiner Berater, vor allem Theologen, ist auszugehen. Sie legten dem Bau ein einzigartiges und nie wiederholtes Konzept zugrunde. Im Grundriss erscheint die Hagia Sophia dreischiffig-basilikal. Konventionell sind die aus dem Umriss ragende Apsis (Altarnische), die vorgeschaltete doppelte Vorhalle und das Atrium. Im Aufriss wirkt dagegen in erster Linie die über 56 m hohe Kuppel. Die Basilika mit ihrem gerichteten Raum und der Kuppelbau mit seinem in sich ruhenden Raum waren seit Jahrhunderten geläufige Bautypen. Doch eine Zusammenführung und Verschmelzung der Typen mit ihren gegenläufigen Raumtendenzen, zudem auch noch im Monumentalbau, hatte die Antike zuvor nie gewagt. Eine klar definierte Raumachse führt vom ehemals dem Kaiser vorbehaltenen Mitteleingang der Kirche zur Apsis. Der Raum der Hagia Sophia wird trotzdem nicht als gerichtet wahrgenommen. Dieser Wirkung entgegen steht die Mittelkuppel zusammen mit den sie begleitenden Halbkuppeln. Den Raum unter der Hauptkuppel als Zentralraum wahrzunehmen ist ebenfalls ausgeschlossen. Hierfür müsste der Kuppelraum aus dem Kontinuum des Gesamtraumes ausgeschieden und allein der Kuppel zugeordnet sein. Der Architekt tat jedoch alles, um eine solche Wirkung zu vermeiden, und ließ die Kuppelpfeiler von immerhin 8 × 20 m Grundfläche nicht ins »Hauptschiff« hineinragen, sondern in den »Seitenschiffen« verschwinden.

Rational ist der Raum der Hagia Sophia also nicht fassbar, was bereits in Texten Prokops und anderer Zeitgenossen deutlich wird. Eine rationale Durchdringung des Raumes hätte

■ Innenansicht der Hagia Sophia

■ Blick auf die Hagia Sophia

auch nicht den Intentionen des Auftraggebers und seiner Berater entsprochen, deren Ziel es war, den Raum zu entmaterialisieren und zu vergeistigen. Zu diesem Zweck fiel als Erstes das Jahrhunderte lang befolgte klassische Stütze-Last-Prinzip. Es finden sich keine Pilaster (flach aus der Wand hervortretende Pfeiler) oder Gebälke, die Tragen oder Lasten veranschaulichen könnten. Nirgends ist die Wand durchdrungen. Sie ist als Folie aufgefasst. Dort, wo Säulen auftauchen, sind ihre Schäfte nicht kanneliert, was auf eine gewisse Masse und damit Tragfähigkeit schließen ließe, sondern glatt. Alles folgt dem Prinzip der Flächigkeit. Die Wände sind mit Marmortafeln verkleidet. Dünn wie Papier wirken sie unterhalb der Kuppel, die Fenster scheinen wie eingeschnitten, und selbst die Kuppelpfeiler treten nur als Wand in Erscheinung. Ein Übriges taten die Mosaiken, die ursprünglich wahrscheinlich keine figürlichen Darstellungen, sondern vegetabile Ornamente zeigten. Überall gleitet das Auge ab, nirgends findet es einen Fixpunkt. Die Architektur ist entmaterialisiert.

Den Höhepunkt des Raumes bildet die Kuppel. Das Licht, das von allen Seiten in den Raum fällt, erfährt in ihr seine höchste Steigerung. Es strömt durch vierzig Fenster am Kuppelansatz und lässt die zwischen ihnen zum Scheitel aufsteigenden Rippen verschwinden. Der Raum ist vergeistigt, oder, wie es Justinians Hofdichter Paulos Silentiarius beschrieb: »Die Hagia Sophia (leuchtet) aus sich selbst heraus, aus einer eigenen Mitte, eben der Sonne der göttlichen Weisheit.«

HAGIA SOPHIA

BIOGRAPHIE

Flavius Petrus Sabiatus Justinianus wurde 482 in Tauresium (bei Skopje) geboren. Auf Wunsch seines Onkels Justin I. ging er nach Konstantinopel. Justin hatte ihn als Nachfolger vorgesehen. Entsprechend schnell stieg Justinian in der Hofhierarchie auf, heiratete 523 Theodora und wurde schließlich 527 Kaiser. Zeitgenössischen Berichten zufolge stammte Theodora aus dem Prostituiertenmilieu. Als Kaiserin bestimmte sie Justinians Politik wesentlich mit. Kurz nach seiner Thronbesteigung begann Justinian mit der Sammlung und Kodifizierung des römischen Rechts im *Corpus Juris Civilis*, das zur Grundlage zahlreicher Gesetzbücher der Neuzeit wurde. Die Erstellung der Gesetzessammlung gehörte zu den innenpolitischen Maßnahmen, mit denen Justinian sein Reich zu stabilisieren suchte. Einen herben Rückschlag erlitt seine Politik durch den Nika-Aufstand von 532, bei dem auch die alte Hagia Sophia in Flammen aufging. In den Jahren nach dem Aufstand stürzte Justinan sich in die Außenpolitik. Er eroberte Nordafrika und Ostspanien von den Vandalen und Italien von den Ostgoten zurück. Ziel war die Wiederherstellung des Römischen Reiches in seiner territorialen Einheit, wie es zu Zeiten Konstantins bestanden hatte. Justinians Bestrebungen, das Reich auch religiös zu einen, gingen jedoch weit über die seines Vorgängers hinaus. Wichtigstes Mittel hierfür war die Erlangung des Bildungsmonopols. Justinian ließ heidnische Professoren von ihren Lehrstühlen vertreiben und die von Hadrian ins Leben gerufene Athener Universität teilweise schließen. Aus der Regierungszeit Justinians sind zahlreiche Bauten erhalten. Weitere sind durch die Literatur überliefert, vor allem in Prokops Buch *Von den Gebäuden*, das wahrscheinlich um 555 im Auftrag des Kaisers entstand. Prokop zufolge ließ Justinian zwei der größten unterirdischen Wasserreservoirs Konstantinopels errichten, die Basilika-Zisterne (heute Yerebatan Sarayi) und die Zisterne des Philoxenus (Binbirdirek). Weiter soll Justinian den Neubau oder die Restaurierung von zahlreichen Palästen und von 33 Kirchen veranlasst haben, von denen die wichtigsten die Hagia Sophia, die nahe gelegene und ebenfalls beim Nika-Aufstand abgebrannte Hagia Irene, die Apostelkirche (zerstört) mit dem Grab Konstantins und die Sergios-und-Bakchos-Kirche (heute Moschee) sind. Außerhalb Konstantinopels kümmerte Justinian sich vor allem um den Straßen-, Brücken- und Befestigungsbau, ließ aber auch Umbauten an der konstantinischen Geburtskirche in Bethlehem vornehmen. Aus einem befestigten Platz Justinians ging das berühmte Katharinenkloster auf dem Sinai hervor. Die dort 548 von ihm gestiftete Kirche ist heute einer seiner am besten erhaltenen Bauten. Justinian starb am 15. November 565 in Konstantinopel.

AUF DEN PUNKT GEBRACHT

Die Hagia Sophia stellt eine unübertroffene architektonische Leistung dar. In ihr ist die axial ausgerichtet Basilika mit dem kuppelgewölbten Zentralbau verschmolzen. Die Konstruktion ist rational nicht nachvollziehbar. Marmorverkleidungen, Mosaiken und Licht entmaterialisieren die Architektur. Die Wände werden zur Folie, die Kuppel zur nicht lastenden Raumschale. Der Raum ist vergeistigt.

DATEN

Errichtet von Anthemios von Tralleis und Isidoros von Milet. Die Grundsteinlegung erfolgte am 23. Februar 532, die Weihe am 27. Dezember 537. Ohne Nebenbauten misst die Hagia Sophia 74,80 × 69,70 m. Die Apsis ragt um 6,10 m vor. Die Kuppel ist über einem Quadrat von etwa 31 × 31 m errichtet. Ihr Scheitel liegt 56,20 m über dem Boden. 558 stürzte die Kuppel erstmals ein. Erdbeben Ende des 10. und im 14. Jh. führten zu Teileinstürzen. Im 16. Jh. verstärkte Sinan die Strebepfeiler und Widerlager der Kuppel und fügte dem Bau Minarette hinzu. Eine durchgreifende Restaurierung fand um 1850 statt, wobei auch die größtenteils aus dem 9. bis zum 12. Jh. stammenden Mosaiken wiederentdeckt wurden. Seit 1934 ist die Hagia Sophia Museum.

EMPFEHLUNGEN

Lesenswert:

Vojislav Korác, Marica Šuput: *Byzanz. Architektur und Ornamentik*, Düsseldorf–Zürich 2000

Konrad Onasch: *Lichthöhle und Sternenhaus. Licht und Materie im spätantik-christlichen und frühbyzantinischen Sakralbau*, Dresden–Basel 1993

Sant' Apollinare in Classe

Ravenna (um 535–549) · Auftraggeber: Bischof Ursicinus · Geldgeber: Julianus Argentarius

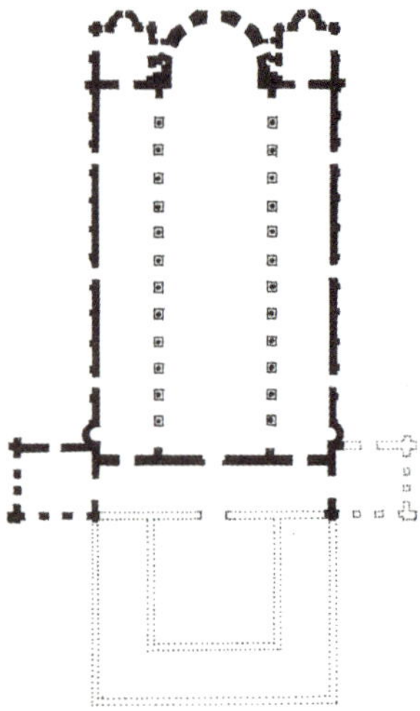

■ Grundriss der Sant' Apollinare in Classe (mit dem verlorenen Atrium)

Mit der Ernennung auch seines zweiten, erst neunjährigen Sohnes zum Augustus und Mitregenten 393 läutete Theodosius I. den endgültigen Zerfall des Römischen Reiches in ein Ost- und ein Westreich ein. Theodosius starb 395. Arcadius wurde Kaiser des Ostreiches und blieb in Konstantinopel. Sein Bruder Honorius ging nach Italien, wo er Mailand zur Residenz wählte, und Rom verlor seine politische Bedeutung. Doch Germaneneinfälle bedrohten Mailand, und der Hof wechselte kurz nach 400 in die als uneinnehmbar geltende Hafenstadt Ravenna. Aus einer kleinen Stadt an der Adria wurde die Hauptstadt des Westreiches: Ravenna begann sich zu entwickeln. Der Untergang Westroms 476 tat dem keinen Abbruch. Roms Wiederaufstieg sollte erst noch kommen, als Hauptstadt des Ostgotenreiches unter Theoderich und seinen Nachfolgern. Mit der Eingliederung in das Byzantinische Reich verließ Ravenna um die Mitte des 6. Jahrhunderts das Rampenlicht, in dem es nur anderthalb Jahrhunderte gestanden hatte. Es sank in die Provinzialität zurück – aus heutiger Sicht ein Glücksfall, denn es fehlte fortan an Geld, an mächtigen Bischöfen und Herrschern, die durch Neu- oder Umbauten der Stadt ihren Stempel aufdrückten. So blieben in Ravenna zahlreiche bedeutende frühchristliche Bauten erhalten, die in den Zentren – Rom oder Konstantinopel – zerstört oder durch spätere Veränderungen verfälscht sind. So ist es die ravennatische Kirche Sant' Apollinare in Classe, in der bis heute die Idee der ersten, nicht mehr in Katakomben oder Privathäusern versteckten, sondern in Konkurrenz zu den großen öffentlichen Gebäuden einer Stadt tretenden christlichen Kirchenbauten am reinsten fortlebt.

Auf den ersten Blick mag es verwundern, dass Sant' Apollinare in Classe in einer weiten Ebene vor und nicht in der Stadt selbst liegt, doch war der Bauplatz wahrscheinlich durch das Grab des Heiligen vorbestimmt. Es muss

■ Fassade mit Vorhalle

■ Innenraum nach Osten

demnach in der Nähe des von Augustus gegründeten Kriegshafens (lat. »classis«: Flotte) gelegen haben, dem Ravenna seinen Wohlstand verdankte. Der Hafen ist längst verlandet, und nur noch der Name der Kirche erinnert an ihn.

Vorbild für die Architektur von Sant' Apollinare in Classe waren die römischen Kirchengründungen Konstantins vom Anfang des 4. Jahrhunderts. Wie in Alt-Sankt-Peter folgte in Sant' Apollinare in Classe auf das im Westen gelegene Atrium, das im Kirchenbau die Funktion eines Vorhofes übernahm, eine Vorhalle (Narthex). Dem Narthex schließt sich der lang gestreckte Baukörper der Kirche an. In beiden Fällen ist das basilikale Schema eingehalten, das heißt, der Kirchenraum besteht aus einem hohen und breiten Mittelschiff, das niedrigere und schmalere Seitenschiffe begleiten. Als die reichere und früher entstandene Kirche hatte Alt-Sankt-Peter fünf Schiffe, die in ein Querhaus mündeten, auf das in Sant' Apollinare in Classe, wie auch auf die äußeren Seitenschiffe, verzichtet wurde. Das Mittelschiff von Sant' Apollinare in Classe endet direkt vor der als monumentale Apsis errichteten Altarnische. Ein Bogen, der im Kirchenbau an dieser Stelle Triumphbogen genannt wird, setzt beide Bauteile voneinander ab und hebt den Altarbereich hervor. Die Seitenschiffe münden vor Pastophorien, bei denen es sich um kleine quadratische Räume byzantinischen Ursprungs mit Apsiden an den Stirnseiten handelt. Die Seitenwände des Mittelschiffs werden von Arkaden getragen. Die Arkadenbogen erlauben einen verhältnismäßig weiten Säulenabstand, wodurch eine Abschrankung der Seitenschiffe vom Mittelschiff vermieden ist. Anders als in Alt-Sankt-Peter, wo gerade gedeckte Kolonnaden mit eng stehenden Säulen die Mittelschiffswände trugen, fließen in Sant' Apollinare in Classe die Schiffe zu einem Gesamtraum zusammen. Auch ist Sant' Apollinare in Classe we-

HAUPTSTADT RAVENNA – VERKEHRTE WELT

Die Kranken laufen herum, und die Ärzte liegen zu Bett, es wachen die Diebe, und die Verwaltung ist tyrannisch, der Klerus macht Bankgeschäfte, und die Syrer (bekannt als die gewandtesten Geldleute) singen Psalmen, die Händler sind kriegerisch, und die Mönche handeln, die Alten üben sich im Ballspiel, während die Jungen das Glücksspiel betreiben, die Eunuchen sind Literaten und Krieger zugleich.

Sidonius Apollinaris (um 430–485)

■ Palast des Theoderich, Mosaik in Sant' Apollinare Nuovo, 1. Viertel des 6. Jahrhunderts

sentlich heller als Sankt Peter gewesen sein kann, wo Licht nur durch Fenster im oberen Wandbereich des Mittelschiffes (Obergaden) in die Kirche fiel.

Anders als in Ravenna zu erwarten, waren die Schiffswände von Sant' Apollinare in Classe nicht mit Mosaiken versehen, sondern mit Marmor verkleidet. Mosaiken finden sich nur am Triumphbogen und in der Apsis. Ihre Themen sind die Ausbreitung des Glaubens und die Sammlung der Gläubigen durch den Bischof. Umgeben von den Evangelistensymbolen, erscheint Christus über der Mitte des Triumphbogens. Zwölf Lämmer, mit denen die Apostel gemeint sind, kommen aus Stadttoren und bewegen sich auf ihn zu. Die Stadttore stehen für Bethlehem und Jerusalem, die seit Augustin Synonyme für den Gottesstaat waren. Die Palmen und Erzengel seitlich des Bogens sind Zeichen des Lebens und des Sieges über den Tod. In der Apsiswölbung ist die Verklärung Christi auf dem Berg Tabor (Mt. 17, 1 ff.) symbolisch dargestellt. Über dem Mittelfenster der Apsis steht der Heilige Apollinaris in einer paradiesischen Landschaft. Wiederum zwölf Lämmer, die hier als Gläubige zu deuten sind, gehen auf ihn zu. Zwischen den Fenstern stehen vier ravennatische Bischöfe, unter ihnen Ursicinus, der Gründer von Sant' Apollinare in Classe. Die Reihe setzte sich mit dem amtierenden Bischof fort, der unter ihnen auf seinem Thron Platz nahm.

Sant' Apollinare in Classe entstand fast gleichzeitig mit San Vitale in Ravenna. Beide Kirchen wurden von Julianus Argentarius (lat.: »Bankier, Wechsler«) finanziert. Apollinaris, der tatsächlich um 200 lebte, war der Legende zufolge mit Petrus nach Rom gekommen und wurde dann erster Bischof von Ravenna. Sein Zeitgenosse Vitalis kam wahrscheinlich während der Christenverfolgungen unter Nero in Ravenna um. Beide Kirchen wurden also Heiligen geweiht, die eng mit der Stadt verbunden waren. Mit ihnen verliehen die ravennatischen Bischöfe der gestiegenen Bedeutung ihres Sitzes Ausdruck und könnten auch versucht haben, Parallelen zu Rom zu ziehen. Petrus und Apollinaris galten als Zeitgenossen, beide waren sie die ersten Bischöfe einer Stadt, und sowohl Alt-Sankt-Peter wie auch Sant' Apollinare in Classe wurden über Gräbern außerhalb der Stadt errichtet.

SANT' APOLLINARE IN CLASSE

CHRISTENVERFOLGUNG, MÄRTYRERKULT UND HEILIGENVEREHRUNG

Abgesehen von regional begrenzten Verfolgungen, etwa unter Nero 64 in Rom und unter Trajan 177 in Lyon, kam es erst ab der Mitte des 3. Jh. zu größeren, staatlich organisierten Maßnahmen gegen die Christen. Das Römische Reich befand sich in der Krise. Verstärkt versuchte man sich der Gnade der Götter durch staatliche Kulte zu versichern. Bisher hatte jeder Gott im römischen Götterhimmel seinen Platz gefunden, ob es nun die kleinasiatische Kybele, die ägyptische Isis oder der persische Mithras war. Doch der Gott der Christen mit seinem Absolutheitsanspruch sperrte sich dagegen, Gott unter Göttern zu werden. Er gestattete seinen Anhängern zwar, für den Kaiser zu beten, doch Anbetung kam nur ihm zu. Zwangsläufig wurden die Christen zu Staatsfeinden. Den christlichen Gemeinden waren ihre in den Verfolgungen getöteten Glaubensgenossen Märtyrer (»Blutzeugen«). Sie wurden verehrt, denn das für den Glauben vergossene Blut hatte sie von Sünden reingewaschen, und sie waren direkt in das Paradies eingegangen. Aus diesem Grund erschien nicht wenigen Christen das Martyrium erstrebenswert. Selbstanzeigen kamen vor, obwohl sie von der Kirche missbilligt wurden. Früh schon wurde den Märtyrern die Möglichkeit zur »Vermittlung« zwischen Gott und den Menschen zugesprochen. Wichtig war den Gemeinden, den Leichnam ihres Märtyrers zu erhalten, denn antiker Vorstellung zufolge hielt sich die Seele des Verstorbenen in der Nähe des Grabes auf oder kehrte von Zeit zu Zeit zu ihm zurück. Wie die heidnischen Heroengedenkstätten wurden die Märtyrergräber zu Kultorten. Im 3. Jh. begann die Kirche die Verehrung ihrer »Blutzeugen« gezielt auszubauen und zu instrumentalisieren. Statt die antiken Götter und Heroen zu bekämpfen, wurden sie einfach durch christliche Heilige verdrängt und ersetzt. Bald war der christliche Himmel ähnlich dicht bevölkert wie der heidnische Olymp. Die Unterschiede verwischten, sodass von dem Kult der Märtyrer und Heiligen eine stärkere Gefährdung des noch jungen Christentums ausgehen konnte als von den Verfolgungen. Mit der Durchsetzung des Christentums am Anfang des 4. Jh. wurden Märtyrergräber zusehends mit Kapellen und Kirchen überbaut. Gleichzeitig setzte die Praxis der Translation, der feierlichen Überführung von Gebeinen der Märtyrer und deren Teilung, ein. Zumindest eine Reliquie (»Überbleibsel«) musste im Altar jeder Kirche niedergelegt werden. Zahlreiche Reliquien wurden nun aufgrund von Visionen und Träumen gefunden. Ein schwunghafter Handel blühte auf. Da die Zeit der Verfolgung vorbei war, traten zu den Märtyrern Mönchs-, Bischofs- und andere Heilige. Dem Missbrauch waren Tür und Tor geöffnet; wer heilig war, entschied bis ins hohe Mittelalter hinein das Volk. Erst 1234 wurden Heiligsprechungen zum Vorrecht des Papstes.

AUF DEN PUNKT GEBRACHT

Der heidnische Tempel war kein Vorbild für den christlichen Kirchenbau. Der neue Glaube sah keine Wohnung für seinen Gott vor. Was er brauchte, waren Versammlungsstätten. Hier boten sich die großen mehrschiffigen Basiliken an. Einmal in den Kirchenbau eingeführt, wurde die römische Basilika zum am meisten verbreiteten und variierten christlichen Bautypus überhaupt.

DATEN

Errichtet im Auftrag Bischof Ursicinus' von Ravenna (reg. 532–536). Die Kosten trug Julianus Argentarius. Am 9. Mai 549 geweiht. Das Atrium ist im Fundament nachgewiesen. Der Narthex (Vorhalle) wurde im 19. Jh. rekonstruiert. Der Glockenturm östlich der Kirche stammt vom Ende des 10. Jh. Der Kirchenraum misst 55,60 × 30,30 m. Von den Mosaiken stammt nur das der Apsis weitgehend aus der Entstehungszeit. Der Boden der Apsis wurde beim Einbau der Krypta (unterirdische Grabanlage) im 7. Jh. oder später erhöht. Die Marmorverkleidung der Schiffswände ließ Sigismondo Malatesta um 1450 entfernen. Sie fanden in dem von Leon Battista Alberti errichteten Tempio Malatestiano in Rimini eine Zweitverwendung. Der offene Dachstuhl von Sant' Apollinare in Classe ist modern. Ursprünglich wies die Kirche eine hölzerne Flachdecke auf.

EMPFEHLUNGEN

Lesenswert:
Vojislav Korác, Marica Šuput: *Byzanz. Architektur und Ornamentik*, Düsseldorf–Zürich 2000

Pfalzkapelle

Aachen (um 800) · Gemeinschaftswerk: Karl der Große, Alkuin, Einhard, Odo von Metz

■ Kaiser Karl der Große. Kupferstich nach einem Gemälde von Albrecht Dürer

■ Rekonstruktion des Ursprungszustands der Pfalzkapelle. Zeichnung von J. Buchkremer

Einiges an Vorstellungskraft ist nötig, um zum Kern des Aachener Doms, der Pfalzkapelle Karls des Großen, vorzudringen. Wegzudenken sind der hochgotische Chor, die Kapellenanbauten, der alles überragende Westturm und die prächtige »byzantinische« Innenausstattung. Was bleibt, ist ein schlichter Zentralbau. Um zum ursprünglichen Zustand der Pfalz Karls des Großen zu kommen, wären dem Bau dann noch seitliche, möglicherweise dreischiffige Anbauten, ein Vorhof und ein Gang nach Norden zum Rathaus führend hinzuzufügen, an dessen Stelle sich ursprünglich die Königshalle befand. Kapelle und Halle waren zu ihrer Zeit nördlich der Alpen beispiellos. Das Gleiche gilt für den Anspruch, dem die Pfalzanlage gerecht zu werden hatte. Sie sollte Aachen zur Hauptresidenz eines erneuerten Römischen Reiches machen, zu einem »Zweiten Rom«, wie Konstantinopel es war. Entsprechend hochkarätige Vorbilder waren zu zitieren. Für die Königshalle bot sich die nicht weit entfernte konstantinische Palastaula in Trier an. Komplizierter war die Situation hinsichtlich des Kirchenbaus. Da Karl die Pfalzkapelle von vornherein auch zu seiner Grablege bestimmt haben dürfte, kam nur ein Zentralbau in Frage. Bedeutende Vorbilder mit entsprechender politischer Aussagekraft bestanden allein in Italien. Um weder den Papst noch den byzantinischen Kaiser zu brüskieren, war hier besonderes Fingerspitzengefühl an den Tag zu legen. Karl umging Rom und legte der Aachener Pfalzkapelle einen ravennatischen Bau zugrunde, womit er Rücksicht bewies und zugleich eine dezidiert politische Aussage traf.

Mit beiden Städten, Rom wie Ravenna, kam Karl der Große früh in Berührung. Als er zwölf Jahre alt war, 754, salbte ihn der Papst in Saint-Denis bei

■ Ansicht der Pfalzkapelle. Im Zentrum der Kuppelbau Karls des Großen

Paris und verlieh ihm den Ehrentitel eines »Patricius Romanorum«, eines Statthalters von Rom oder Ravenna. Zwanzig Jahre sollten vergehen, bis Karl Ostern 774 erstmals Rom, und weitere zwölf, bis er Ravenna betrat. Karls erster Rombesuch war nur ein Abstecher, den er von der Belagerung der Hauptstadt der Langobarden, Pavia, aus machte. Pavia fiel im Juni 774. Fortan führte Karl, nun der mächtigste Herrscher Westeuropas, den Titel eines Königs der Franken und Langobarden. Der Gedanke an eine Erneuerung des (west-)römischen Kaisertums lag nahe, die dann mit der Krönung Karls Weihnachten 800 in Rom erfolgte. 812 erkannte ihn der byzantinische Kaiser an. Der Preis für die Anerkennung war die Herausgabe von Gebieten an der Adria, darunter Venedig, und der Verzicht, seine Kaiserwürde als römisch zu bezeichnen.

Was Karl um 790, ein Jahrzehnt vor seiner Kaiserkrönung, bewog, Aachen zu seiner Hauptresidenz auszubauen, kann nur

KARL DEN GROSSEN HAT ES NIE GEGEBEN
Mitte der 1990er Jahre sorgte eine These für Aufsehen, nach der 300 Jahre Mittelalter, und zwar von September 614 bis August 911, eine Erfindung seien. Unbestritten ist die mittelalterliche Praxis der Urkundenfälschung, von der der Autor des *Erfundenen Mittelalters* ausgeht, doch hält die daraus abgeleitete Behauptung einer »konzertierten Aktion« von Kaisern und Päpsten, in der um das Jahr 1000 drei Jahrhunderte mit Stoff angefüllt worden seien, keiner auch nur halbwegs kritischen Betrachtung stand.

■ Blick in das Oktogon der Pfalzkapelle

vermutet werden. »Aquis Villa« oder »Vicus Aquensis«, wie Karls Biograph Einhard es 820 nennen sollte, war ein unbedeutendes Dorf, das zwar über einen Königshof verfügte, aber abseits der Zentren des Frankenreiches lag. Karl hielt sich erstmals im Winter 768/69 in Aachen auf, wobei er auch die bereits in römischer Zeit genutzten Thermalquellen kennen lernte, die dem Ort seinen Namen gegeben hatten. In den folgenden Sommern war er auf Feldzügen vor allem gegen die Sachsen und in den Wintern auf Pfalzen zwischen dem niederländischen Nimwegen und dem nordwestlich von Reims gelegenen Attigny zu finden. Dieses »Reisekönigtum« war typisch für das Frühmittelalter, doch muss mit den Jahren der Wunsch nach einer monumentalen Pfalzanlage im Sinne einer Hauptresidenz gewachsen sein. Die Entscheidung fiel wahrscheinlich bei Karls zweitem Aachenaufenthalt 788/89. Für den Ort sprachen die warmen Quellen, die Karl, inzwischen fast fünfzig Jahre alt, sicher geschätzt hat. Hinzu kam Aachens politische Bedeutungslosigkeit, die Karl gesucht haben könnte, um mit seinen fränkisch-merowingischen Vorgängern zu brechen, die einer ideellen Anknüpfung an das Römische

■ Grundriss der Pfalzkapelle Karls des Großen

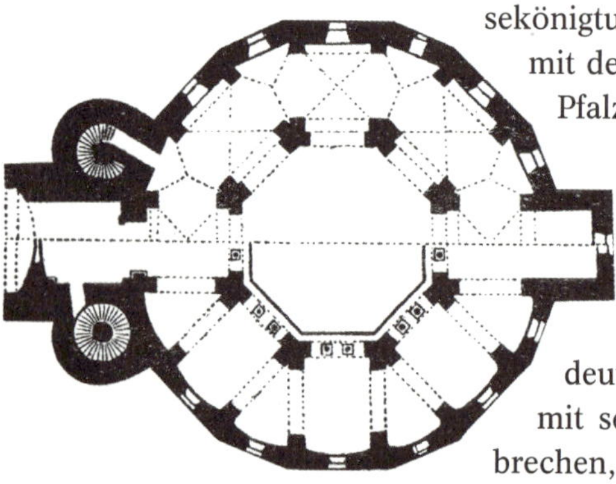

DIE AACHENER SÄULEN

Zu Ach hab ich gesehen die proportionierten Säuln mit ihren guten Kapiteln von Porfit (Porphyr), grün und rot, und Gossenstein (Granit), die Carolus von Rom dahin hat bringen lassen und do einflicken; diese sind werklich nach Vitruvius' Schreiben gemacht.

Albrecht Dürer 1520 in seinem Tagebuch

Reich möglicherweise im Wege standen. Parallelen zur Gründung Konstantinopels liegen deutlich auf der Hand.

Mit der Errichtung der Pfalzkapelle muss kurz nach der Entscheidung zum Ausbau Aachens begonnen worden sein. 798, also noch vor der Kaiserkrönung, war sie im Rohbau vollendet. Die fertige Kirche wurde 805 vom Papst geweiht. Das Zentrum der Kirche bildet ein Achteck (Oktogon), um das ein sechzehnseitiger Umgang gelegt ist, den ursprünglich ein kleiner Kastenchor nach Osten erweiterte. Das Oktogon ist ein steiler, fast 32 m hoher schachtartiger Raum. Acht kräftige Rundbögen tragen die durch eine zweigeschossige Arkadenstellung vergitterten Arkaden des Ober- oder Emporengeschosses. Hinter diesen Arkaden befinden sich rechteckige, auf das Oktogon ausgerichtete Räume. Der Thron Karls des Großen stand im Emporengeschoss über dem Eingang. Im Kern dürfte er in dem heute an seiner Stelle stehenden, für die Krönung Ottos I. 936 hergerichteten Thron erhalten sein. Der Thronraum ist in den massiven Westbau erweitert und durch einen geschossübergreifenden Bogen in der Fassade betont. Das Innere der Kapelle war ursprünglich wohl nur verputzt. Ein karolingisches Kuppelmosaik ist wahrscheinlich, aber nicht sicher nachzuweisen.

Ohne den Kreis von Gelehrten, den Karl seit Beginn der 780er Jahre um sich sammelte, ist ein Bau, wie ihn die Pfalzkapelle darstellt, kaum denkbar. Zwar hatte Karl, einer Quelle aus der Zeit um 900 zufolge, beschlossen, die Kapelle »nach eigenem Plan zu erbauen«, doch sind dem Angelsachsen Alkuin, den Karl 781 in Parma kennen lernte, dem Biographen Einhard und dem »Architekten« Odo von Metz, von dem nicht mehr als der Name bekannt ist, erhebliche Anteile zuzusprechen. Mit ihnen muss Karl das Vorbild besprochen haben, das er aus eigener Anschauung kannte: San Vitale

■ Innenansicht der Pfalzkapelle

KONSTANTINISCHE SCHENKUNG
Die berühmteste gefälschte Urkunde des Mittelalters wurde zu Lebzeiten Karls des Großen am päpstlichen Hof abgefasst. Ihr zufolge legte Konstantin den Primat der römischen Kirche fest und übertrug dem Papst die Herrschaft über die Stadt Rom und die Westhälfte des Römischen Reiches. Zweifel an der Echtheit der Urkunde kamen bereits um 1000 auf. Als Fälschung entlarvt wurde sie im 15. Jahrhundert.

in Ravenna. Überdeutlich ist im Emporengeschoss der Pfalzkapelle das Säulengitter der ravennatischen Kirche zitiert, die zwar »nur« von einem Privatmann finanziert, aber durch die Mosaikbildnisse Kaiser Justinians I. und Kaiserin Theodoras zur Herrscherkirche geworden war. Zusätzlich scheint in den Erdgeschossarkaden des Aachener Oktogons die Fassadengliederung des Theoderich-Mausoleums in Ravenna auf. Karl griff also auf Ravenna, die letzte Hauptstadt Westroms und die Hauptstadt des Nachfolgereiches der Ostgoten, zurück und betonte so seinen Anspruch auf das west-, nicht das gesamtrömische Kaisertum. Gleichzeitig muss er sich als Erbe der italienischen Besitztümer Justinians verstanden haben, die er seinem Einflussbereich einverleibt hatte. Konkret stellte Karl sich dann in die Nachfolge des bedeutendsten Königs der Ostgoten, Theoderich (453–526). So wie Karl durch die Eroberung des Langobardenreiches seine Herrschaft in Italien begründet hatte, so hatte Theoderich sie durch die Zerschlagung des Reiches Odoakers erlangt. Nach seiner Kaiserkrönung betonte Karl diese »Nachfolge« zusätzlich, indem er das Reiterstandbild Theoderichs von Ravenna nach Aachen bringen ließ. Weiter bediente Karl sich so genannter Spolien – Architekturteile, die bestehenden Bauten entnommen und in neue Zusammenhänge eingefügt werden –, um die Legitimität seines Kaisertums zu unterstreichen. Bereits 786/87 hatte er vom Papst die Erlaubnis erhalten, Säulen aus dem »Palast in Ravenna« zu entnehmen, die zusammen mit ebensolchen aus Rom in Aachen wieder aufgestellt wurden. Zehn Jahrhunderte verblieben die Säulen an ihrem Ort, bis Napoleon, der sich wiederum in der Nachfolge Karls sah und wie sein Vorbild eine Erneuerung des Römischen Reiches anstrebte, sie 1794/95 ausbrechen und nach Paris schaffen ließ. 1815 kehrte der größte Teil der Säulen nach Aachen zurück. Vier finden sich dagegen noch heute fest eingebaut im Louvre.

■ Außenansicht der San Vitale, Ravenna

PFALZKAPELLE

BIOGRAPHIE

Karl der Große, französisch Charlemagne, wurde wahrscheinlich am 2. April 742 geboren. Der Geburtsort ist nicht überliefert. Als Hausmeier standen die Vorfahren Karls über mehrere Generationen dem Hauswesen, den Domänen und vor allem dem kriegerischen Gefolge der fränkischen Könige aus dem Geschlecht der Merowinger vor, deren Macht sie um 700 faktisch übernahmen. Mit Zustimmung des Papstes entthronte Karls Vater Pippin III. den letzten Merowinger und ließ sich 751 in Soissons zum König wählen. Im päpstlichen Auftrag gesalbt, war Pippin der erste europäische Herrscher, dessen Königtum nach dem Vorbild alttestamentarischer Könige eine Legitimation im christlichen Sinne erhielt. Drei Jahre später salbte dann der Papst selbst Karl und seinen jüngeren Bruder Karlmann. Als Dank erfolgte 754 und 756 die »Pippinsche Schenkung«. 768 teilte Pippin das Reich unter seinen Söhnen auf. Nach dem Tod Karlmanns 771 riss Karl das Erbe seines Bruders an sich und wurde zum Alleinherrscher im fränkischen Reich. Karl betrieb eine ausgesprochene Expansionspolitik. Auf Drängen des Papstes eroberte er 773/74 das Langobardenreich (Lombardei). Karl erneuerte die Schenkung seines Vaters und bestätigte sie nochmals 781, womit er die Grundlagen für den weltlichen Besitz des Papstes, den Kirchenstaat, schuf. De facto unterstand das »Patrimonium Petri« jedoch fränkischer Herrschaft. In Feldzügen drängte Karl weit über die Elbe nach Norden und Osten, in die Pyrenäen und bis nach Ungarn vor. Den Eroberungen folgte in der Regel die Christianisierung der Bevölkerung. Ziel der Politik Karls war die »Renovatio Romani Imperii«, die »Erneuerung des römischen Reiches« im christlichen Sinne. Weihnachten 800 ließ er sich in Rom zum Kaiser krönen, womit es fast 350 Jahre nach dem Untergang Westroms wieder ein abendländisches Kaisertum gab. Am 28. Januar 814 starb Karl in Aachen und wurde in der Pfalzkapelle beigesetzt. 1165 ließ Kaiser Friedrich I. Barbarossa ihn heilig sprechen. Die Idee der »Renovatio Romani Imperii« zieht sich nicht nur durch die Politik Karls des Großen, sondern auch durch alle Kunstgattungen seiner Zeit von der Architektur bis in die Buchmalerei und Elfenbeinschnitzerei. Antik-Römisches, aber auch Byzantinisches lieferte die Vorbilder. Mit vollem Recht trägt die Epoche Karls und seiner Nachfolger die Bezeichnung »Karolingische Renaissance«. Bedeutende Kirchenbauten entstanden in Salzburg, Paderborn, Köln, Fulda und im französischen Centula. Ein karolinigischer Idealentwurf ist der Klosterplan von Sankt Gallen. Neben der Aachener Pfalzkapelle und der Torhalle des Klosters Lorsch stellen die von Karls Biographen Einhard errichteten Kirchen in Seligenstadt am Main und Steinbach im Odenwald die wichtigsten erhaltenen Bauten der Zeit Karls des Großen dar.

DATEN

Errichtet um 800. Als Architekt wird der nicht weiter nachweisbare Odo von Metz genannt. Bis 1531 fanden in Aachen Krönungen statt. Der Durchmesser der Pfalzkapelle beträgt etwa 19,50 m. Das Oktogon ist im Inneren 31,50 m hoch. Nachdem der Kastenchor bereits in der 2. Hälfte des 15. Jh. durch einen gotischen ersetzt wurde, erhielt die Kapelle nach einem Brand 1656 eine barocke Ausstattung. 1794/95 ließ Napoleon die antiken Säulen nach Paris bringen. 1815 kehrten sie größtenteils nach Aachen zurück und wurden um 1845 wieder eingebaut. Im Zuge der aus Legitimationsgründen vom letzten deutschen Kaiser veranlassten »Byzantinisierung« der Kapelle entstanden um 1900 das Kuppelmosaik und die Marmorvertäfelungen.

EMPFEHLUNGEN

Lesenswert:

Ernst Günther Grimme: *Der Dom zu Aachen. Architektur und Ausstattung*, Aachen 1994

Heribert Illig: *Das erfundene Mittelalter. Die größte Zeitfälschung der Geschichte*, Düsseldorf 1996

AUF DEN PUNKT GEBRACHT

Die Aachener Pfalzkapelle ist der erste gewölbte Großbau der Nachantike nördlich der Alpen. Mit ihren zwei Geschossen ist sie ein direkter Vorläufer der zweistöckigen Kapellen, wie sie sich vor allem in Pfalzen und Burgen des 10. und 11. Jahrhunderts finden.

Kaiserdom zu Speyer

(1025, 1029–1061 und 1082–1106) · Auftraggeber: die Kaiser Konrad II. und Heinrich IV.

Mit Angst blickte das christliche Europa der Wende vom ersten zum zweiten nachchristlichen Jahrtausend entgegen. Viele glaubten, das Ende der Welt werde kommen, hatte doch der Evangelist Johannes in der Apokalypse (Apk. 20, 1–10) ein tausendjähriges Reich unter der Herrschaft Christi prophezeit, auf das eine kurze Herrschaft des Teufels und dann das Jüngste Gericht folgen sollten. »Endzeitstimmung« herrschte, die sich in den Jahren nach 1000 Luft verschaffte – im Bauen von Kirchen. In der sich nicht erfüllenden Prophezeiung des Johannes ist zumindest einer der Gründe für die Fülle von Kirchenbauten zu sehen, die besonders in England, Frankreich und Deutschland nach der Jahrtausendwende entstanden. Eine weitere wichtige Rolle spielte die politische Konsolidierung Westeuropas. 955 war ein erstes gesamtenglisches Königtum geschaffen worden, und 987 bestiegen die Kapetinger den Thron, die Frankreich zu einem mächtigen feudalistischen Staatswesen ausbauen sollten. Vorherrschende Macht blieb jedoch das »Deutsche« Reich. 150 Jahre nach dem Tod Karls des Großen hatte Otto I. die Idee des Kaisertums wieder aufleben lassen, und auf seine Königskrönung in Aachen war 962 die Kaiserkrönung in Rom erfolgt. Wie Karl errichtete auch Otto in Eigenregie eine Kirche als Symbol seiner Macht sowie als Grablege: den heute durch einen gotischen Bau ersetzten Magdeburger Dom. Beiden, Karl wie Otto, eiferte auch der erste Kaiser aus dem Haus der Salier, Konrad II., nach. 1027 war er in Rom zum Kaiser gekrönt worden, und um die gleiche Zeit begann er mit den Bauarbeiten für seine Grablege, den Dom zu Speyer.

■ Ansicht des Kaiserdoms von Osten

Nicht nur im Vergleich mit der Aachener Pfalzkapelle wird deutlich, dass in Speyer ein völlig neues Konzept zum Tragen kam. Der Bau wurde in einer Weise durchrationalisiert, die es seit der Antike nicht mehr gegeben hatte. Ziel war nicht die Schaffung eines entmaterialisierten und vergeistigten Raumes wie in der Hagia Sophia. Auch strebte man keine komplizierte Raumfigur nach dem Vorbild der Pfalzkapelle in Aachen (Achteck im Sechzehneck) an, sondern klar definierte Räume und Raumabschnitte, die über einfache Maß- und Proportionsverhältnisse in Beziehung zueinander gesetzt wurden. Den Anfang mit dieser neuen Bauauffassung machte 1001 Sankt Michael in Hildesheim. Im Hintergrund stand aller Wahrscheinlichkeit nach Vitruv, der zwar bereits in karolinigischer Zeit wieder gelesen wurde, allerdings unter rein philologischen Gesichtspunkten, wie aus einem Brief des Biographen Karls des Großen, Einhard, hervorgeht. In Hildesheim kam es dann kurz vor 1000 zu einer einmaligen Konstellation. Bischof Bernward, der selbst im Besitz eines bedeutenden spätantiken Mathematiktraktats des Boethius war, berief mit dem Probst von Sankt Pantaleon in Köln zum ersten Abt von Sankt Michael den Mann, in dessen Besitz sich die älteste erhaltene Vitruv-Handschrift befand. Als Theologen waren beide das Denken in abstrakten Begriffen gewohnt. Dieses Denken ermöglichte ihnen, die von Vitruv beschriebenen Proportionssysteme von der Formensprache antiker Architektur zu lösen und den Bedürfnissen des Kirchenbaues anzupassen. Quer- und Mittelschiff sind in Hildesheim gleich breit. Anders als bei den frühchristlichen Basiliken in Rom und Ravenna stößt das Hildesheimer Mittelschiff nicht mehr unvermittelt auf das Querschiff, sondern durchdringt es. Es entsteht die Vierung, ein beiden Bauteilen gemeinsamer Raum von quadratischem Grundriss. Pfeilervorlagen und Bögen heben die Vierung hervor und scheiden sie aus dem Raumkontinuum. Das Vierungsquadrat wurde in Hil-

■ Luftaufnahme des Kaiserdoms zu Speyer

■ Kaiser Konrad II. als Stammvater des salischen Hauses. Federzeichnung, um 1130. Aus einer wohl in der Benediktinerabtei Corvey entstandenen Handschrift *Chronicon universale* des Ekkehard von Aura. Berlin, Staatsbibliothek Preußischer Kulturbesitz

■ St. Michael in Hildesheim. Erbaut 1010–1033 unter Bischof Bernward. Ansicht von Süden

desheim zum Hauptmaß; ein Quadrat bildet einen Querschiffarm, und drei Quadrate lang ist das Mittelschiff. Von diesem »quadratischen Schematismus« noch nicht ergriffen sind die Hildesheimer Seitenschiffe. Das Einbeziehen der Seitenschiffe geschieht erst in der Weiterentwicklung zum »gebundenen System«, das erstmals in Speyer nachweisbar ist.

Der Speyerer Dom wurde in zwei Bauphasen errichtet, für die sich die Bezeichnungen Speyer I und II eingebürgert haben. Wie Sankt Michael in Hildesheim wurde auch der Dom zu Speyer als dreischiffige Basilika mit ausgeschiedener Vierung errichtet. In etwa nehmen auch hier die Querschiffarme das Vierungsquadrat zum Maß. Im Gegensatz zu Hildesheim, wo Pfeiler die Ecken der Mittelschiffsquadrate markieren und den Raum rhythmisieren, lief das Mittelschiff von Speyer I jedoch wie bei den frühchristlichen Basiliken gleichförmig durch. Horizontale Gesimse betonen in den alten Basiliken einen Zug zur Apsis (Altarnische) und zum Hauptaltar. Anders in Speyer I: Hier setzte der Architekt einen starken vertikalen Akzent, indem er je eine Erdgeschossarkade und ein Obergadenfenster (Fenster im oberen Wandbereich) durch monumentale Blendarkaden zusammenfasste. Das Vorbild für diese geschossübergreifenden, der Wand vorgeblendeten Arkaden lieferte die Palastaula in Trier. Von ihr hatte bereits Karl der Große das Motiv für seine Aachener Königshalle übernommen. Durch die Arkaden wurde das Mittelschiff von Speyer I zu einem kaiserlichen Raum, in dem Konrad II. und seine Nachfolger sich dann auch beisetzen ließen.

Und er ergriff den Drachen, die alte Schlange, das ist der Teufel und der Satan, und fesselte ihn für tausend Jahre und warf ihn in den Abgrund und verschloss ihn und setzte ein Siegel oben darauf, damit er die Völker nicht mehr verführen sollte, bis vollendet würden die tausend Jahre. Danach muss er losgelassen werden eine kleine Zeit.

Apokalypse, Kap. 20, Vers 2–3

Beim Tod Konrads war der Dombau noch nicht vollendet. Die Schlussweihe konnte erst 1061 unter seinem Enkel Heinrich IV. stattfinden. Speyer I bestand gerade einmal zwanzig Jahre, da machte Heinrich sich auch schon an den Umbau dieser für ihn und

seine Familie so wichtigen Kirche. Wie beim Neubau war auch der Umbau politisch begründet. Es war die Zeit des Investiturstreits: Mit Gregor VII. hatte 1073 ein kompromissloser Verfechter der von dem burgundischen Kloster Cluny ausgegangenen Kirchenreform den Papstthron bestiegen. Gregor bestritt das Recht Heinrichs auf die Ernennung (Investitur) der Bischöfe und Äbte, das die Grundlage des von Otto I. begründeten »Reichskirchensystems« war, in dem der König und Kaiser sich vor allem auf die Bischöfe stützte. Schnell spitzte sich der Streit zu. 1075 drohte der Papst Heinrich mit dem Kirchenausschluss. Im Gegenzug sprach Heinrich die Absetzung Gregors aus. Doch der Papst saß am längeren Hebel. Gregors Absetzung blieb unwirksam, und im Januar 1077 musste Heinrich nach Canossa gehen, um wieder in die Kirche aufgenommen zu werden. Diese persönliche Erniedrigung war für Heinrich nötig, um seine politische Handlungsfreiheit wiederzuerlangen. Zu einer Aussöhnung mit dem Papsttum kam es nicht. Um sein Ziel, die Kaiserkrönung, zu erreichen, sah Heinrich sich daher gezwungen, einen Gegenpapst zu ernennen. Sicher nicht zufällig war es der Bischof von Ravenna, den er erhob und der ihn 1084 dann auch krönte.

■ Typisch für die Romanik sind, wie hier am Chor des Doms zu Speyer, die um die Apsis verlaufende Arkade und die Rundbogenöffnungen und -friese

■ Längendurchschnitt durch das Mittelschiff /südl. Wand. Stahlstich, 1855, von C. Mayer

Das römische Kaisertum bestand von Otto I. (962) bis 1806. Die Bezeichnung des Reiches als »heilig« kam in der Mitte des 12. Jahrhunderts auf und ist als Antwort auf die Entsakralisierung des Kaisertums im Investiturstreit zu verstehen. Im Zuge der Selbsternennung Napoleons zum Kaiser der Franzosen 1804 akzeptierte der letzte römische Kaiser Franz II. die Errichtung eines österreichischen Kaiserreiches. Den Griff Napoleons nach der römischen Kaiserkrone konnte Franz verhindern. Er legte sie 1806 mit der Erklärung nieder, dass das Heilige Römische Reich Deutscher Nation erloschen sei.

Der Baubeginn von Speyer II fällt in die Zeit zwischen der Inthronisierung des Gegenpapstes 1080 und der Kaiserkrönung. Heinrich ließ die Ostteile des Domes neu errichten und das Mittelschiff wölben. Die Speyerer Seitenschiffe waren von Anfang an gewölbt, und zwar über einem Vierbogengerüst, das auf runden Wand- oder Pfeilervorlagen ruht. In Längsrichtung verlaufende Scheidbögen rahmen die Fenster und die zum Mittelschiff führenden Arkaden. Gurtbogen überspannen den Raum und teilen ihn in Abschnitte – Joche – ein. Nach diesem System ließ Heinrich nun auch das Mittelschiff wölben, wobei immer zwei der geschossübergreifenden Blendarkaden von Scheidbogen zu einem Joch zusammengefasst wurden. »Zufällig« entstand dabei das »gebundene System«, dem zufolge immer zwei im Idealfall quadratische Seitenschiffsjoche einem Mittelschiffsjoch zugeordnet sind. Konsequent führte Heinrich so den von seinem Großvater begonnenen Bau zu Ende. Erstmals seit der Antike wurde ein einheitliches System angewendet, das die Bauteile in Beziehung zueinander setzte und hierarchisch ordnete; und erstmals wurde der Anspruch auf das römische Kaisererbe nicht mehr durch eine »Kopie« erhoben, sondern durch einen Bau, der Rom übertreffen sollte.

■ Schnitt durch das Querhaus und die Vierung des Doms von Speyer mit der weitgehend wieder entfernten Ausmalung des 19. Jahrhunderts. Stahlstich, 1855, von Carl Mayer

KAISERDOM ZU SPEYER

DIE SALIER

Um die Mitte des 9. Jh. waren aus dem fränkischen Reich ein Mittelreich, das schnell zerfiel, ein Westreich, das spätere Frankreich, und ein Ostreich, das spätere Deutschland, hervorgegangen. Im Ostreich regierten die Karolinger mit Unterbrechungen bis 987, im Westreich bis 911. Das von Karl dem Großen errungene römische Kaisertum ruhte in dieser Zeit, mit einer Ausnahme von nur wenigen Jahren. Danach strebte erst Otto I. aus dem Geschlecht der Liudolfinger (Ottonen) wieder nach ihm, und er errang es 962. Die Liudolfinger starben 1024 aus, und der Salier Konrad (II.) wurde zum deutschen König gewählt. Konrads weiterer Aufstieg verlief rasant: 1026 König der Langobarden, 1027 Kaiserkrönung in Rom, 1028 Sicherung der Nachfolge durch die Wahl seines Sohnes Heinrich (III.) zum römischen König, 1033/34 König von Burgund (Arelat). Um die auch immer sakral verstandene Kaiserwürde untrennbar mit seinem Geschlecht zu verbinden, muss Konrad spätestens nach 1027 mit dem Bau einer »Hauskirche« mit Grablege begonnen haben. Als Ort für diesen Kirchenbau kam nur Speyer infrage, wo die Salier seit Jahrhunderten als Gaugrafen und Statthalter des Königs ansässig waren. Heinrich III. setzte den Bau seines Vaters fort, doch auch er erlebte die Fertigstellung nicht. Die Schlussweihe fand erst unter seinem Sohn statt, der 1056 als sechsjähriger den deutschen Königsthron bestiegen hatte. Bis zu seiner Volljährigkeit war Heinrich IV. ein Spielball der Mächtigen. 1066 übernahm er dann die Regierung eines in seiner Einheit bedrohten Reiches. Die Wiederherstellung der zentralen Reichsgewalt schien das kleinere Problem. Langwieriger und letztlich nicht lösbar war der Streit Heinrichs mit dem Papst um das Investiturrecht. Gregor VII. lehnte jeden Einfluss von Laien auf die Kirche und damit das Recht der Einsetzung der Bischöfe und Äbte durch Weltliche ab. De facto bedeutete dies, dass Heinrich die Machtgrundlage entzogen wurde. Der Gang nach Canossa 1077 war nur eine Atempause. Wenige Jahre später spitzte sich die politische Situation erneut zu. Während Heinrich von einem Gegenpapst zum Kaiser gekrönt wurde, machte ihm ein Gegenkönig die Macht in Deutschland streitig. Heinrich setzte auf »symbolische Politik« und begann mit dem Umbau des Speyerer Domes. 1105, ein Jahr vor der Vollendung des Umbaus, wurde Heinrich von seinem Sohn gleichen Namens abgesetzt, der sich auf die Seite des Papstes geschlagen hatte. Doch auch Heinrich V. lehnte lange den Verzicht auf das Investiturrecht ab. Zu einem Ausgleich kam es erst 1122. Drei Jahre später, mit dem Tod Heinrichs V., starben die Salier aus.

AUF DEN PUNKT GEBRACHT

Mit dem Dom zu Speyer schufen die Salier einen Bau, der europaweit seinesgleichen suchte. Die Rationalität der Wand- und Gewölbegliederung war beispiellos. Dem »gebundenen System« gehörte die Zukunft. Der Bau ist politische Architektur par excellence. Mit ihm unterstrich Konrad II. seinen Anspruch auf die römische Kaiserwürde, und durch den Umbau bewies sein Enkel Heinrich IV. nach dem Gang nach Canossa seine Treue zur Kirche.

DATEN

1025/1029 von Konrad II. begonnen und 1061 vollendet (Speyer I). 1082 Beginn der von Heinrich IV. initiierten Umbauten unter der Leitung des Bischofs Benno von Osnabrück (Speyer II). Betroffen sind das Querhaus und der Chor. Das Mittelschiff wird gewölbt. Die Kirche ist 134 m lang und im Querschiff 55 m breit. Die Gewölbe sind 33 m hoch. Das Langhaus wurde nach schweren Zerstörungen im pfälzischen Erbfolgekrieg 1689 in den 1770er Jahren in der ursprünglichen Form wieder aufgebaut. Der Wiederaufbau des Westbaues erfolgte um 1850 in veränderten Formen. Die gleichzeitig entstandene Ausmalung im Inneren wurde um 1960, im Sinne einer Rückführung des Baus in seinen ursprünglichen Zustand, weitgehend entfernt.

EMPFEHLUNGEN

Lesenswert:

Bernhard Schütz, Wolfgang Müller: *Deutsche Romanik. Die Kirchenbauten der Kaiser, Bischöfe und Klöster*, Freiburg–Basel–Wien 1989

Hansmartin Schwarzmaier: *Von Speyer nach Rom. Wegstationen und Lebensspuren der Salier*, Sigmaringen 1992

White Tower

London (1078–1097) · Auftraggeber: Wilhelm der Eroberer · Ausführung: Gundulf von Bec

■ Tower, London. Ansicht von der Themse aus. Stahlstich, 1. Hälfte 19. Jahrhundert

Ob berechtigt oder nicht, sei dahingestellt; nach dem Tod Eduard des Bekenners Anfang Januar 1066 erhob Wilhelm, Herzog der Normandie, Ansprüche auf den englischen Thron. Um sie durchzusetzen, landete er im Oktober mit einem Invasionsheer in England und besiegte in der Schlacht bei Hastings am Ärmelkanal den gewählten Nachfolger Eduards. London leistete noch einige Wochen Widerstand, doch auch der war bis zur Krönung Wilhelms, an Weihnachten desselben Jahres in Westminster, gebrochen. Auf den Bekenner folgte der Eroberer, und bis 1071 gelang es Wilhelm, ganz England zu unterwerfen. Die bestehenden Verfassungseinrichtungen und Gesetze wurden von ihm ausdrücklich anerkannt, doch ersetzte er die eingesessene Machtelite durch seine Gefolgsleute aus dem normannischen Adel, was weitreichende Folgen für die Entwicklung der englischen Kultur haben sollte. Der bis zur Eroberung vorherrschende angelsächsisch-dänische Einfluss schwand zugunsten eines normannisch-französischen.

Den Londonern traute Wilhelm nicht über den Weg. »Einige Festungen (habe ich) gegen die Wankelmütigkeit der großen und wilden Masse« der Bevölkerung in der Stadt errichten lassen, ließ er nach seiner Krönung verlautbaren. Aus einer dieser »Festungen«, einem zum Umland hin durch die alte römische Stadtmauer und gegen die Stadt durch Gräben und Palisaden gesicherten niedrigen Hügel, sollte der »Tower« hervorgehen. Der erwähnte Hügel lag am südöstlichen Rand des alten Londons, der heutigen City, und war mit einfachen Hütten und einem hölzernen Turm bebaut. Die Anlage war zwar geeignet, die Bevölkerung der Hauptstadt in Schach zu halten, hätte einem größeren Angriff von außen aber kaum standhalten können. Dies sollte sich erst 1077 mit der Ankunft des Mönches Gundulf ändern. Gundulf stammte aus dem normannischen Benediktinerkloster Bec und

Aufgrund eines königlichen Statuts gehören Raben zu den »official members« des Towers. Sie genießen beste Pflege, denn einem Aberglauben zufolge stürzt die Krone, sollten sie ihren »Turm« verlassen.

war von Wilhelm als Bischof von Rochester vorgesehen. Mit der Berufung Gundulfs bezweckte Wilhelm jedoch mehr als die Besetzung des Bischofsstuhls der Themse abwärts gelegenen Stadt durch einen Normannen. Er muss ihn gleichzeitig als »Architekten« für den White Tower vorgesehen haben, hatte Gundulf doch bereits in der Normandie mehrere Kirchen und Burgen errichtet und verfügte somit über Baupraxis. Dieser wurde eine hohe Bedeutung beigemessen, denn Methoden zur Berechung der Statik waren unbekannt, und die Standfestigkeit eines Baues war einzig das Ergebnis von Erfahrungswerten. Hinzu kamen bei Gundulf mit Sicherheit Kenntnisse der Architekturtheorie. Er war also geradezu vorherbestimmt, auch die Planung und Ausführung einer »normannischen« Burg für London zu übernehmen. Parallel zu dem Londoner White Tower ließ er auch in Rochester eine Burg erbauen und die von den Dänen zerstörte Kathedrale der Stadt wiederherstellen. Gundulf starb um 1108. Bis zu seinem Tod war er die bestimmende Figur des englischen Architekturgesche-

WIKINGER UND NORMANNEN

Jahrhunderte lang waren die Wikinger der Schrecken Europas. Sie drangen bis nach Konstantinopel, Spanien und Italien vor. Als Normannen (»Nordmänner«) ließen sie sich im Mündungsgebiet der Seine nieder und gründeten 911 das Herzogtum Normandie. Aus den raublustigen Seefahrern wurden Untertanen des französischen Königs. Ihrer Eroberungslust tat dies keinen Abbruch: 1066 setzte Wilhelm, Herzog der Normandie, nach England über. Um die gleiche Zeit vertrieben normannische Söldner die Byzantiner und Araber aus Süditalien. 1130 gründeten sie das Königreich Sizilien.

■ White Tower, London. Ansicht von der Uferpromenade der Themse

■ Modell des mittelalterlichen Tower. Im Vordergrund die Themse mit dem »Traitors' Gate«, durch das damals Gefangene auf dem Wasserweg in den Tower geschafft wurden. In der Mitte der 1097 fertiggestellte White Tower, mit knapp 30 Metern das damals höchste Bauwerk der Anlage

hens und trug wesentlich zur Durchsetzung des »Norman Style« bei, der Ende des 12. Jahrhunderts von der Gotik, dem so genannten »Early English«, abgelöst werden sollte.

Zur Abwehr äußerer Feinde lag der 1066 befestigte Hügel im Südosten Londons äußerst günstig. Von ihm aus bot sich ein freier Blick auf die Themse flussabwärts. Mit einem Angriff aus dem Landesinneren war Mitte der 1170er Jahre kaum mehr zu rechnen. Sehr wohl konnten jedoch flussaufwärts segelnde Schiffe nach wie vor eine Bedrohung darstellen. Vom Hügel waren sie frühzeitig zu sehen, sodass Gegenmaßnahmen rechtzeitig eingeleitet werden

HINRICHTUNGEN IM WHITE TOWER

Schaurige Berühmtheit erlangte der Tower durch Morde und Hinrichtungen, die dort stattfanden. Während der Rosenkriege (1455–1485) ließ Eduard IV. seinen Gegner Heinrich VI. im Tower umbringen. Nach dem Tod ihres Vaters wurden Eduards Söhne noch als Kinder auf Befehl ihres Onkels Richard III. ermordet. Sie standen der Thronbesteigung Richards im Wege. Heinrich VIII. ließ zwei seiner Frauen, Anna Boleyn und Katharine Howard, im Tower hinrichten.

konnten. Wilhelm und Gundulf wollten auf alle Fälle das verhindern, wofür ihre Vorfahren berühmt-berüchtigt waren: das Eindringen in ein Land über die großen Flussläufe und die Plünderung von Städten.

Die Lage der Londoner Burg war also weitgehend vorbestimmt und dürfte kaum Stoff für Erörterungen zwischen den am Planungsprozess Beteiligten geliefert haben. Anders lagen die Dinge beim Bau selbst. Unstrittig war der dem White Tower zugrunde zu legende Bautyp. Es konnte nur der allen Beteiligten geläufige französische Wohn- und Wehrturm, ein »Donjon«, sein. Doch hatte ein nach London verpflanzter Donjon zwangsläufig mehr als nur praktischen Zwecken zu dienen. Er musste zum Symbol für militärische und damit auch für kulturelle Überlegenheit werden. Grundsätzlich war dies schon durch den Bautyp bewerkstelligt, doch wahrscheinlich nicht ausgeprägt genug. Es scheint, dass der White Tower in Anlehnung an den Donjon des längst zerstörten herzoglichen Palastes von Rouen errichtet wurde, wodurch Wilhelm dann seine Herkunft aus dem Geschlecht der Herzöge der Normandie unterstrichen hätte, deren illegitimer Spross er war. Der Anbruch der neuen Zeit wäre somit direkt auf Wilhelm und seine Herrschaft bezogen gewesen.

■ Wilhelm der Eroberer setzt mit seinen Truppen nach England über, um seinen Anspruch auf den englischen Thron durchzusetzen. Stickerei, Teppich von Bayeux, spätes 11. Jahrhundert (Ausschnitt)

■ Der White Tower bei Nacht

■ Ansicht von London mit dem White Tower. Buchminiatur, 15. Jahrhundert

Die Überlegenheit der normannischen Architektur über jene, die die Eroberer auf der Insel vorfanden, ist unbestritten. Die beiden Hauptgeschosse des White Tower erheben sich über einem Erdgeschoss, in dem sich untergeordnete Wirtschaftsräume und ein Brunnen befanden. Der Eingang lag nicht ebenerdig, sondern im ersten Geschoss und war nur über eine hölzerne, im Verteidigungsfall leicht abzureißende Treppe zu erreichen. Besondere Beachtung musste die Außenansicht finden. In ihr war die tatsächlich vorhandene Wehrhaftigkeit mit architektonischen Mitteln zum Ausdruck zu bringen. Nicht als steinernes Ungetüm, sondern als fein gegliederter Körper ragt der White Tower aus seiner Umgebung. Strebepfeiler, die sich nach oben verjüngen und in den meterdicken Mauern zu verschwinden scheinen, teilen die Fassaden in regelmäßige vertikale Abschnitte. Im Verein mit den Türmen und dem Zinnenkranz sind sie es, die Massivität und Stärke – Macht – veranschaulichen. Obwohl als Zwingburg und Wehrbau errichtet, hatte der White Tower kaum einer Belagerung standzuhalten und wurde nie erobert. Von Anfang an war er symbolische Architektur, und noch heute gehört er zu den Staatssymbolen Englands.

WHITE TOWER

KÖNIGSBURG – GEFÄNGNIS – SYMBOL

Nach 20-jähriger Bauzeit war der White Tower Ende des 11. Jh. vollendet. Nachfolgende Generationen machten sich an den weiteren Ausbau der Londoner Burg, jedoch stets im respektvollen, auf die Verteidigungsfähigkeit des Kernbaues Rücksicht nehmenden Abstand. In der ersten Hälfte des 13. Jh. begann Heinrich III. mit der Anlage des inneren Mauerringes, den sein Sohn Eduard I. vollendete und durch einen zweiten, den äußeren Mauerring, verstärkte. Es entstand ein schmaler Gang, in den die Türme des inneren Ringes ragen. Feinde, die den ersten Mauerring überwunden hatten, waren den Bogenschützen hier schutzlos ausgeliefert. Spätestens seit diesem Zeitpunkt galt der Tower als uneinnehmbar. Die königliche Münze wurde in die Burg verlegt, und die Kronjuwelen zur Aufbewahrung hierher gebracht. Aus der Zeit Eduards stammt auch das zur Themse gelegene »Traitor's Gate« (»Verrätertor«), durch das alle Gefangenen, die mit dem Boot gebracht wurden, den Tower betraten. Eine regere Bautätigkeit ist dann wieder Anfang des 16. Jh. unter Heinrich VIII. zu verzeichnen. Er ließ nach einem Brand 1519 die in der Nordwestecke des Hofes gelegene Kirche St. Peter ad Vincula (»St. Peter in Ketten«) wiederherstellen und in der Südwestecke für seine zweite Frau Anna Boleyn 1530 das »Queen's House« errichten. Auf dem »Tower Green« vor ihrem Haus wurde Anna sechs Jahre später enthauptet und wie andere hochrangige Gefangene nach ihrer Hinrichtung auch in der kleinen Peterskirche bestattet. Ende des 17. Jh. wurde der Tower mit 90 Kanonen bestückt, und in der Südostecke wurden die »New Armouries« errichtet. Entlang der Nordmauer entstand das »Great Storehouse«. Es brannte 1841 ab. An seiner Stelle stehen heute die »Waterloo Barracks«, in denen seit 1962 die Kronjuwelen aufbewahrt werden. Das seit den Tagen Heinrichs III. im Tower bestehende Tiergehege wurde 1835 aufgelöst. Aus ihm ging der Londoner Zoo hervor. Mit dem äußeren Mauerring Eduards I. hatte der Tower um 1300 in etwa seine heutige Ausdehnung erreicht. Jahrhunderte lang war er Befestigungsanlage, Palast, Münze, Tiergehege, Waffenlager und Gefängnis in einem. Was seine Faszination ausmacht, ist die Mischung von trivialem Grusel und Jahrhunderte alter Tradition. Er ist das Symbol der britischen Monarchie. Zu ihm gehören die Ermordeten und Hingerichteten – Männer, Frauen, Kinder – ebenso wie die »staatstragende« Pflege der Raben, die »Beefeaters« (eine Verballhornung des französischen »buffetier«, »Mundschenk«) in ihren malerischen Kostümen und die seit 700 Jahren unverändert stattfindende »Ceremony of the Keys«, mit der allabendlich Punkt 21.53 Uhr das Haupttor des White Tower verschlossen wird.

AUF DEN PUNKT GEBRACHT

Der von dem Mönch Gundulf als steinerner kubischer Block errichtete White Tower war der erste bedeutende nachantike Profanbau Englands. Jahrhunderte lang diente er als königlicher Palast und ist bis heute einer der Orte, an denen sich die britische Monarchie am deutlichsten manifestiert.

DATEN

1078–1098 im Auftrag Wilhelms des Eroberers unter der Leitung des Benediktinermönches und späteren Bischofs von Rochester Gundulf errichtet. Seinen Namen verdankt der Bau dem weißen Anstrich, den er spätestens im 13. Jh. erhielt. Der White Tower wurde über einem annähernd quadratischen Grundriss von 36,00 × 32,50 m errichtet und ist 27,50 m hoch. Die Strebepfeiler wie die Zinnen und Kanten der Türme sind mit Quadern aus hellem Kalkstein eingefasst, der eigens aus der Normandie importiert wurde. In die Türme sind enge Wendeltreppen eingelassen. Feinde konnten so immer nur einzeln vordringen und waren leicht zu überwältigen. An der südöstlichen Ecke ragt die Apsis der Tower-Kapelle aus dem Geviert. Sie ist nach dem Vorbild kontinentaler Burgkapellen zweigeschossig. Die oberen Partien der Fassaden und Türme ließ Heinich VIII. im 16. Jh. erneuern. Fast alle Fenster wurden um 1700 von Sir Christopher Wren vergrößert.

EMPFEHLUNGEN

Lesenswert:
Derek Wilson: *The Tower. 1078–1978*, London 1978

Cluny III

(1088–1131/32) · Bauherr: Abt Hugo von Semur · Beteiligt: Gunzo von Baume, Ezelo von Lüttich

▪ Cluny, ehemalige Klosterkirche Saint-Pierre-et-Paul (Cluny III). Ostansicht der Kirche im 16. Jahrhundert. Lithographie, nach 1789, von Émile Sagot. Paris, Bibliothèque Nationale, Kupferstichkabinett

»Cluny bleibt eine Fata Morgana.«
Wolfgang Braunfels

Cluny. Gleich einem Phantom geistert dieser kleine burgundische Ort durch die europäische Kirchen- und Architekturgeschichte. Er wurde zum Inbegriff für die erste große abendländische Kloster- und Kirchenreform und für einen der größten je errichteten Kirchenbauten. Schon wenige Jahrzehnte nach seiner Gründung 910 hatte das Benediktinerkloster eine weit über Burgund hinausreichende Bedeutung erlangt, die im 11. Jahrhundert die grundsätzliche Neudefinierung des Verhältnisses von Kaiser und Papst einleiten sollte. Die Voraussetzungen für den Aufstieg lieferten zwei Passagen der Gründungsurkunde. Cluny war wie üblich als »Eigenkloster« gegründet worden. Doch verzichtete der Stifter Wilhelm von Aquitanien ausdrücklich auf das damals noch selbstverständliche Recht zur Ernennung der Äbte und auf Einkünfte aus dem Kloster. Die Mönche sollten auf der Grundlage wirtschaftlicher Unabhängigkeit ihren Abt frei wählen können – ein absolutes Novum im 10. Jahrhundert. Hinzu kam, ebenfalls ein Novum, die politische Unabhängigkeit des Klosters. Kein Bischof, auch nicht der Papst, dem Cluny direkt unterstellt war, sollte Einfluss auf das Kloster nehmen dürfen.

In der symbolischen Anzahl von zwölf Mönchen und einem Abt wurde der von Wilhelm zur Klostergründung gestiftete Gutshof bezogen. Kaum zu glauben, dass in diesen bescheidenen Anfängen die Wurzeln zu den großen Reformen liegen sollten. Doch tatkräftige Äbte machten es möglich. Sie gaben der Gemeinschaft eine strenge Ordnung. Hinzu kam eine ausgeprägte Spiritualität, die in einen immer währenden Gottesdienst mündete. Die Äbte forderten weiter, dass nach dem Vorbild Clunys alle Klöster von ihren Stiftern und Feudalherren unabhängig und Rom direkt unterstellt werden sollten. Das Reformprogramm fand die Zustimmung des Papstes, und 932 erhielt Cluny das Recht, Tochterklöster zu gründen und reformwillige Klöster unter seine Herrschaft zu stellen. Die kleine Kirche aus den Gründungstagen genügte nun nicht mehr und wurde seit 948 durch einen Neubau ersetzt. Diese zweite Kirche war eine dreischiffige Basilika mit Querhaus und einem lang gestreckten Chor, dem sich seitliche Nebenchöre zur Aufnahme weiterer Altäre anschlossen.

■ Abt Hugo spricht mit Gunzo, einem Architekten von Cluny. Miniatur des 12. Jahrhunderts aus der *Histoire de Cluny*, Paris, Bibliothèque Nationale.

In den hundert Jahren des Bestehens von Cluny II machte die »Reform« einen grundsätzlichen Wandel durch. Aus dem Kloster ging eine Kirchenreform von ungeheurer politischer Sprengkraft hervor. Das Papsttum begann gegen den Kauf und Verkauf von kirchlichen Ämtern (nach Apostelgeschichte 8, 18–24) und die Priesterehe und das Leben der Priester im Konkubinat (nach Apokalypse 2, 6) genauso vehement vorzugehen wie gegen die Einmischung von Laien in die Kirche. Zuletzt genannter Punkt brachte den Kaiser auf den Plan, dessen Macht gerade auf der »Einmischung in die Kirche« beruhte, waren doch die von ihm ernannten Bischöfe und Äbte stets seine treuesten Gefolgsleute. Der Streit gipfelte 1077 in dem Gang Heinrichs IV. nach Canossa. Wie um die Demütigung des Kaisers noch zu unterstreichen, begann die Reform in 1080er Jahren in Deutschland Fuß zu fassen. Ihren Anfang nahm sie im Schwarzwaldkloster Hirsau, wo 1082 mit dem Bau einer Kirche nach dem Vorbild von Cluny II begonnen wurde. Im gleichen Jahr entschied Heinrich sich für die vollständige Wölbung des Speyerer Doms, der so auch zu einem »Anti-Cluny« werden musste.

Sechs Jahre später, 1088, machte sich der Abt von Cluny, Hugo von Semur, daran, alles an Kirchenbauten je da Gewesene zu übertrumpfen, den Bau des Kaisers in Speyer wie auch Sankt Peter in Rom. Acht Türme krönten seinen Bau und machten ihn zum Abbild des »Himmlischen Jerusalems«. Zitiert wurden nur die höchstkarätigen Vorbilder. Das Langhaus war fünfschiffig wie die frühchristlichen Basiliken Roms, und die Apsis markierte eine im Halbkreis geführte Säulenstellung nach dem Vorbild der Rotunde der konstantinischen Grabeskirche in Jerusalem.

■ Cluny, Modell der mittelalterlichen Klosteranlage. Photopostkarte um 1900

■ Computeranimierte Rekonstruktion von Cluny III

Hinzu kamen bahnbrechende Neuerungen. Die Wände des Mittelschiffes wurden horizontal in drei Zonen geteilt und die inneren Seitenschiffe als Umgang um die Apsis geführt, auf die wiederum die Kapellen an der Außenseite des Umgangs ausgerichtet waren: Dreizoniger Wandaufriss, Chorumgang und die »Umgangs-« oder »Radialkapellen« weisen in diesem noch durch und durch romanischen Bau bereits auf die Gotik hin. Bei der Schlussweihe der Kirche 1132 war dann auch Abt Suger anwesend, dessen wenig später begonnener Neubau von Saint-Denis bei Paris der Initialbau für den neuen Stil werden sollte.

Im 11. Jahrhundert war Cluny zum Haupt eines Reiches von mehr als 600 Klöstern in ganz Europa geworden. Die Äbte lebten wie Fürsten. Spöttisch wurden sie mit Königen verglichen. Nichts von der andernorts selbstverständlichen Bescheidenheit mönchischen Lebens war mehr in Cluny zu spüren. Heftige Kritik wurde laut, besonders in dem knapp hundert Kilometer entfernten, ebenfalls benediktinischen Kloster Cîteaux. Hier entstand, noch während Cluny III im Bau war, das asketische Gegenkonzept der Zisterzienser. Cluny war zum Untergang verurteilt. Die Umwandlung in eine »Kommende«, das heißt eine kirchliche Pfründe, deren Inhaber ohne Amtsverpflichtung war, leitete den Untergang 1258 ein. Die »Äbte« von Cluny, unter ihnen im 17. Jahrhundert die Kardinäle Richelieu und Mazarin, strichen nur noch die Einkünfte ein. Um 1800 wurde Cluny III bis auf geringe Reste abgetragen.

Eine Annäherung an diesen Bau scheint kaum noch möglich. Die dreidimensionale »begehbare« Rekonstruktion am Computer schafft ein zwar maßstabgetreues Abbild, doch ohne dessen »Geist« erfassen zu können. Authentischer sind da immer noch die Darstellungen des 17. und 18. Jahrhunderts, in denen auch das Staunen des Zeichners über den vor Augen stehenden Bau zum Ausdruck kommt, oder die Aktion Gérard Régniers: Ziel des Architekten war nicht die Rekonstruktion, sondern die Vergegenwärtigung von Cluny III, als er Ende des 20. Jahrhunderts den Grundriss über Freiflächen und Bebauung hinweg mit weißen Tüchern auslegte.

GÖTTLICH SANKTIONIERTER BAUAUFTRAG

Erhebe dich schnell, Bruder (Gunzo), und überbringe Hugo, dem Abt dieser Kirche, unseren Auftrag: Die Enge dieser unserer Basilika kann die Menge der Brüder kaum fassen; wir wollen, dass der Abt eine geräumigere baue … Danach sah Gunzo Petrus selbst ein dünnes Seil spannen und selbst die Länge und Breite (der Kirche) ausmessen; er wies ihm auch die Bauart und riet ihm dabei an, seinem Geist die Erinnerung an Maße und Gestalt doch fest einzuprägen.

Gilo, *Leben des Heiligen Abtes Hugo, um 1120/21*

CLUNY III

MÖNCH UND KLOSTER

Die ersten Klöster entstanden mit der Etablierung des Christentums um 320 in Ägypten. Bereits hier stand den Mönchen ein Abt vor, dem unbedingter Gehorsam zu leisten war. Privateigentum gab es nicht, und die das Zusammenleben bestimmende Grundregel lautete »ora et labora« (»bete und arbeite!«). Unbekannt waren zu dieser Zeit jedoch noch Eintrittsgelübde und Verpflichtungen zum lebenslänglichen Bleiben der Mönche im Kloster. Im Orient breitete sich das Mönchtum sehr schnell aus. Im Westen konnte es dagegen erst nach 200 Jahren mit Benedikt von Nursia Fuß fassen. Um 529 hatte Benedikt das Kloster Montecassino etwa 150 km südöstlich von Rom gegründet und den für das abendländische Mönchtum verbindlichen Regelkanon, die *Regula Benedicti*, verfasst. Nach Benedikts Tod wurde Montecassino zur Keimzelle des vom 8. bis zum 12. Jh. führenden abendländischen Ordens der Benediktiner, in den spätestens seit dem 7. Jh. auch Frauen eintreten konnten. Von einiger Bedeutung neben den Benediktinern waren in dieser frühen Zeit nur noch die Augustiner. Im 10. Jh. erwiesen sich das westeuropäische Mönchtum und Klosterwesen als stark reformbedürftig. Die bedeutendste, von Cluny ausgehende Reform erfasste die meisten burgundischen, französischen und nordspanischen Klöster und strahlte bis nach Südengland und Deutschland (Hirsauer Reform) aus. Doch im 11. Jh. gingen auch in Cluny die mönchischen Ideale (Armut, Keuschheit, Gehorsam) verloren. Aus erneuten Reformbestrebungen entstand 1118 der Orden der Zisterzienser, der sich bevorzugt in unbewohnten Gegenden niederließ und weite Landstriche urbar machte. Vom Mutterkloster Cîteaux und den vier ältesten Tochterklöstern breitete sich der Orden bis zum Ende des 12. Jahrhunderts über ganz Europa aus. Zahlreiche weitere Ordensgründungen folgten, in denen auch die wachsenden, alle Schichten ergreifende Frömmigkeit zum Ausdruck kam. Im Zuge des ersten Kreuzzuges entstanden in Jerusalem die Ritterorden der Johanniter und Templer (beide um 1120/1130), die sich dem Schutz und der Pflege der Pilger widmeten. Mit dem Kartäuserorden (1176) wurde dann eine Verbindung von Eremiten- und Gemeinschaftsleben geschaffen. Typisch für die im 13. Jh. wachsenden Städte sind die Bettelorden der Dominikaner (1216), Franziskaner (1223) und Karmeliter (1226/1247). Eine eigenständige Architektur brachten neben den Zisterziensern besonders die Dominikaner, Franziskaner und die 1534 im Zuge der Gegenreformation gegründeten Jesuiten hervor. Die meisten Klöster in England und den reformatorischen Gebieten Deutschlands wurden im 16. Jh. aufgelöst und zum Teil zerstört. Der Französischen Revolution von 1789 fielen zahlreiche Klöster, so auch Cluny, zum Opfer.

AUF DEN PUNKT GEBRACHT

Exemplarisch zeigt die Geschichte Clunys, wie sich eine Reform in ihr Gegenteil verkehren kann. Die Kirchenbauten von 948 und 1088 wurden häufig nachgeahmt. Wesentliche Errungenschaften von Cluny III finden sich in den großen Kathedralbauten der Gotik wieder.

DATEN

Im Auftrag des Abtes Hugo von Semur von 1088–1031/32 errichtet. 1130 Weihe durch Papst Innozenz II. Als Schöpfer des Baues werden der Baukundige Gunzo (Gauzon) von Baume und der Mathematiker Ezelo (Hézelon) von Lüttich genannt. 1225 Ausführung der Westteile der Vorkirche und 1450 Errichtung des zweiten Westturmes. Die Kirche war 187 m lang, im Mittelschiff 12,80 m breit und 30 m hoch. Die Querhausbreite betrug 77 m. 1790 wurde das Kloster aufgehoben und die Kirche 1798 zur Gewinnung von Baumaterial verkauft. Bemühungen, Cluny als Denkmal zu erhalten, scheiterten. Stehen blieben lediglich der Südarm des westlichen und eine Apsis des östlichen Querhauses. Durch Grabungen sind Grund- und Aufriss der Kirche in ihren wesentlichen Zügen ermittelt.

EMPFEHLUNGEN

Lesenswert:

Joachim Wollasch: *Cluny – »Licht der Welt«. Aufstieg und Niedergang der klösterlichen Gemeinschaft*, Zürich–Düsseldorf 1996

Horst Cramer, Manfred Koob (Hg.): *Cluny. Architektur als Vision*, Heidelberg 1993 (mit 3-D-Rekonstruktion)

Kathedrale zu Reims

(1211 – um 1300) · Architekten: Jean d'Obrais, Jean le Loup, Gaucher de Reims, Bernard de Soissons

Gerade einmal drei Generationen bauten an der Kathedrale zu Reims, die mit ihren als Stümpfe in den Himmel ragenden Westtürmen bis heute das Stadtbild bestimmt. Noch kürzer, von 1220 bis 1288, war die Bauzeit der elf Jahre nach Reims begonnenen Kathedrale von Amiens. Auch hier blieben die Westtürme, wie an den meisten gotischen Kathedralen, unvollendet. Am Kölner Dom, der ab 1248 nach dem Vorbild von Reims und Amiens errichtet wurde, baute man dagegen Jahrhunderte, doch sein gewaltiger Hochchor wurde ähnlich schnell errichtet; dann allerdings blieben die Bauarbeiten nach und nach liegen, weil die politischen Umstände und die wirtschaftlichen Kräfte sich verändert hatten. Woher rührt die extrem kurze Bauzeit der Kathedralen von Reims und Amiens? Die eine Ursache ist eine enorme Konzentration der Mittel, die andere eine rationale Gestaltung der Betriebs- und Arbeitsvorgänge. Die früheren romanischen Kirchen waren als Mauerwerksbauten errichtet worden. Das Format der Steine und deren Passgenauigkeit war von untergeordneter Bedeutung. Dies änderte sich mit dem Aufkommen der Gotik grundlegend. Tausend Jahre nach ihrer kongenialen Anwendung an der Fassade des Kolosseums sollten Wandvorlagen, Friese und andere Elemente, die die tragende »Mauer« erst zum Raumabschluss »Wand« gemacht hatten, wieder Eingang in die europäische Architektur finden. Sankt Michael in Hildesheim kam noch ohne sie aus. In größerem Umfang traten Gliederungselemente dann etwa am Dom zu Speyer, beim Londoner Tower und in Cluny III auf. Doch zum Glieder- oder Gerüstbau schlechthin wurde erst die gotische Kathedrale. Dienste, wie steinerne Stäbe oder überschlanke Säulen genannt werden, ließen die Mauern verschwinden und bereiteten die Gewölbe vor, wo sie in Rippen, Schild- und Gurtbögen übergingen. Eine Unzahl von formgenau behauenen Steinen waren für die Architekturglieder nötig, die nur von Spezialisten hergestellt werden konnten. Da fast jede Form in hoher Stückzahl benötigt wurde, ging man verstärkt zur Serienfertigung über. Es kam zur Arbeitsteilung zwischen dem Steinmetzen, der die Stei-

▪ Das Labyrinth in der Kathedrale von Reims, 1779 zerstört. Die Figuren in den Ecken zeigen Architekten bei der Ausübung ihres Berufes mit Schnur, Winkelmaß, Zirkel (Kreis schlagend) und erhobenem Zeigefinger (Anweisung). Die Bedeutung der Figur in der Mitte ist unbekannt. Zeichnung, Ende des 16. Jahrhunderts, von Jacques Cellier

ne herstellte und das ganze Jahr arbeitete, und dem Maurer, der sie in den frostfreien Jahreszeiten setzte. Doch je mehr in Serie vorgefertigt wurde, desto vorausschauender musste geplant werden. Das Fehlen einer Quadersorte konnte den ganzen Bau ins Stocken geraten lassen. Der Baulogistik und -organisation kam somit eine bis dahin unbekannte Bedeutung zu. In den Bauhütten, die es an jeder größeren Kathedralbaustelle gab, wurden sämtliche Aufgaben zentral zusammengefasst. In ihnen wurden die zukünftigen Steinmetze und Baumeister ausgebildet und die so genannten Hüttengeheimnisse tradiert: Erfahrungswerte, Baupraktiken und Regeln der Geometrie und Proportion. Die Bauhütten waren europaweit vernetzt und trugen dadurch erheblich zur Ausbreitung der Gotik bei.

Der Zisterzienserorden wurde wesentlich von Bernhard von Clairvaux geprägt. Die Baubestimmungen des Ordens waren rigoros, und Zuwiderhandlungen wurden unter Strafe gestellt: »Gemalte Glasfenster sollen binnen der Frist von zwei Jahren ersetzt werden; andernfalls fasten ab sofort Abt, Prior und Kellermeister jeden sechsten Tag bei Wasser und Brot, bis die Fenster ersetzt sind«, verfügte eine Bestimmung von 1182.

■ Kathedrale zu Reims, Ansicht der Westfront

Strahlend ist das edle Werk, aber dies Werk, das edel erstrahlt, Erleuchte die Köpfe, damit sie durch das wirkliche (physische) Licht Aufsteigen zu dem Wahren Licht (Gottes), zu dem Christus die wahre Tür ist. Wie (der Bau) innen wirken soll, zeigt die goldene Pforte: Der träge Geist hebt sich durch das Stoffliche empor zum Wahren, der zuvor ins (Irdische) verstrickte (Geist) wird wieder aufgerichtet, wenn er dieses Licht gesehen hat.

Abt Sugers Torinschrift von Saint-Denis

So rational und modern die gotische Architektur von ihren Prinzipien her ist, so irrational und phantastisch kommen uns heute die Voraussetzungen vor, die ihre Entstehung um 1140 fast zwingend notwendig erscheinen lassen. Der neue Stil entstand natürlich nicht voraussetzungslos. Eine als »vorgotisch« zu bezeichnende Vertikaltendenz ist bereits am Dom zu Speyer und in Cluny III festzustellen. Doch kann durchaus von einer »Erfindung« der Gotik gesprochen werden. Personalisiert ist sie in Suger, der als Abt von Saint-Denis bei Paris selbstverständlich zu den Würdenträgern gehörte, die 1132 an der Weihe von Cluny III teilnahmen. Als Grablege der französischen Könige war Saint-Denis eine staatstragende Institution wie die Kathedrale zu Reims, wo die Krönungen stattfanden. Suger konnte also sicher sein, dass alles, was in seinem Kloster geschah, überregionale und schließlich auch internationale Beachtung finden würde. In der Bibliothek seines Klosters befand sich nun ein um 500 verfasstes Manuskript, dessen Autor sich als Dionysius Areopagita, ein Jünger des Apostels Paulus, ausgab. Das Pseudonym war ein geschickter Schachzug des aus dem byzantinischen Raum stammenden Autors. Sehr schnell wurden seine Schriften dem Schüler des Apostels Paulus und ersten Bischofs von Athen zugeschrieben. Diese gewollte Verwechselung verschaffte den Schriften des Pseudo-Dionys, wie er heute genannt wird, eine erhebliche Autorität – besonders in Saint-Denis, das dem »Apostel« Galliens, dem heiligen Dionysius, geweiht war, der ebenfalls mit dem Paulus-Schüler identifiziert wurde. Dem vermeintlich vom Stiftungsheiligen stammende Manuskript kam in Saint-Denis Reliquienstatus zu. Das Thema des Pseudo-Dionys war Licht, das mystisch-verklärende göttliche Licht. Und eben dieses Licht wurde zum Thema Sugers und der Gotik. Zu wahren Lichtgehäusen sollten die Kathedralbauten der Hochgotik im 13. Jahrhundert werden. Zahlreiche frühere Bauten, darunter Saint-Denis und Notre-Dame in Paris, wurden umgebaut oder in Teilen neu errichtet. Stets war man bestrebt, und das in ganz Europa, die neuesten Errungenschaften des Stils am eigenen Bau zu verwirklichen, sodass es zu vielfältigen wechselseitigen Abhängigkeiten und Beeinflussungen kam. War der Initialbau der Gotik an

■ Grundriss der Kathedrale von Reims

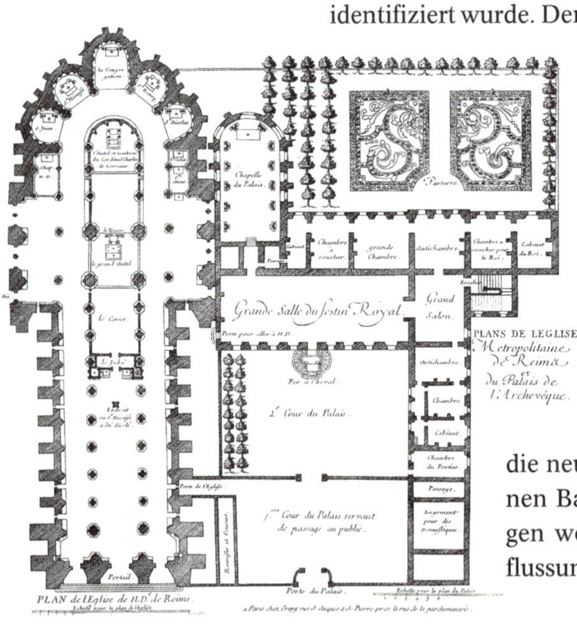

der Grablege der französischen Könige errichtet worden, so sollte die Gotik nun am Krönungsort ihre reifste Ausformung erfahren. 1211 wurde der Bau begonnen. Da genügend Geld zur Verfügung stand und die Reimser Bauhütte über die zu ihrer Zeit rationellste Betriebsorganisation verfügte, gingen die Arbeiten in den ersten zwanzig Jahren rasch voran. Wie im Kirchenbau üblich, wurde im Osten begonnen, und der Chorumgang und die Kranzkapellen konnten bereits 1221 benutzt werden. Gut zehn Jahre später kam es zu einer Bauunterbrechung. Der Streit zwischen dem Bischof und dem Reimser Patriziat um dessen Geldgeschäfte hatte sich zum Bürgerkrieg ausgeweitet. Die Kathedralgeistlichkeit wurde vertrieben und konnte nur mit Hilfe Ludwigs IX. 1235 in die Stadt zurückkehren. Fortan ging der Bau wesentlich langsamer vonstatten, konnte dann aber doch um 1300 abgeschlossen werden. Alles, was Suger über Saint-Denis geschrieben hatte – der Bau war ihm zu wichtig, als dass er ihn einem Chronisten hätte überlassen können –, findet sich in der Reimser Kathedrale wieder: die Lichtfülle, die den Gläubigen vom Materiellen zum Geistigen führt, die hoch und steil proportionierten Räume,

- links: Blick auf das farbenprächtige Rosenfenster der Westfassade
- rechts: Blick von der Galerie unterhalb der Westrose in das Mittelschiff

die dem gleichen Ziel dienen, die an Gold und Edelsteinen reiche Ausstattung und vieles mehr. Alles war durch Bibelstellen zu rechtfertigen, und doch mussten Sugers Schriften auch der Verteidigung von Saint-Denis und damit der Kathedralgotik überhaupt dienen. Der schärfste Kritiker Sugers war sein einflussreicher Zeitgenosse, der asketische Mönch Bernhard von Clairvaux. Mit der Aufforderung, nicht das Gold oder den Geldaufwand zu bewundern, sondern die Kunst, versuchte Suger seinem Widersacher die Argumente zu nehmen. Dass ihm das nicht gelang – der von Bernhard wesentlich geprägte Zisterzienserorden wurde ebenso wie die Gotik zum europäischen Phänomen –, tat nichts zur Sache. Die »Kunst« war noch zu einer weit über Saint-Denis und die Kathedrale zu Reims gehenden Steigerung fähig. 1239 hatte Ludwig IX. vom in Finanznot geratenen byzantinischen Kaiser die Reliquie der Dornenkrone Christi gekauft. Ihr und weiteren Passionsreliquien ließ er in seinem Palast auf der Pariser Île de la Cité unweit von Notre-Dame einen gläsernen Schrein, die Sainte-Chapelle, errichten. In letzter Konsequenz verschwinden in der Kapelle nun auch die restlichen, in Reims noch verbliebenen steinernen Wandabschnitte. Die Raumgrenze ist vollkommen entstofflicht. Ungehindert strömt das als göttlich verstandene Licht in den Raum und fällt auf die Reliquien, deren goldene Gehäuse ihrerseits zu leuchten beginnen.

■ Das Innere der Sainte-Chapelle in Paris

■ Wandaufrisse der Reimser Kathedrale aus dem Bauhüttenbuch des Villard de Honnecourt, um 1230

VILLARD DE HONNECOURT

Wahrscheinlich war Villard um 1230 in Nordwestfrankreich als Architekt tätig. Berühmt ist er wegen seines Bauhüttenbuches, in das er Grund- und Aufrisse, aber auch Baumaschinen zeichnete. Die Zeichnungen belegen, dass Villard die Kathedralen von Reims, Laon, Chartres und Lausanne kannte und dass er bis Ungarn gereist war. Bauhüttenbücher sind so gut wie nicht überliefert. In der Neuzeit gingen aus den Bauhütten die Freimaurer hervor (1716/17 Gründung der ersten Loge in England).

KATHEDRALE ZU REIMS

DIE GOTISCHE KATHEDRALE

Von der Gegend um Paris, der Île de France, trat die Gotik ihren europäischen Siegeszug an. Um 1145 war der Chor von Saint-Denis fertig, und keine 20 Jahre später wurde mit dem Bau von Notre-Dame in der französischen Hauptstadt begonnen. Innerhalb Frankreichs breitete sich die Gotik mit der Festigung des Königtums rasch in den Herzogtümern aus. Für die Verbreitung gotischen Formvokabulars über das Mutterland hinaus sorgten dann vor allem der am Beginn des Jahrhunderts gegründete Zisterzienserorden mit seinen in ganz Europa entstehenden schlichten Kirchenbauten. Der Übergang von der Früh- zur Hochgotik vollzog sich um 1200 in der Kathedrale von Chartres. Den Wendepunkt markiert die Erfindung des Maßwerks in Reims um 1220. Die Kathedrale von Reims sollte zu einem Musterbuch werden. Europaweit wurden ihr Maßwerk und ihr Grund- und Aufriss als Ganzes oder im Ausschnitt zum Vorbild genommen, örtlichen Gegebenheiten angepasst und weiterentwickelt. In den Kathedralen von Reims und Amiens fand die gotische Kathedrale ihre klassische Ausprägung. Wie ihre romanischen Vorgänger weist sie ein in der Regel dreischiffiges basilikales Langhaus auf. Eine Bereicherung erfahren vor allem das Querhaus, das meist ebenfalls dreischiffig ist, und der Chor. Ihm sind noch einige Joche vorgeschaltet, und ein Umgang mit Kapellenkranz schließt ihn ab. Wie Villard de Honnecourts Aufriss eines Joches der Kathedrale von Reims zeigt, ist die Mittelschiffswand der gotischen Kathedrale in drei Zonen gegliedert und stark durchfenstert. Die Arkadenzone bildet den Durchgang zu den Seitenschiffen. Über ihr liegt das Triforium, hinter dem sich die Seitenschiffsdächer verbergen, und der Obergaden. Platz für Malereien bieten nur noch die Fenster. Die Westfassade der hochgotischen Kathedrale ist ebenfalls dreigeteilt, vertikal und horizontal. Die drei Geschosse sind die Portalzone, das Rosengeschoss (nach dem großen runden Maßwerkfenster in der Mitte) und die Königsgalerie. Organisch wachsen aus ihnen die Ecktürme hervor. Drei sehr tiefe Portale führen in das Innere und bieten Platz für die Anbringung von Skulpturen. Wie die Fensterbilder dient auch die meist sehr bedeutende Portalskulptur zur Darstellung religiöser und theologischer Themen. Skulptur findet sich auch an den Strebepfeilern über den Seitenschiffen und dem Kapellenkranz, doch überwiegt hier der architektonische Schmuck. Die Strebepfeiler sind statisch begründet. Sie nehmen den Gewölbeschub auf, der mithilfe von Strebebögen an sie weitergeleitet wird. In der Spätgotik (14.–16. Jh.) entwickelt sich die Gotik in den europäischen Ländern jeweils eigenständig weiter, und durch das Hochziehen der Seitenschiffe auf die Höhe des Mittelschiffes entsteht ein neuer Raumtyp, die Hallenkirche.

AUF DEN PUNKT GEBRACHT

Die gotische Kathedrale ist kein in sich ruhender Bau wie der griechische Tempel, sondern ein Bau, in dem entgegengesetzte Richtungstendenzen zum Ausgleich gebracht sind. Zu dem Drang der frühchristlichen Basilika nach Osten, zum Altar, fügt sie jenen nach oben, zum Gewölbe und dessen höchstem Punkt, dem Schlussstein, hinzu, auf den alles hinführt und der als Christus verstanden wurde.

DATEN

Krönungskirche der französischen Könige. Errichtet im Auftrag des Bischofs unter nur geringer Beteiligung der Bürgerschaft. Die Namen der Architekten überlieferte das 1779 zerstörte Labyrinth. Die Kathedrale wurde ab 1211 über Vorgängerbauten, die bis ins 5. Jh. zurückreichen, errichtet. Anfangs schritt der Bau rasch voran, sodass Teile des Chores bereits 1221 genutzt werden konnten. 1233–1235 kam es zu einer Bauunterbrechung, anschließend gingen die Arbeiten nur noch schleppend weiter. 1241 waren der Chor, das Querhaus und die östlichen Langhausjoche fertig. Um 1255 wurde mit der Westfassade begonnen, die um 1300 vollendet war. In der französischen Revolution wurde die Kathedrale geplündert; sie wurde zum Lagerhaus und »Tempel der Vernunft«. Schwerste Schäden verursachten deutsche Bombardements zu Beginn des Ersten Weltkrieges.

EMPFEHLUNGEN

Lesenswert:
Dieter Kimpel, Robert Suckale: *Die gotische Architektur in Frankreich. 1130–1270*, München 1995

Tuchhalle in Ypern

Flandern (um 1260–1378) · Errichtet für die Tuchhersteller und -händler der Stadt

Die flandrischen Städte Brügge, Ypern und Gent wurden durch die Tuchherstellung und den Handel für damalige Verhältnisse unvorstellbar reich. Als die französische Königin Johanna von Navarra 1301 in Brügge einzog und den Kleiderluxus der Bürgersfrauen sah, traute sie ihren Augen nicht. »Ich glaubte, allein Königin zu sein; hier aber sehe ich Hunderte um mich«, soll sie gesagt haben.

■ Färber beim Färben von Tuchen in einem Bottich. Französische Buchmalerei, um 1482/1500

Im 13. Jahrhundert rückte eine Region ins Blickfeld, die in Europa bis dahin keine Rolle gespielt hatte: die Grafschaft Flandern. Dieses »flache Land« war in karolingischer Zeit zum Vorposten gegen die Normanneneinfälle geworden, doch mit dem Verschwinden dieser Gefahr verloren auch die Mächte ihr Interesse an der Region. Die Anfänge der Hauptorte Brügge, Ypern und Gent waren bescheiden, wobei Brügge sich zur Vorreiterin unter ihnen entwickelte. Der Ursprung dieser über mehr als 200 Jahre bis zum Ende des 15. Jahrhunderts blühenden Handelsstadt war eine kleine Ansiedelung um eine Burg der Grafen von Flandern. Handelswege durchquerten den Ort und verbanden ihn im Westen mit Gent und im Süden mit Ypern. Brügge wuchs langsam, aber stetig. Ende des 11. Jahrhunderts wurde es Residenzstadt. Spannungen zwischen den Grafen und der neuen städtischen Elite konnten nicht ausbleiben und entluden sich 1127 in dem Mord an dem Grafen von Flandern, Karl dem Guten. Zu dieser Zeit befand sich die erste Stadtumwallung im Bau. Deutlicher konnte Brügge seine Forderung nach mehr Selbstständigkeit und Eigenregierung kaum zeigen. Die Lebensader der Stadt war der Handel mit England. Durch dessen Behinderung versuchte der Nachfolger Karls die Stadt in die Knie zu zwingen. Es gelang ihm nicht. Im Gegenteil, es kam zu einem Aufstand, der zu bürgerkriegsähnlichen Zuständen führte. Die französisch gesinnten Bewohner stritten gegen die englandfreundlichen. Letztere trugen den Sieg davon. Die Grafen ließen die Stadt nun gewähren, und es kehrte Ruhe ein. Als Glücksfall stellte sich zudem die Sturmflut von 1134 heraus: Sie sorgte für einen besseren Zugang zur Nordsee. Der Weg zum Aufstieg Brügges zu einer der bedeutendsten Handelsmetropolen Westeuropas war jetzt frei.

Balduin IX., der 1204/05 von venezianischen Gnaden Kaiser des auf byzantinischem Boden gegründeten Lateinischen Kaiserreiches werden sollte, erkannte die Chance und unterstützte die Entwicklung »seiner« Städte nach Kräften. In Brügge landete die englische Rohwolle an, die in der Stadt selbst und anderen Textilzentren der Grafschaft, allen voran Ypern, zu Garn gesponnen und zu dem europaweit gefragten flandri-

schen Tuch verarbeitet wurde. Nach dem Vorbild der Jahrmärkte in der Champagne verlieh Balduin auch Brügge 1200 das Recht, jährlich einen »Brüggemarkt« abzuhalten. Dieser Markt hatte für Brügge eine kaum zu überschätzende Bedeutung. Genau wie heute dienten auch im Mittelalter Messen dazu, sich einen Überblick über das Angebot zu verschaffen und Handelskontakte zu knüpfen. Im Zuge dieser Handelstätigkeit entwickelten sich viele mittelalterliche Messeorte zu Zentren des Geld- und Kreditwesens, so auch Brügge.

■ Die Tuchhalle in Ypern

Die durch die Tuchindustrie und den Handel reich gewordenen Bewohner der flandrischen Städte bildeten ein ausgesprochen bürgerliches Selbstbewusstsein und Gemeinschaftsgefühl heraus. Sie verstanden sich nicht mehr als Untertanen, sondern als Bürger, die dem Landesherrn die Gerichtsbarkeit, vor allem aber das Recht zur Selbstverwaltung abgerungen hatten. War der Fürst klug, so wie Balduin IX., schöpfte er nur die Steuern ab und ließ die Städte gewähren.

Der neue Stand, das Bürgertum, zu dem nur die Besitzenden, nicht die Juden, Kleriker und Stadtarmen zählten, verlangte nun

■ Rathaus in Brüssel. Erbaut 1402–54. Koloriertes Photo um 1910

nach einem repräsentativen identitätsstiftenden Ort. Diesen Ort schuf es sich in den Tuchhallen. Um die Mitte des 13. Jahrhunderts, die Tuchindustrie befand sich auf ihrem Höhepunkt, wurde in Brügge und Ypern mit dem Bau der beiden bedeutendsten begonnen. Als die weiter entwickelte Stadt machte Brügge den Anfang. Dies rief den Neid Yperns hervor. Zwar war Brügge die unumstrittene Führerin der flandrischen Städte, doch in puncto Tuchhalle war man in Ypern keineswegs bereit, sich in Bescheidenheit zu üben. Wahrscheinlich bestand dort zu Handelszwecken bereits eine ältere hölzerne Halle, aber nun ergab sich endlich die Möglichkeit, mit einer noch größeren, steinernen Halle aus dem Schatten der älteren Schwester zu treten und Eigenständigkeit zu demonstrieren. Wie in Brügge wurde auch in Ypern mit dem Bau des Belfrieds begonnen. Massiv und gedrungen ragt er aus den zweigeschossigen Flügelbauten. Stolz verweist er auf seine Herkunft, den Wehrturm, doch eine reale Verteidigungsfunktion kam ihm kaum mehr zu. Stattdessen beherbergte er die wichtigsten städtischen Einrichtungen. Dies waren die Schatz- und Waffenkammer, die Glockenstube und wahrscheinlich das Archiv mit den die städtischen Freiheiten garantierenden Urkunden. Eine besondere Bedeutung kam den Stadtglocken zu. In einer uhrenlosen Zeit gaben sie den Beginn und das Ende der Arbeit an, riefen zu Versammlungen und warnten vor Gefahren. Die eigentlichen Tuchhallen erstrecken sich seitlich des Belfrieds und bilden im Westen einen Hof, an dessen Schmalseite ursprünglich ein Kanal zur Vereinfachung des Transports verlief. In den großen, weitgehend stützenlosen Hallen wurde dann die englische Rohwolle gelagert, an Ort und Stelle verarbeitet und als Tuch Großhändlern zum Kauf angeboten.

Der Hof östlich des Belfrieds wurde erst in der zweiten Hälfte des 14. Jahrhunderts mit einem steinernen Bau geschlossen. Zu diesem Zeitpunkt hatte Ypern zwar etwa 28 000 Einwohner, doch lag die Tuchproduktion danieder: Die Fabrikanten ließen auf dem Land produzieren, wo sie billigere Arbeitskräfte vorfanden. Die Folgen für Ypern waren Arbeitslosigkeit, Verarmung und soziale Unruhen. Der Niedergang der Stadt war unaufhaltsam und wurde durch Hungersnöte und die europaweite Pestepidemie von 1348 bis 1352 nur noch beschleunigt. Die Einwohnerzahl sank auf knapp über 10 000. Brügge dagegen konnte die Krisen des 14. Jahrhunderts meistern, nicht zuletzt dadurch, dass es die Wirtschaftsbeziehungen weniger einseitig ausgerichtet hatte.

KATZENFEST

Im Mittelalter wurden Katzen häufig mit dem Teufel gleichgesetzt. Um zu zeigen, dass auch Katzen sterbliche Wesen sind, warf man in Ypern bis zum Anfang des 19. Jahrhunderts lebende Katzen vom Belfried. Heute nimmt man Plüschtiere.

TUCHHALLE IN YPERN

RATHAUS

Mit dem Bau von Rathäusern schufen sich die selbstregierten Städte einen Ort, der zugleich Symbol für die errungene Freiheit, Repräsentations- und Verwaltungszentrum zu sein hatte. Die ersten, noch lange nicht als »Rathäuser« bezeichneten kommunalen Bauten entstanden um 1200 in Italien, Frankreich und Deutschland. Eines der ältesten erhaltenen ist der Palazzo del Broletto in Como nördlich von Mailand. Seine zur Straße offene Arkadenhalle, die dem Handel diente, und der darüber liegende große Saal sollten bis weit in die Neuzeit zu bestimmenden Elementen im Rathausbau werden. Zu einer Typenbildung kam es dann um die Mitte des 13. Jh. gleichzeitig in Flandern und in Italien, wo sich die Städte zwischen Mailand und Rom relativ früh von der Bevormundung durch Feudalherren und Kirche befreit hatten. Typisch ist das block-, auch wehrhafte Äußere der städtischen Palazzi und der meist exzentrisch platzierte schlanke Turm, dessen Vorbild die damals in fast jeder Stadt vorhandenen Geschlechtertürme waren. Den Anfang machte der Bargello in Florenz, gefolgt von dem 1298 begonnen Palazzo Publico in Siena und dem Palazzo Vecchio, ebenfalls in Florenz. Dem gleichen Typ folgt auch der ab Mitte des 14. Jh. errichtete Dogenpalast in Venedig. Im Gegensatz zu den blockhaften italienischen »Rathäusern« steht die lang gestreckte Tuchhalle in Ypern. Wehrhaft erscheint an ihr nur der Turm. Anders liegt der Fall in Brügge, wo der Turm von den Kopfbauten der Hallenflügel eingefasst wird und viel zu mächtig wirkt. Brügge war es dann auch, das sich unweit seiner Tuchhalle ab 1376 ein veritables Rathaus errichtete. Anders als beim 1402 begonnenen Hôtel de Ville von Brüssel, wo das Schema der Tuchhalle deutlich zum Tragen kommt, ist es turmlos. Die weitere wirtschaftliche Entwicklung Flanderns und der Niederlande lässt sich dann am besten an den Rathausbauten ablesen. Antwerpen löste Brügge als Handelszentrum ab und errichtete in den 1560er Jahren einen der anspruchsvollsten Kommunalbauten Nordeuropas. Im 17. Jh. ging die Führung an Amsterdam, wo man 1643 einen Rathausneubau (seit 1808 königlicher Palast) in Angriff nahm. Im Architekturgeschehen des 18. und der ersten Hälfte des 19. Jh. spielte der Bau von Rathäusern keine Rolle. Zu einer Bauaufgabe mit eigenen Ausdrucksmöglichkeiten wurden sie erst wieder in der zweiten Hälfte des 19. Jh. Besonders im deutschsprachigen Raum von Hamburg bis Wien orientierte man sich an der flandrischen Tuchhalle mit ihrem Belfried. Auch Politisches spielte dabei eine Rolle: In Berlin stritt man um den Turm, der nicht höher als die Schlosskuppel geraten durfte, und das Hamburger Rathaus wurde erst errichtet, als die Stadt mit dem Aufgehen im Deutschen Reich ihre Freiheit verloren hatte.

DATEN

Mit einer Fassadenlänge von 132 m ist die Tuchhalle in Ypern einer der größten mittelalterlichen Profanbauten. Der Belfried erreicht eine Höhe von 70 m. Traditionell überliefert ist die Grundsteinlegung im Jahr 1200 durch Balduin IX. Doch ist die These vom Baubeginn zu diesem Zeitpunkt nicht haltbar. Seiner stilistischen Ausprägung nach kann mit der Errichtung des Belfrieds erst um 1260 begonnen worden sein. Es folgten der Südflügel des Osttraktes, 1285–1304 der Westtrakt und 1376–78 der Nordflügel des Osttraktes. Den Ostabschluss der Gesamtanlage ersetzte man in den 1620er Jahren durch einen Renaissancebau. In der zweiten Hälfte des 19. Jh. wurde die Tuchhalle vollständig restauriert und ein Statuenprogramm aus historischen Herrschern und berühmten Bürgern Yperns am Bau angebracht. Ausmalungen im Inneren vervollständigten das Programm. Ypern wurde im Ersten Weltkrieg durch deutschen Beschuss fast vollständig zerstört. Der Wiederaufbau des Stadtkerns und der Tuchhalle erfolgte bis in die 1960er Jahre.

AUF DEN PUNKT GEBRACHT

Die flandrischen Tuchhallen sind Vorläufer des mitteleuropäischen Rathauses. Ihr in Konkurrenz zu den Kirchtürmen tretender Turm wurde zu dem Symbol städtischer Selbstbestimmung und Freiheit. Direktes Vorbild für Rathausbauten wurden die Tuchhallen in der zweiten Hälfte des 19. Jahrhunderts.

Santa Croce

Florenz (1294–1385) · Architekt: Arnolfo di Cambio zugeschrieben

■ Der Heilige Franz von Assisi. Ausschnitt aus einem Fresko von Cimabue, um 1280. Assisi, San Francesco (Unterkirche, Nördlicher Querarm, Westwand)

Wäre da nicht 1202 der Krieg zwischen Perugia und Assisi gewesen, Giovanni Bernardone, genannt Franz von Assisi, hätte wahrscheinlich ein geordnetes Leben als angesehener Bürger und Händler geführt. Nichts deutete auf seine spätere Karriere als Ordensgründer hin, als er zwanzigjährig in den Krieg zog, aus dem er nach einem Jahr Gefangenschaft völlig verändert heimkehren sollte. Der reiche und auch verwöhnte Händlersohn war zum antibürgerlichen Aussteiger geworden. Ziellos und ohne Lebensperspektive zog Franz umher. Er flehte um Erleuchtung, die ihm 1205 in einer kleinen, halb zerfallenen Kirche bei Assisi zuteil wurde. Vom Kruzifix herab soll Christus gesprochen haben: »Geh hin, Franz, baue mein Haus auf, das am Einstürzen ist!« Franz nahm den Auftrag wörtlich und verkaufte Waren aus dem väterlichen Geschäft, um mit dem Geld die Kirche wieder aufzubauen. Der Vater tobte und sperrte seinen Sohn ein. Die Familie war zum Gespött der Stadt geworden. Darüber hinaus lehnte der Mönch, der die kleine Kirche betreute, das gestiftete Geld auch noch ab. Franz hatte den Auftrag offensichtlich falsch verstanden. Gott wollte offenbar nicht, dass ihm weiter Kirchen gebaut werden, er wollte viel mehr: die Reform der Institution »Kirche«, und zwar von der Basis her, nicht von oben.

Die Reform von Cluny war eine klassische »Reform von oben« gewesen und schon seit mindestens einem Jahrhundert in ihr Gegenteil verkehrt. Kaum Interesse für die Basis zeigte auch der Zisterzienserorden, der 1108 als Reaktion auf den Zerfall Clunys gegründet worden war. Die Zisterzienser verstanden sich als »Pionierorden« und ließen sich bevorzugt in unbesiedelten Gegenden nieder, um dort das Land urbar zu machen und Missionsarbeit zu leisten. Doch keiner fühlte sich für die seit dem Beginn des 13. Jahrhunderts stark anwachsende städtische Bevölkerung zuständig. Barfuß und bettelnd zog Franz umher. Immer mehr Männer und auch Frauen schlossen sich ihm an, was

■ Grundriss von Santa Croce

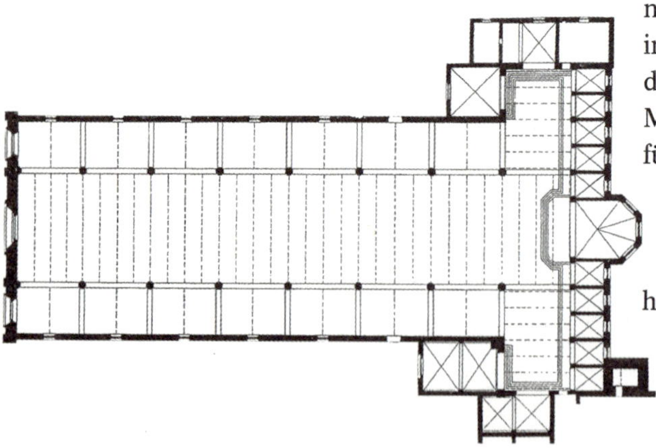

■ Florenz, Santa Croce. Westansicht der Kirche mit der im 19. Jahrhundert vorgeblendeten Marmorfassade

die Kirchenoberen mit Besorgnis beobachtet haben müssen. Sehr schnell konnte aus der Bewegung eine Abspaltung von der Kirche werden, wie im Fall der südfranzösischen Albigenser geschehen, die zu Zeiten Franz' in blutigen Kriegen bekämpft wurden. Um erst gar keine Zweifel an der Kirchentreue aufkommen zu lassen, war es nötig, möglichst früh vom Papst anerkannt zu werden. Mit sehr einfachen Regeln im Gepäck zog Franz 1210 nach Rom. Wie dreihundert Jahre vor ihm der erste Abt bei der Gründung des Klosters Cluny folgte auch er dem Vorbild Christi und ließ sich von zwölf seiner Anhänger begleiten. Der Papst erkannte die Regeln an, und aus der lockeren, im ursprünglichen Wortsinn »anarchistischen« Gemeinschaft wurde ein den Zielen der Kirche dienender Orden.

Nur sechs Jahre nach den Franziskanern erlangte mit den Dominikanern der zweite Bettelorden die päpstliche Anerkennung. Wie alle Orden strebten auch Franziskaner und Dominikaner ein Leben in der Nachfolge Christi an. Selbstverständlich war die

DOMINI CANES
Ihre führende Rolle in der Inquisition trug den Dominikanern die wortspielartige lateinische Bezeichnung als »Spürhunde des Herrn« ein.

Das Bescheidenheitsgebot der Franziskaner blieb beim Bau von Sante Croce weitgehend unbeachtet: Die Kirche ist nicht nur von größeren Ausmaßen als andere Beispiele, auch das franziskanische Malereiverbot wurde hier partiell außer Kraft gesetzt. Die auffällig hohe Zahl von zehn Nebenkapellen seitlich der Altarapsis dürfte in erster Linie dem Wunsch reicher Familien nach Grablegen in Santa Croce geschuldet sein. Man kaufte sich durch die Stiftung hoher Geldbeträge ein und betrachtete die Kapellen als Privatbesitz, der dann auf das Prächtigste mit Malereien von Giotto und anderen ausgestattet wurde.

Besitzlosigkeit des Einzelnen, doch gingen die neuen Gemeinschaften mit ihrer Forderung auch nach Besitzlosigkeit der Orden selbst weit über das Armutsgebot der Benediktiner und Zisterzienser hinaus, deren Klöster in der Regel über reichen Landbesitz verfügten. Franziskaner und Dominikaner sollten dann auch die ersten Orden werden, die sich bevorzugt in Städten niederließen – meist paarweise und in Konkurrenz zueinander, so auch in Florenz, einer Stadt, die im 13. Jahrhundert einen rasanten wirtschaftlichen Aufschwung nahm. Das Geld regierte, und die großen Handelsfamilien stritten blutig um die Vorherrschaft in der Stadt. Den Verlockungen des Geldes setzten die Bettelorden ihre Ideale entgegen. Die ersten, die in Florenz eintrafen, wo ihnen 1221 eine kleine, außerhalb der Stadt gelegene Kirche zur Verfügung gestellt wurde, waren die Dominikaner. Keine zehn Jahre später kamen die Franziskaner. Auch sie ließen sich außerhalb der Stadt nieder und bauten eine Kirche. 1246 und 1294 begannen die Orden mit der Errichtung ihrer heute noch bestehenden Bauten, die Dominikaner mit Santa Maria Novella und die Franziskaner mit Santa Croce. Bei-

■ Das Innere von Santa Croce in seiner für die Kirchen der Franziskaner und anderer Bettelorden typischen Schmucklosigkeit. Wie ein Triumphbogen wirkt der Hauptchor mit den beiden Nebenchören.

de Kirchenbauten folgen vom Grundsatz her den Bau- und Kunstbestimmungen der Zisterzienser, mit denen der Orden auf den Bauluxus von Cluny III und jenen der großen französischen Kathedralen reagierte. Verboten waren steinerne Kirchtürme, farbige Fensterverglasungen sowie Bilder und Skulpturen – mit Ausnahme der Darstellung von Christus am Kreuz. Nach dem Vorbild der Zisterzienserkirchen wurden die Chöre der beiden Florentiner Bettelordenskirchen weitgehend gerade geschlossen, und die Dominikaner wölbten ihre Kirche, wie es auch den Zisterziensern erlaubt war. Die Franziskaner hatten eigene Baustatuten, die zwar auf denen der Zisterzienser beruhten, aber in einigen Punkten wesentlich schärfer waren. Die Wölbung war ihnen explizit verboten, doch verstanden sie es in Florenz, diese offensichtliche Beschränkung zur Tugend zu machen. Dass dabei weitere wesentliche Baubestimmungen bis zum Äußersten gedehnt und ausgelegt werden mussten, wurde stillschweigend in Kauf genommen. Vorgeschrieben war ja, dass nur *möglichst* eine übermäßige Größe vermieden werden sollte und dass dabei immer auch auf die Situation vor Ort eingegangen werden *musste*. Und diese sah in Florenz folgendermaßen aus: Die Dominikaner mussten überboten werden, die Errichtung der Kirche sollte als öffentliches Bauvorhaben verstanden und von der Stadt mitfinanziert werden.

■ *Szene aus dem Leben des heiligen Franz.* Fresko Santa Croce, Bardi-Kapelle, 1325–29, von Giotto (1266–1336)

Der Verzicht auf die Wölbung erlaubte in Santa Croce eine weit über Santa Maria Novella hinausgehende Mittelschiffsbreite, was den Raum, trotz der spitzbogigen Arkaden und Fenster, seltsam ungotisch wirken lässt. Es fehlen dem Mittelschiff die steilen Proportionen und der vertikale, bis ins Gewölbe führende Zug. Statt des Gewölbes ruht ein offener Dachstuhl über dem Raum – wie in den frühchristlichen konstantinischen Ba-

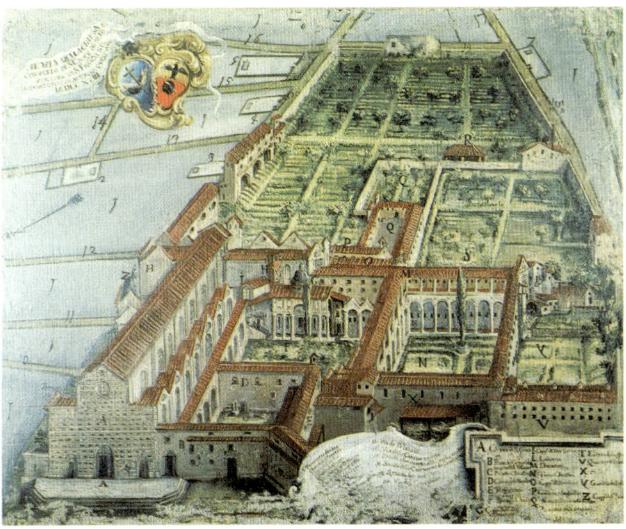

■ Vogelschau der Kirche Santa Croce mit den beiden Kreuzgängen und Gärten im Hintergrund. Gemälde, 1718. Museo dell'Opera di S. Croce

■ Die um 1430 begonnene Pazzi-Kapelle von Brunelleschi im ersten Kreuzgang von Santa Croce. Die Pazzi-Kapelle ist einer der Initialbauten der Frührenaissance.

siliken Roms. Santa Croce fordert, auch hinsichtlich der Größe, zum direkten Vergleich auf, und zwar mit Alt-Sankt-Peter, der bedeutendsten frühchristlichen Basilika. Konkrete Erinnerungen an den Bau sind die pilasterartigen Wandvorlagen und der Laufgang unter den Fenstern. Santa Croce ist hier nicht altertümelnd wie zahlreiche Bettelordenskirchen und wie auch Santa Maria Novella mit ihren weit heruntergezogenen Gewölben und plumpen Rippenprofilen, sondern bewusst retrospektiv. Sie will gemessen werden an ihrer Florentiner Konkurrentin wie auch an Alt-Sankt-Peter, dem Initialbau des Christentums.

Mit ihren Ordensgründungen hatten Franz und Dominikus den Nerv der Zeit getroffen. Beide Orden erfreuten sich eines immensen Zulaufs, auch aus den wohlhabenderen Schichten. Franziskaner und Dominikaner waren die Ersten, die sich um die Belange der Bevölkerung der rasch wachsenden Städte kümmerten, wobei die ärmeren Schichten stärker von den Franziskanern, die besitzenden und gebildeten stärker von den Dominikanern angesprochen wurden. Mit ihrer Anerkennung hatte das Papsttum beide Orden zu potenziellen Instrumenten seiner Politik gemacht. Doch auch von anderen Seiten her waren die Orden von Vereinnahmungen bedroht. Die Errichtung von Santa Maria Novella und Santa Croce war ebenso wie die des Palazzo Vecchio und des Domes Teil der in Florenz, wie in jeder größeren Stadt, betriebenen Bau- und Kunstpolitik. So nah die Orden sich in ihren Gründungsidealen und letztlich auch in ihrer Architekturauffassung waren, in so unterschiedlicher Weise sollten sie ihre Wirksamkeit entfalten. Die Ziele waren die gleichen. Mit ihrer sprichwörtlichen Milde suchten die Franziskaner die Menschen stets von innen her zu gewinnen und so an die Kirche zu binden. Die Dominikaner dagegen setzten mit der Bekämpfung ketzerischer Ansichten auf das Wort und die Schrift, aber auch auf brutalen körperlichen Zwang bis hin zum Tod. Sie stellten die päpstlichen Hoftheologen und brachten mit Albertus Magnus und Thomas von Aquin zwei der bedeutendsten Gelehrten des Mittelalters überhaupt hervor. Gleichzeitig waren es die Dominikaner, die ab 1232 führend in der Inquisition tätig wurden und Angst und Schrecken über Europa verbreiteten.

Weil aber die Erlesenheit und der Überfluss direkt der Armut entgegenstehen, ordnen wir an, dass die Erlesenheit der Gebäude an Malereien, Tabernakeln, Fenstern und Säulen und dergleichen, ebenso das Übermäßige an Länge, Breite, Höhe möglichst streng vermieden werde, nach der Lage des Ortes.

Aus den Statuten der Franziskaner von 1260

SANTA CROCE

BIOGRAPHIE

Franz von Assisi wurde um die Jahreswende 1181/82 in Assisi geboren und auf den Namen Giovanni getauft. Seine Eltern waren der wohlhabende Tuchhändler Pietro Bernardone und seine Frau Johanna Pica. Man rief ihn nach der Herkunft seiner Mutter Francesco (»Französlein«). Die Faktenlage zu Franz' Leben ist dünn. Dafür umranken umso mehr Legenden seine Geburt, die angeblich in einem Stall stattfand. Franz' Kindheit und Jugend dürften unspektakulär verlaufen sein: schulische Bildung, frühe Einbeziehung in das Geschäft des Vaters und eventuell eine Schwärmerei für die Troubadourlyrik der Heimat seiner Mutter und für das Rittertum. Die Wende brachten erst die Jahre 1202/03. Wie die meisten aufstrebenden italienischen Städte war auch Assisi häufiger in kriegerische Auseinandersetzungen verwickelt. In einem dieser Kleinkriege geriet Franz in Gefangenschaft, aus der er völlig verändert heimkehrte. In eben dieser Gefangenschaft und der auf sie folgenden Krankheit werden die ersten Stufen des sich über mehrere Jahre hinziehenden »inneren Wandels« und der »Bekehrung« Franz' gesehen. Es heißt, dass Gott zu Franz zu sprechen begann und ihm 1205 seinen Lebensweg vorzeichnete: »Geh hin, Franziskus, baue mein Haus auf, das am Einstürzen ist!« Franz löste sich von seinem Elternhaus, lebte als Bettler und pflegte aus der Gesellschaft ausgestoßene Leprakranke. Gefährten schlossen sich ihm an, die Franz zum Dienst an der Menschheit und der Kirche in Armut und Buße verpflichtete. Franz gab der Gemeinschaft einfache Regeln, deren Anerkennung durch den Papst 1210 als Geburtsstunde des Franziskanerordens gilt. Um auch Frauen den Zugang zum Orden zu ermöglichen, kam 1212 die Gemeinschaft der Klarissinnen hinzu. Franz zog weiter umher und predigte in Dalmatien und Spanien. Der Zulauf war enorm, und die Aufstellung eines erweiterten Regelkanons war nötig, der 1223 endgültig bestätigt wurde. Zu diesem Zeitpunkt hatte sich Franz schon weitgehend aus der Ordensleitung zurückgezogen. 1224 sollen die Wundmale Christi (Stigmata) auf seinem Körper erschienen sein. Seine letzten beiden Lebensjahre verbrachte Franz in Krankheit. Er dichtete den *Sonnengesang*, der neben der *Vogelpredigt* zu seinem bekanntesten Werk wurde. Franz starb am 3. Oktober 1226. Am Tag nach seinem Tod sollen die Stigmata entdeckt worden sein – der deutlichste Beweis für seine Heiligkeit, die bereits 1228 ihre Bestätigung durch den Papst erfuhr. Franz wollte vergessen werden und hatte bestimmt, am Abhang vor der Stadtmauer von Assisi beerdigt zu werden. Doch bereits im Jahr seiner Heiligsprechung wurde über seinem Grab mit der Errichtung der Kirche San Francesco in Assisi begonnen.

AUF DEN PUNKT GEBRACHT

Santa Croce ist die größte im Mittelalter errichtete Bettelordenskirche. Die karge, fast asketische Architektur des Innenraumes findet ihre Begründung in dem Armutsgebot der Franziskaner, trifft sich aber auch mit der für Florenz typischen Klarheit der Formensprache.

DATEN

Kurz nach dem Tod von Franz von Assisi entstand eine erste Franziskanerkirche in Florenz, die sehr schnell erweitert und schließlich ab 1294 durch den heutigen Bau ersetzt wurde. Das Querhaus war 1314 (Datum im Dachstuhl) und das Langhaus um 1385 vollendet. Der Campanile (frei stehender Glockenturm) und die Marmorverkleidung der Fassade stammen aus dem 19. Jh. Die Kirche ist 115 m lang, das Mittelschiff 19,50 m breit und 34,50 m hoch. Santa Croce ist die an Kunstschätzen reichste Kirche von Florenz. In ihr begraben sind Michelangelo, Galileo Galilei und Gioacchino Rossini. Im Süden schließen sich zwei Kreuzgänge und zahlreiche Nebenbauten an, darunter die um 1430 nach einem Entwurf Filippo Brunelleschis begonnene Pazzi-Kapelle.

EMPFEHLUNGEN

Lesenswert:
Wolfgang Schenkluhn: *Die Architektur der Bettelorden. Die Baukunst der Dominikaner und Franziskaner in Europa*, Darmstadt 2000

Sehenswert:
Franz von Assisi. Regie: Michael Curtiz; mit Bradford Dillman, Dolores Hart, USA 1960

Hörenswert:
Olivier Messiaen: *Saint François d'Assise*, Oper, Paris 1983

Hôtel-Dieu in Beaune

Burgund (1443–1451) · Stifter: Nicolas Rolin und seine Frau Guigone de Salins · Architekt: Jacques Wiscrère

Es lohnt, die Stiftungsurkunde des Hôpital oder Hôtel-Dieu in Beaune genau zu lesen. Sie ist im Stil von Königsurkunden abgefasst, in denen auf den Namen des Stifters die meist endlose Aufzählung seiner Titel und Besitztümer folgte. Doch wurde diese Urkunde nicht von einem Herrscher, sondern von einem Bürger ausgestellt, der 1422 zum Kanzler von Burgund ernannt und zwei Jahre später geadelt wurde. Der Stifter, Nicolas Rolin, war also ein Emporkömmling. Er war ehrgeizig und skrupellos, ein äußerst geschickter Verhandlungspartner, beschlagen in politischen wie in wirtschaftlichen Dingen. Seine Stellung war praktisch unanfechtbar und erlaubte ihm, ein beträchtliches Vermögen anzuhäufen. Dass er dabei nicht immer einwandfreie Methoden anwendete, versteht sich von selbst. Bei der Stiftung des Hôtel-Dieu dachte Rolin nun an sein Seelenheil, wie er schreibt. Mit Mitte sechzig hatte er ein Alter erreicht, in dem man im Mittelalter ans Sterben denken musste. Doch selbst mit dem Tod vor Augen wollte Rolin noch ein Geschäft abschließen. Er fasste die Stiftung als eine Transaktion auf, als ein Geschäft also, das zwar den Rahmen des Alltäglichen sprengt, aber trotzdem ein Geschäft bleibt. Sein Geschäftspartner war Gott, mit dem er »irdische Güter« gegen »himmlische Schätze« tauschen wollte. Im Klartext heißt das, Rolin verlangt im Tausch für die Errichtung des Hôtel-Dieu von Gott einen Ablass auf die ihm wie jedem Sünder dro-

■ Hôtel-Dieu in Beaune, Hofansicht

■ Die Dächer des Innenhofes

hende Zeit im Fegefeuer – ein in seiner Epoche normales Verfahren. Weder in der Angst vor dem Fegefeuer noch in dem Versuch, sich von ihm freizukaufen, ist Rolin eine Ausnahmeerscheinung.

Trotz des offensichtlichen »Warencharakters«, den das Hôtel-Dieu in der Urkunde annimmt, galt es als ein »frommes Werk«. Dass dieses Werk aus einem Hospital bestehen sollte, wird der Frau Rolins, Guigone de Salins, zugeschrieben. Sie scheint damit auf die Verelendung breiter Bevölkerungsschichten in Burgund durch plündernde Söldner, Missernten und Hungersnöte reagiert zu haben. Ausdrücklich ist als Stiftungszweck »die Versorgung und der Verbleib von kranken Armen« angegeben, womit in erster Linie nicht mehr arbeitsfähige Alleinstehende ohne Angehörige, die sie hätten ernähren können, gemeint waren. Auch ihnen sollte es möglich sein, »einen schönen Tod zu sterben«. Ihr Saal, der Salle des Pauvres, bildet das Herz des Hôtel-Dieu. Er nimmt mehr als die Hälfte des mächtigen Straßenflügels ein, den man auf den ersten Blick für eine der schmucklosen, altertümelnden Bettelordenskirchen halten könnte, wie sie mittlerweile jede Stadt aufzuweisen hatte. Deutlich sind die »Funktionsbereiche« an der Fassade abzulesen. Die großen Maßwerkfenster geben die Lage der Kapelle an. Sie geht nahtlos in den nur sparsam beleuchteten Krankensaal über. Es folgen ein Portal und der zwei-

Der lang gestreckte ein- oder zweischiffige Raum mit Kapelle an einer Schmalseite war die übliche Form des mittelalterlichen Krankensaales in Mittel- und Westeuropa. Zusätzlich zum tradierten Typ lehnt sich das Hôtel-Dieu mit seinem Kolonnadenhof an die Kreuzgänge von Klöstern an.

geschossige Wirtschaftstrakt mit einer Durchfahrt. Ein Baldachin und ein aus dem Dach wachsender Turm, ein so genannter Dachreiter, betonen das Portal als Haupteingang. Hinter ihm liegen der Eingang zum Krankensaal und der Durchgang zum Hof. Hier bietet sich ein komplett anderes Bild. Die Fassaden der beiden Hofflügel bilden Galerien, die Dächer sind tief heruntergezogen und mit farbigen Ziegeln gedeckt. Zusammen mit den verspielt wirkenden Treppentürmen und Dacherkern entspricht die Hofansicht ganz unseren Vorstellungen vom »Fachwerkmittelalter«. Doch ist hier Vorsicht geboten. Das Ziel von Restaurierungen im 19. Jahrhundert war zwar grundsätzlich die Rückführung in den Urzustand; häufig ging sie jedoch mit dessen »Verbesserung« und Rekonstruktion von (vermeintlich) Verlorenem einher. Unter dem Eindruck der Industrialisierung und ihrer negativen Folgen hatte das 19. Jahrhundert das Mittelalter zur »guten alten Zeit« stilisiert, in der man behütet in fest gefügten sozialen Strukturen lebte. In diese Zeit fällt die erste Restaurierung des Hôtel-Dieu. Die Substanz der Hofflügel ist alt, doch wurden die alles beherrschende Ziegeldeckung des Daches und mit Sicherheit die Bekrönungen der Erker erneuert. So präsentiert sich auch der etwa 14 Meter breite und einschließlich der Kapelle 72 Meter lange Krankensaal erst wieder seit den 1870er Jahren im mittelalterlichen Zustand, wiederum mitgeprägt durch die Vorstellungen, die im 19. Jahrhundert über das Mittelalter existierten.

■ Innenansicht des Krankensaals (Länge 52 m)

Die Mitte des von einer hölzernen Spitztonne überwölbten Saales ist heute frei gelassen. Ursprünglich waren hier Tische und Bänke aufgestellt. An hohen Feiertagen wurde der Saal zur Kirche. Man verhängte die Betten mit Teppichen und räum-

te das übrige Mobiliar beiseite. Der Altar befand sich, wie an den großen Fenstern ablesbar, am Ostende des Saales hinter einer Abschrankung. Auch hier scheuten Rolin und seine Frau keine Kosten und vergaben den Auftrag an einen der berühmtesten Maler ihrer Zeit, an Rogier van der Weyden, Stadtmaler in Brüssel.

Thematisch hängt der Altar auf das Engste mit seinem Aufstellungsort zusammen. Die Außenseite zeigt die Stifter im »ewigen Gebet«. Sie richten es an die Heiligen Sebastian und Antonius zwischen ihnen. Beide boten Schutz vor weit verbreiteten und gefürchteten Krankheiten, der »Pestilenz« und dem »Antoniusfeuer«, einer durch Pilzbefall am Getreide verursachten Vergiftung. An Festtagen wurde der Altar geöffnet und zeigte das *Jüngste Gericht*, mit dem die Insassen des Hôtel-Dieu an die eigene Vergänglichkeit und an die ihnen beim Gericht zuteil werdende letzte »Gerechtigkeit« erinnert wurden. Selbst hier schien Rolin sich der An-

■ Blick in den mittelalterlichen Krankensaal des Sint-Jans-Hospitals in Brügge. Gemälde, um 1778, von Jan Beerblock. Brügge, Memling-Museum

■ Bildnisse des Stifters Nicolas Rolin und seiner Frau Guigone de Salins auf der Außenseite des von Rogier van der Weyden gemalten Altares für das Hôtel-Dieu in Beaune, um 1445

Ich, Nicolas Rolin, Ritter, Bürger der Stadt Autun, Lehnsherr von Authume, Kanzler von Burgund, lasse an diesem Tage … alle menschlichen Überlegungen beiseite und denke nur an das Heil meiner Seele. In dem Bestreben, die … irdischen Güter gegen himmlische Schätze zu vertauschen, und zwar durch eine glückliche Transaktion, gründe, errichte und erbaue ich … ein Hospital.

Aus der Stiftungsurkunde vom 4. August 1443

■ Eintritt einer Nonne in das Hôtel-Dieu und die Einlieferung eines Kranken. Französische Buchmalerei, 1482/83

spielungen auf die eigene Person nicht enthalten zu können. Ein Papst soll die Züge Eugens IV. tragen, der die Stiftung des Hôtel-Dieu genehmigte, ein Bischof die eines Sohnes von Rolin, der Bischof von Autun war, ein Gekrönter die Züge Philipps des Guten und ein Edelmann die von Rolin selbst. Weitere Anspielungen finden sich im Krankensaal. Es sind die Wappen der Stifter sowie Rolins Devise *Seule* – »Einzige« –, meist in Verbindung mit einer Taube, dem Symbol der Liebe.

> *Der Mann, der zu Lebzeiten die Armut so vieler Menschen verursacht hat, ist es sich wohl schuldig, ihnen nach dem Tod eine Zuflucht zu hinterlassen!*
>
> Ludwig XI. von Frankreich über Rolin und seine Stiftung

HÔTEL-DIEU IN BEAUNE

BIOGRAPHIE

Nicolas Rolin wurde zwischen 1376 und 1380 in Autun südwestlich von Beaune im Herzogtum Burgund als Sohn eines angesehenen und wohlhabenden Advokaten geboren. Der Vater bestimmte ihn zu seinem Nachfolger und ließ Nicolas die Rechte studieren. Doch der Sohn sollte ihn bei weitem überflügeln. Bereits 1408 war Rolin als Advokat am Parlament in Paris tätig. Um 1410 heiratete er in dritter Ehe Guigone de Salins. Guigone verfügte über ein beträchtliches Vermögen, doch was für Rolin bedeutender gewesen sein dürfte, war ihre adelige Herkunft, die seine Karriere nur fördern konnte. Früh stieg Rolin zum Berater des burgundischen Herzogs Johann ohne Furcht auf und wurde nach dessen gewaltsamem Tod 1419 vom Nachfolger übernommen. Rolin muss sich auch unter seinem neuen Dienstherrn, Philipp dem Guten von Burgund, hervorragend bewährt haben. Philipp ernannte ihn 1422 zum Kanzler und schlug ihn zwei Jahre später zum Ritter. Vierzig Jahre sollten nun die Geschicke Burgunds in den Händen Rolins liegen. Burgund erlebte sein »Goldenes Zeitalter«. Behutsam betrieb Rolin die Lösung des Herzogtums aus der Allianz mit England, die Philipp 1420 kurzsichtig eingegangen war und die die Grundlage für die Auslieferung der »Jungfrau von Orléans« 1430 – gegen ein hohes Lösegeld – war. Philipp wechselte die Fronten, wobei es ihm gelang, die Unabhängigkeit Burgunds Frankreich gegenüber vertraglich festzulegen. Mit dem Tod Rolins 1462 und Philipps 1467 endete die Blüte Burgunds, das 1477 als unabhängiges Herzogtum erlosch. Rolin, der auch umfassend gebildet gewesen sein muss, häufte ein beträchtliches Vermögen an, das es ihm erlaubte, nach dem Vorbild Philipps in großem Rahmen als Stifter und Förderer der Künste aufzutreten. Selbstlos war beides nicht. 1413 begann Rolin mit der Erweiterung seines Elternhauses in Autun. Es folgte der Umbau der von seinem Vater in der benachbarten, heute zerstörten Kirche Notre-Dame-du-Châtel gestifteten Kapelle, für die Jan van Eyck um 1435 die *Madonna des Kanzlers Rolin* (Paris, Louvre) malte. Weitere Maßnahmen folgten. Die Kirche, die Rolin 1453 durch einen Gang mit seinem Elternhaus verbinden ließ, war für ihn von besonderer Bedeutung. In ihr war er getauft und sein Vater beerdigt worden. Das zweite große Unternehmen Rolins war die Stiftung des Hôtel-Dieu in Beaune 1443. Für das Hospital bestellte Rolin bei Rogier van der Weyden ein *Jüngstes Gericht* (Beaune, Musée de l'Hôtel-Dieu). Auf den Außenseiten der Tafeln ließen sich Rolin und seine Frau als Stifter darstellen. Die Porträts machen es deutlich: Rolin lebte in einer Umbruchszeit. Bei van Eyck ist er der selbstbewusste diesseitige Kanzler, ein Mann der Renaissance, bei Rogier van der Weyden der mit seiner Frau demütig, in banger Erwartung des Jüngsten Gerichts verharrende Mensch des Mittelalters.

DATEN

Von Nicolas Rolin und seiner dritten Frau Guigone de Salins gestiftet und von 1443 bis 1451 errichtet. Als Architekt wird der Niederländer Jacques Wiscrère genannt. Der Westflügel wurde 1659 errichtet. Die vier Flügel des Baus nehmen ein Geviert von 80 × 53 m ein. Der große Krankensaal liegt im Straßentrakt. In den beiden alten Hofflügeln befanden sich Zimmer für vornehme Kranke, die Küche, die Apotheke sowie Räume für die Schwestern. Bis 1971 diente das Hôtel-Dieu der Krankenpflege. Rolin und seine Frau statteten ihre Stiftung reich mit Besitz aus, darunter mit Weingütern in besten Lagen, der heute wesentlich zum Unterhalt des städtischen Krankenhauses von Beaune beiträgt, in dem das Hôtel-Dieu aufgegangen ist.

EMPFEHLUNGEN

Lesenswert:
Dieter Jetter: *Das europäische Hospital. Von der Spätantike bis 1800*, Köln 1987

AUF DEN PUNKT GEBRACHT

Mit mittelalterlichen Stiftungen wurden in der Regel zwei Ziele verfolgt. Sie hatten dem Seelenheil der Stifter zu dienen und deren Andenken der Nachwelt zu erhalten. Das Hôtel-Dieu wurde also nicht primär als soziale Einrichtung für Arme gegründet, sondern zum Heil der Stifter.

Kuppel des Domes zu Florenz

Florenz (1418–1434) · Architekt: Filippo Brunelleschi

■ Porträt Brunelleschis, Ausschnitt aus *Fünf Berühmte Männer oder Die Väter der Perspektive*, Florentiner Schule, um 1500–1565. Paris, Musée du Louvre

■ Längsschnitt des Doms Santa Maria del Fiore. Kupferstich von Bernado Sansone Sgrilli nach Giovanni Battista Nelli. Aus: *Descrizione e studii dell'insigne fabbrica di S. Maria del Fiore*, Florenz 1733. Florenz, Museo dell'Opera del Duomo

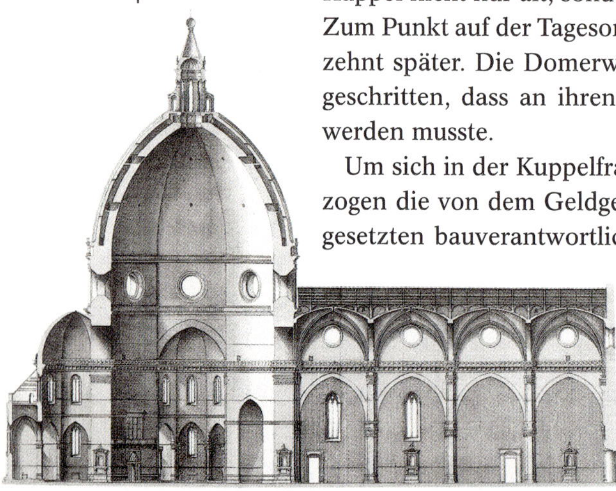

Nur schleppend gingen die Arbeiten am Dom zu Florenz Santa Maria del Fiore voran. Selbst für eine der reichsten und größten Städte Europas waren die vier kurz vor 1300 begonnenen Großprojekte Dom, Stadtmauer, Palazzo Vecchio und Santa Croce zu viel. Man hatte sich offensichtlich übernommen. Hinzu kam eine der berüchtigten Geschlechterfehden – durchaus vergleichbar dem Streit zwischen den Montagues und Capulets in Shakespeares *Romeo und Julia*. Zu einem »Gesinnungswandel« führte erst die Pestepidemie von 1348–52, die als Strafe Gottes aufgefasst wurde. Der Sühnegedanke wog – zumindest am Anfang – auch in Florenz schwer. Anders als etwa Siena, wo der Plan der gigantischen Domerweiterung nach der Pest nicht wieder aufgenommen wurde, erholte Florenz sich erstaunlich schnell. Hier begann man nun Gott zu Ehren, aber vor allem der Stadt selbst, den Dom weit größer und aufwändiger zu planen und zu bauen als ursprünglich vorgesehen. Die Grundlage lieferte der Beschluss einer Expertenkommission aus weltlichen Meistern und Abgeordneten der in großem Stil bauenden Orden, darunter der Franziskaner, deren Kirche Santa Croce bereits weit gediehen war.

Die Kuppel über dem Chorachteck wurde nicht diskutiert. Doch lässt die Beiläufigkeit ihrer erstmaligen Erwähnung im Sitzungsprotokoll vom 19. Juni 1357 darauf schließen, dass die Idee der Kuppel nicht nur alt, sondern vielmehr auch jedem bekannt war. Zum Punkt auf der Tagesordnung wurde die Kuppel erst ein Jahrzehnt später. Die Domerweiterung war inzwischen so weit fortgeschritten, dass an ihren Anschluss an das Langhaus gedacht werden musste.

Um sich in der Kuppelfrage nach allen Seiten hin abzusichern, zogen die von dem Geldgeber – der Zunft der Wollweber – eingesetzten bauverantwortlichen »Operai« eine Gruppe von acht Malern und Architekten hinzu. Der Dombau war ein Prestigeobjekt erster Güte. Unstrittig war, dass er wie überall »schöner und großartiger« als jede andere Kathedrale werden sollte. Als Praktiker ging der amtierende Dombaumeister vom technisch Mög-

■ Gesamtansicht des Domes zu Florenz von Süden, vom Turm des Palazzo Vecchio

lichen aus und schlug eine Kuppel vor, die, kleiner als die des Pantheon in Rom, gerade noch einzurüsten gewesen wäre. Den seitlich wirkenden Druck (Schub) sollten die Mittelschiffswände und drei Apsiden aufnehmen. Dieser Grundkonzeption stimmten auch die beratenden Maler und Architekten zu. Doch wollten sie, dass der Kuppeldurchmesser den des Pantheon übertreffen sollte. Sie wollten die Kuppel durch einen eingeschobenen Mauerring (Tambour) höherlegen. Die Vorteile lagen auf der Hand. Ein Tambour würde die Kuppel über den eigentlichen Baukörper heben und eine bessere Beleuchtung des Chores ermöglichen. Nicht zu kalkulieren waren jedoch die konstruktiven Risiken. Wie sollte der Schub abgeleitet werden, und wie war überhaupt ein Standgerüst von über 80 m Höhe bis in den Scheitel der Kuppel zu er-

FIORE FIORENZA

Ausgesprochen großen Wert legte die Stadtregierung auf den Namen des Domes, Santa Maria del Fiore, der nicht, wie üblich, vom Vorgängerbau übernommen wurde. Er war Programm. »Fiore« (»Blume«) steckt in dem alten Namen von Florenz: »Fiorenza« (die »Blühende«).

■ San Lorenzo, Florenz. Blick in das lichtdurchflutete Mittelschiff der ab 1421 nach Plänen von Brunelleschi errichteten Kirche

Denn in jener Zeit (Gotik) wurden von den Menschen viele Reichtümer schlecht verwendet und Bauten ohne Regel nach schlechtem Stil und armseliger Zeichnung und seltsamen Erfindungen, mit gesuchter Zierlichkeit und noch schlechteren Verzierungen errichtet. Da gefiel es Gott, nachdem die Erde viele Jahre keinen herrlichen und göttlichen Geist besessen hatte, dass Filippo der Welt das großartigste und schönste aller Gebäude (Dom zu Florenz) hinterließ, die zur Zeit der Alten und der Neueren aufgeführt worden sind.

Der Kunstschriftsteller, Maler und Architekt Giorgio Vasari in *Lebensbeschreibungen der berühmtesten Maler, Bildhauer und Architekten*, 1550

richten? Fragen, von denen sich weder der Dombaumeister, der das Projekt der Maler und Architekten für technisch undurchführbar hielt, noch die Verantwortlichen der Zunft und der Stadt beirren ließen.

Die Folge war ein wohl einmaliger Vorgang in der Architekturgeschichte: Ohne zu wissen, wie die Kuppel zu errichten sein könnte, entschieden sich die Gremien 1367 für die Durchführung des Projekts der Maler und Architekten. Im Herbst des Jahres stellte man die konkurrierenden Projekte in der Öffentlichkeit zur Diskussion. Auch das Bürgervotum war überwältigend. Anschließend wurden die nicht angenommenen Pläne vernichtet und ein hölzernes Ausführungsmodell gebaut, auf das zukünftig alle Dombaumeister schwören mussten, auch Filippo Brunelleschi. Die Bauarbeiten gingen zügig voran. Zu Beginn des 15. Jahrhunderts waren die Apsiden im Bau, und 1410 wurde mit dem Tambour begonnen. Die Lösung der Kuppelfrage war nun drängender denn je. Doch vergingen noch acht Jahre, bis die Operai den Wettbewerb ausschrieben, bei dem es allein um die technische Ausführung der Kuppel gehen sollte.

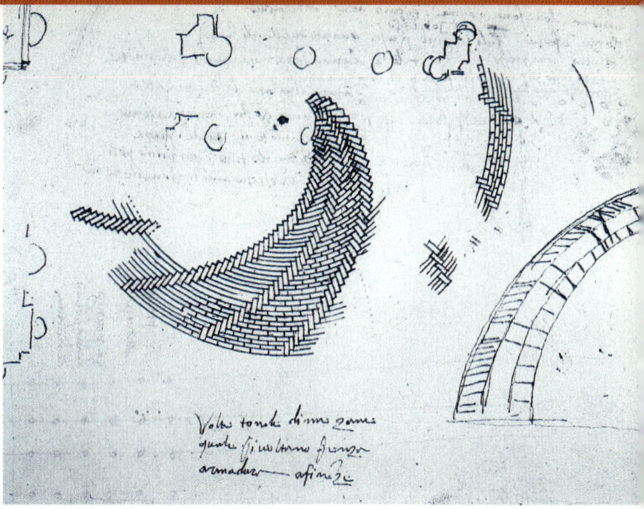

■ Blatt mit Kuppeldetails: links das Kuppelmauerwerk im Fischgratverband, rechts Schnitt durch die zweischalige Kuppel. Inschrift: »Mit einem Kuppelgewölbe aus Ziegelsteinen, wie es in Florenz ohne Standgerüst gemauert wird.« Federzeichnung von Antonio da Sangallo dem Jüngeren (1485–1546). Florenz, Galeria degli Uffizi

Als ausgebildeter Goldschmied war Filippo Brunelleschi ein Quereinsteiger. Anders als seine Kollegen vom Fach konnte er daher die Kuppelfrage mit einem unverstellten, weder durch Traditionen noch durch Baugewohnheiten eingeengten Blick angehen. Hinzu kamen seine ausgeprägte Beobachtungsgabe und sein gut ausgebildetes Abstraktionsvermögen. Beides hatte ihn kurz vor der Wettbewerbsausschreibung am nur wenige Meter vom Dom entfernten Baptisterium die Gesetze der Zentralperspektive finden lassen. Spätestens seit 1417 setzte Brunelleschi sich intensiv mit der Domkuppel auseinander, und zwar im Auftrag der Operai, in deren Rechnungsbüchern eine Zahlung an ihn für »Zeichnungen und Anstrengungen, die Kuppel betreffend« belegt ist. Zum im folgenden Jahr abgehaltenen Wettbewerb, an dem sich auch sein schärfster Konkurrent Lorenzo Ghiberti beteiligte, lieferte Brunelleschi ein mehrere Meter hohes Kuppelmodell ab. Die Erläuterungen Brunelleschis müssen den Operai die Sprache verschlagen haben. Er wollte kein Standgerüst bauen, auch nicht den legendären, mit Münzen gespickten Hügel aufschütten, der nach Fertigstellung der Kuppel von den Armen abgetragen würde, sondern die Kuppel »senza alchuna armadura« – »ohne jedes Gerüst« – aufführen. Brunelleschi, der bisher noch nichts Wesentliches gebaut hatte, muss äußerst überzeugend argumentiert haben. Er wollte etwas noch nie da Gewesenes: eine Kuppel errichten, die in jeder Bauphase in der Lage ist, sich selbst zu tragen. Vielen Zeitgenossen muss das als die Quadratur des Kreises vorgekommen sein, doch Brunelleschi erhielt den Auftrag, wenn ihm auch Ghiberti als gleichberechtigter Dombaumeister an die Seite gestellt wurde.

Die Bautechnik der Kuppel, auf die Brunelleschi durch Beobachtungen und simple Berechungen gekommen sein muss, ist ebenso einfach wie bestechend. Das Vorbild lieferte der Bogen, dessen Prinzip Brunelleschi von der Vertikalen in die Horizontale übertrug. In der Regel sind die Steine eines Bogens keilförmig zugeschnitten oder versetzt. Sobald der Bogen geschlossen ist, trägt er sich selbst. Bis dahin ist ein Gerüst notwendig. Die Kuppel ließ Brunelleschi nun in horizontalen Schichten aufmauern,

■ Innenansicht des Doms Santa Maria del Fiore

wobei die Steine – im unteren Bereich Sandstein, im oberen leichterer Ziegel- und Tuffstein – immer leicht nach innen geneigt wurden und sich so gegenseitig Halt gaben. Eine Schicht war immer nur wenige Steinlagen hoch. Ein Gerüst war aufgrund der nur geringen Neigung der einzelnen Schichten nicht notwendig. Vollständig stabil und damit belastbar wurde die Schicht dann, wenn sie geschlossen war. Dieses Konstruktionsprinzip konnte später durch genaue Beobachtungen am Bau nachvollzogen werden. Doch: Wie bewerkstelligte Brunelleschi die maßgenaue Übertragung vom Modell auf die Kuppel? Wie hat er den Mittelpunkt des Chorachtecks in die Kuppelhöhe übertragen? Welche Messkontrollen hatte er vor Ort; benutzte er möglicherweise optische Instrumente? Fragen, die bis heute nicht geklärt sind.

Die Kuppel des Florentiner Domes ist zweischalig gemauert, was rein baupraktisch gesehen den Vorteil einer erheblichen Materialersparnis und Gewichtsreduzierung bedeutete. Mithilfe von Mauerstegen sind die Schalen gegeneinander versteift. Doch wesentlicher ist, dass Brunelleschi möglicherweise eine größere, außenwirksame und eine kleinere, den Innenraum nicht erdrückende Kuppel haben wollte und damit erstmals in der Architekturgeschichte den Betrachterstandpunkt berücksichtigte – wie es in der Malerei gleichzeitig auch Masaccio mit seinem Trinità-Fresko in der nur wenige hundert Meter entfernten Kirche Santa Maria Novella tat. Mit einem Schlag wurde der Mensch zum Maß aller Dinge. Die Idee des Individuums war geboren – und damit die Renaissance.

DIE PEST VON 1348–1352

Nach knapp zwei Jahren hatte eine in China ausgebrochene Pestepidemie Europa erreicht. Sie war über die Karawanenstraßen und den Seeweg eingeschleppt worden und sollte sich zu einer Epidemie ungekannten Ausmaßes entwickeln, mit rund 25 Millionen Toten allein in Europa. Der »Schwarze Tod« entvölkerte ganze Landstriche. Florenz verlor mehr als ein Drittel seiner 100 000 Bewohner.

KUPPEL DES DOMES ZU FLORENZ

BIOGRAPHIE

Der Architekt und Bildhauer **Filippo Brunelleschi** wurde 1377 als Sohn eines wohlhabenden Notars in Florenz geboren. Er lernte Goldschmied, womit er die zu seiner Zeit bestmögliche Ausbildung zum Bildhauer erhielt. Kleinere Arbeiten aus der Zeit vor 1400 sind überliefert. 1401 beteiligte Brunelleschi sich an dem Wettbewerb zu den Osttüren des Baptisteriums in Florenz. Diesen ersten bedeutenden Künstlerwettbewerb der Nachantike verlor er gegen den ein Jahr jüngeren Lorenzo Ghiberti. Die Reliefs beider sind erhalten. Drei Jahre später wurde Brunelleschi in die Zunft der Seidenhändler aufgenommen, die auch die Goldschmiede vertrat, und war als Mitglied einer Gutachterkommission am Dom zu Florenz tätig. Als Gutachter war Brunelleschi auch außerhalb von Florenz gefragt, doch baute er nur in seiner Heimatstadt. Vermutlich reiste Brunelleschi erstmals um 1404/05, in Begleitung des Bildhauers Donatello, nach Rom und erneut vermutlich zwischen 1411 und 1413, um das Pantheon und andere antike Bauten zu studieren. Eine von seinem ersten Biographen Manetti genannte Beteiligung an kleineren Bauvorhaben in Florenz ist dokumentarisch nicht belegt, doch kann aus der Bezeichnung Brunelleschis als »capomaestro« 1412 auf eine bereits länger andauernde Architektentätigkeit geschlossen werden. Intensiv setzte Brunelleschi sich um 1415 mit Problemen der Perspektive auseinander. Es entstanden die beiden verlorenen, aber von Manetti und Vasari beschriebenen *tavolette prospettiche*. 1418 wurde der Wettbewerb zur Florentiner Domkuppel ausgeschrieben. Die Kommission entschied sich für Brunelleschis Projekt einer sich in jeder Bauphase selbst tragenden Kuppel, ernannte aber auch Ghiberti zum Dombaumeister, der jedoch nach wenigen Jahren ausschied. Anfang der 1420er Jahre war Brunelleschi ein vielbeschäftigter Architekt. Seine Domkuppel, das Findelhaus, die Alte Sakristei und die Kirche der Medici selbst, San Lorenzo, wurden begonnen. Ende des Jahrzehnts setzten die Planungen zur Pazzi-Kapelle im ersten Kreuzgang von Santa Croce ein. Nachweislich reiste Brunelleschi 1432 nach Rom und begann kurz darauf, sich mit den Planungen zur Kirche Santo Spirito auseinanderzusetzen. 1434 saß Brunelleschi kurze Zeit im Gefängnis. Er hatte es versäumt, sich in die Zunft der Steinmetze einzuschreiben, der er als Architekt angehören musste. Nachdem 1434 die Domkuppel vollendet war, legte Brunelleschi ein Modell für die Laterne vor. Wieder war Ghiberti sein Konkurrent, doch konnte Brunelleschi sich erneut durchsetzen. Im gleichen Jahr widmete ihm Leon Battista Alberti die italienische Ausgabe seines Traktats *Über die Malerei*. Brunelleschi starb am 16. April 1446. Die Kuppellaterne, San Lorenzo, die Pazzi-Kapelle und Santo Spirito wurden erst nach seinem Tod vollendet.

AUF DEN PUNKT GEBRACHT

Brunelleschi gilt als Vater der Renaissance-Architektur. Er schöpfte aus der Antike wie aus der italienischen Romanik und war der Erste, der die klassischen Säulenordnungen wieder anwendete. Die Kuppel des Domes zu Florenz stellt eine unübertroffene technische Meisterleistung dar und wurde bis weit ins 19. Jahrhundert hinein zum Maßstab für den abendländischen Kuppelbau.

DATEN

Kurz nach 1294 Beginn des Domneubaus durch Arnolfo di Cambio. Der Gedanke, das Langhaus mit einem achteckigen überkuppelten Chor zu schließen, dürfte aus dieser Zeit stammen. Nach 1330 beginnt Giotto mit dem Bau des Campanile (frei stehender Glockenturm). Die Arbeiten am Dom selbst ruhen weitgehend. 1367 Anfertigung eines hölzernen Dommodells, mit dem die endgültige Form festgelegt wird. 1416 sind die Chorpartie und der Kuppeltambour fertig. 1418 Vergabe des Kuppelauftrages an Brunelleschi. 1434 ist die Kuppel vollendet. Sie setzt in etwa 54 m Höhe an und hat einen inneren Durchmesser von 42 bis 45 m. Ihr Scheitel liegt 82 m über dem Boden. 1436 Baubeginn der Laterne, die erst nach Brunelleschis Tod vollendet wird.

Nach dem Petersdom, dem Dom zu Mailand und St. Paul's in London ist der Dom zu Florenz die viertgrößte christliche Kirche.

EMPFEHLUNGEN

Lesenswert:

Peter J. Gärtner: *Filippo Brunelleschi. 1377–1446*, Köln 1998

Attilio Pizzigoni: *Filippo Brunelleschi*, Zürich–München 1991

Ca' Foscari

Venedig (nicht vor 1452 – nach 1457) · Auftraggeber: Doge Francesco Foscari

■ Bildnis des Francesco Foscari, Gemälde von Lazzaro Bastiani

Warum einige sagen, sie wollen den Messer Francesco Foscari wählen, weiß ich nicht, denn der besagte Ser Francesco Foscari verbreitet Lügen und andere grundlose Behauptungen, und er fliegt höher und stößt ärger zu als ein Habicht oder Falke. Und wenn ihr ihn zum Dogen macht, was Gott verhüten möge, werdet ihr bald Krieg haben.

Der Doge Tomaso Mocenigo 1423 auf dem Sterbebett

Mit einer Warnung an den »Großen Rat« – Francesco Foscari, der sicherlich Krieg führen würde, möge nicht zu seinem Nachfolger gewählt werden – schloss der Doge Tomaso Mocenigo 1423 sein »politisches Testament« ab. Zuvor hatte er Rückschau auf die Ergebnisse seiner zehnjährigen Regierungszeit gehalten. Die Staatsverschuldung war von zehn auf sechs Millionen Dukaten gesunken. Venedig unterhielt eine Flotte von 3000 kleineren und 300 größeren Transportschiffen, auf denen 25 000 Mann beschäftigt waren, sowie eine Kriegsflotte von 45 Galeeren zum Schutz der Republik und ihrer mittelmeerischen Besitzungen. Unbeirrt solle die Stadt weiter Handel treiben und den Ausgleich mit den großen Nachbarn Mailand und Florenz suchen, dann sei ihr »alles Gold der Christenheit« gewiss. Doch die Wirtschaft der Republik befand sich im Umbruch, was bereits im »Testament« zum Ausdruck kommt, wenn von den 16 000 Arbeitern in der Seiden- und Baumwollweberei die Rede ist. Die Zukunft Venedigs sollte nicht im Handel liegen, der sich mit der Eroberung Konstantinopels durch die Türken 1453, der Entdeckung Amerikas und des Seeweges nach Indien am Ende des Jahrhunderts nach Westen verlagerte, sondern in der Luxusgüterindustrie.

Trotz aller Warnungen wurde Francesco Foscari 1423 zum Dogen gewählt, und er führte Krieg. Den Seekrieg gab er nicht aus der Hand. Ihn führten die Venezianer selbst. Für den Landkrieg, vor allem gegen Mailand, warben sie hingegen »Condottieri« – »Söldnerführer« – an, die ihre Dienste meistbietend verkauften und entsprechend unzuverlässig und leicht zu bestechen waren. Geschickt verstand Foscari es, die politischen Schwächen Mailands auszunutzen und den festländischen Besitz Venedigs zu vergrößern. Ein Friede wurde erst 1453 geschlossen, zu einem Zeitpunkt also, als sich die Verhältnisse in Mailand unter dem neuen Machthaber Francesco Sforza konsolidierten und Venedig als Folge des Falls von Konstantinopel seine Kräfte auf das östliche Mittelmeer konzentrieren musste. Wie um ein Zeichen für den Friedensschluss und die ungebrochene Macht der Republik zu setzen, begann Francesco Foscari nach 1452 mit dem Bau seines Palastes, die am Canal Grande gelegene Ca' Foscari.

Die Ca' Foscari am Canal Grande

Wie alle venezianischen Paläste ruht auch die Ca' Foscari auf einer Pfahlgründung. Um die Pfähle in den morastigen Untergrund rammen zu können, wurde als Erstes ein Damm um den Bauplatz aufgeschüttet und das Innere ausgehoben, bis man unter die Wasseroberfläche kam. Wichtig war, und ist es bis heute, dass die Pfähle ständig unter Wasser und damit unter Sauerstoffabschluss stehen, um ein Verfaulen zu verhindern. War die Baugrube leer geschöpft, rammte man mit einfachsten Hilfsmitteln, meist nur einem Gewicht, die etwa 2 m langen und 20 bis 25 cm dicken Pfähle in den Boden, und zwar im Verlauf der Außen- und tragenden Innenmauern. Anschließend wurden die Pfahlköpfe durch Bohlen miteinander verbunden und – immer noch unter der Wasseroberfläche – mit dem Aufmauern des Fundaments begonnen. Eine Marmorlage in Höhe des Wasserspiegels verhinderte als »Wassersperre« das Aufsteigen von Feuchtigkeit ins Mauerwerk. Dem Erd- oder besser Wassergeschoss mit dem Haupteingang sowie dem untergeordneten landseitigen Zugang der gotischen Paläste Venedigs wurde in der Regel nicht viel Aufmerksamkeit geschenkt. Ihren ganzen Reichtum entfalten die Fassaden erst in den oberen Geschossen. Sie wirken wie Schautafeln. Der Schmuck ist auf die Mitte konzentriert und besteht wie bei der Ca' Foscari meist aus Maßwerkgittern, hinter denen sich die Repräsentations- und Festräume befanden. Die Seiten mit den für Venedig typischen von Fenstern eingefassten »Wandpausen« wir-

Fassade Ca' Foscari. Illustration von Susanne Mocka

■ Die Ca' d'Oro am Canal Grande. Das »Goldene Haus« wurde in der ersten Hälfte des 15. Jahrhunderts errichtet. Hinter die komplett mit Marmor verkleidete und früher teilvergoldete Fassade der Ca' d'Oro fällt die der Ca' Foscari weit zurück. Die heute meist ziegelsichtigen venezianischen Paläste waren ursprünglich verputzt und zum Teil, wie das Haus der deutschsprachigen Händler, die Fondaco dei Tedeschi, von Giorgione und Tizian, den berühmtesten Malern der Stadt, mit Wandbildern versehen.

ken kompakter. Sie geben dem Bau Halt, erinnern aber vor allem an die Ecktürme der vorgotischen, so genannten »veneto-byzantinischen« Paläste des 13. Jahrhunderts.

Die Ca' Foscari war nicht das erste Bauprojekt Francesco Foscaris. Bereits im Jahr nach seiner Wahl zum Stadtoberhaupt hatte er die Erweiterung des Dogenpalastes um den zur Piazetta und zum Campanile gerichteten Flügel veranlasst. Nichts unterscheidet ihn vom knapp hundert Jahre zuvor begonnenen wasserseitigen Trakt des Regierungssitzes. Gleichzeitig mit dem Piazetta-Flügel des Dogenpalastes entstand auch der berühmteste venezianische Palast, die Ca' d'Oro. Bemerkenswert ist die Eingangsloggia, die von einem Vorgängerbau übernommen wurde. Vergleicht man nun die Fassaden der Ca' d'Oro und Ca' Foscari mit der des Dogenpalastes, so fällt auf, dass in jeweils zwei Geschossen, in den beiden unteren der Ca d'Oro und den mittleren der Ca' Foscari, die Arkadengeschosse des Dogenpalastes zitiert sind – das obere in der Ca' Foscari sogar fast »wörtlich«. Diese Übernahmen beruhen nicht auf der Phantasielosigkeit der Bildhauer, Vater und Sohn Giovanni und Bartolomeo Buon, die den Erweiterungsbau des Regierungssitzes leiteten und die an den beiden Palastfassaden beteiligt waren. Sie sind vielmehr Ausdruck der Verbundenheit der Bauherrn mit der Stadt. Die Fassaden der venezianischen Paläste sind Visitenkarten ihrer Besitzer – wie die Fassaden der Florentiner Paläste der Medici und Rucellai. Doch anders als in Florenz fochten die venezianischen Patrizier mit ihren Fassaden keine politischen Kämpfe aus. Die Führungsschicht Venedigs war homogen – und extrem konservativ. Nichts lag ihr ferner als Neuerungen. Die Renaissance, von der die Florentiner Architektur bereits seit den 1420er Jahren beherrscht war, konnte sich in Venedig erst um 1500 durchsetzen, als die Glanzzeit der Stadt vorüber war. Zwar wurden weiterhin Kirchen und Paläste gebaut, doch verschob sich der Schwerpunkt auf das von Francesco Foscari eroberte Festland, die Terra Ferma, wo Andrea Palladio den immer noch reichen Venezianern hundert Jahre nach der Ca' Foscari Villen als Landsitze bauen sollte.

CA' FOSCARI

DIE REPUBLIK VENEDIG

Der Legende nach wurde Venedig am 21. März 421 – dem Fest Mariä Verkündigung – gegründet, doch dürften sich erst um die Mitte des 5. Jh. die ersten Menschen überhaupt in der Lagune niedergelassen haben, von deren Leben der Geschichtsschreiber Cassidor dem Ostgotenkönig Theoderich in Ravenna 537 berichtete. Die erste nachweisbare Wahl eines Dogen (von lat. »dux« – »Führer«) fand 697 statt. Im 8. Jh. begannen die Orte der Lagune sich gegen die byzantinische Herrschaft aufzulehnen und gingen zu diesem Zweck auch Bündnisse mit den Franken ein. Versuche Karls des Großen, Venedig 810 in das fränkische Reich einzugliedern, scheiterten. Der Doge zog sich mit seiner Streitmacht einfach in ein für das fränkische Heer unzugängliches Gebiet zurück. Dieses Gebiet war das heutige Rialto (von lat. »rivus altus« – »hohes Ufer«) im Zentrum Venedigs. Der erste Dogenpalast wurde errichtet, und da nach mittelalterlichem Verständnis zu einer Stadt ein Schutzpatron gehörte, machte sich 827 eine kleine Flotte nach Alexandrien auf, um Reliquien des Evangelisten Markus, der kurze Zeit in der Nähe Venedigs gewirkt haben soll, zu erwerben. Da die Gebeine des Heiligen jedoch nicht verkäuflich waren, wurden sie kurzerhand gestohlen. In den ersten Jahrhunderten ihres Bestehens war die »Markusrepublik« kaum mehr als eine dörfliche Siedlung. Zu *dem* europäischen Handelszentrum des Mittelalters mit Niederlassungen von Konstantinopel bis Brügge und Stützpunkten an den Enden der großen Karawanenstraßen begann Venedig sich erst nach der Jahrtausendwende zu entwickeln. 1063 wurde mit dem Bau des heutigen Markusdomes begonnen und 1104 mit der Schiffswerft, dem Arsenal. In den Schiffen und Pfahlgründungen der venezianischen Kirchen und Paläste verschwanden die Wälder Istriens und Dalmatiens; was zurückblieb, ist die heutige Karstlandschaft. Im 12. Jh. war Konstantinopel zu einer ernsthaften Konkurrenz geworden, woraufhin die Venezianer 1203 den vierten Kreuzzug umleiteten, Konstantinopel plündern und das Lateinische Kaiserreich gründen ließen. Im 13. Jh. entstanden die ersten steinernen Paläste Venedigs. Eine verstärkte Bautätigkeit setzte im 14. Jh. ein, die bis zum Beginn des wirtschaftlichen Niedergangs der Stadt am Ende des 15. Jh. ungebrochen fortgesetzt wurde. Im 16. Jh. konzentrierte sich die Bautätigkeit auf das Festland. Die Stadt selbst sollte in den folgenden zwei Jahrhunderten zu *dem* europäischen Vergnügungszentrum werden, berühmt für seinen Karneval und für die mehr als ein halbes Dutzend Opernhäuser. Mit dem Einmarsch Napoleons 1797 verlor Venedig seine Selbstständigkeit, und 1866 ging »La Serenissima« (»die Durchlauchtigste«), wie sich die Republik selbst über Jahrhunderte hinweg bezeichnet hatte, in Italien auf.

DATEN

Die Ca' Foscari ist der größte gotische Palast Venedigs. Er wurde frühestens 1452 von Francesco Foscari begonnen und war beim Tod des Dogen 1457 noch nicht vollendet. Der Fassade des Palastes ist ein Grundquadrat mit einer Kantenlänge von 7 venezianischen Fuß zugrunde gelegt. 12 Strecken (etwa 23,5 m) wurden für die Höhe, 13 (etwa 25,5 m) für die Breite angelegt. Ursprünglich war der Bau nicht backsteinsichtig, sondern verputzt und wahrscheinlich bemalt. Bei den Balkonen handelt es sich um spätere Hinzufügungen. Im 19. Jh. wurden die großen Fenster im Wassergeschoss eingebrochen sowie das Innere und die Hoffassade grundlegend umgestaltet. Die Ca' Foscari dient heute der Universität von Venedig als Hauptgebäude.

EMPFEHLUNGEN

Lesenswert:
Peter Lauritzen, Alexander Zielcke: *Venezianische Paläste*, München 1979

Hörenswert:
Giuseppe Verdi: *I due Foscari*, Oper, Rom 1844, nach Lord Byrons Tragödie *The Two Foscari*

AUF DEN PUNKT GEBRACHT

Die Ca' Foscari ist ein typischer Palastbau der venezianischen Gotik. Wie alle Palastfassaden der Zeit stellt auch die der Ca' Foscari ein Bekenntnis des Besitzers zur »Adelsrepublik« Venedig dar, deren Führungsschicht er angehörte.

Palazzo Rucellai

Florenz (ab 1453) · Architekt: Leon Battista Alberti · Ausführung: Bernardo Rosselino

Die Zeit, in der sich die einflussreichen Florentiner Familien blutige Kämpfe um die Macht lieferten, war im 15. Jahrhundert vorbei. Jetzt wurde Politik subtiler betrieben. Heirat, Verbannung, Steuern und Bauen waren die Mittel der Wahl. Nach wie vor wichtig war, möglichst große Teile des »Popolo minuto« (»einfaches Volk«) an sich zu binden, was die Medici, eine verhältnismäßig junge und damit unbelastete Familie, besonders gut verstanden. Um ihren Einfluss zu wahren, ließ die alte Familie der Albizi 1432 die Brüder Cosimo den Älteren und Lorenzo de' Medici verbannen. Doch bereits zwei Jahre später änderten sich die Mehrheitsverhältnisse in der Stadtregierung, und die Medici-Brüder kehrten nach Florenz zurück, wo nun Cosimo mit dem systematischen

■ Der Palazzo Rucellai. Photo um 1890

Die Menschen jener Zeit bauten wie von der Tarantel gestochen, auf eine Weise, dass Mangel an Meistern und Material herrschte.

Der Zeitgenosse Lucca Landucci in seinem Florentiner Tagebuch (2. Hälfte des 15. Jh.)

Ausbau der Stellung seiner Familie begann. Ohne selbst öffentlich in Erscheinung zu treten, sorgte er dafür, dass alle wichtigen städtischen Ämter mit seinen Gefolgsleuten besetzt und die Gegner, zu deren Verbannung die rechtliche Handhabe fehlte, durch eine neue Einkommensteuer von bis zu fünfzig Prozent in die Knie gezwungen wurden. Für die Öffentlichkeit waren die großzügigen Stiftungen bestimmt, die Cosimo Kirchen und Klöstern zukommen ließ und die sein Ansehen besonders beim Popolo minuto steigerten. So sorgte Cosimo gleich nach seiner Rückkehr aus dem Exil 1434 für die Übertragung einer alten Kirche, heute San Marco, an die Dominikaner, für die er neue Konventsgebäude errichtete – auch um sein Gewissen über ein »nicht ganz rechtmäßig erworbenes Vermögen«, wie es in einer zeitgenössischen Biographie Cosimos heißt, zu erleichtern. 1442 wurde die Kirche Markus, aber auch den Familienheiligen der Medici Cosmas und Damian geweiht. Im gleichen Jahr erklärte Cosimo sich bereit, den Weiterbau von San Lorenzo zu finanzieren, womit er den entscheidenden Schritt tat, der die Kirche zur Hauskirche und zum Quasi-Privateigentum der Medici machen sollte.

■ Palazzo Rucellai. Außenansicht der Fassade. Zeichnung von Susanne Mocka

Mit diesen und weiteren Stiftungen, die alles bis dahin Gekannte in den Schatten stellten, schuf Cosimo die Voraussetzungen, die es ihm Mitte der 1440er Jahre endlich erlaubten, einen Familienpalast in unmittelbarer Nähe von San Lorenzo zu errichten, ohne dass sein Ansehen beim Popolo minuto Schaden nehmen würde. Der Auftrag ging an Michelozzo, Cosimos »Hausarchitekten«. Auf den ersten Blick unterscheidet sich der Palazzo Medici nicht großartig von den Florentiner Palastbauten des 14. Jahrhunderts. Auch sie waren in der Regel als lagernder dreigeschossiger Block mit weit überkragendem Kranzgesims als Abschluss errichtet worden. Völlig neu war hingegen die Aufmerksamkeit, die Michelozzo der Fassade schenkte. Immerhin sollte der Palast Sitz der mächtigsten Familie der Stadt und zur Schaltzentrale eines europaweit agierenden Handels- und Finanzimperiums werden. Dies galt es, zum Ausdruck zu bringen.

■ Bildnis des Giovanni Rucellai mit den für ihn von Alberti errichteten Bauten. Gemälde von Francesco Salviati (Zuschreibung). Florenz, Sammlung Palazzo Rucellai

DIE MEDICI
Ihren sagenhaften Reichtum verdankte die Familie Bankgeschäften, vor allem mit den Päpsten, zu deren Chefbankiers sie nach 1413 aufstiegen. Mit Cosimo dem Älteren übernahmen die Medici in den 1430er Jahren die politische Führung in Florenz. Mehrfach aus der Stadt vertrieben, wurden sie 1531 zu Herzögen von Florenz und 1569 zu Großherzögen der Toskana. 1737 starb die Familie aus. Der bedeutendste in Florenz wirkende Vertreter der Familie war nach Cosimo sein Enkel Lorenzo il Magnifico (»der Prächtige«). Der Familie entstammen die Päpste Leo X. und Klemens VII. sowie zwei französische Königinnen.

■ Übereckansicht des Palazzo Medici (heute Medici-Ricardi) mit den 1517 von Michelangelo zugesetzten Erdgeschossarkaden. Photo um 1890

Die Fassaden des Palazzo Medici wirken abweisend, fast festungsartig. Wie die der älteren Paläste sind sie durch horizontale Gesimsbänder gegliedert, auf denen die Fenster stehen. Nur wenige kleine Fenster und einige Arkaden, die Michelangelo um 1517 mit seinen berühmten »knieenden Fenstern« zusetzte, öffnen das Erdgeschoss. Die Quader sind hier bewusst grob – in Bosse – belassen. Nach oben hin wird das Wandrelief – die Rustica – feiner. Im Mittelgeschoss ist nur noch der Fugenschnitt betont, der dann im Obergeschoss fast ganz verschwindet. Diese Abstufung war ebenfalls von den älteren Bauten her bekannt. Mit ihr wurde zunächst nur gezeigt, dass die Stärke der Mauern nach oben hin abnimmt, doch fungierten die Fassaden gleichzeitig als »Bedeutungsträger«. Die des 14. Jahrhunderts verweisen gerne auf die städtischen Bauten Bargello und Palazzo Vecchio und damit auf das Mitwirkungsrecht des jeweiligen Bauherrn an der Stadtregierung. Cosimo schloss sich hier nur bedingt an. Er identifizierte sich weiterhin mit seiner Heimatstadt, worauf auch die von einem Bogen überfangenen Doppelfenster hinweisen, die fast alle Florentiner Paläste von den eben genannten Vorbildern übernahmen. Doch war Cosimo nicht mehr Gleicher unter Gleichen. Als »Graue Eminenz« zog er die Fäden in der Stadt und muss für sich und seine Familie die Alleinherrschaft ins Auge gefasst haben. Dies könnte in der Erdgeschossfassade des Palazzo Medici zum Ausdruck gebracht worden sein; aller Wahrscheinlichkeit nach ist in ihr auf einen außerhalb von Florenz gelegenen, an Rang nicht zu überbietenden Bau verwiesen: auf das Augustusforum in Rom.

■ Alberti zwischen Masaccio und Brunelleschi. Ausschnitt aus einem Fresko der Brancacci-Kapelle in Santa Maria del Carmine, Florenz, 1428–82, von Masaccio und Filippo Lippi

Die Interpretation scheint gewagt, doch ist das intellektuelle Klima im Florenz des 15. Jahrhunderts zu berücksichtigen, als die Stadt ihr »Augusteisches Zeitalter«, ein Zeitalter höchster kultureller Blüte, erlebte. Das Wissen über die Ausdrucksmöglichkeiten, die das Augustusforum und damit die antike Architektur bot, dürfte durch Leon Battista Alberti vermittelt worden sein. Alberti, der sich intensiv mit der Vergangenheit Roms auseinandersetzte und die erste nachantike Architekturtheorie schrieb, hielt sich spätestens 1434 erstmals in Florenz auf, sechs Jahre nachdem die Verbannung seiner Familie aufgehoben worden war. Anfang der 1440er Jahre war er erneut in der Stadt anzutreffen, wo er zusammen mit einem Sohn Cosimos einen Dichterwettstreit veranstaltete. Doch bauen sollte er für die Medici kaum. Seinen wichtigsten Florentiner Auftraggeber fand Alberti vielmehr in einem Gegner der Familie, in Giovanni Rucellai.

Die Rucellai gehörten zu den wenigen Familien der Opposition, denen es gelungen war, ihr Vermögen vor dem Zugriff Cosimos zu schützen. Giovanni verfügte also über die Mittel zum Bauen, zwar nicht in dem Umfang wie Cosimo, doch reichte es für drei Projekte in der Stadt, zu denen Alberti die Entwürfe lieferte, und dem Ausbau eines kleinen Landsitzes in der Nähe von Florenz. Giovanni ging wie Cosimo vor und stiftete öffentlichkeitswirksam die Fas-

»Wie viele Häuser hatten in unserer Kindheit nur Bretter, wo jetzt Marmor liegt«, resümierte Leon Battista Alberti über den Bauboom in Florenz, der der Stadt von 1450 bis 1478 mehr als zwei Dutzend Palastneubauten bescherte.

sade von Santa Maria Novella und eine Heilig-Grab-Kapelle für die in unmittelbarer Nähe des Stammhauses der Familie gelegene Kirche San Pancrazio. Den Anfang machte bei Giovanni jedoch der Stadtpalast, bei dem es sich um keinen Neubau handelt, sondern um eine Ansammlung von Häusern, die Giovanni seit 1442 zusammengekauft, umgebaut und mit dem Stammhaus hatte verbinden lassen. Gut zehn Jahre nach den ersten Ankäufen wurde den Häusern eine Fassade vorgeblendet, zu der Alberti den Entwurf lieferte. Wichtig war, dass in der Fassade die Opposition des Bauherrn zum herrschenden Regime zum Ausdruck gebracht wurde. Eine Anlehnung an den Palazzo Medici verbot sich somit, aber auch, weil die »Anspruchshöhe« der gegnerischen Palastfassade nicht mehr zu überbieten war. Ihr war nur durch die Beschreitung eines neuen Weges beizukommen. Diesen Weg zeigte Alberti auf. Seine Grundlage war die Architekturtheorie, nach der in Bosse belassene Quader und die Rustica zu den niedrigsten Schmuckformen zählten. Vom architekturtheoretischen Standpunkt aus rangiert die Fassade des Palazzo Medici also ganz unten. Indem Alberti das Bezugssystem wechselte, gelang es ihm, sich über die Machtdemonstration des Palastes der Medici zu erheben. Als die höchste Schmuck- und Würdeformel galt die Säule. Mit dem aus ihr abgeleiteten Pilaster gliederte und schmückte Alberti nun die Fassade des Palazzo Rucellai. Wie am Kolosseum ordnete er sie übereinander – in Supraposition – an. Pilaster und Gebälk treten kaum aus der einheitlich rustizierten Wand hervor. Im Sinne Albertis sind sie als reine Schmuckformen aufgefasst, und als solche sollten sie ihren europäischen Siegeszug antreten. Die Zukunft gehörte der Fassadenlösung des Palazzo Rucellai, doch in Florenz gab bis ins 16. Jahrhundert der Palazzo Medici den Ton an. Die Gründe lagen wiederum im Politischen. Man war die Oppositionsrolle leid und arrangierte sich mit den Medici.

■ Florenz, Palazzo Strozzi. Erbaut 1489–1536 erbaut. Entwurf: Antonio da Sangallo. Ausführung: Benedetto da Maiano. Photo um 1890

BANKPALÄSTE

Eine regelrechte Renaissance erlebte der Palazzo Medici um 1900. Auf der Suche nach repräsentativen Vorbildern für ihre Zentralen verfielen die mächtigen Großbanken auf den Palast der durch Bankgeschäfte und vorausschauende Politik reich und einflussreich gewordenen Familie.

PALAZZO RUCELLAI

BIOGRAPHIE

Leon Battista Alberti wurde am 14. Februar 1404 in Genua geboren. Er war der illegitime Sohn eines bekannten, aus Florenz exilierten Bankiers. Alberti wuchs in Oberitalien auf, zunächst in Genua, dann in Venedig und in Padua, wo er 1428 ein Studium der Rechte abschloss und sich profunde Kenntnisse in den Natur- (Mathematik und Geometrie) und den Geisteswissenschaften (Rhetorik, antike Literatur und Kultur) angeeignet hatte. Nach seinem Studium trat Alberti in die Dienste verschiedener Kardinäle und ab 1432 in die des Papstes, der seine uneheliche Geburt annullierte und ihm so eine kirchliche Karriere ermöglichte. Nachdem er sich bereits intensiv mit antiker Architektur, Kunst und Literatur auseinandergesetzt hatte, betrat Alberti Florenz im Gefolge des Papstes wahrscheinlich 1434 zum ersten Mal. Die Neuerungen von Brunelleschi, Donatello und Masaccio – die Renaissance, die ihm hier vor Augen tretende »Wiedergeburt der Antike« – müssen auf ihn wie eine Offenbarung gewirkt haben. Alberti suchte sie theoretisch zu fassen und schrieb 1435 sein Traktat *Über die Malerei* nieder, dessen italienische Fassung er Brunelleschi widmete, und begann mit der Arbeit an *Über die Statuen*. Wiederum im Gefolge des Papstes, befand sich Alberti von 1436 bis 1441 in Bologna und Ferrara, wo er erstmals als entwerfender Architekt oder als »architektonischer Berater« nachgewiesen ist. (Die Ausführung seiner Bauten überließ Alberti grundsätzlich anderen.) Anfang der 1440er Jahre war Alberti nochmals in Florenz, wo er wahrscheinlich den Chorbau von Santissima Annunziata anregte. Abgesehen von kleineren Reisen hielt Alberti sich von 1443 bis zu seinem Tod im April 1472 in Rom auf. Dort beteiligte er sich an den Neu- und Umbauplanungen für die Stadt, in die auch Sankt Peter einbezogen wurde. Mitte der 1440er Jahre fertigte Alberti eine *Beschreibung der Stadt Rom* an und verfasste um 1450 mit den *Zehn Büchern über Architektur* seine bedeutendste theoretische Schrift, die das gleichnamige Werk Vitruvs zum Vorbild hat. Gleichzeitig trat Alberti verstärkt als Architekt in Erscheinung. Für Sigismondo Malatesta in Rimini entwarf er den Umbau der gotischen Franziskanerkirche zum Tempio Malatestiano (unvollendet) und für Giovanni Rucellai in Florenz den Palazzo (1453), die Loggia Rucellai (1460) sowie eine Kapelle in der nahe gelegenen Kirche San Pancrazio und die Fassade von Santa Maria Novella (1458). 1459 lernte Alberti Lodovico Gonzaga kennen, für den er San Sebastiano (beg. 1460) und San Andrea (beg. 1470) in Mantua entwarf. 1464 verlor Alberti seine Stellung am päpstlichen Hof, blieb aber in Rom, wo er ein Jahr vor seinem Tod den jungen Lorenzo il Magnifico de' Medici und seinen alten Auftraggeber Giovanni Rucellai durch die antiken Ruinen der Stadt führte.

DATEN

Die Fassade des Palastes wurde ab 1453 im Auftrag des Wollhändlers und Bankiers Giovanni Rucellai vor mehrere miteinander verbundene Häuser geblendet. Ursprünglich waren nur fünf Fassadenachsen vorgesehen. Zwei weitere wurden wohl um 1460 hinzugefügt. Eine achte ist nur im Ansatz ausgeführt. Dem Palazzo schräg gegenüber liegt die Loggia Rucellai, die wohl ebenfalls um 1460 nach einem Entwurf Albertis entstand. Sie diente der Familie als Rahmen für offizielle Anlässe.

EMPFEHLUNGEN

Lesenswert:

Robert Tavenor: *On Alberti and the Art of Building*, New Haven–London 1998

Franco Borsi: *Leon Battista Alberti. The Complete Works*, New York 1989

AUF DEN PUNKT GEBRACHT

Alberti gilt als der erste »Universalmensch« der Neuzeit. Mit der Fassade des Palazzo Rucellai hielt die theoretisch fundierte Renaissance in Florenz Einzug. Doch sollte die Fassade in der Stadt selbst keine unmittelbaren Nachwirkungen haben. Erst von Rom aus, wo sie aufgegriffen wurde, führt eine ungebrochene Linie bis in den Barock.

Sankt Peter

Rom (1506–1614) · Architekten: Bramante, Antonio da Sangallo der Jüngere, Michelangelo, Carlo Maderno, Gianlorenzo Bernini und andere

■ Blick vom Petersplatz auf den Petersdom

■ Vogelschau der Peterskirche. Kolorierter Stich von Giovanni Battista Piranesi, 1775

Mit Julius II. wurde 1503 *der* Vertreter des so genannten »Renaissancepapsttums« inthronisiert. Weniger Priester und Seelsorger, war er vielmehr weltlicher Herrscher und Feldherr. So schnell wie kein Papst vor ihm machte er sich an die Planung für sein Grabmal, mit der er 1505 keinen Geringeren als Michelangelo beauftragte. Das Grabmal wurde nie fertig gestellt, doch sollte Michelangelo mit seinem Vorschlag, es im fünfzig Jahre zuvor begonnenen Chorneubau von Sankt Peter aufzustellen, den entscheidenden Anstoß zum Neubau der Kirche liefern. Begeistert griff Julius II. die Idee auf – wobei ihm lediglich ein Kapellenanbau vorgeschwebt haben dürfte. Der Auftrag ging an Bramante. Was folgte, war ein in der Architekturgeschichte beispielloser »Amoklauf« (Horst Bredekamp) gegen den um 320 von Kaiser Konstantin gegründeten Initialbau des abendländischen Christentums. Statt sich mit einem Kapellenanbau zu beschäftigen, plante Bramante vielmehr einen um neunzig Grad gedrehten Neubau, den er quer durch das alte Langhaus treiben und auf den im Süden der Kirche stehenden Obelisken ausrichten wollte. Wie nicht anders zu erwarten, wurde dieser Plan abgelehnt, doch war er es, der ein Tabu gebrochen hatte. Die bisher nur auf den Chor bezogenen Planungen sollten fortan die ganze Kirche betreffen, deren Neubau noch im Herbst 1505 beschlossen wurde. Einigkeit herrschte lediglich darüber, dass das Grab des Apostels Petrus durch eine Kuppel hervorzuheben war, wie sie der Dom zu Florenz aufwies. Aber – sollte Neu-Sankt-Peter über einem quadratischen Grundriss als Zentral- oder über einem rechteckigen Grundriss als Langhausbau errichtet werden? Vom architektonischen Standpunkt her war die Frage leicht zu beantworten; der Zentralbau galt als höherwertig. Gegen ihn sprachen jedoch gottesdienstliche Gewohnheiten und vor allem die Tradition der alten Peterskirche. Bramante wusste, dass Julius II. die Grundform der alten Kirche bewahrt wissen wollte und reagierte entsprechend, als sein Mitarbeiter und schärfster Konkurrent Giuliano da Sangallo einen Zentralbauentwurf vorlegte. Bramante nahm das Blatt, pauste mit schnellen Strichen die Chor- und Querhauspartien auf die Rückseite durch und ließ sie mit einem Langhaus verschmelzen. Der gleichaltrige Sangallo muss sich wie ein gemaßregelter Schüler vorgekommen sein, doch sollte, trotz aller Um- und Irrwege im Verlaufe der Planungen, dem »Kompositbau« aus Zentralbau und Langhaus die Zukunft gehören.

Da Bramante in keinem Fall mit einer Vollendung des Neubaues zu seinen Lebzeiten rechnen konnte, richtete er sein Augenmerk darauf, bauliche Tatsachen zu schaffen, die nachfolgende Architekten an seine Konzeption binden mussten. Bramante begann mit der Errichtung der Kuppelpfeiler, die bis 1511 so weit hochgeführt waren, dass sie durch Bögen miteinander verbunden werden konnten. Spätestens zu

■ Alt-Sankt-Peter. Perspektivische Gesamtrekonstruktion von Brewer (1892)

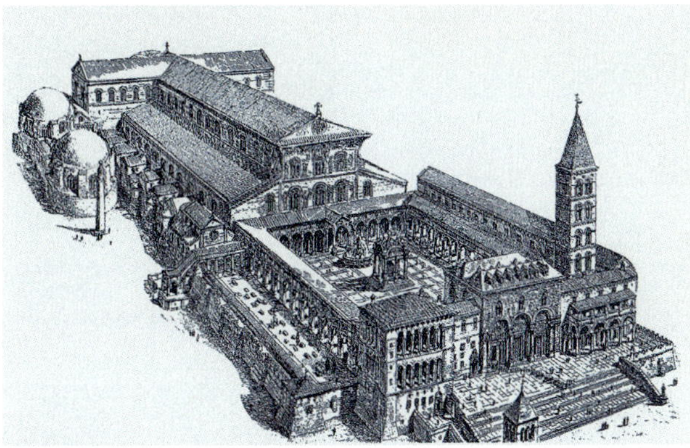

■ Ansicht von Antonio Sangallos Modell zum Neubau von Sankt Peter. Stich von Antonio Labacco, 1546

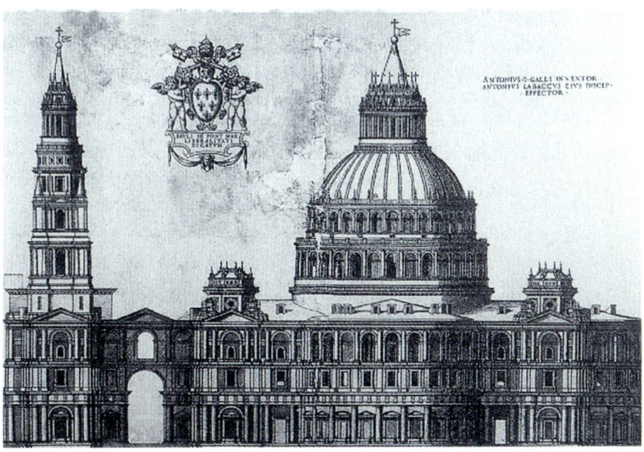

■ Der Baldachin Berninis über dem Hauptaltar und Michelangelos Kuppel

diesem Zeitpunkt muss Julius II. klar geworden sein, dass der Architekt seine Pläne, in deren Mittelpunkt die Errichtung der Grabkapelle stand, durchkreuzte. Er verfügte eine Einstellung der Bauarbeiten an den Pfeilern und ließ nur noch an der Kapelle und dem Chor der Kirche weiterbauen. Julius II. starb 1513, Bramante ein Jahr später. So gut wie vollendet war nur der Chor, den Bramante nie errichten wollte und der 1585 zugunsten von Michelangelos Chorlösung wieder abgerissen wurde.

Durch den von Julius II. 1506 ausgeschriebenen Ablass flossen gewaltige Mittel nach Rom, doch kam längst nicht alles Sankt Peter zugute. So gingen etwa von den 22 000 Dukaten, die das Augsburger Handelshaus der Fugger 1511/12 überwiesen hatte, nur 800 an den Neubau.

Auf Bramante folgte Raffael als leitender Architekt. Raffael starb 1520, und die Leitung ging an Antonio da Sangallo den Jüngeren, einen Neffen Giulianos, und Baldassare Peruzzi über. Auf der Baustelle blieb es ruhig, man baute kaum, doch nördlich der Alpen wurde zum Generalangriff auf die Kirche geblasen. Anfangs von Rom unbemerkt und später ignoriert, griff dort die Reformation mit rasender Geschwindigkeit um sich. Dringend notwendige innerkirchliche Reformen waren im 15. Jahrhundert immer wieder verschleppt worden, was sich nun rächte. Das Fass zum Überlaufen brachte der Ablass zur Finanzierung des Neubaus von

ABLASS
Das Gewähren eines Ablasses auf die von der Kirche verhängten »zeitlichen Sündenstrafen« durch Geldzahlungen kam im 12. Jahrhundert auf. Dem Ablass, der auch durch Gebete und gute Werke erreicht werden konnte, lag die Vorstellung zugrunde, dass Jesus und die Heiligen »überschüssige« Verdienste erworben hatten, die von der Kirche »verkauft« und einem Sünder gutgeschrieben werden konnten. Gegen den Ende des Mittelalters ausgearteten Handel mit Ablässen wandte sich auch Martin Luther.

■ Porträt Gian Lorenzo Berninis

Sankt Peter im Jahr 1506. Besonders in Deutschland machte sich Unwillen breit, und der Ablass wurde zu einer der Ursachen für Luthers Thesenanschlag an die Tür der Schlosskirche zu Wittenberg 1517. Zehn Jahre nach dem Thesenanschlag kam es zum »Sacco di Roma« – zur Plünderung Roms durch Truppen des späteren Kaisers Karl V. Wenn nicht schon zuvor, so wurde spätestens jetzt die Baustelle mit den Ruinen von Neu- und Alt-Sankt-Peter zum signifikanten Bild für die bis in ihre Fundamente erschütterte Kirche: das Alte mutwillig zerstört – zu einer Erneuerung nicht fähig.

Dass zumindest Papst Paul III. den Zustand Sankt Peters als Sinnbild für den Zustand der Kirche begriff, zeigen die von ihm eingeleiteten Maßnahmen. Sie betrafen die innere Struktur der Kirche ebenso wie den Bau von Sankt Peter. Zwei Jahre nach seiner Wahl zum Papst 1534 setzte er eine Reformkommission ein, bestätigte 1540 den Jesuitenorden und eröffnete fünf Jahre später das Konzil von Trient. Gleichzeitig mit dem Einsetzen der Reformkommission wurde Antonio da Sangallo zum alleinigen Bauleiter von Sankt Peter bestimmt und mit einem Zentralbauentwurf beauftragt. Sangallo sperrte sich und entwarf wie dreißig Jahre zuvor Bramante einen »Kompositbau«, den er als riesiges Holzmodell ausführen ließ. Das Modell blieb ohne Folgen. Sangallo starb 1546. Sein Nachfolger wurde Michelangelo, der – Ironie der Geschichte?

■ Innenansicht des Mittelschiffs von Sankt Peter

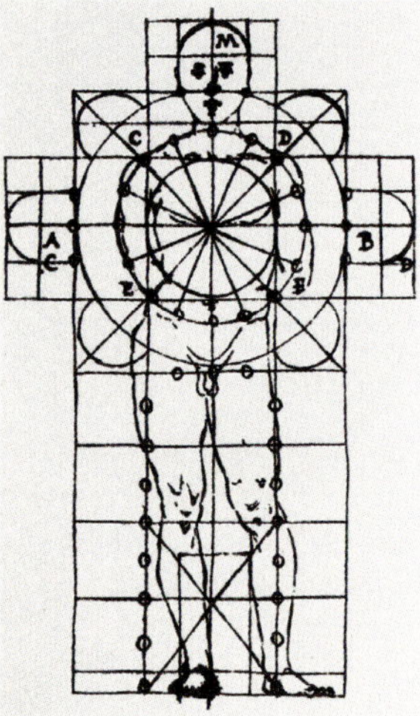

■ Grundrissschema des »kompositen« Kirchentypus von Francesco di Giorgio-Martini aus dem *Trattato di architettura civile e militare*

– vierzig Jahre zuvor die Planungen angestoßen hatte. Der Amtsantritt des neuen Bauleiters begann mit der Entlassung führender Mitarbeiter Sangallos und einem großen Aufräumen auf der Baustelle, die, wie Michelangelo schrieb, »ein Geschäft und Verdienstmittel war, das man hinauszuzögern trachtete, um es niemals zu einem Ende zu bringen«. Nicht nur die Architekten, sondern alle Beteiligten – vom Bankier bis zum Handwerker – hatten gut an ihr verdient. Anfeindungen und Polemiken waren die Folge dieser Maßnahmen. Doch konnte Michelangelo sich durchsetzen und legte endlich den von Paul III. bereits 1536 geforderten Zentralbauentwurf vor. Auch hier räumte Michelangelo mit lieb gewonnenen Gewohnheiten auf. Alles Kleinteilige und Pedantische verschwand, im Grund- wie im Aufriss. Am deutlichsten wird dies in der Fassadengliederung. Statt einer Unzahl von Säulen, die bei Sangallo die Fassaden wie ein Netz überziehen, gliedert Michelangelo sie durch eine übergeordnete, die Geschosse zusammenfassende Kolossalordnung. Der Weg zum Barock ist von hier nicht mehr weit. Ungebrochen fand Michelangelos Fassadengliederung im nach 1600 von Carlo Maderno errichteten Langhaus ihre Fortsetzung, womit Sankt Peter dann endlich auch zu dem »Kompositbau« wurde, den Bramante hundert Jahre zuvor flüchtig skizziert hatte.

Michelangelo verstand sich zuerst als Bildhauer, was deutlich wird, wenn er schreibt, »dass die Glieder der Architektur von den Gliedern der Menschen abhängen. Wer nicht ein Meister in der Figurenkunst war oder ist, und vor allem in der Anatomie, kann sie nicht begreifen«. Bezogen ist dieser Satz auch auf Sangallos Holzmodell von Sankt Peter.

Unzählige Entwürfe waren für Neu-Sankt-Peter entstanden. Jahrzehntelang war abgerissen, neugebaut und wieder abgerissen worden. Erst mit dem Auftreten Michelangelos setzte Stetigkeit ein, im Entwurf wie auf der Baustelle selbst. Die Ursachen für diesen Wandel sind sowohl im Persönlichen wie im Politischen begründet. Auftraggeber und Architekt, Paul III. und Michelangelo, wussten, was sie wollten: der eine die Reform der Kirche, der andere den wichtigsten Kirchenbau des abendländischen, oder, wie es jetzt heißen musste, des katholischen Christentums errichten. Beides ist miteinander verquickt. Gestärkt und mit neuem Selbstvertrauen ging die katholische Kirche Anfang der 1560er Jahre aus dem Konzil von Trient hervor. Obwohl große Teile der Gläubigen vor allem nördlich der Alpen unwiederbringlich an die Reformation verloren gegangen waren, triumphierte sie. Zeichen des Triumphes und Neubeginns ist Neu-Sankt-Peter in Rom.

SANKT PETER

ALT- UND NEU-SANKT-PETER

Legenden und Mutmaßungen ranken sich um den Tod des Apostels Petrus, dem Sankt Peter in Rom geweiht ist. Petrus starb wahrscheinlich um 65 im Zirkus des Nero, der heute teilweise unter Neu-Sankt-Peter liegt, und wurde auf einem nahe gelegenen Friedhof beerdigt. Durchaus möglich ist, dass sich bereits die ersten Christen Roms am wirklichen oder vermeintlichen Grab des Apostels versammelten und so seine Lage überlieferten. Archäologen deckten in den 1940er Jahren unter dem Hochaltar der heutigen Peterskirche eine »Memoria« (»Gedenkstätte«) auf, mit der in der 2. Hälfte des 2. Jh. das Petrusgrab bezeichnet worden sein könnte. Über der Memoria ließ Kaiser Konstantin um 320 die erste Peterskirche, Alt-Sankt-Peter, errichten. Bei dieser Kirche handelte es sich um eine fünfschiffige Basilika mit Querhaus und einem vorgelagerten Hof oder Atrium. Alt-Sankt-Peter wurde ständig erweitert und umgebaut. Um die Memoria wurde eine Krypta gelegt, und bis zum 9. Jh. wurden zwei im Süden der Kirche gelegene heidnische Rundgräber Heiligen geweiht und einbezogen. Etwa zur gleichen Zeit entstand der erste Glockenturm. Trotz aller Veränderungen, zu denen im 13. Jh. noch umfangreiche Erneuerungsarbeiten traten, blieb der Bau Konstantins im Wesentlichen bis zum Ende des Mittelalters erhalten. Kurz nach 1450 plante Papst Nikolaus V., die Apsis und das Querhaus einzureißen und wesentlich größer neu zu errichten, doch kam der Bau nicht über die Fundamente hinaus. Zum Neubau – jetzt der gesamten Kirche – erfolgte 1506 die Grundsteinlegung. Geplant war die Errichtung eines Kuppelbaus entweder über einem zentralisierenden Grundriss oder als »Kompositbau«, einer Verschmelzung aus Zentral- und Langhausbau. Erster leitender Architekt am Neubau war Bramante. Ihm folgten Raffael von 1514 bis 1520 und Antonio da Sangallo. Richtig in Angriff genommen wurden die Bauarbeiten erst unter Michelangelo, der 1546 die Leitung übernahm. Michelangelos Entwurf fußt auf den ersten Zentralbauideen zu Sankt Peter, ist jedoch in Grund- und Aufriss wesentlich straffer und monumentaler. Anfang des 17. Jh. fügte Carlo Maderno Michelangelos Zentralbau das Langhaus mit der zum Petersplatz gerichteten Fassade an. Bereits 1586 war auf dem Platz der ursprünglich im Zirkus des Nero südlich der Kirche stehende Obelisk aufgestellt worden. Nach einem Entwurf Gianlorenzo Berninis wurden ab 1656 die den Platz fassenden Kolonnaden errichtet. Die von Bernini intendierte geschlossene Platzsituation ging mit dem Straßendurchbruch zum Tiber 1939 verloren.

DATEN

Die Grundsteinlegung zu Neu-Sankt-Peter erfolgte am 18. April 1506. Im Wesentlichen entstand der Bau von der Mitte des 16. bis Mitte des 17. Jh. nach Entwürfen Michelangelos, Carlo Madernos und Gianlorenzo Berninis. Von letzterem stammen der Raum beherrschende Baldachin über dem Hochaltar und die den Vorplatz einfassenden Kolonnaden. Mit einer Breite von 152 m in den Querschiffen und einer Länge von 211 m ist Sankt Peter der größte je errichtete christliche Sakralbau. Die Kuppel ist in ihrem Durchmesser etwas kleiner als die des Pantheon und des Doms zu Florenz, von der sie die Zweischaligkeit übernahm. Unübertroffen ist ihre Höhe; der Scheitel liegt 119 m über dem Boden, und die Laterne erreicht eine Höhe von 132,50 m.

EMPFEHLUNGEN

Lesenswert:
Horst Bredekamp: *Sankt Peter in Rom und das Prinzip der produktiven Zerstörung. Bau und Abbau von Bramante bis Bernini*, Berlin 2000

AUF DEN PUNKT GEBRACHT

Wie Alt- war auch Neu-Sankt-Peter einer der einflussreichsten christlichen Kirchenbauten. Darüber hinaus wurde Neu-Sankt-Peter zum Symbol des in der zweiten Hälfte des 16. Jahrhunderts erstarkten Katholizismus. Im protestantischen Raum galt es, Neu-Sankt-Peter zu übertreffen; Versuche sind unter anderem St. Paul's in London und der Berliner Dom.

Schloss Chambord

Loire-Tal (1519 – 1559) · Planung unter Mitwirkung Franz' I. und Leonardo da Vincis · Ausführung: Pietro da Cortona und andere

■ Bildnis des Königs Franz I. von Frankreich

Vergeblich versuchte Franz I. von Frankreich zwischen 1521 und 1544 in mehreren Kriegen die europäische Vormachtstellung Karls V. zu brechen. In der Realpolitik musste er sich dem Kaiser geschlagen geben. Auf dem Feld der »symbolischen« Politik, hier der Baupolitik, errang Franz I. hingegen zumindest ein Unentschieden, wenn nicht gar den Sieg. Als Bauherr trat er bereits kurz nach seiner Thronbesteigung 1515 in Blois in Erscheinung. Mit der Errichtung des nach ihm benannten Schlossflügels unterstrich er die Verbindung zu seinem Vorgänger Ludwig XII., der dort ebenfalls einen Anbau hatte errichten lassen und dessen Tochter Franz geheiratet hatte. Zahlreiche Schlossbauten folgten und ließen in den darauf folgenden Jahren das Tal der Loire zwischen Orléans und Angers zum Abbild eines idealen »Staates« werden. Zur »Hauptstadt« dieses Gemeinwesens und zum alles überragenden Symbol der Herrschaft Franz' sollte Schloss Chambord werden. Mit ihm emanzipierte Franz sich von seinem Vorgänger und verlieh gleichzeitig seinem Anspruch auf europäische Geltung Ausdruck, trotz oder gerade wegen der Niederlagen, die er gegen Karl einstecken musste.

Mit den Bauarbeiten zu Chambord wurde am 6. September 1519 begonnen, fast auf den Tag genau zwei Monate nach dem Bekanntwerden der Wahl Karls zum römisch-deutschen König. Es ist kaum anzunehmen, dass zu diesem Zeitpunkt ein als endgültig anzusehender Entwurf vorlag. Aber mit ersten Ideen zu einem anspruchsvollen Schlossneubau dürfte Franz sich unter Hinzuziehung der zu seinem Hof gehörenden Gelehrten, Dichter, Künstler und Architekten bereits kurz nach seiner Thronbesteigung auseinandergesetzt haben. Viele der Künstler an Franz' Hof kamen aus Italien, so auch der bedeutendste, Leonardo da Vinci. Die erste Arbeit Leonardos für Franz war der Entwurf zu einer neuen Stadt und einem neuen Schloss im Romorantin, wo Franz' Frau geboren worden war und nun seine Mutter lebte. Stadt und Schloss, deren Bau nie realisiert wurden, hätten etwa zwei Tagesreisen

> Nach dem Tod Kaiser Maximilians I. im Januar 1519 bewarben sich Franz und Karl um die Kaiserwürde. Da das römisch-deutsche Kaisertum sich als universell verstand, war die Bewerbung Franz' durchaus legitim. Beide setzten auf Diplomatie – und Bestechung. Anderthalb Tonnen Gold soll Franz investiert haben, um mindestens vier der sieben wahlberechtigten deutschen Kurfürsten auf seine Seite zu bringen. Karl legte noch eine halbe Tonne darauf und gewann.

von Blois entfernt gelegen und wären so auch Teil des idealen »Staates« an der Loire geworden. Bis heute umstritten, aber dennoch wahrscheinlich, ist eine Beteiligung Leonardos auch an den Planungen zu Chambord. Eine direkte Mitwirkung kann ihm nicht zugesprochen werden, denn er starb bereits vier Monate vor Baubeginn. Auch lässt sich keine Zeichnung von der Hand Leonardos für Chambord nachweisen. Doch scheint es kaum denkbar, dass Franz den anerkannt bedeutendsten Künstler Europas nicht in seine Vorstellungen und Pläne eingeweiht hat, mögen sie anfangs auch noch so vage gewesen sein.

■ Schloss Chambord

In Chambord fließen Neuerungen der italienischen Renaissance und französische Tradition zusammen. Ein Blick auf den Grundriss verdeutlicht sofort die Verwurzelung des Baus im mittelalterlichen Wehrbau Frankreichs. Wie mehr als 400 Jahre zuvor für den Tower in London, lieferte der verteidigungsfähige französische Wohnturm – der Donjon mit seinem quadratischen oder rechteckigen Grundriss und den Turmverstärkungen an den Ecken – auch für Chambord das Vorbild. Drei Flügel, die unvollendet geblieben sind, umfassen den Donjon von Chambord. Gleichzeitig tritt der Donjon als mächtiger Block in der Nordfassade der Gesamtanlage in Erscheinung. Ohne französisches Vorbild ist die Er-

»Ein Inbegriff dessen, was menschliche Kunst hervorzubringen vermag.«
Kaiser Karl V. 1539 anlässlich eines Besuches in Chambord

■ Schloss Chambord. Innenansicht: Doppelwendeltreppe. Photo um 1900

■ Doppelläufige Wendeltreppe, Zeichnung von Leonardo da Vinci

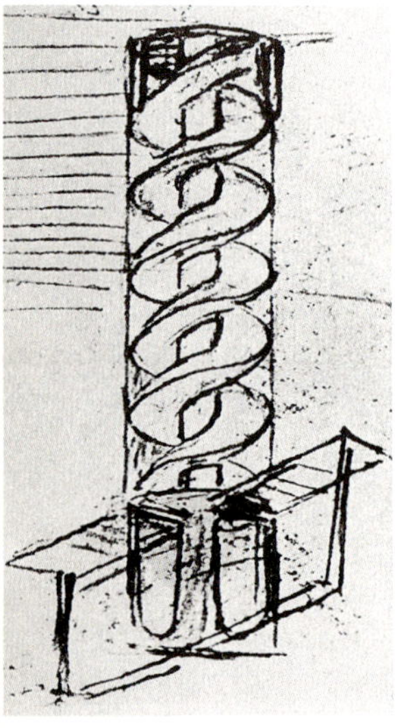

schließung und Organisation der Räume des Donjons. In der Mitte liegt eine doppelläufige Wendeltreppe, die auf experimentelle Zeichnungen Leonardos zurückgehen könnte. Ältere französische Wendeltreppen, wie noch in Blois, lagen grundsätzlich vor den Fassaden. Von der Treppe gehen vier breite Gänge ab. Überdeutlich scheint hier die Idee des Zentralbaus durch, einer Bauform, die bis dahin fast ausschließlich dem Sakralbau vorbehalten war und die in Chambord erstmals in großem Maßstab auf den Profanbau übertragen wurde. Diese Adaption stellte einen ungeheuren Vorgang dar und scheint ebenfalls in mehreren Zeichnungen Leonardos vorbereitet. Wird in der vertikalen und horizontalen Erschließung des Donjons Leonardos Rationalität deutlich, so findet sich in den Wohnbereichen die in den Schriften Vitruvs und Albertis geforderte Bequemlichkeit in der Raumanordnung. Je drei größere Räume liegen in den von den Gängen gebildeten Winkeln. Sie sind nicht mehr, wie bis dahin in Frankreich verbindlich, als Reihe konzipiert und über einen vorgelagerten Gang zu betreten, sondern bilden geschlossene Einheiten – Wohnungen, französisch »Appartements«.

Franz ließ Chambord in einer wald- und wildreichen, kaum bewohnten Gegend errichten. Es kann jedoch nicht als Jagdschloss bezeichnet werden; dafür ist der in ihm zum Ausdruck gebrachte Anspruch zu hoch. Chambord ist eher eine vieltürmige ideale Stadt, oder wie Wolfgang Metternich schreibt, die »steingewordene Utopie« eines von den Ideen der Renaissance besessenen Herrschers. Die Renaissance hatte den Menschen, das Individuum, in das Zentrum ihres Weltbildes gerückt. Chambord sollte nun zum Rahmen und zur Bühne für eine ideale menschliche Gemeinschaft werden: den Hof Franz' I. in einem ebenso idealen Staat, der Schlösserlandschaft entlang der Loire. Die ideale Gemeinschaft, in der Franz Gleicher unter Gleichen war – keines der Appartements war besonders hervorgehoben –, hatte nur bis zur verheerenden Schlacht von Pavia 1524 Bestand, in der zahlreiche Freunde Franz' fielen. Sein Jugendtraum war dahin. Fortan sollte er die Schlösser um Paris bevorzugen und zum Begründer eines Systems unumschränkter Königsherrschaft, des Absolutismus, werden, das in Ludwig XIV. und seinem Schloss Versailles die ideale Verkörperungen finden würde.

SCHLOSS CHAMBORD

BIOGRAPHIE

Franz I. wurde am 12. September 1494 in Cognac geboren, wo er auch aufwuchs und eine höfisch-humanistische Ausbildung erhielt. Zu seinen Unterrichtsfächern gehörten Geschichte, Mythologie, Italienisch, Lateinisch und Musik. 1508 holte ihn Ludwig XII. an seinen Hof, um ihn zum Thronfolger aufzubauen. Der Bund wurde 1514 durch die Ehe zwischen Franz und einer Tochter Ludwigs besiegelt, und bereits ein Jahr später bestieg Franz den Thron. In Franz wurde die Hoffnung auf eine neue Ära und einen Aufstieg der Künste in Frankreich – auf den Durchbruch der Renaissance – gesetzt. Renaissance-Elemente finden sich bereits an seinem Erstlingsbau, dem nach ihm benannten Flügel von Schloss Blois, doch sollte erst die Berufung italienischer Künstler und Architekten seinem Hof den gewünschten Glanz verleihen. Einer der Ersten, die dem Ruf Franz' folgten, war 1516/17 Leonardo da Vinci. Er entwarf für Franz eine Stadt und ein Schloss im Romorantin, etwa 40 km von Blois, und war wahrscheinlich an den Planungen zu Chambord beteiligt, zu dem die Bauarbeiten 1519 begannen. Es war das Jahr, in dem Franz sich vergeblich um die römisch-deutsche Kaiserwürde beworben hatte. Mit der Wahl Karls V. fiel sie erneut an einen Habsburger. Franz' Versuche, die Vorherrschaft des Hauses in Europa zu brechen, scheiterten. Infolge der Schlacht von Pavia geriet er 1525 in habsburgische Gefangenschaft. Nach seiner Entlassung begann Franz sich verstärkt Paris und hier besonders dem nahe gelegenen Schloss Fontainebleau zuzuwenden. Die Ausstattung des Schlosses verantworteten italienische Künstler, unter ihnen Rosso Fiorentino und Primaticcio. Sie waren im Umfeld der zweiten Heirat Franz' mit einer Schwester Karls V. und der Heirat des Thronfolgers mit Katharina de' Medici um 1530 nach Frankreich gekommen. Etwa zur gleichen Zeit ließ Franz im Bois de Boulogne das Schloss Madrid (zerstört) und zum Ende des Jahrzehnts Saint-Germain-en-Laye (stark verändert erhalten) errichten. Erfolgreich betätigte Franz sich 1541 mit Le Havre als Städtegründer. Um die gleiche Zeit lud er Sebastiano Serlio, einen der bedeutendsten und einflussreichsten Architekturtheoretiker des 16. Jahrhunderts, nach Frankreich ein. Durch seine zum Teil in Paris erschienenen Bücher machte Serlio den Stil Bramantes und Raffaels in ganz Europa bekannt. Doch die französische Renaissance-Architektur begann bereits eigene Wege zu gehen. Zwar wurde Serlio noch mit Entwürfen zur Umwandlung des burgartigen Louvre in ein Schloss beauftragt, doch ging der Auftrag 1546 nicht mehr an ihn, sondern an einen heimischen Architekten. Franz starb nur ein Jahr nach Vergabe des Louvre-Auftrags am 31. März 1547 in Fontainebleau.

DATEN

Wahrscheinlich unter Beteiligung Leonardo da Vincis entstanden. Der Bau wurde am 6. September 1519 begonnen und blieb 1559 unvollendet stehen. Zu einem unbekannten Zeitpunkt fertigte Domenico da Cortona ein im Stich überliefertes Modell an. Chambord nimmt eine Grundfläche von 156 × 117 m ein, wobei anfangs wohl nur die Errichtung eines Donjon (Wohnturms) geplant war. Der Donjon ist wie die ihn einfassenden Seitentrakte dreigeschossig. Nicht über das Erdgeschoss hinausgekommen sind die drei Flügel, die den Donjon umstellen sollten. Zum Schloss gehörte ein 5500 Hektar großes, von einer 32 km langen Mauer eingefasstes Park- und Waldgelände.

EMPFEHLUNGEN

Lesenswert:

Wolfgang Metternich: *Schloß Chambord an der Loire. Der Bau von 1519–1524*, Darmstadt 1985

Wolfram Prinz, Ronald G. Kecks: *Das französische Schloss der Renaissance. Form und Bedeutung der Architektur, ihre geschichtlichen und gesellschaftlichen Grundlagen*, Berlin 1985

AUF DEN PUNKT GEBRACHT

Chambord ist nach Versailles der bedeutendste Schlossbau Frankreichs. In Chambord verschmelzen italienische Renaissance und französische Tradition. Anders als Versailles, das Abbild eines Systems, des Absolutismus, fand es jedoch keine Nachfolge. Zu eng ist es mit der Persönlichkeit Franz' I. verbunden.

Biblioteca Laurenziana

Florenz (1524 – 1571) · Architekt: Michelangelo

■ Michelangelo präsentiert Papst Leo X. und Kardinal Guilio de' Medici (dem zukünftigen Klemens VII.) die Modelle der Fassade von San Lorenzo und der Medici-Kapelle sowie einen Entwurf der Biblioteca Laurenziana. Gemälde, 1619, von Jacopo Chimenti da Empoli. Florenz, Casa Buonarroti

Mit einem starken Heeresaufgebot zog 1512 Kardinal Giovanni de' Medici gegen seine Heimatstadt Florenz. Seine Ziele waren der Sturz der republikanischen Stadtregierung und die Erlaubnis zur Rückkehr seiner Familie nach 18 Jahren Verbannung. Florenz schonte er, schließlich sollte seine Familie dort wieder die Macht übernehmen; doch ließ er zur Abschreckung das benachbarte Prato plündern. 1500 Menschen kamen dabei ums Leben. Nur als Privatpersonen durften die Medici zurückkehren. Aber bereits 16 Tage nach ihrer Rückkehr kam es zur Auflösung des Großen Rates. Er war einfach zu groß, als dass er mit ausgesuchten Vertrauensleuten hätte besetzt werden können.

Im März 1513 wurde Giovanni zum Nachfolger Papst Julius' II. gewählt. Als Leo X. bestieg er den Thron. Nichts unterschied ihn von seinem Vorgänger. Machtbewusst, patriotisch und herausragende Förderer der Künste waren sie beide. Julius II. hatte den Neubau von Sankt Peter initiiert, ließ von Michelangelo die Decke der Sixtinischen Kapelle und von Raffael die Stanzen im vatikanischen Palast ausmalen – zum eigenen Ruhm und dem der Stadt. Leo X. ließ Rom links liegen und stürzte sich auf seine Heimatstadt, genauer gesagt auf die Kirche San Lorenzo. Diese betrachteten die Medici, spätestens seit dem von Cosimo dem Älteren de' Medici finanzierten Neubau des Langhauses durch Brunelleschi, als ihre Haus- und Eigenkirche.

BILDHAUER-ARCHITEKT

Michelangelo dachte als Bildhauer, sei es in der Malerei oder in der Architektur. Deutlich wird dies in den monumentalen Gestalten der Sixtinischen Decke, die wie Skulpturen wirken, ebenso wie in seiner Arbeitsweise als Architekt. So legte Michelangelo den Entwurf zur Treppe der Biblioteca Laurenziana nicht als perspektivische Zeichnung oder als Holzmodell vor, wie es für einen Architekten üblich war, sondern formte sie nach Art des Bildhauers in Ton.

Als Erstes machte Leo X. sich an die Fassade der Kirche zu dem kleinen Vorplatz; hieran grenzte mit einer Ecke auch der Familienpalast der Medici. Im Triumph war Leo X. 1515 in Florenz eingezogen, wo ihm zu Ehren die unfertige Fassade des Domes mit einer provisorischen Konstruktion verkleidet worden war. Die Fassade von San Lorenzo stand ebenfalls unfertig im Rohbau da, was Leo X. für die Hauskirche seiner Familie als unhaltbaren Zustand empfunden haben muss. Er ließ einen Wettbewerb ausschreiben, an dem sich auch Antonio da Sangallo beteiligte, der zehn Jahre zuvor den ersten Zentralbauentwurf für Sankt Peter in Rom vorgelegt hatte. Der Wettbewerb blieb ergebnislos. Michelangelo hatte sich nicht beteiligt. Er war zwar ein weit über die Grenzen von Rom und Florenz bekannter Bildhauer und Maler, jedoch kein Architekt. Nur widerwillig soll er dann auch einem seiner frühen Biographen zufolge den im Herbst 1516 an ihn ergangenen offiziellen Auftrag,

▪ Großer Lesesaal der Biblioteca Laurenziana

▪ Grundriss des »Saals der seltenen Bücher«, Biblioteca Laurenziana, 1525/26, Zeichnung von Michelangelo. Florenz, Casa Buonarroti

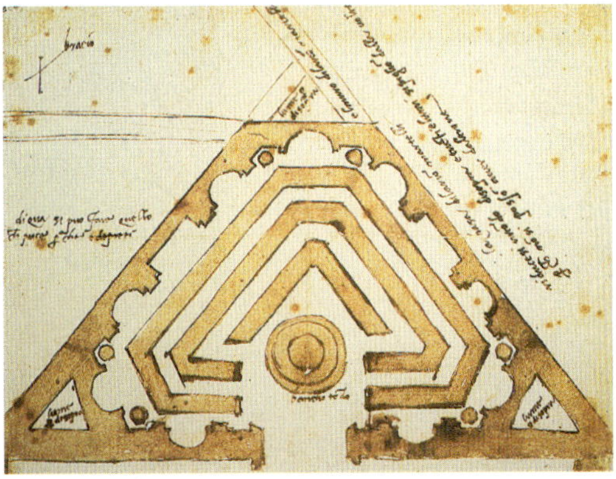

»Ich werde tun, was ich verstehe, wenn es auch nicht mein Fach ist.«
Michelangelo in einem Brief von 1524 zum Bau der Biblioteca Laurenziana

eine Fassade für die Kirche zu entwerfen, angenommen haben. Dennoch legte er nur wenige Monate später einen Entwurf vor, der die Zustimmung Leos X. fand. Weitere Entwürfe folgten, doch kam es zu keiner Ausführung. Leo X. ließ das Projekt 1520 fallen. Dabei dürften Kostengründe oder die nördlich der Alpen um sich greifende Reformation, der gerade das päpstliche Mäzenatentum ein Dorn im Auge war, kaum eine Rolle gespielt haben. Vielmehr waren es der Tod eines Bruders und eines Neffen des Papstes, 1516 und 1519, die ihn dazu bewogen, sich vom Fassadenprojekt ab- und dem Projekt einer Grabkapelle zuzuwenden. Wiederum wandte er sich an Michelangelo. Geplant und ausgeführt wurde die Medici-Kapelle, oder auch Neue Sakristei, spiegelbildlich zu der hundert Jahre zuvor von Brunelleschi ebenfalls als Grabkapelle angelegten Alten Sakristei. 1521, mitten in den Bauarbeiten zur Kapelle, starb Leo X. Ihm folgte zwei Jahre später sein Cousin Giulio de' Medici auf den Papstthron. Als Klemens VII. wandte er sich sofort wieder dem Kapellenanbau von San Lorenzo zu.

■ Vorraum (Ricetto) der Biblioteca Laurenziana mit der 1560 vollendeten Treppe

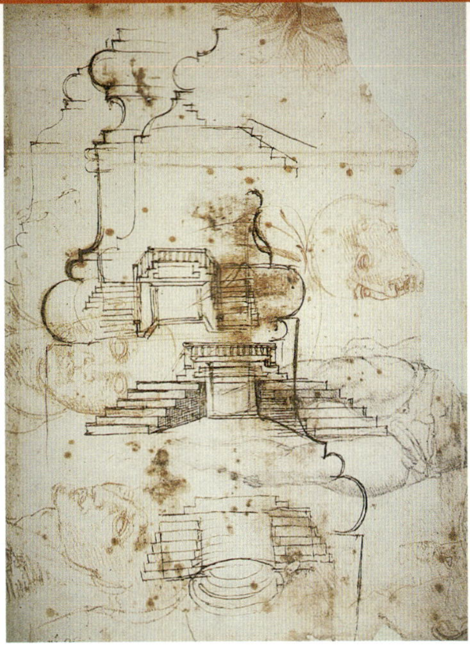

■ Studien zur Treppe der Biblioteca Laurenziana und anderes. Zeichnung, 1525, von Michelangelo. Florenz, Casa Buonarroti

Geplant waren nun sechs Gräber, unter ihnen die der beiden Medici-Päpste. Ausgeführt wurden jedoch nur die beiden der in den 1510er Jahren gestorbenen Mitglieder der Familie.

Souverän handhabt Michelangelo in der Medici-Kapelle das architektonische Vokabular. Ganz im Sinne der Hochrenaissance teilt er die Wand durch ein Gebälk in ein Voll- und ein Halbgeschoss. Nur leicht aus der Wand hervortretende Pilaster rahmen die vier Nischen und die acht Wandfelder mit Türen und den aus Gründen der Symmetrie eingefügten Scheintüren. Vor den Nischen ließ Michelangelo das Gebälk um eine Ebene zurückspringen. Sehr genau unterscheidet er hier zwischen der die Wand gliedernde Ordnung aus Pilaster und Gebälk und den in das Tragende, die Mauer, eindringenden Nischen. Diese werden dann auch von hinter die Pilaster gelegten Pfeilern eingefasst. Keine der aus der Antike von Vitruv überlieferten und von den Architekturtheoretikern des 15. Jahrhunderts – allen voran von Alberti – neu formulierten Regeln ist verletzt. Zurückhaltend und klassisch-unterkühlt wirkt der Raum der Kapelle.

Ein komplett anderes Bild bietet sich, wenn man die Kapelle verlassen, den Kirchenraum der Frührenaissance, in dem Brunellschi quasi noch auf der Suche nach der Regel war, durchquert hat und in das Vestibül der Biblioteca Laurenziana gelangt ist.

Die Errichtung einer öffentlichen Bibliothek für die wertvolle Manuskript- und Büchersammlung seiner Familie entschied Klemens VII. zusammen mit dem Weiterbau der Medici-Kapelle kurz nach seiner Wahl zum Papst im Winter 1523/24. Der Bauplatz in der Nähe der Alten Sakristei war schnell gefunden. Die Bibliothek bildet den Westabschluss des Kreuzganges von San Lorenzo. Den funktionalen längsrechteckigen Lesesaal errichtete Michelangelo über den Zellen der Mönche. Dem Saal vorgeschaltet ist das Vestibül – ein Raum, in dem Michelangelo virtuos mit den überlieferten Regeln spielt. Die Wand ist in drei Geschosse gegliedert, wobei wesentlich ist, dass ursprünglich nur zwei vorgesehen waren und der Raum durch Oberlichter, »Augen aus Glas«, in einer Holzdecke hätte beleuchtet werden sollen. In dieser Ausführung wäre Michelangelos Idee – einen nach innen gekehrten Außenraum zu schaffen – wesentlich deutlicher geworden, als es heute der Fall ist. Das untere Geschoss ist als Sockel charakteri-

■ Neue Sakristei, Grabkapelle für Giulio und Lorenzo de' Medici, erbaut 1521–24, Wandgrabmale 1524–26 und 1530–34. Innenansicht mit dem Grabmal des Giulio de' Medici

siert. Breite vor- und schmale zurückspringende Wandfelder rhythmisieren ihn. Die »Verwandlung« eines Außenraumes in einen Innenraum verdeutlicht Michelangelo im Hauptgeschoss, indem er die in der Medici-Kapelle noch befolgten klassischen Regeln in ihrer Umkehrung anwendet. Die Säulen stehen nicht frei vor der Wand, sondern paarweise und gedrängt in engen Nischen. Die Wand, die hinter ihnen liegen müsste, tritt vor sie und weist gerahmte Nischen, Ädikulen, auf, wie sie üblicherweise als Fensterrahmungen eingesetzt wurden.

Das Vestibül ist extrem steil proportioniert, nirgends treten die architektonischen Formen in ihrem gewohnten Zusammenhang auf, und zu guter Letzt scheint die viel zu große, ihrer Form nach dem Außenraum zuzuordnende Treppe den Raum auch noch sprengen zu wollen. Alles dies gehört zu einer bewussten Inszenierung nicht nur des Raumes, sondern vielmehr der Raumfolge von Vestibül, Lesesaal und »Saal der seltenen Bücher«. Dieser, wäre er nach dem Entwurf Michelangelos ausgeführt worden, hätte eine ähnlich gedrängte Fülle von architektonischen Formen wie das Vestibül aufgewiesen.

Das Spiel mit der Regel, und so auch mit Wahrnehmungsgewohnheiten, ist typisch für den Manierismus, der um 1530 in Italien die Hochrenaissance abzulösen begann und bis um 1600 der vorherrschende Stil war. Die Biblioteca Laurenziana war noch mitten im Bau, als Michelangelo 1534 Florenz in Richtung Rom verließ. Durch Briefe, Zeichnungen und ein 1559 angefertigtes Tonmodell der Treppe lenkte er den Bibliotheksbau in seiner Heimatstadt bis zu seinem Tod weiter. Gleichzeitig löste er sich in Rom vom Manierismus und kam als Bauleiter von Sankt Peter um die Jahrhundertmitte zu Lösungen, die auf den Barock vorausweisen.

BIBLIOTECA LAURENZIANA

BIOGRAPHIE

Michelangelo Buonarroti wurde am 6. März 1475 in Caprese bei Arezzo geboren. Im Alter von 13 Jahren trat er in die Werkstatt des Florentiner Freskenmalers Domenico Ghirlandajo ein, lernte aber auch das Bildhauerhandwerk. Um 1490 nahm Lorenzo il Magnifico de' Medici den entfernten Verwandten in seinem Haus auf, wo Michelangelo eine humanistische Ausbildung erhielt und seine frühesten erhaltenen Werke entstanden, die Reliefs *Madonna an der Treppe* nach Donatello und der *Kentaurenkampf*. Mit der Vertreibung der Medici aus der Stadt 1494 verließ auch Michelangelo Florenz. Über Venedig und Bologna führte ihn sein Weg 1496 nach Rom, wo er bis 1498 die berühmte Pietà von Sankt Peter schuf. 1501 kehrte er nach Florenz zurück und begann mit den Arbeiten am *David*. 1505 war Michelangelo wieder in Rom. Papst Julius II. hatte ihn mit seinem Grabmal beauftragt. Ungewollt stieß Michelangelo mit seinem Vorschlag zur Aufstellung des Grabes den Neubau von Sankt Peter an. Nach vierjähriger Arbeit vollendete Michelangelo 1512 die Sixtinische Decke. Mit dem Entwurf zur Fassade der Kirche San Lorenzo trat er 1516 erstmals in Florenz als Architekt hervor. Für die Kirche schuf er noch die Medici-Kapelle (ab 1520), die Biblioteca Laurenziana (1524) und den Entwurf zu einer Reliquientribüne (1531) – allesamt im Auftrag der Medici-Päpste Leo X. und Klemens VII. 1527 musste Klemens VII. vor den plündernden Truppen Kaiser Karls V. aus Rom fliehen. Die Florentiner ergriffen die Chance und vertrieben ihrerseits die Medici. Um eine Rückeroberung der Stadt zu verhindern, baute Michelangelo die Befestigungsanlagen aus. Zehn Monate hielt die Stadt der Belagerung durch die inzwischen mit den kaiserlichen verbündeten päpstlichen Truppen stand. Die Sympathien für die Aufständischen in Florenz taten der Karriere Michelangelos keinen Abbruch. 1534 ließ er sich endgültig in Rom nieder, wo er nun verstärkt auch als Dichter und Zeichner hervortrat. 1535 erhielt er von Papst Paul III. den Auftrag zum Fresko des Jüngsten Gerichts in der Sixtinischen Kapelle. Anfang der 1540er Jahre wandte Michelangelo sich dem Kapitolsplatz zu, dessen heutige Gestalt auf seine Planungen zurückgeht. 1546 erfolgte die Ernennung Michelangelos zum Bauleiter von Sankt Peter. Er entwarf die Kuppel und schuf Vorgaben, die den Baufortgang über seinen Tod hinaus festlegten. Nach Entwürfen Michelangelos von 1561 entstanden in Rom weiter die Porta Pia und, als Einbau in die antiken Diokletiansthermen, die Kirche Santa Maria degli Angeli. Michelangelo starb am 18. Februar 1564 in Rom. Seinem Wunsch gemäß wurde er in Florenz, in Santa Croce, beigesetzt.

DATEN

Der Bau wurde 1523/24 im Auftrag des Medici-Papstes Klemens VII. begonnen und 1571 unter Großherzog Cosimo I. de' Medici vollendet. Die Entscheidung, das ursprünglich zweigeschossig geplante Vestibül dreigeschossig zu errichten, fiel kurz nach Baubeginn 1525/26. Zu einer Bauunterbrechung führte kurz darauf die Vertreibung der Medici aus Florenz. 1533 wurde mit den Arbeiten im Inneren des Vestibüls begonnen. Die Ausstattung des Lesesaals erfolgte 1549/50. Die Treppe des Vestibüls wurde nach einem Tonmodell Michelangelos von 1559 errichtet. Am Anfang des 20. Jh. wurden drei Fenster in das oberste Geschoss des Vestibüls gebrochen und der Außenbau einer durchgreifenden Renovierung unterzogen.

EMPFEHLUNGEN

Lesenswert:

William E. Wallace: *Michelangelo. Skulptur – Malerei – Architektur*, Köln 1999

Michael Engelhard (Hg.): *Michelangelo. Gedichte*, (italienisch und deutsch), Frankfurt am Main 1999

AUF DEN PUNKT GEBRACHT

Das Vestibül der Biblioteca Laurenziana ist einer der eigenwilligsten Räume, die je entstanden. In ihm schafft Michelangelo aus dem überlieferten architektonischen Vokabular eine neue, geistreiche Sprache, die sich dem in den Architekturregeln bewanderten Zeitgenossen ohne weiteres erschließt.

Villa Badoer

Fratta Polesine, südlich von Padua (1556–1563) · Architekt: Andrea Palladio

■ Andrea Palladio. Stich von Picart, 1716, nach einem verlorenen Gemälde von Paolo Veronese (1528–1588), Ausschnitt

Um 1500 hatte die Republik Venedig die größte Krise ihres bisherigen Bestehens zu meistern. Infolge der Eroberung Konstantinopels durch die Türken 1453 verlor Venedig nach und nach die meisten seiner Besitzungen im östlichen Mittelmeerraum. Gleichzeitig verschob sich mit der Entdeckung Amerikas und des Seeweges nach Indien der europäische Handel nach Westen. Die Wirtschaft befand sich im Niedergang. Um die einst so mächtige Seerepublik endgültig in ihre Schranken zu weisen, schlossen sich Frankreich, der Kaiser, fast alle italienischen Staaten und Papst Julius II. zur Liga von Cambrai zusammen. Durch sie wurde Venedig 1509 vernichtend geschlagen. Die Terra Ferma, das Festland um Venedig, ging verloren. »Wie Tote in der gedemütigten und gequälten Stadt« erlebten dem venezianischen Chronisten Girolamo Priuli zufolge seine Mitbürger die Niederlage. Niccolò Machiavelli in Florenz dagegen triumphierte: Die Republik sei vernichtet – für immer. Er täuschte sich. Ganz im Sinne Machiavellis, der in seinem 1513 entstandenen Buch *Der Fürst* Machterhalt und Machterwerb zu den obersten Staatszielen erklärte und so dem Absolutismus den Weg bereitete, setzten die Venezianer das Räderwerk der Diplomatie in Bewegung. Innerhalb von zehn Jahren konnte die Terra Ferma in annähernd unveränderten Grenzen zurückgewonnen werden. Doch allein die Rückgewinnung des Hinterlandes konnte die Existenz Venedigs nicht sichern. Nötig war vielmehr ein grundsätzlicher Politikwechsel: die Umkehrung der jahrhundertealten Maxime »coltivar el mar e lassar star la terra« – das Meer zu kultivieren und das Land ruhen zu lassen.

Schon immer hatte die Führungsschicht Venedigs in Landbesitz auf der Terra Ferma investiert. Die Eroberung Vicenzas, Veronas und Paduas in den ersten Jahren des 15. Jahrhunderts leitete den

Landwirtschaft bildete die wirtschaftliche Grundlage für die Villen Palladios und die venezianische »Villeggiatura«, die für Venedig typische Ausprägung des »schönen Lebens auf dem Lande«, mit der die erste neuzeitliche Stadtflucht einsetzte.

Ausverkauf der Terra Ferma an die Venezianer ein, sodass es um 1500 kaum einen vermögenden venezianischen Bürger oder Adeligen gab, der nicht über Landbesitz auf dem Festland verfügte. Von der Regierung bis 1345 strikt verboten – Handelsüberschüsse sollten in die Flotte und in Stützpunkte investiert werden –, später dann argwöhnisch beobachtet, da kriegerische Auseinandersetzungen mit den Nachbarn unvermeidlich zu Interessenskonflikten führen mussten, war es nach der Niederlage von 1509 gerade der Landbesitz auf der Terra Ferma, der wesentlich zum Fortbestand eines unabhängigen Venedigs beitrug. Es galt, von teuren Nahrungsmittelimporten aus den dazu noch meist feindlichen Nachbarstaaten unabhängig zu werden. Zu diesem Zweck wurde die Verwaltung der Terra Ferma reformiert und das bis dahin meist nur extensiv genutzte fruchtbare, aber in weiten Teilen von Überschwemmungen bedrohte Land durch Flussregulierungen und die Anlage von Kanälen verstärkt einer intensiven landwirtschaftlichen Nutzung zugeführt.

PALLADIANISMUS – PALLADIO WELTWEIT

Zu einer ersten Welle der Palladio-Rezeption kam es im 17. Jahrhundert besonders in England und den Niederlanden. Von England breitete sich im 18. Jahrhundert die als Palladianismus bezeichnete Anlehnung an die Architektur Palladios bis nach Russland, Skandinavien und Nordamerika aus.

Doch bevor es den Städter aufs Land ziehen konnte, mussten weitere, heute selbstverständlich erscheinende Voraussetzungen

■ Die Villa Badoer, genannt »La Badoera«

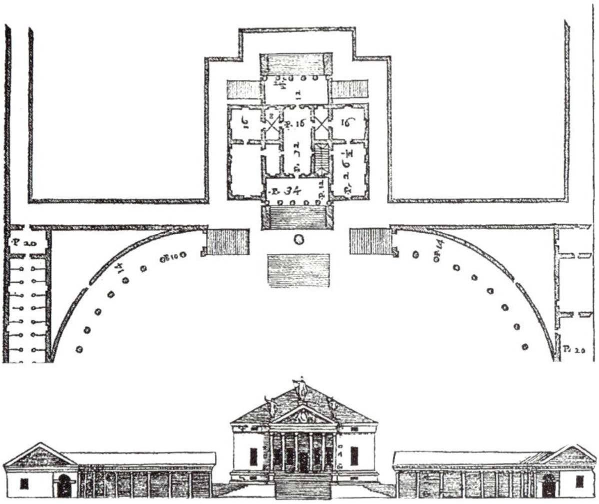

■ Grund- und Aufriss der Villa Badoer aus Andrea Palladios *Quattro Libri dell'Architettura*, Venedig 1570

erfüllt sein. Dazu gehörte die im 15. Jahrhundert erfolgte Befriedung der Terra Ferma; es gab keine Bedrohung mehr durch Raubüberfälle oder benachbarte Kleinfürsten, die die Errichtung von wehrhaften Anlagen notwendig gemacht hätte. Weitere Voraussetzungen waren die Nähe zur Stadt, auf die Priuli anspielt, wenn er schreibt, dass die Besitzungen nur »einen oder zwei Tage« von Venedig entfernt lägen, sowie die Erschließung des Landes durch ein Wegenetz, das in der Terra Ferma in erster Linie von Kanälen gebildet wurde.

Dem Villenbau auf der Terra Ferma ging zudem ein Paradigmenwechsel in der Architektur voraus. In der Renaissance verlor der Kirchenbau zusehends seine Monopolstellung als Träger der architektonischen und künstlerischen Entwicklung. Neue Bauaufgaben – das Haus des (privilegierten) Menschen – verlangten nach der Aufmerksamkeit der Architekten. Den Anfang machten um die Mitte des 15. Jahrhunderts in Florenz die Stadtpaläste. Wenig später folgten die Villen, die außerhalb der Stadt gelegenen herrschaftlichen Landhäuser. Villenbauten aus der Antike waren dem 16. Jahrhundert nur aus Vitruvs *Zehn Büchern über Architektur* und aus Beschreibungen in den *Briefen* Plinius' des Jüngeren bekannt. Einer der Pioniere, der sich in der Neuzeit mit dem Bau von Villen auseinandersetzte, war Leon Battista Alberti. Den

■ Titelblatt der 2. Ausgabe der *Quattro Libri dell'Architettura*, Venedig 1581

I QUATTRO LIBRI DELL' ARCHITETTURA

Palladios *Vier Bücher zur Architektur* waren die einflussreichste Architekturpublikation der Neuzeit und fehlten in kaum einer Fürsten- oder Architektenbibliothek. Versehen mit Abbildungen fast aller Bauten Palladios, erschienen sie erstmals 1570 in Venedig, wo sie bis 1800 mindestens ein Dutzend mal neu aufgelegt wurden. Die erste französische Ausgabe erschien 1650, die erste englische 1715. Weitere englische Ausgaben folgten. Das zeigt die hohe Wertschätzung, die Palladio dort im 18. Jahrhundert erfuhr.

von ihm aufgestellten Forderungen entsprach als eine der Ersten die von Giuliano da Sangallo 1480 für Lorenzo il Magnifico de' Medici in Poggio a Caiano bei Florenz errichtete Villa. Auch auf der Terra Ferma entstanden im 15. Jahrhundert, als man begann, das Land urbar zu machen, die ersten Villen. Allerdings waren sie noch kein eigenständiger Bautyp, sondern an der Architektur der spätgotischen venezianischen Stadtpaläste, wie etwa der Ca' Foscari, orientiert. Anfang des 16. Jahrhunderts brach auch in die Architektur Venedigs die Renaissance ein. Doch sollte es noch bis zur Mitte des Jahrhunderts dauern, bis die venezianische Villa durch Andrea Palladio ihre klassische Ausprägung erfuhr. Wie die meisten Architekten seiner Zeit war auch Palladio durch die Schule Vitruvs gegangen. Hinzu kamen Albertis Theorien. Vitruvs sehr allgemeine, unter dem Gesichtspunkt der Zweckmäßigkeit aufgestellten Regeln zur Errichtung von Villen fanden bei Palladio grundsätzlich Beachtung. Anders sah es mit Alberti aus. Die auf seinen Theorien – vor allem hinsichtlich des Anspruchs, der in einem Bau verkörpert werden dürfe – gründenden Einschrän-

■ Villa Badoer

■ Die Villa Rotonda bei Vicenza, 1566 – nach 1580

kungen in Bezug auf die Bauweise sollte Palladio nicht befolgen.

Die beiden einflussreichsten Villen Palladios entstanden in einem Abstand von zehn Jahren. Den Anfang machte 1556 die etwa 40 km südlich von Padua gelegene Villa Badoer, gefolgt von der vor den Toren Vicenzas gelegenen Villa Rotonda. Als letzte Erinnerung an die ehemals befestigten Gutshöfe ist das Grundstück der Villa Badoer von einer niedrigen, zinnenbesetzten Gartenmauer umgeben. Die Mitte nimmt das auf einem Sockel erhöht gelegene Wohnhaus ein. Die Küche und Lagerräume brachte Palladio im Sockel unter. Im Hauptgeschoss finden sich die repräsentativen Wohnräume, im darüber liegenden Halbgeschoss oder Mezzanin weitere untergeordnete Räume. Der Dachboden diente als Getreidespeicher. Im Viertelkreis geführte Kolonnaden schließen sich dem Wohnhaus seitlich an. Hinter ihnen lagen die Stallungen und andere Wirtschaftsräume. Deutlich sind die einzelnen Bauteile voneinander abgesetzt und hierarchisiert. In der Mitte, erhöht, liegt das Wohn-

DER NAME IST PROGRAMM

Der klassische Beiname »Palladio« wurde Andrea di Pietro 1545 von dem Vicentiner Humanisten Giangiorgio Trissino verliehen. Mit ihm spielte Trissino auf die Weisheit der Göttin Pallas Athene an. Gleichzeitig war Palladio der Name eines himmlischen Boten in Trissinos epischem Gedicht *Italia Liberata dai Goti* (»Das von den Goten befreite Italien«). Die Goten galten seiner Zeit als Barbaren, die die antike Kultur Italiens zerstört hatten. Ihr Stil war die Gotik, und zu ihrem Überwinder stilisierte Trissino Palladio.

HIERARCHISCHE STRUKTUREN

Ich habe bei allen Villen und auch bei einigen Stadthäusern den Giebel (die Tempelfront) auf der Fassade der Vorderseite … angebracht, damit diese Giebel den Eingang des Hauses anzeigen und der Größe und der Herrlichkeit des Werkes in der Weise dienen, dass sie den vorderen Teil eines Gebäudes über die restlichen Teile erheben.

Andrea Palladio, *Vier Bücher zur Architektur*, II, 16

haus, seitlich und niedriger dann die untergeordneten Trakte. Die Kolonnaden fassen den Platz vor dem Haus ehrenhofartig ein. Von diesem Hof führt eine breite Freitreppe zum Hauptgeschoss des Wohnhauses empor. Der Eingang ist als Tempelfront gestaltet – womit Palladio sich in eklatanter Weise von geltenden Wertvorstellungen abkehrte. Alberti hatte diese Gefahr wohl erkannt, als er in seinen *Zehn Büchern über Architektur* verlangte, dass »der Giebel bei privaten Häusern« nicht so gemacht werden dürfe, »dass er irgendwie an die Hoheit des Tempels«, also des Hauses Gottes, heranreiche. Zwar ist die Tempelfront der Villa Badoer nicht die erste an einem Privathaus, Sangallo hatte sie schon in der

■ Il Redentore, Venedig, 1577–92. Blick über den Canale della Giudecca

■ Die Loggia del Capitaniato in Vicenza, 1571

Medici-Villa in Poggio a Caiano in den Profanbau eingeführt, doch sollte sie die weitestreichenden Folgen haben.

Palladio verwandte die Tempelfront an zahlreichen seiner Villenbauten. Stets nimmt sie die Mitte der Fassade ein, und stets sind ihr alle anderen baulichen Bestandteile der Villa untergeordnet. In der Villa Rotonda tritt die Tempelfront dann vierfach, als aus der Fassade hervorstrebender Portikus auf. Damit ergeben sich vier gleichwertige Ansichtsseiten. Deutlich gibt sich die Villa so bereits aus der Ferne als Zentralbau zu erkennen. Ein Zentralbau – in ihm sah die Renaissance das Ideal eines Gotteshauses – nun als Haus eines Menschen, als durch und durch weltliche Villa: Für Alberti muss das unvorstellbar gewesen sein.

Die Villen Palladios sind Ausdruck des grundsätzlich gewandelten Menschenbildes der Renaissance. Das Haus des Menschen wird dem Haus Gottes ebenbürtig. Gleichzeitig sind die Villen der Terra Ferma Abbild der venezianischen Gesellschaft. Venedig war eine Oligarchie; die Geschicke der Republik wurden nicht von einer einzelnen Person, sondern von einer Führungsschicht bestimmt, aus deren Mitte der Doge auf Lebenszeit gewählt wurde. Die Familien, die diese Führungsschicht bildeten, waren gesellschaftlich grundsätzlich gleichgestellt, was nicht zuletzt in den Villen Palladios zum Ausdruck kommt. Als Bauten für eine homogene Schicht oder Gesellschaft trat die Architektur Palladios im 18. Jahrhundert ihren weltweiten Siegeszug an, wobei sie zum Synonym für Bildung, Fortschritt, Unabhängigkeit und auch für Demokratie wurde.

VILLA BADOER

BIOGRAPHIE

Andrea Palladio, eigentlich Andrea di Pietro, wurde am 8. November 1508 als Sohn eines Müllers in Padua geboren. 1521 gab ihn sein Vater bei einem Paduaner Steinmetz in die Lehre, doch brach Palladio den auf sechs Jahre laufenden Lehrvertrag und ließ sich 1524 in Vicenza nieder. Etwa zehn Jahre danach kam Palladio mit den humanistischen Kreisen der Stadt in Kontakt, wo der Dichter, Philosoph, Mathematiker und Amateurarchitekt Giangiorgio Trissino zu seinem wichtigsten Förderer wurde. Trissino ermutigte Palladio, Mathematik und Musik, vor allem aber Vitruv zu studieren. 1540 wurde Palladio die Berufsbezeichnung Architekt verliehen. Fünf Jahre später erhielt er von Trissino seinen Beinamen, und beide reisten nach Rom, wo Palladio sich mit der Architektur Bramantes und Michelangelos, vor allem aber der Antike auseinandersetzte. Weitere Studienreisen in die Stadt, mit Abstechern nach Tivoli und Palestrina, folgten. Palladios Erstlingswerk ist die Villa Godi nördlich Vicenzas von 1537. Ihr folgte fünf Jahre später mit dem Palazzo Thiene in Vicenza der erste Stadtpalast. Weitere Aufträge des Vicentiner Adels folgten. Zum unangefochten wichtigsten Architekten des Festlandes vor Venedig, der so genannten Terra Ferma, wurde Palladio 1549 mit der Ernennung zum Hauptarchitekten beim Umbau des heute meist als Basilica bezeichneten mittelalterlichen Palazzo della Ragione in Vicenza. Um 1550 lernte Palladio den venezianischen Patrizier Daniele Barbaro kennen, dessen Vitruv-Ausgabe von 1556 er illustrierte. Bereits zwei Jahre zuvor war mit Palladios *Antichità di Roma* der für 200 Jahre wichtigste Romführer erschienen. Es folgte eine *Beschreibung der Kirchen Roms* und 1570 das Hauptwerk Palladios, *Die vier Bücher zur Architektur*. Barbaro machte den Adel Venedigs auf Palladio aufmerksam, und die Familien Badoer, Barbaro, Foscari und andere ließen sich von ihm Villen errichten. In Venedig selbst fielen Palladio äußerst repräsentative Aufgaben im Bereich der kirchlichen Architektur zu. So entwarf er für das Kloster Santa Maria della Carità einen Bau, den er und seine Zeitgenossen als Nachbildung eines antiken Hauses ansahen. Es folgten 1565 die Kirchen San Giorgio Maggiore gegenüber dem Dogenpalast und zehn Jahre später Il Redentore. Nach Mitte der 1560er Jahre entstand mit der Villa Rotonda Palladios bekanntester Bau. Kurz vor seinem Tod am 14. August 1580 entwarf Palladio das Teatro Olimpico in Vicenza für die von ihm mitgegründete gleichnamige Akademie und schuf so den ersten bedeutenden Theaterbau der Neuzeit.

DATEN

1556–63 für den venezianischen Adeligen Francesco Badoer errichtet. 1557 war die Villa nachweislich im Bau. Die auch unter dem Namen La Badoera bekannte Anlage wechselte mehrfach den Besitzer und gehört heute der Ente per le Ville Venete. Die Villa ist sehr gut erhalten. Nur die Wirtschaftstrakte wurden zur Straße hin verlängert. Stark verändert ist hingegen ihre Umgebung. Aus dem Nebenfluss der Etsch, an dem sie errichtet wurde, ist ein schmaler Kanal geworden, und die Bauten das Dorfes Fratta Polesine sind dicht an sie herangerückt.

EMPFEHLUNGEN

Lesenswert:

Lionello Puppi: *Andrea Palladio. Das Gesamtwerk*, Stuttgart–München 2000

Michelangelo Murano, Paolo Marton: *Villen in Venetien*, Köln 1999

Gerda Bödefeld, Berthold Hinz: *Die Villen im Veneto*, Köln 1989

James S. Ackermann: *Palladio*, Stuttgart 1980

AUF DEN PUNKT GEBRACHT

Palladio ist der am häufigsten imitierte Architekt der Geschichte. Die Fassaden unzähliger Wohnhäuser und öffentlicher Gebäude gehen auf seine Entwürfe zurück. Darüber hinaus wurden die in sich hierarchisch strukturierten und, wie die Villa Badoer, mit einem Vor- oder Ehrenhof versehenen Villen Palladios zu einem Vorbild für das Barockschloss.

Escorial

Nordwestlich von Madrid (1563–1584) · Planung unter maßgeblicher Beteiligung Philipps II. · Architekten: Juan Bautista de Toledo und Juan de Herrera

Innerhalb nur eines Jahrhunderts vollzogen sich Aufstieg, Blüte und Niedergang Spaniens als europäische Großmacht. Die Grundlage für den Aufstieg bildete die Vereinigung der beiden mächtigsten Königreiche der iberischen Halbinsel, die 1469 durch die Heirat Isabellas I. von Kastilien-León und Ferdinands II. von Aragon in greifbare Nähe rückte. 1479 vereinigten sie auch ihre Kronen und schufen so aus den bis dahin meist konkurrierenden Reichen den Kern des spanischen Staates, so wie wir ihn heute kennen. Unter der Herrschaft Isabellas und Ferdinands fand mit der Eroberung Granadas 1492 auch die Reconquista, die über Jahrhunderte erfolgte Vertreibung der maurischen Herrscher von der iberischen Halbinsel, ihr Ende. Im gleichen Jahr entdeckte Kolumbus Amerika. Isabella hatte die Fahrt unterstützt, und in den folgenden Jahrzehnten eroberten Spanier große Teile Mittel- und Südamerikas. Die Kolonien und das aus ihnen fließende Gold der Azteken und Inka waren es, die Spanien in der zweiten Hälfte des 16. Jahrhunderts, unter der Herrschaft Philipps II., für wenige Jahrzehnte zu einem gewichtigen Faktor in der europäischen Politik werden ließen.

■ Bildnis Philipps II., 1557, von Antonio Moro, Öl auf Leinwand. Patrimonio Nacional. Real Monasterio de San Lorenzo de El Escorial

Mit Karl, einem Enkel Kaiser Maximilians I., wurde 1516 ein Habsburger der Nachfolger Isabellas und Ferdinands. Aufgewachsen in den Niederlanden, 1519 auch zum römisch-deutschen König gewählt und 1530 zum Kaiser gekrönt (Karl V.), hielt er sich jedoch nur selten in Spanien auf. Gefordert war seine Anwesenheit nördlich der Alpen und in Italien, wo einerseits die Reformation die Einheit seines Reiches bedrohte und andererseits Franz I. den französischen Einfluss auszubauen suchte. Seinen Sohn Philipp ließ Karl in Spanien aufwachsen, damit er nach Karls Abdankung 1556 zum ersten eigentlichen spanischen König werden konnte. Philipps Politik war von den gleichen Zielen bestimmt wie die seines Vaters. Die Einheit im Glauben war auch für ihn Grundvoraussetzung staatlicher Einheit, und auch er bekämpfte Frankreich in seinem Streben um die Vorherrschaft in Europa. Neu in der Politik und in der Selbstdarstellung Philipps war dagegen das dynastische Element. Hierauf

■ Escorial. Ansicht der Westfassade

sein Augenmerk zu legen, hatte Karl ihm in seinem Testament nahegelegt – worin auch ein stilles Eingeständnis des eigenen Scheiterns zu sehen ist. Die in der Neuzeit geborene Idee des Nationalstaates hatte über die eines Universalreiches, wie Karl es noch geführt hatte, gesiegt.

Philipp war zutiefst davon überzeugt, dass er als Herrscher einen göttlichen Auftrag zu erfüllen habe. Dies hinderte ihn jedoch nicht daran, durchaus weltlich zu handeln, selbst dem Papst gegenüber, gegen den er zeitweise Krieg führte, und sich in innerkirchliche Belange einzumischen, etwa in das für die Erneuerung der katholischen Kirche so wichtige Konzil von Trient. Das Konzil ging im Dezember 1563 zu Ende und leitete das Zeitalter der

Um den Escorial verstehen zu können, muss man ihn mit Versailles vergleichen. Dort nimmt das Schlafzimmer, in dem sich der König wie die Sonne erhob und niederlegte, die Mitte ein. Im Escorial ist es die Kirche, um deren Chor sich der Palast Philipps legt. Alle Macht ist von Gott gegeben. Schützer des reinen Glaubens ist der König.

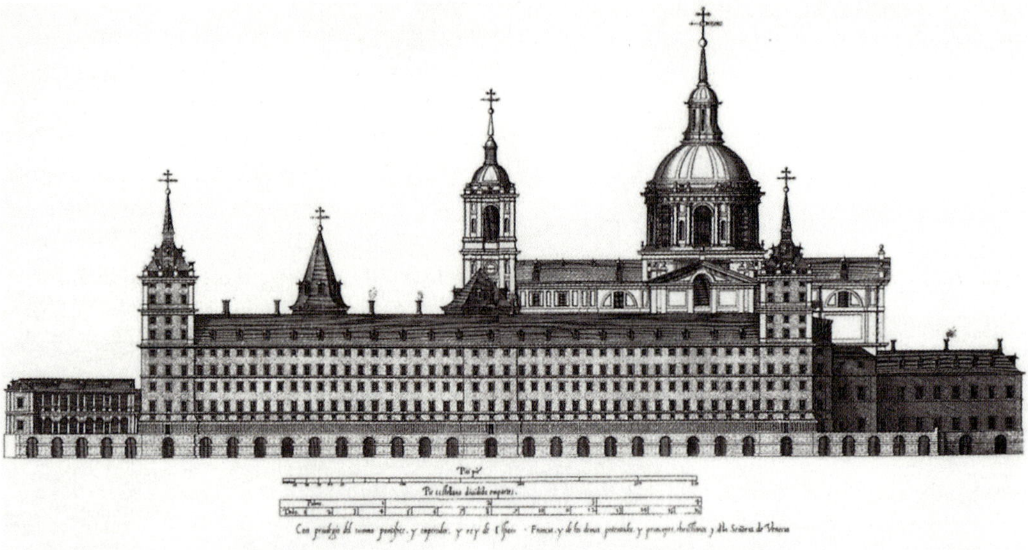

■ Aufriss der Westfassade des Escorial

Gegenreformation ein. Nur wenige Monate zuvor war mit dem Bau des Escorial begonnen worden, der zugleich zum dynastischen Denkmal und zum Symbol des gegenreformatorischen katholischen Spaniens werden sollte.

Einiges spricht für die These, die Errichtung des Escorial sei in erster Linie auf ein von Philipp anlässlich der Schlacht von Saint-Quentin 1557 abgelegtes Gelübde zurückzuführen. Es ist belegt, dass Philipp, als er von dem Sieg erfuhr, aus Dankbarkeit auf die Knie fiel und gelobte, dem Heiligen Lorenzo, an dessen Namenstag (10. August) die Schlacht stattfand, die größte Kirche Spaniens zu errichten. Zwar war die Schlacht durch einen Angriff der Franzosen provoziert worden, doch hätte Philipp den Tag kaum besser wählen können. Kaum ein anderer Heiliger war für eine Vereinnahmung durch Spanien so geschaffen wie Lorenzo. Philipp ergriff die Gelegenheit beim Schopf und machte Lorenzo zum Nationalheiligen und damit zum Symbol seines noch jungen Staates. Dass Philipp diesen Staat in sich selbst und seiner Dynastie gipfeln sah, ließ er am Bau des Escorial mehrfach unmissverständlich deutlich machen. Fast plakativ erscheint dabei die Weihe der Kirche des Escorial an den Heiligen. Subtiler wird auf den Heiligen im rasterartigen Grundriss der Gesamtanlage angespielt, in dem bereits Zeitgenossen Philipps einen Hinweis auf den Rost sahen, auf dem Lorenzo der Legende nach bei lebendigem Leib verbrannt worden war. Zu diesen Elementen kam mit dem Tod Karls 1558 das dynastische hinzu. Testamentarisch hatte Karl seinen Sohn gebeten, ihm eine würdige Grablege zu errichten. Diese fand Platz an dem vornehmsten Ort der Kirche: in einer Gruft unterhalb des Hauptaltars.

Der wichtigste Vertreter des Desornamentadostils war Juan de Herrera. Nach dem Tod Toledos 1567 wurde er leitender Architekt des Escorial. Weiter errichtete Herrera das Schloss von Aranjuez und die Börse in Sevilla. Nur teilweise ausgeführt wurden seine Entwürfe für die Kathedrale von Valladolid, doch übten sie einen weitreichenden Einfluss aus, so etwa auf die Kathedralen von Salamanca, Mexiko-Stadt und Lima.

Mit der Konzeption und den Planungen zum Escorial, bei denen ihm Gelehrte beratend zur Seite standen, dürfte Philipp bereits kurz nach der Schlacht von Saint-Quentin begonnen haben. Mit den Entwürfen wurde der 1559 aus Italien zurückgekehrte spanische Architekt Juan Bautista de Toledo betraut. 1561 lagen die Grundrisse vor, nach denen zwei Jahre später mit dem Bau begonnen wurde. Nicht in seiner Hauptstadt, zu der er Madrid kurz zuvor erhoben hatte, sondern außerhalb, allerdings von Madrid aus noch bequem zu erreichen, ließ Philipp den Escorial errichten. Ausschlaggebend hierfür war, neben praktischen Erwägungen, die Einbeziehung eines Klosters für den Einsiedlerorden der Hieronymiten, zu dem bereits Isabella und Ferdinand eine besondere Beziehung gehabt hatten. In beherrschender Lage, als abweisender, karger und asketischer Block liegt der Escorial am Südhang der Sierra de Guadarrama. Vorplätze isolieren ihn an zwei Seiten von der Umgebung. Selbst die Gärten an den anderen beiden Seiten mildern kaum den schroffen Gegensatz zwischen dem Bau und der ihn umgebenden Landschaft. Der Escorial gibt sich hier als Herrschaftsarchitektur par

■ Gesamtansicht des Escorial

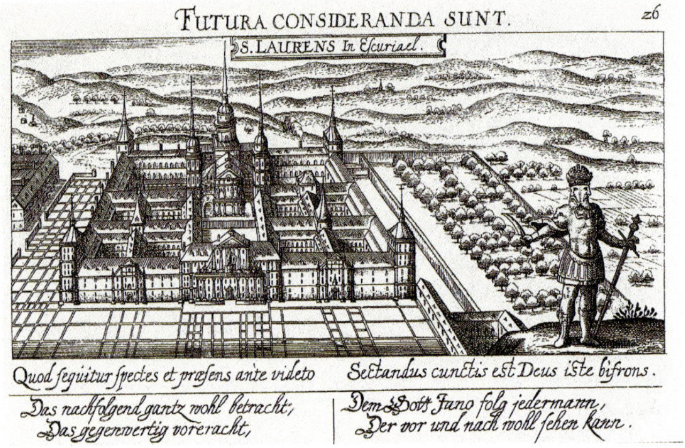

■ Futura consideranda sunt. Emblem mit Ansicht des Escorial. Kupferstich. Aus: Daniel Meisner, *Thesaurus Philopoliticus oder politisches Schatzkästlein*, Frankfurt am Main 1628

excellence zu erkennen. Alles ist auf Distanz ausgerichtet. Nichts von der Gelöstheit des früheren Chambord oder gar dem freundlichen, offenen Charakter der gleichzeitig entstehenden Villen Andrea Palladios ist zu spüren. Und das war auch so gewollt. Drohend und einschüchternd war Macht zu demonstrieren – weltliche durch das festungsartige Äußere und kirchliche durch die alles überragende Kuppel. Der Stil der Architektur ist der des Desornamentado, des »Schmucklosen«, einer strengen Version der italienischen Renaissance. Bewusst vollziehen Bauherr und Architekt die Abkehr von der aus der maurischen Architektur in die des christlichen Spaniens eingeflossene Freude am Ornament. Gleichzeitig wurde mit dem Escorial der Anschluss an die modernsten Kunstströmungen der Zeit gesucht, wobei die Programmatik nie aus den Augen gelassen wurde. Die dem Haupteingang vorgeblendete Fassade mutet kirchlich an und ist möglicherweise an jener der Jesuitenkirche in Rom, Il Gesù, orientiert. Auf den Haupteingang folgt ein Hof, dem sich die Kirche des Escorial anschließt. Für die Kirche selbst kamen, alles andere als zufällig, die Zentralbauplanungen für Sankt Peter in Rom zum Tragen. Den Ostabschluss bildet der Privatpalast Philipps, der, wie um den Altar und damit den Glauben zu schützen, von drei Seiten den Chor umfängt.

Die vernichtende Niederlage der spanischen Armada durch die englische Flotte läutete 1588, vier Jahre nach Abschluss der Bauarbeiten am Escorial, den Niedergang Spaniens ein. Zehn Jahre später lag Philipp in Madrid im Sterben. Sieben Tage dauerte die Reise im Tragesessel zum Escorial, in dem Philipp sein Schlafzimmer so hatte anlegen lassen, dass er vom Bett aus auf den Hauptaltar blicken konnte. Seitlich des Altars standen bereits, wenn auch nur in Gips, das Grabdenkmal seines Vaters sowie sein eigenes.

DER HEILIGE LORENZO

Der Legende nach stammte Lorenzo aus Spanien und lebte im 3. Jahrhundert in Rom. Auf die Aufforderung hin, die Kirchenschätze auszuliefern, trat er mit zahlreichen Gläubigen vor den Kaiser und präsentierte sie als den größten Schatz der Kirche, woraufhin der Kaiser befahl, ihn zur Strafe auf einem Rost bei lebendigem Leib zu verbrennen.

ESCORIAL

BIOGRAPHIE

Philipp II. wurde am 21. Mai 1527 in Valladolid etwa 200 km nordwestlich von Madrid geboren. Sein Vater war der 1516 zum König von Spanien proklamierte und spätere römisch-deutsche Kaiser Karl V. Philipp wurde von seiner Mutter Isabella von Portugal streng und mit Blick auf seine zukünftige Aufgabe erzogen. Früh wurde ihm beigebracht, dass er als Herrscher einen göttlichen Auftrag zu erfüllen habe. Philipp war hoch intelligent. Eine besondere Begabung zeigte er in der Mathematik, weniger hingegen in den Sprachen, in denen er unterrichtet wurde. Spätestens um 1540 begann Philipp selbstständig zu zeichnen. Mit dem Erwerb der Schriften Vitruvs und Sebastiano Serlios zeigte sich 1545 sein Interesse an Architektur. Diesen Neigungen dürfte die Reise durch das Reich zugute gekommen sein, die ihm sein Vater 1548 befahl. Sie dauerte drei Jahre und führte Philipp nach Norditalien, Deutschland und Flandern. Ein Besuch der Kunstzentren Florenz und Rom verbot sich aus politischen Gründen. 1556 übergab Karl V. die spanische Krone an Philipp. Wenig später dankte er auch als Kaiser zugunsten seines jüngeren Bruders Ferdinand ab. Anschließend zog Karl sich in das Hieronymiten-Kloster in Yuste in Westspanien zurück, wo er 1558 starb. Die Errichtung des Escorial beschloss Philipp mit einiger Sicherheit nach der Schlacht von Saint-Quentin 1557, ein Jahr vor dem Tod seines Vaters. Der Entwurf zum Escorial, in dem die Funktionen von Schloss, Kloster und Grablege vereint sind, wurde in ständigem Kontakt mit Philipp entwickelt. Die Ausführung lag in den Händen von in Italien geschulten spanischen Architekten. Für die Kirche schuf 1572 Jacopo Vignola in Rom einen Idealentwurf, der allerdings nicht ausgeführt wurde. Neben dem Escorial ließ Philipp mindestens zehn weitere Residenzen neu oder umbauen, vom kleinen Landhaus bis zu den Alkázaren (Burgen) von Toledo und Madrid, das seit 1561 spanische Hauptstadt war. Weiter veranlasste Philipp zahlreiche städtebauliche Maßnahmen, so in Valladolid, und ließ 1573 eine Art Leitfaden für den Bau von Städten in seinen mittel- und südamerikanischen Kolonien herausgeben. Im großen Stil kaufte Philipp Gemälde. Mehr als tausend erwarb er allein für den Escorial, darunter Werke niederländischer Maler, allen voran von Hieronymus Bosch, sowie von Tizian, Tintoretto und Veronese. Mit letzteren legte Philipp die Grundlage für die Blüte der spanischen Malerei im 17. Jh. Nachdem der Untergang seiner Armada vor England 1588 den politischen Niedergang Spaniens eingeläutet hatte, starb Philipp am 13. September 1598 im Escorial, wo er neben seinem Vater begraben liegt.

DATEN

Die Grundsteinlegung zum Escorial erfolgte am 23. April 1563. Offizieller Bauabschluss war der 13. September 1584, doch zogen sich die Ausstattungsarbeiten noch bis ins 17. Jh. hin. Der Bau nimmt eine Fläche von 207 × 163 m ein. Auf der Mittelachse liegen von West nach Ost der Haupteingang, der Vorhof zur Kirche, die Kirche selbst und der Privatpalast Philipps II. Die Konzeption des Baus beruht im Wesentlichen auf Philipps Angaben. Die maßgeblichen Pläne legte 1561 der in Rom geschulte spanische Architekt Juan Bautista de Toledo vor. Toledo starb 1567. Sein Nachfolger wurde der ebenfalls in Italien geschulte Architekt Juan de Herrera, der den Bau zu Ende führte.

EMPFEHLUNGEN

Lesenswert:
Mary Cable: *Escorial*, Wiesbaden 1976

Hörenswert:
Giuseppe Verdi: *Don Carlos*, Oper, Paris 1867.

AUF DEN PUNKT GEBRACHT

Der Escorial ist Kloster, Schloss und Grablege in einem. Er ist Monument des Glaubenseifers der Gegenreformation wie auch dynastisches Symbol für Spanien zur Zeit seiner größten Machtentfaltung.

Il Gesù

Rom (1568–1575) · Architekt: Jacopo Vignola · Fassade: Giacomo della Porta

Unbemerkt, als abgerissener Bettler, zog 1523 ein Spanier adeliger Herkunft auf seinem Weg nach Jerusalem durch Rom. Keiner dürfte ihm Aufmerksamkeit geschenkt haben, und keiner dürfte geahnt haben, dass dieser Bettler zurückkehren und 1540 vor Papst Paul III. treten würde, um sich die Gründung eines Ordens bestätigen zu lassen, der zum einflussreichsten der Neuzeit werden sollte. Der Bettler hieß Ignatius von Loyola, und der Orden, den er ins Leben rief, war die Gesellschaft Jesu, auch Jesuitenorden genannt. Wie bei Franz von Assisi, der gut 300 Jahre zuvor den Franziskanerorden gegründet hatte, bedurfte es auch bei Ignatius eines einschneidenden Erlebnisses, um ihn zum Ordensgründer werden zu lassen. Franz und Ignatius stammten beide aus geordneten Verhältnissen, verlebten eine unauffällige Jugend und zogen als Zwanzig- beziehungsweise Dreißigjähriger in den Krieg – aus dem sie völlig verändert wiederkehren sollten. Bei Franz war es eine Geiselhaft, bei Ignatius eine Kriegsverletzung, die am Anfang eines radikalen Lebens- und Gesinnungswandels, der »Bekehrung«, stand. Franz wurde eine direkte Gotteserfahrung zuteil. Gott sprach zu ihm. Ignatius war dies nicht vergönnt. Er versenkte sich vielmehr in die Lektüre von religiösen Schriften, aus der mystische Erlebnisse erwuchsen, die zur Grundlage seiner *Exerzitien* oder *Geistlichen Übungen* (1548 erstmals gedruckt) werden sollten.

■ Außenansicht von Il Gesù

Nach seiner Jerusalemwallfahrt studierte Ignatius Theologie und legte 1534 zusammen mit fünf Gefährten den Keim zum späteren Orden. In einer kleinen Marienkapelle auf dem Montmartre in Paris schworen die Männer die drei üblichen Mönchsgelübde – Armut, Keuschheit, Gehorsam. Hinzu kam noch ein viertes, das erst den Erfolg des Jesuitenorden möglich

■ Blick in den Innenraum von Il Gesù

machte und ihn zum starken Arm der katholischen Kirche in der Gegenreformation werden ließ. Sie gelobten, sich dem Papst bedingungslos zur Verfügung zu stellen. Nicht an ein Leben im Kloster gebunden und gefördert durch ihre straffe militärische Organisation, breiteten sich die Jesuiten nach ihrer Anerkennung 1540 rasch aus. Einfluss nahmen sie vor allem durch die Gründung von Schulen und als Missionare, unter anderem in Lateinamerika.

Doch so, wie Ignatius 1523 bescheiden als Bettler durch Rom gezogen war, so waren auch die Anfänge der Ordensgemeinschaft bescheiden. Mit inzwischen acht Gefährten hatte Ignatius sich 1537 nahe einer halb verfallenen Kirche in Rom niedergelassen und war zum Priester geweiht worden. Zwei Jahre später gab sich die Gemeinschaft Regeln und wählte 1541 Ignatius zum ersten Generaloberen. Sehr schnell genügte die kleine Kirche den Ansprüchen der Jesuiten nicht mehr, und es wurde der Plan zu einem Neubau gefasst. Probleme bereiteten jedoch die benachbarten Landeigentümer, die ihre Grundstücke zunächst nicht verkaufen wollten, sodass erst 1550 mit dem Bau(en) begonnen wurde. Die Arbeiten wurden bald wieder eingestellt, wofür jedoch kaum der von einem unbedeutenden Architekten stammende Entwurf verantwortlich zu machen ist, der bereits die wichtigsten Merkmale des späteren Baus aufwies. Uneinigkeit innerhalb der Jesuiten über die Gestalt der Mutterkirche ihres Ordens und finanzielle Gründe den Bau selbst betreffend scheinen hier plausibler, zumal 1554 auch das Angebot, kostenlos einen Entwurf von der Hand Michelangelos zu

Die Kirche soll nicht ein Mittelschiff und zwei Seitenschiffe haben, sondern soll aus einem einzigen Schiff bestehen, mit Kapellen längs jeder Seite … Das Schiff soll eingewölbt und auf keine andere Weise überdacht werden, auch wenn sie (die Jesuiten) vielleicht Einwände erheben … Was die Form betrifft, so verlasse ich mich auf dein Urteil, und bei deiner Rückkehr kannst du mir berichten, … und dann will ich selbst meinen Entschluss fassen, dem ihr (die Jesuiten und der Architekt) euch alle fügen werdet.

Alessandro Farneses »Bauprogramm« für Il Gesù von 1568

■ Jacopo Vignola, Titelblatt seiner wohl 1562 erschienen *Regola delli cinque ordini d'architettura*

erhalten, nicht angenommen wurde. Erst das Eingreifen eines engagierten Kunstförderers, Kardinal Alessandro Farneses, sollte die Errichtung der ersten Jesuitenkirche, Il Gesù, ermöglichen.

Da Farnese Geldgeber war, bestimmte er auch den Architekten. Seine Wahl fiel auf den Hausarchitekten seiner Familie, Jacopo Vignola. Dem Grundriss von Il Gesù legte Vignola den der Kirche San Andrea in Mantua zugrunde, die von Leon Battista Alberti errichtet worden war. Hier waren bereits die Einschiffigkeit, die das Schiff begleitenden Kapellen und die Kuppel über der Vierung vor dem Hauptaltar vorgebildet. Was Vignola vor allem änderte, waren die Proportionen. Er verkürzte und verbreiterte das Schiff und fügte ein nur flaches, kaum aus dem Umriss der Kirche ragendes Querschiff ein. Auch bei der Fassade, die nach einem abgeänderten Entwurf von Giacomo della Porta ausgeführt wurde, kam Alberti zum Tragen. Fast wörtlich sind die Voluten von der Kirche Santa Maria Novella in Florenz übernommen. Weiter scheint der Mittelteil der Fassade von den zweigeschossigen, von Tempelgiebeln bekrönten Säulenloggien einiger Villen Palladios beeinflusst, die Vignola der neuen Funktion anpasste und ins Relief »übersetzte«.

Il Gesù ist ein ausgesprochen konservativer Bau, was nicht auf den Architekten, sondern auf Alessandro Farnese und den »Zeitgeist« der Gegenreformation zurückzuführen ist. Vignola konnte, wenn man ihm freie Hand ließ, durchaus innovativ bauen, was er mit der Errichtung der ersten Kuppeln über ovalem Grundriss in zwei anderen Kirchenbauten bewies. Doch für Il Gesù schrieb ihm Farnese das »Bauprogramm« vor. Unübersehbar kamen in ihm die Ergebnisse des fünf Jahre zuvor abgeschlossenen Konzils von Trient zum Tragen. Die Predigt hatte an Bedeutung gewonnen, sodass nun explizit gute Akustik und gute Sicht auf den Altar gefordert wurde, was in den alten, meist dreischiffigen Kirchen nur selten gegeben war. Hinzu kam die Forderung nach Kapellen zur Aufstellung von Nebenaltären, womit man sich ebenso explizit gegen die Protestanten wandte. Was Vignola aus diesen Vorgaben schuf – die »Form« nennt Farnese es –, wurde einer der einflussreichsten Kirchenbauten der abendländischen Architektur, der, mit und ohne Bindung an den Jesuitenorden, Verbreitung im ganzen katholischen Europa und in Übersee fand.

IL GESÙ

BIOGRAPHIE

Jacopo Vignola wurde am 1. Oktober 1507 in Vignola in der Nähe von Modena geboren. Er studierte anfangs Malerei, später Architektur in Bologna, wobei der Fachwechsel auf den Einfluss Sebastiano Serlios und Baldassare Peruzzis zurückgeführt wird, die sich Anfang der 1520er Jahre in der Stadt aufhielten. In den 1530er Jahren war Vignola erstmals in Rom, wo er 1538 zu Ausstattungsarbeiten im Vatikan herangezogen wurde. Durch diese Tätigkeit gelangte er mit dem Architekten von Sankt Peter, Antonio da Sangallo dem Jüngeren, in Kontakt. Von Bedeutung für Vignolas Fortkommen war weiter die Accademia della Virtù, eine Vereinigung römischer Intellektueller, die es sich zur Aufgabe gemacht hatte, Vitruvs *Zehn Bücher über Architektur* mit Illustrationen von seiner Hand herauszugeben. Das Buchprojekt scheiterte, ebenso wie das einer Fassade für die gotische Kirche San Petronio in Bologna, mit der er 1541 von Papst Paul III. beauftragt worden war. Doch mit beidem gelang es Vignola, sich bei potenziellen Auftraggebern einzuführen. Spätestens 1550 ließ Vignola sich endgültig in Rom nieder, wo er sehr schnell zum wichtigsten Architekten nach Michelangelo aufstieg. Sein erstes, weitgehend eigenständiges Werk ist das so genannte Kasino der Villa Giulia. Das Kasino, wie auch die von Vignola errichtete nahe gelegene Kirche San Andrea, die erste mit einer ovalen Kuppel, entstanden im Auftrag Julius' III. Zum bedeutendsten privaten Auftraggeber Vignolas sollte die Familie Farnese werden. Für Kardinal Alessandro Farnese, einen Neffen Pauls III., war Vignola am von Sangallo begonnenen, von Michelangelo fortgeführten und von Giacomo della Porta vollendeten Palazzo Farnese in Rom tätig. 1557 beauftragte ihn Kardinal Ranuccio Farnese mit der Vollendung der ebenfalls von Sangallo begonnenen und von Peruzzi fortgeführten Villa Farnese in Caprarola nordwestlich von Rom. Noch während der Arbeiten in Caprarola erreichte Vignola aus Piacenza der Auftrag zur Errichtung des dortigen Farnese-Palastes, und es erschien (wahrscheinlich 1562) sein *Lehrbuch der fünf architektonischen Ordnungen*, das zu einem der einflussreichsten Säulenbücher der Architekturgeschichte werden sollte. Alessandro Farnese war es, der mit der Vergabe von Il Gesù 1568 den bedeutendsten Bau Vignolas initiierte, wobei die Fassade nach einem abgeänderten Entwurf Giacomo della Portas ausgeführt wurde. Noch kurz vor seinem Tod am 7. Juli 1573 in Rom begann Vignola mit der Errichtung der zum Vatikan gehörenden Kirche Sant' Anna dei Palafrenieri, die mit ihrem ovalen Grundriss und ihrer Ovalkuppel zum Vorläufer der Kirchenbauten unter anderem Borrominis und Berninis wurde.

DATEN

Die Kirche wurde von 1568 bis 1575 von Jacopo Vignola und Giacomo della Porta (Fassade) errichtet. Im 17. Jh. wurde der ursprünglich schlichte Kirchenraum im Sinne des Barocks neu ausgestattet. Das Deckengemälde *Triumph des Namen Jesu* führte von 1676 bis 1679 Giovanni Battista Gaulli aus. Weitere bedeutende für Il Gesù tätige Künstler waren Gianlorenzo Bernini (Büste eines Heiligen), Pietro da Cortona und Andrea Pozzo (Altäre der Heiligen Franz Xaver und Ignatius). Il Gesù ist bis heute die Hauptkirche des Jesuitenordens.

EMPFEHLUNGEN

Lesenswert:
Ignatius von Loyola: *Die Exerzitien*, Einsiedeln 1954 (und weitere Auflagen, Übersetzung nach dem Urtext von 1521/22)

Hörenswert:
Giacomo Puccini: *Tosca*, Oper, Rom 1900. Handlungsorte der im Juni 1800 in Rom spielenden Oper sind die von Giacomo della Porta, Carlo Maderno und anderen errichtete Kirche Sant' Andrea della Valle, der Palazzo Farnese und die Engelsburg

AUF DEN PUNKT GEBRACHT

Vignola war nach Michelangelo der führende Architekt in Rom. Die von ihm errichtete Kirche Il Gesù wurde zum Vorbild für zahlreiche katholische Kirchenbauten in Europa und Übersee. Ebenso einflussreich wurde Vignolas *Lehrbuch der fünf architektonischen Ordnungen.*

Hardwick Hall

Derbyshire, England (1590 – 1597) · Bauherrin: Bess of Hardwick · Architekt: Robert Smythson

Sie baute, sie kaufte und verkaufte Landgüter, verlieh Geld, betrieb Landwirtschaft und handelte mit Blei, Kohle und Holz.
Edmund Lodge über Bess of Hardwick in *Illustrations of British History*, 1834

Elizabeth of Shrewsbury, besser bekannt als Bess of Hardwick, galt als exzentrisch, selbstherrlich und skrupellos. Vielleicht setzte sie aber auch nur Mittel zur Erreichung ihrer Ziele ein, die ihr als Mann ohne weiteres zugestanden worden wären. Bess wurde um 1527 in Derbyshire, möglicherweise unweit von Hardwick Hall, in Mittelengland geboren. Über ihre Jugend ist nichts bekannt, außer dass sie im Alter von 13 Jahren heiratete und ihr Mann kurze Zeit später starb. In zweiter Ehe heiratete Bess 1547 Sir William Cavendish, der unter Heinrich VIII. an der Auflösung der englischen Klöster beteiligt war und dadurch ehemals kirchlichen Landbesitz günstig erwerben konnte. Nach dem Tod auch ihres zweiten Mannes 1557 wurde Bess Hofdame Elisabeths I., deren Vertrauten Sir William St. Loe sie 1559 heiratete. St. Loes Stellung am Hof konnte allerdings die Einkerkerung von Bess 1561 in den Tower nicht verhindern. Ohne es zu bemerken, hatte Bess

■ Hardwick Hall

sich in den Fallstricken von Politik und Intrige verfangen. In vierter und letzter Ehe heiratete Bess 1567 schließlich den sechsten Earl of Shrewsbury, George Talbot. Ihn setzte Königin Elisabeth zum »Schutz« der 1568 aus Schottland nach England geflohenen Maria Stuart ein. Nun begann Bess selbst eine Intrige zu spinnen, an deren Ende die Errichtung von Hardwick Hall stehen sollte. Es gelang, ihr gegen den Willen Elisabeths, eine ihrer Töchter aus zweiter Ehe mit einem Schwager Maria Stuarts zu verheiraten, deren 1575 geborene Tochter Arabella Stuart an zweiter Stelle in der englischen Thronfolge stehen sollte. Gleichzeitig versuchte Bess, Maria Stuart auszuschalten, indem sie das Gerücht ausstreute, George Talbot und die Schottin hätten ein Verhältnis. Von Elisabeth zur Rede gestellt, leugnete Bess alles. 1583 kaufte Bess Hardwick Old Hall. Zu dieser Zeit waren Arabellas Eltern gestorben, und sie selbst stand unter Bess' Aufsicht, da sie ihre Enkelin war. Wie Eintragungen in Bess' Rechnungsbüchern belegen, wurde mit dem Umbau des Hauses allerdings erst 1587 – *nach* der Hinrichtung Maria Stuarts – begonnen. Drei Jahre später, mit dem Tod ihres Mannes, standen Bess dann endlich die Mittel für einen kompletten Neubau zur Verfügung, den sie sofort in Angriff nahm.

■ Robert Smythson, Wollaton Hall, 1580–1588

Die üblicherweise am Anfang eines Bauvorhabens stehende Architektenfrage stellte sich Bess nicht. Das Haus der nach der Königin reichsten Frau Englands und zudem der Großmutter einer Thronanwärterin konnte nur einer, Robert Smythson, errichten – zu dieser Zeit der einzige englische Architekt von Rang und Namen. Bereits mit seinem Erstling, dem ab 1568 in Gemeinschaftsarbeit errichteten Landhaus Longleat, hatte Smythson sich bestens eingeführt. Smythsons Partner an diesem Bau war der französische Steinmetz Alan Maynard gewesen. Maynard hatte mit Sicherheit auch architektonische Ambitionen; so hatte er Smythson mit den Schriften Serlios und wohl auch mit den 1570 erschienenen *Vier Büchern zur Architektur* von Andrea Palladio bekannt gemacht.

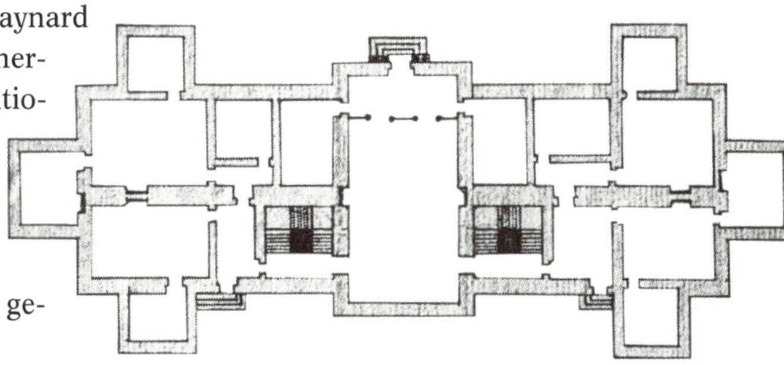

■ Robert Smythson, Hardwick Hall, Idealgrundriss. London, Royal Institute of British Architects

ELISABETHANISCHES ZEITALTER

Mit der Förderung von Entdeckungsreisen und dem Aufbau einer Handelsflotte leitete Elisabeth I. (1533–1603) den Aufstieg Englands zur Weltmacht ein. Entscheidend war dabei die Niederlage der Armada 1588, wodurch Spanien seine Vormachtstellung im Atlantik verlor. Innenpolitisch war Elisabeth um eine Stärkung des Bürgertums und Landadels bemüht. Das Parlament gewann an Einfluss, während der Hochadel an politischem Gewicht verlor. In Blüte standen Musik, Literatur (William Shakespeare) und Architektur.

■ Innenansicht der Green Bed Chamber in Hardwick Hall mit Möblierung und Vorhängen aus dem 16. Jahrhundert

Longleat stellte etwas vollständig Neues dar. Erstmals ging die kontinentale, also die italienische und französische Renaissance, eine unlösbare Verbindung mit englischer Tradition ein. Da in Longleat ältere Bauteile integriert werden mussten, konnten die Architekten auf den Grundriss kaum Einfluss nehmen. Das sah bei den beiden folgenden wichtigen Bauten Smythsons – Wollaton und Hardwick Hall – ganz anders aus, wobei das gleiche Phänomen wie in Chambord zu beobachten ist – »italienisch« im Grundriss und »französisch« oder »englisch« im Aufriss. Die Symmetrisierung und Hierarchisierung des Grundrisses ist nun grundsätzlich auch in England festzustellen. Wollaton geht darüber hinaus direkt auf einen Idealentwurf Serlios zurück, wobei anstelle der italienischen »Sala« die englische »Hall« und anstelle der »Loggia« die »Gallery« traten. Doch verlor die »Hall« in diesem Transformationsprozess ihre alte Funktion als soziales Zentrum des Hauses und wurde zum Auftakt einer repräsentativen Raumfolge. Da die wichtigsten Räume, »Gallery« und »Great Chambers«, meist im ersten oder zweiten Obergeschoss zu liegen kamen, erlangte nun auch in England die Treppe eine bedeutende Funktion. Fortan sollte sie nicht mehr in Winkeln »versteckt«, sondern bewusst inszeniert werden. In der Ansicht Wollatons dominiert

■ Longleat House, errichtet nach Entwürfen von Robert Smythson und anderen, 1568–78. Gemälde von Jan Siberechts (1627–1703)

der über der »Hall« liegende so genannte »Prospect Room«, der, wie die hinter einer Balustrade verschwindenden Dachaufbauten Longleats, von Chambord angeregt sein dürfte. Seine Funktion ist unklar. Er könnte, wie die Obergeschosse der Ecktürme, als »Banqueting House« und zur Aussicht gedient haben. Erwogen wird auch eine Funktion als (symbolischer) Thronsaal der Königin. Letzteres, einen Aufenthaltsort für die Königin zu errichten, hatte Bess of Hardwick mit ihrem Neubau sicher nicht im Sinn.

Robert Smythson plante Hardwick Hall über einen weitgehend symmetrischen Grundriss, der wie andernorts auch in der Ausführung nicht durchgehalten wurde. Neu und auf die Kenntnis Palladios zurückzuführen ist, dass die »Hall« die ganze Tiefe des Baus einnimmt – wie die »Sala« etwa der Villa Badoer und anderer in den *Vier Büchern zur Architektur* publizierten Bauten des Architekten. Ebenfalls von Palladio angeregt dürften die axiale Erschließung der »Hall« und die ebenfalls nicht ausgeführte spiegelbildliche Anordnung der Treppen sein. In Wollaton sind es vier, in Hardwick Hall sechs Türme, je zwei an den Enden der Langseiten und je einer vor den Schmalseiten, die einen zentralen

■ Stuckrelief, angeblich Gog und Magog darstellend, die Kräfte des Bösen, und Eros, den Gott der Liebe. Kaminverzierung in Hardwick Hall

Baublock umstellen. Wie in Wollaton ragen auch in Hardwick Hall die Obergeschosse der Türme als »Banqueting Houses« über die Dachzone. Mehr als die Hälfte der weder durch Säulen noch durch Pilaster gegliederten Fassaden von Hardwick Hall nehmen Fenster ein. Die größten liegen im zweiten Obergeschoss, das so bereits von außen als Haupt- und Repräsentationsgeschoss mit »Gallery« und »High Great Chamber« zu erkennen ist. Eine entsprechende Wertung der Fassaden fand in Wollaton noch nicht statt. Schmale Gesimse setzen die Geschosse voneinander ab. Ornamentik, wie zu dieser Zeit in ganz Nordeuropa durch die Stichwerke des Niederländers Hans Vredeman de Vries geprägt, findet sich nur als Bekrönung der Türme. Hier, an prominentester Stelle, gibt sich dann auch die Bauherrin unmissverständlich zu erkennen; nicht als Bess of Hardwick, als die sie berühmt-berüchtigt war, sondern als »ES«, Elizabeth Countess of Shrewsbury, zweitreichste Frau Englands und Großmutter Arabella Stuarts.

Durch ihre Heiraten und ihren Unternehmungsgeist war Bess in die noch junge und durchlässige Schicht der »Gentry«, dem zu wirtschaftlicher und politischer Bedeutung gelangten englischen Landadel, aufgestiegen. Die Basis für den Aufstieg und damit für die erste – fast gleichzeitig mit Venedig – erfolgte Blüte des englischen Landlebens bildeten die ehemaligen Klostergüter. Zwar waren sie mit der Schaffung der englischen Staatskirche 1533/34 an die Krone gefallen, doch sah Heinrich VIII. sich sehr schnell gezwungen, sie zur Finanzierung seiner Kriege wieder zu veräußern. Hinzu kam, dass unter der Regierung Marias I. in den 1550er Jahren gewaltsam versucht worden war, England zu rekatholisieren, was viele Anhänger Heinrichs in die Opposition und aufs Land getrieben hatte. Mit der Thronbesteigung Elisabeths 1558 änderte sich die Situation schlagartig. Der Hochadel verlor, der Landadel gewann an Gewicht und Einfluss.

Ihr Ziel, die Enkelin auf den englischen Thron zu heben, erreichte Bess nicht. Auf Elisabeth folgte Arabellas Cousin, Jakob I. Bess starb 1608, fünf Jahre nach der Königin, und Arabella, Spielball der Mächte, starb 1615 als Gefangene ihres Cousins im Tower.

HARDWICK HALL

BIOGRAPHIE

Robert Smythson wurde vermutlich um 1534/35 in einem kleinen Ort in der Grafschaft Cumbria in Nordwestengland geboren. Über seine Jugend und Erziehung ist nichts bekannt, doch ist aus seinen nachgelassenen Zeichnungen zu schließen, dass er eine praktische Ausbildung zum Steinmetz erhielt. Urkundlich fassbar wird er 1568 durch ein an Sir John Thynne gerichtetes Empfehlungsschreiben des königlichen Steinmetzmeisters Humphrey Lovell. Im Zuge der (in England in den Ansätzen steckengebliebenen) Reformation und mit der Thronbesteigung Marias I. »der Katholischen« hatte sich Thynne, wie viele Parteigänger Heinrichs VIII., 1553 auf seinen Landsitz zurückgezogen und sich mit dessen Ausbau beschäftigt. Thynnes Sitz in Wiltshire, Longleat, brannte 1567 ab, und auf Empfehlung Lovells wurde Smythson der Neubau übertragen. Longleat, das noch eine Gemeinschaftsarbeit darstellt, wurde für Smythson in zweifacher Hinsicht von Bedeutung. Zum einen erschloss ihm Thynne seine zukünftige Auftraggeberschaft, den englischen Landadel. Zum anderen traf Smythson in Longleat auf den französischen Steinmetz Alan Maynard, der ihn mit den Architekturtraktaten Sebastiano Serlios und später auch Palladios bekannt machte. Noch während Longleat im Bau war, modernisierte Smythson für Sir Matthew Arundell das mittelalterliche Wardour Castle (Wiltshire, heute Ruine), der ihn anschließend an seinen Verwandten Sir Francis Willoughby weiter vermittelte. Mit Wollaton bei Nottingham entstand ab 1580 der Bau, der für Smythson den Durchbruch bedeutete. Der Grundriss geht auf einen Idealentwurf Serlios zurück, während die Dominanz der Fenster ihre Vorläufer im Perpendicular, der bis in die Zeit Heinrichs VIII. reichenden englischen Spätgotik, hat. Die großen Fenster, noch gesteigert in Hardwick Hall, wurden zum Markenzeichen Smythsons wie des elisabethanischen Landhauses überhaupt. Typisch auch für spätere englische Landhäuser sind die zentral gelegene »Hall« Wollatons, die im Obergeschoss liegende »Gallery« und die über die Dachzone ragenden so genannten »Banqueting Houses«. Um 1585 erreichte Smythson der Auftrag George Talbots, des sechsten Earl of Shrewsbury, zur Erweiterung seines Jagdschlosses Worksop Manor (Nottinghamshire, zerstört). Kurz nach dem Tod Talbots 1590 trat seine Witwe Elizabeth (Bess of Hardwick) an Smythson heran und beauftragte ihn mit der Errichtung von Hardwick Hall (Derbyshire). Weitere Landhausbauten Smythsons folgten, doch fand die mit Longleat einsetzende Entwicklung des eigenständigen elisabethanischen Landhauses bereits in Hardwick Hall ihren Höhepunkt. Hoch geachtet, starb Robert Smythson im Oktober 1614 in Wollaton.

AUF DEN PUNKT GEBRACHT

In Hardwick Hall und den verwandten elisabethanischen Landhäusern verschmelzen die Errungenschaften der italienischen und französischen Renaissance mit der eigenen Tradition zu einer als typisch englisch zu bezeichnenden Ausdrucksart. Gleichzeitig sind die Häuser unübersehbare Zeichen des wirtschaftlichen und politischen Aufstiegs des Landadels.

DATEN

Hardwick Hall wurde 1590–97 von Robert Smythson auf einem Hügel unweit der Old Hall (heute Ruine) errichtet. Auftraggeberin war die nach Elisabeth I. reichste Frau Englands, Elizabeth of Shrewsbury (Bess of Hardwick). Hardwick Hall ist ausgezeichnet erhalten. Es befindet sich im Besitz des National Trust und wird museal und für kulturelle Veranstaltungen genutzt.

EMPFEHLUNGEN

Lesenswert:

John Summerson: *Architecture in Britain 1530–1830*, London 1989 (zur Einführung)

Marc Girouard: *Das feine Leben auf dem Lande. Architektur, Kultur und Geschichte der englischen Oberschicht*, Frankfurt–New York 1989

Marc Girouard: *Robert Smythson and the Elisabethan Country House*, New Haven–London 1983

Sehenswert:

Hardwick Hall: Power and Architecture, Video aus der Serie »Culture and Belief in Europe 1450–1600«

Websites zu Bess of Hardwick und Hardwick Hall:
http://www.bolsover.gov.uk/bess.htm
http://www.derbycity.com/derby2/hardwick.html

San Carlo alle Quattro Fontane

Rom (1638 – 1641, Fassade ab 1665) · Architekt: Francesco Borromini

■ San Carlo alle Quattro Fontane, Fassade, Photo 1996

San Carlo alle Quattro Fontane war *die* Chance Borrominis zum Durchbruch als Architekt – doch alles andere als eine dankbare Bauaufgabe. Zum leitenden Architekten von Sankt Peter, der immer noch repräsentativsten Bauaufgabe in Rom, hatte Papst Urban VIII. 1629 nicht wie erhofft ihn, Borromini, sondern Gianlorenzo Bernini ernannt. Beide kannten sich schon seit spätestens Mitte der 1620er Jahre und hatten gemeinsam an Sankt Peter und dem Familienpalast des Papstes, dem Palazzo Barberini, gearbeitet. Blätter, auf denen beide gemeinsam zeichneten, belegen, dass in den ersten Jahren nach der Ernennung Berninis der fruchtbare künstlerische Austausch fortgesetzt wurde, wobei der Architekt Borromini vom Bildhauer Bernini profitierte und umgekehrt. Doch über kurz oder lang musste es zum Bruch kommen. Bernini stand nach 1629 im Rampenlicht, während Borromini im Schatten blieb. Wohl um ihm den Weggang von Sankt Peter zu erleichtern, machte Bernini schließlich im September 1632 seinen Einfluss geltend und verschaffte Borromini die Stelle des Architekten an der Sapienza, der römischen Universität. Zu bauen gab es hier jedoch in den nächsten zehn Jahren nichts. Anfang 1633 wurden die Zahlungen an Borromini durch die Bauhütte von Sankt Peter eingestellt, sodass er sich nun als Architekt, der noch nichts eigenständig gebaut hatte, auf die Suche nach Arbeit

DIE TRINITARIER

Der Orden der Trinitarier wurde im 12. Jahrhundert in Spanien mit dem Ziel gegründet, christliche Sklaven aus moslemischer Gefangenschaft freizukaufen. Der berühmteste Freikauf war der des späteren Autors des *Don Quichotte*, Cervantes, 1579. Im späten 16. Jahrhundert reformierte sich der Orden, was zur Spaltung in die Beschuhten und die radikaleren Unbeschuhten Trinitarier führte.

machen musste. Borrominis erster Versuch, den Auftrag zu einem Kirchenbau zu erhalten, schlug fehl. Dem Zufall hatte er dann San Carlo zu verdanken. Von seiner Arbeit am Palazzo Barberini und durch persönlichen Umgang kannte er Kardinal Francesco Barberini, einen Neffen Urbans VIII. Beichtvater des Kardinals war ein Mönch des Ordens der Unbeschuhten Trinitarier, der Anfang der 1630er Jahre trotz aller Bedenken den Bau einer repräsentativen Kirche mit Klostertrakt zu planen begann. Der Bau sollte durch Spenden finanziert werden. Geld zu geben war Barberini nicht bereit, doch muss er seinen Beichtvater an Borromini verwiesen haben, der, um endlich bauen zu können, dem Orden seine Dienste kostenlos anbot.

■ Anonym, *Francesco Borromini*, Öl auf Leinwand

Es war einer der schwierigsten und widersprüchlichsten Aufträge Roms, der 1634 mit San Carlo an Borromini vergeben wurde. Auf einem nur etwa 1000 Quadratmeter großen, dazu nicht einmal rechtwinkligen Grundstück waren ein Kloster mit Kreuzgang, Bibliothek, Räumen für die Mönche und eine Kirche zu errichten. Hinzu kamen die chronische Geldnot der Trinitarier sowie die Bewältigung einer schwierigen Gratwanderung: Musste der Orden seinem Anspruch treu bleiben, »Ärmster der Armen« zu sein, so hatten seine Vertreter doch gleichzeitig den Wunsch, einen architektonisch anspruchsvollen Bau zu erhalten. Borromini begann mit der Errichtung des Klostertraktes, der bis 1636 stand. »Tutto il suo sapere« – sein ganzes Können – wandte er dann auf den kleinen Kirchenbau an, der ohne weiteres Platz in einem Kuppelpfeiler Sankt Peters finden könnte. Dem Grundriss von San Carlo legte Borromini eine auch die Fassade einbindende geometrische Konstruktion zugrunde. Die Spitzen zweier aneinander liegender gleichschenkliger Dreiecke bestimmen die Längs- und die Querausdehnung des Raums. In die Dreiecke passte Borromini Kreise ein, die miteinander verbunden das Oval der Kuppel ergaben. Auf den von den Endpunkten der Querachse ausgehenden Seitenhalbierenden der Dreiecke liegen die Durchgänge zu den vier Nebenräumen der Kirche. Gleichzeitig fassen die Seitenhalbierenden das Oval der Lichtöffnung in der Kuppelmitte – die Laterne – ein, deren Größe Borromini nach dem gleichen Prinzip wie die der Kuppel festlegte. Zu erwarten wäre nun ein statischer, mathematisch kühl berechneter Raum mit einem ablesbaren

■ Borromini, San Carlo alle Quattro Fontane, Grundriss, Stich aus: Francesco Borromini, *Opus Architectonicum*, Rom 1725

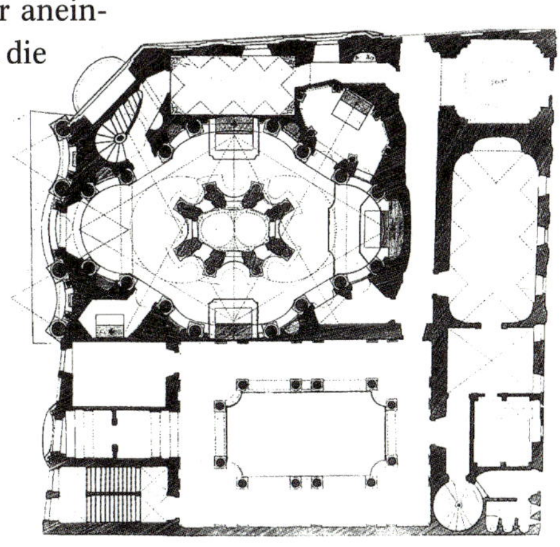

■ Blick in die Kuppel von San Carlo alle Quattro Fontane

Konstruktionsgerüst. Doch nichts von alledem: Die Säulen stehen fast frei vor der Wand, tragen Gebälke, die in kurzen Abschnitten gerade geführt sind, um dann über den Altarnischen und dem Eingang in einer flachen Kurve oder im Halbkreis einzuschwingen. Das gleiche Prinzip ist an der Fassade angewandt und noch gesteigert. Auf einen Schwung antwortet hier ein Gegenschwung, auf konkav folgt konvex.

Die Mittel sind die gleichen geblieben, doch findet sich in San Carlo nichts, was den Raum der Renaissance auszeichnete. Borromini schuf etwas völlig Neues, indem er den in sich ruhenden, auf einer klaren Abfolge einzelner Raumteile beruhenden Kirchenraum der Renaissance in ein dynamisches Raumgefüge übersetzte. Es ist der Schritt von der Renaissance zum Barock, den er in San Carlo vollzog. Die Zeitgenossen waren fasziniert und entsetzt zugleich, negierte Borromini doch den seit Brunelleschi, also seit mindestens 200 Jahren als unumstößlich geltenden Regelkanon der Architektur. Ohne Bedenken verwarf Borromini die Vorstellung von der Architektur als Abbild des menschlichen Körpers und verwies auf die Natur, die Antike und Michelangelo als Vorbilder. Seine Vorstellungen von Natur hat Borromini nie offen dargelegt, doch kennt die Natur keinen rechten Winkel und keine Gerade. Wahrscheinlich waren diese Vorstellungen eng mit seinem Interesse an der Geometrie verbunden, wie er sie während seiner Lehrzeit an der spätgotischen Bauhütte des Mailänder Doms kennen gelernt hatte. Sicher nicht zu den antiken Vorbildern Borrominis gehörten Kolosseum und Pantheon, vielmehr regelverletzende Bauten, wie er sie in den Anlagen der Villa Hadriana bei Rom sehen konnte. Der Hinweis auf Michelangelo und damit auf die Biblioteca Laurenziana (s. S. 118) in Florenz als *die* Regelverletzung schlechthin erübrigte sich fast und wurde von Bernini genauso wenig wie die anderen Argumente akzeptiert. Doch sollte sein mit Blick auf San Carlo gefälltes Urteil, Borromini sei nur »gesandt worden, um die Baukunst zu zerstören«, ungehört verhallen.

SAN CARLO ALLE QUATTRO FONTANE

BIOGRAPHIE

Francesco Castelli, genannt Borromini, wurde am 25. September 1599 in der Nähe von Lugano geboren. Er entstammte einer angesehenen Steinmetz- und Maurerfamilie und wurde im Alter von zehn Jahren bei einem an der Mailänder Dombauhütte tätigen Bildhauer in die Lehre gegeben. Ungeklärt ist, ob er dort auch die von einem Mathematiker 1613 gegründete Scuola di Architettura Specolativa besuchte. 1619 ging Borromini nach Rom, das er, abgesehen von Ausflügen in die Umgebung, etwa zur Villa Hadriana, nicht wieder verlassen sollte. Bereits kurz nach seiner Ankunft traf Borromini im Haus eines Verwandten auf den Hauptarchitekten von Sankt Peter, Carlo Maderno, der ihn zu bildhauerischen Arbeiten an Sankt Peter und als Zeichner seiner architektonischen Entwürfe heranzog. Zur großen Enttäuschung wurde für Borromini das Jahr 1629. Nicht ihn, wie erhofft, ernannte Papst Urban VIII. nach dem Tod Madernos zum Hauptarchitekten von Sankt Peter, sondern Gianlorenzo Bernini. Gemeinsam hatten beide zuvor am Baldachin des Hauptaltars und am Familienpalast des Papstes, dem Palazzo Barberini, gearbeitet. Zum unvermeidlichen Bruch kam es 1634, als Borromini mit dem Auftrag für San Carlo alle Quattro Fontane seine große Chance erhielt. Fortan sollten beide einander als Rivalen gegenüber stehen. Wesentlich für Borrominis Fortkommen in der Geometrie, die einen erheblichen Einfluss auf einige seiner Werke nahm, war der Kreis von Intellektuellen, der sich im Palazzo Barberini traf. Kardinal Francesco Barberini, ein Neffe Urbans VIII., war es auch, der sich für Borromini einsetzte und ihn als Architekten für San Carlo empfahl. Doch noch bevor er mit dem Bau der Kirche begann, erhielt Borromini 1637 seinen zweiten wichtigen Auftrag, den zur Errichtung des Oratorio dei Filippo Neri. Fünf Jahre später begann Borromini mit der Errichtung der Universitätskirche San Ivo alla Sapienza, in deren Grund- und Aufriss ähnlich geometrisch-spekulatives Denken wie in San Carlo zum Tragen kam. Auftraggeber war hier, wie wenig später (1644) bei der Neugestaltung des Langhauses der frühchristlichen Basilika San Giovanni in Laterano, Papst Innozenz X. Neben diesen Aufträgen zog der Papst Borromini auch zu Arbeiten an dem Palast seiner Familie, dem Palazzo Pamphili (1646) an der Piazza Navona und der benachbarten Kirche Sant' Agnese in Agone (ab 1653) heran. Borromini starb am 2. August 1667 in Rom an den Folgen eines Selbstmordversuchs. Eines seiner letzten noch zu Lebzeiten vollendeten Projekte war der Palazzo di Propaganda Fide. Andere Vorhaben, wie die Fassade für San Carlo alle Quattro Fontane, wurden erst nach seinem Tod vollendet.

DATEN

Kirche und Kloster San Carlo entstanden ab 1634 im Auftrag des Ordens der Unbeschuhten Trinitarier auf einem nur etwa 1000 m² großen Eckgrundstück in der Nähe des Quirinalspalasts. Den Kreuzgang mit den Mönchszellen errichtete Borromini von 1634 bis 1636, die Kirche wenig später von 1638 bis 1641. Die Fassade von San Carlo wurde zusammen mit der Kirche in der zweiten Hälfte der 1630er Jahre konzipiert, doch aufgrund von Finanzierungsproblemen erst ab 1665 ausgeführt. Beim Tod Borrominis 1667 stand sie etwa zur Hälfte. Vollendet wurde die Fassade unter leichten Abänderungen bis 1677 von Borrominis Neffen und Erben Bernardo Castelli Borromini.

EMPFEHLUNGEN

Lesenswert:
Richard Bösel, Christoph Luitpold Frommel (Hg.): *Borromini. Architekt im barocken Rom. Ausstellung zum vierhundertsten Geburtstag des Architekten*, Mailand 2000 (Katalog zur Ausstellung in der Albertina, Wien)

AUF DEN PUNKT GEBRACHT

Mit San Carlo revolutionierte Borromini die Vorstellung der Renaissance vom Raum als einem in sich ruhenden Gebilde. Eine direkte Nachfolge weist San Carlo nicht auf, doch sollte der von Borromini in Bewegung und Schwingungen versetzte Raum zu einem Leitmotiv des Barocks werden.

Schloss Versailles

Bei Paris (1661 – 1710) · Architekten: Louis Le Vau und Jules Hardouin-Mansart

■ Hyacinthe Rigaud, Bildnis Ludwigs des XIV., Öl auf Leinwand, 1701

»Ich bin nicht der Gimpel, für den Ihr mich haltet«, schrieb Ludwig XIV. am 5. September 1661 an seine Mutter Anna von Österreich. Es war sein 23. Geburtstag, und Ludwig hatte einen Schlussstrich gezogen. Seit er 1643 als Vierjähriger zum König gekrönt worden war, hatte er unter der Regentschaft Annas und des Ersten Ministers Kardinal Mazarin gestanden, der gleichzeitig sein politischer Ziehvater war. Mazarin starb am 9. März 1661. Am darauffolgenden Tag erklärte Ludwig, ohne Ersten Minister regieren zu wollen, und begann mit der Demontage des allmächtigen Finanzministers Nicolas Fouquet, den er am 5. September verhaften ließ. Den letzten Anstoß zur Verhaftung hatten ihm die Feierlichkeiten anlässlich der Vollendung von Fouquets Schloss Vaux-Le-Vicomte bei Melun am 19. August 1661 gegeben. Der Bau selbst, der den Typ des Maison de Plaisance, des ländlichen Lustschlosses, prägen sollte, und auch der Garten waren von einer bis dahin ungekannten Pracht. Nichts Vergleichbares hatten der Louvre und die königlichen Schlösser in der Umgebung von Paris aufzuweisen. Vor mehr als 6000 Gästen, unter ihnen auch Ludwig, verstand hier ein Untertan zu repräsentieren, wie es nur dem König zustand. Für Ludwig kam das Fest einer Beleidigung gleich. Der Vorwurf der Unterschlagung lag nahe, und Fouquet wurde der Prozess gemacht, an

ABSOLUTISMUS

Im Absolutismus besaß allein der Monarch die Herrschaftsgewalt. Im Unterschied zum Despoten erkannte der absolutistische Monarch aber das göttliche und historische Recht an, obwohl er über den Gesetzen stand und diese auch brechen konnte. Absolutistische Tendenzen zeigten sich bereits um 1540 (Franz I.) in Frankreich, wo der Absolutismus dann unter Ludwig XIV. seine modellhafte Ausprägung erfuhr. In England konnte sich der Absolutismus nie durchsetzen. Mitte des 18. Jahrhunderts wurde diese Herrschaftsform in Preußen (Friedrich der Große), später auch in Österreich (Joseph II.), zum aufgeklärten Absolutismus umgeformt.

dessen Ende, trotz Aktenfälschungen und Bedrohung der Richter, nicht das erwartete Todesurteil, sondern die Verbannung stand. Ludwig nahm nun das Recht des »rex legibus absolutus«, eines von den Gesetzen unabhängigen Königs, für sich in Anspruch und verwandelte die Verbannung in lebenslange Festungshaft. Damit hatte er ein Exempel statuiert. Alle Gewalt lag in seinen Händen – in denen des Königs. Adel, Parlament und Beamtenapparat waren endgültig zu Marionetten in einem System unumschränkter Herrschaft, dem System des Absolutismus, geworden.

■ Versailles, Außenansicht: Marmorhof (im Kern das Jagdschloss Ludwigs XIII.)

Doch es genügte Ludwig nicht, die unumschränkte Macht nur in den Händen zu halten. Seine Macht brauchte eine Bühne – Versailles –, auf der sie zu entfalten und symbolisch darzustellen war. Diese Bühne musste das neue Ordnungssystem zum Ausdruck bringen, in dem der König, nur seinem Willen, keinem Gesetz unterworfen, selbst zum Gott aufgestiegen war. Einen entsprechenden Ausbau des Louvre verbot das Sicherheitsbedürfnis Ludwigs. Die Übernahme eines anderen Schlosses in

■ Blick über einen Teil des Schlossgartens auf den Mittelbau von Versailles

■ Versailles im Bau. Gemälde von Pierre Patel, 1668

der Umgebung von Paris, etwa Fontainebleau, war ebenfalls problematisch. In einem bereits vorhandenen Schloss hätte das Ordnungssystem architektonisch kaum noch zum Ausdruck gebracht werden können. Hinzu gekommen wäre die Belastung durch die Tradition; Ludwig, der selbst traditionsstiftend sein wollte, wäre zwangsläufig immer an seinen Vorgängern gemessen worden. Als Ideal in jeder Hinsicht erwies sich hingegen Versailles, ein nicht zu weit von der Hauptstadt entferntes Dorf, mit einem nur kleinen, von dem früh verstorbenen Vater Ludwig XIII. errichteten Jagdschloss. Mit dem Ausbau begann Ludwig noch im Herbst 1661. Die Maßstäbe hatte Vaux-Le-Vicomte gesetzt, und ohne zu zögern übernahm Ludwig die Künstler seines ehemaligen Finanzministers: Louis Le Vau für die Architektur, Charles Le Brun für die Ausstattung und André Le Nôtre für die Parkgestaltung.
Das Versailles Ludwigs XIV. entstand im Wesentlichen in zwei Bauphasen, einer ersten um 1670 und unter der Leitung des Architekten Jules Hardouin-Mansarts anstelle des verstorbenen Le Vaus in einer zweiten nach 1677. Politische Ereignisse waren es, die die Baumaßnahmen, und damit die Aufwertung von Versailles, vorantrieben. Hinzu kam, zu Beginn der zweiten Bauphase, die Entscheidung, Versailles zur Residenz, dem ständigen Sitz des Königs, auszubauen, zu dem es dann mit dem Umzug des Hofes 1682 in das noch unfertige Schloss auch wurde.

Versailles! Es ist wunderschön. Man schaut und starrt und versucht zu begreifen, dass es wirklich ist, dass es auf Erden liegt, dass es nicht der Garten Eden ist – aber der Kopf wird einem schwindlig, betäubt von der unendlichen Schönheit ringsumher, und man glaubt beinahe, man werde von einem köstlichen Traum genarrt. … Ich hatte Ludwig XIV. immer geschmäht, weil er zweihundert Millionen Dollar dafür ausgegeben hat, diesen wunderbaren Park zu schaffen, als bei manchen seiner Untertanen das Brot so knapp war; jetzt habe ich ihm vergeben.

Eine der wenigen frühen positiven Stimmen zu Versailles – die des Europa-Skeptikers Mark Twain in *Die Arglosen im Ausland*, 1869

Den Kern Versailles' macht das Schloss Ludwigs XIII. aus. Seine drei Flügel bilden den innersten Ehrenhof, dem zwei weitere Abstand gebietend vorgeschaltet sind. Vor dem äußeren Hof erstreckt sich ein weiter Platz, von dem strahlenförmig drei schnurgerade Alleen ausgehen. Geplant wurden sie, wie auch der Park, von Le Nôtre. Die Alleen fassen die Pendants zum Schloss, Marställe für Pferde und Kutschen, ein.

Gleichzeitig bilden sie die Hauptachsen der Stadt Versailles. Das Rückgrat des Parks sind das Apollobecken und der die Mittelachse des Schlosses fortsetzende Große Kanal. Mit 17 großen Fenstern öffnet sich die 1686 noch unter Le Brun vollendete Spiegelgalerie zum Park. In ihrem Rücken, mit Fenstern zum innersten Ehrenhof, liegt der wichtigste Raum Versailles', das 1701 vollendete Chambre du Roi, das Schlafzimmer Ludwigs XIV.

Das Schlafzimmer Ludwigs bildet sowohl den ideellen als auch den geometrischen Mittelpunkt. In ihm fanden das im Hofzeremoniell eine zentrale Stellung einnehmende »Lever« und »Coucher«, das Aufstehen und Schlafengehen des Königs, statt, bei dem Mitglieder des höchsten Adels Frankreichs anwesend waren. Und vom Schlafzimmer strahlen die drei nach den Städten Saint-Cloud, Paris und Sceaux benannten Alleen im Osten und der Kanal im Westen aus. In einer Gegenbewegung steigt Apoll, der Gott der Sonne, auf einem Viergespann aus seinem Becken, um sein Licht auf den König, den »Roi Soleil«, zu werfen. Quer zu dieser »Sonnenachse« liegt die Spiegelgalerie. Hier, vor allem aber in

Zeremoniell, Kunst und Architektur (Versailles') können als Instrumente der Selbstbehauptung angesehen werden, als Fortsetzung von Krieg und Diplomatie mit anderen Mitteln.
Peter Burke

■ Spiegelgalerie im Schloss Versailles

■ Schloss von Karlsruhe, Residenz der Markgrafen, später Großherzöge von Baden. Errichtet in zwei Bauphasen von 1715–1719 und 1749–1781 von J. F. Batzendorf, Balthasar Neumann u. a.

den Sälen des Friedens und des Krieges an ihren Enden, wird auf die reale Machtfülle und die politischen Erfolge des Königs angespielt.

Der Tagesablauf Ludwigs und seines Hofstaates war bis ins Kleinste von der »Etikette« (eigentlich »Zettel mit Hinweisen auf das Zeremoniell«) geregelt. Alles war ritualisiert, vom Aufstehen über den Spaziergang im Park und das Essen bis hin zum Besuch der Kirche und dem Schlafengehen. Als Regisseur und Hauptdarsteller auf der Bühne »Versailles« war Ludwig gleichzeitig oberster Aufseher und Gefangener des von ihm geschaffenen und um seine Person kreisenden Systems. Ein Entkommen war weder ihm noch seinen Nachfolgern möglich. Noch in den 1670er Jahren ließ Ludwig im Park das Trianon de Porcelaine, das 1687 zugunsten des größeren Grand Trianon verschwand, und außerhalb das in der französischen Revolution zerstörte Schloss Marly als Rückzugsorte errichten.

Versailles wurde im 18. Jahrhundert zum Vorbild für den Schloss-Städtebau in ganz Europa bis hin zum 1703 gegründeten Sankt Petersburg im äußersten Nordosten. Die Ausnahme bildete England, wo der Hof Ludwigs nur bedingt als maßstabsetzend anerkannt wurde. Trotzdem entstand auch hier ein Versailles, ein »Gegen-Versailles«. Es wurde dem Herzog von Marlborough für den gemeinsam mit Prinz Eugen über Ludwig erfochtenen Sieg bei Blenheim (Blindheim) an der Donau von der Krone zum Geschenk gemacht. Anders sah die Situation in Deutschland aus, wo Dutzende von Fürsten miteinander konkurrierten und sich mit ihren Schlossbauten gegenseitig zu übertreffen suchten. Gleichzeitig erlebte das Maison de Plaisance, wie Le Vau es mit Vaux-Le-Vicomtes errichtet hatte, seine Blüte. Dieses, nicht Versailles, war das Vorbild für Sanssouci, das Schloss Friedrichs des Großen, der Ludwigs absolutistischem »Der Staat bin ich« das aufgeklärte »Ich bin der erste Diener meines Staates« entgegensetzte.

SCHLOSS VERSAILLES

STADT, SCHLOSS UND PARK VERSAILLES

Den Kern von Versailles bildet ein für Ludwig XIII. von 1631 bis 1634 als ländliche Dreiflügelanlage errichtetes Jagdschloss. 1651 besuchte Ludwig XIV. erstmals das väterliche Schloss, dessen Vergrößerung er 1661 beschloss – nachdem er de facto alle Macht auf sich vereinigt hatte. Ludwig begann bescheiden. Er ließ den Ehrenhof des alten Schlosses (Cour de Marbre) mit Marmor pflastern und durch Louis Le Vau zwei leicht nach außen versetzte Flügel errichten, wodurch ein zweiter Ehrenhof (Cour Royale) entstand. Gleichzeitig begann André Le Nôtre mit der Anlage des Parks und des Alleendreistrahls vor dem Schloss. Dieser wurde zum Gerüst der Planstadt Versailles; er mündet auf dem Paradeplatz vor dem Schloss (Place d'Armes). Die wichtigsten Maßnahmen im Park waren, neben der Aushebung des Großen Kanals, die Errichtung einer Orangerie, unverzichtbarer Bestandteil eines barocken Schlosses, und die eines Tiergeheges. 1668, im Jahr des für ihn vorteilhaften Friedens von Aachen, bestimmte Ludwig die Ausführung der Pläne Le Vaus zu einem großzügigeren Ausbau des Schlosses. Um mehr Räume für die Hofhaltung zu gewinnen, wurden die Seitenflügel des Baus seines Vaters ummantelt und zwei weitere Flügel zum Garten hin errichtet. Gleichzeitig entstand im Park das Trianon de Porcelaine als Rückzugsort. Am Anfang der zweiten Ausbauphase des Schlosses stand der 1677 verkündete Beschluss Ludwigs, Versailles zur Residenz – dem Sitz des Königs – zu erheben, wobei an die Stelle des verstorbenen Le Vau nun Jules Hardouin-Mansart als leitender Architekt trat. Zwei weitere Flügel wurden zur Stadt hin errichtet und fassten einen dritten Ehrenhof (Cour de Ministre) ein. Als Pendants zum Schloss entstanden die Marställe in den Winkeln des Alleendreistrahls. Mit den seitlich des dritten Ehrenhofs errichteten Nord- und Südflügeln erreichte das Schloss seine endgültige Größe. 1682 zog der Hof in den noch unfertigen Bau. Fünf Jahre später ließ Ludwig das Trianon de Porcelaine durch das größere Grand Trianon ersetzten. Die Innenausstattung des Schlosses verantwortete von Anfang an Charles Le Brun. Nach seinen Entwürfen entstanden die Spiegelgalerie (bis 1686), die Säle des Friedens und des Krieges sowie weitere bedeutende Räume. Der wichtigste Raum Versailles', das Schlafzimmer Ludwigs (Chambre du Roi), wurde allerdings erst 1701, nach dem Tod Le Bruns, vollendet. 1710 wurde die Schlosskirche eingeweiht. Ludwig starb fünf Jahre später. An wichtigen Bauten entstanden unter Ludwig XV. in den 1760er Jahren das Petit Trianon im Park und die Oper im Nordflügel des Schlosses sowie um 1785 unter Ludwig XVI. das Hameau (»Dörfchen«) seiner Frau Marie Antoinette.

DATEN

Schloss, Park und Stadt Versailles entstanden von 1661 bis 1710 im Auftrag Ludwigs XIV. Das Schloss wurde in zwei Hauptbauphasen – um 1670 und nach 1677 – errichtet und hat eine Ausdehnung von knapp 150 m in der Tiefe und etwa 600 m in der Breite. Im Zuge der Revolution wurde Versailles 1789 verlassen und ein Großteil der beweglichen Ausstattung verkauft. Trotz teilweiser musealer Nutzung war das Schloss bis zur Verabschiedung des »Gesetzes zur Rettung von Versailles« 1953 weitgehend dem Verfall preisgegeben. Der ursprünglich 2473 ha große Park ist heute auf etwa ein Drittel seiner Fläche reduziert.

EMPFEHLUNGEN

Lesenswert:

Jean-Marie Pérouse de Montclos, Robert Polidori: *Versailles*, Köln 1996

Pierre-André Lablaude: *Die Gärten von Versailles*, Worms 1995

Peter Burke; *Ludwig XIV. Die Inszenierung des Sonnenkönigs*, Berlin 1993

AUF DEN PUNKT GEBRACHT

Versailles ist die Verkörperung des Absolutismus. An der Spitze stand der unumschränkt herrschende König. Auf ihn ist alles in Versailles bezogen, das zum unumstrittenen Vorbild für den europäischen Schlossbau im 18. Jahrhundert wurde, ausgenommen in England.

St. Paul's Cathedral

London (1675 – 1711) · Architekt: Sir Christopher Wren

Als Architekt war Wren Autodidakt, und ohne den großen Londoner Stadtbrand und die Förderung durch die Stuart-Könige wären die meisten seiner Entwürfe Papier geblieben.

Voll neuer Eindrücke kehrte Christopher Wren im Frühjahr 1666 aus Paris zurück, wo er auch auf Gianlorenzo Bernini und den Architekten von Versailles, Louis Le Vau, getroffen war. Zurück in England, machte er sich sofort an die Arbeit und unterbreitete noch im Mai der Kommission zur Restaurierung der Old St. Paul's Cathedral den Vorschlag, den alten, einsturzgefährdeten Vierungsturm der Kirche durch eine hohe Tambourkuppel zu ersetzen. Eine solche Kuppel war in England bisher noch nicht errichtet worden. Mit Blick auf mögliche Kritiker vergaß Wren nicht, darauf hinzuweisen, dass er die Konstruktion von den »besten Künstlern, französischen und italienischen« gelernt habe und London durch eine Kuppel endlich auch ein würdiges städtisches Wahrzeichen (neben dem königlichen Tower) erhalten würde. Ohne lange zu zögern, nahm die Kommission Wrens ersten Entwurf für St. Paul's, das so genannte »Pre-Fire Design«, am 27. August 1666 an. Sechs Tage später brannte London. Keiner nahm den Brand, der kurz nach Mitternacht in einer Bäckerei in der Nähe der London Bridge ausgebrochen war, ernst. Brände gehörten in der weitgehend aus Fachwerkhäusern errichteten Stadt zum Alltag. »A woman might piss it out!«, war die Reaktion des Bürgermeisters. Eine eklatante Fehleinschätzung, wie sich herausstellen sollte; vier Tage später lagen vier Fünftel Londons in Asche, waren 250 000 Menschen obdachlos, 13 200 Häuser und 84 der 109 Kirchen der Stadt zerstört.

■ Antonio Verrio, Sir Godfrey Kneller, Sir James Thornhill, Porträt Sir Christopher Wrens, um 1706–1724, Öl auf Leinwand. Das Bild zeigt Wren mit dem Grundriss von St. Paul's in der Hand, einer Zeichnung des Sheldonian Theatre zu seinen Füßen und dem wiederaufgebauten London im Hintergrund.

Wren reagierte sofort und legte dem König am 11. September einen Entwurf zum Wiederaufbau Londons vor. Karl II. hieß ihn gut, doch scheiterte die großzügig geplante Neuordnung der City – die Freistellung wichtiger Gebäude und deren Verbindung durch gerade Straßen – an den bestehenden Besitzverhältnissen. Was mit dem Rebuilding Act, dem Gesetz zum Wiederaufbau Londons vom Februar 1667, durchgesetzt werden konnte, war die Errichtung sämtlicher Häuser in Ziegel oder Stein sowie eine Staffelung ihrer Höhe entsprechend der Breite und Bedeutung der Straße, an der sie lagen. Zum Leiter des Wiederaufbaus wurde Wren berufen, womit der Neubau von St. Paul's und von etwa fünfzig Gemeindekirchen in

seinen Händen lag. Kein halbes Jahrhundert sollte vom ersten Entwurf Wrens bis zur Vollendung der nach Sankt Peter in Rom größten Kirche vergehen; und wie im Zeitraffer, unter nur einem Architekten, scheint in der Planungs- und Baugeschichte St. Paul's nochmals die von Sankt Peter auf. Es ist der gleiche Streit zwischen Tradition und Innovation, zwischen den Vorgaben des Altbaus und den gottesdienstlichen Gewohnheiten auf der einen Seite und dem, was als zeitgemäß und als der Bauaufgabe angemessen betrachtet wurde, auf der anderen Seite. Die Folge der Projekte, mindestens fünf sind zu unterscheiden, eröffnete Wren 1670 mit der Vorlage des »First Model«. Ihm folgte mit dem »Greek Cross Design« 1672 ein Zentralbau, wie ihn auch Giuliano da Sangallo und Michelangelo für Sankt Peter vorgelegt hatten. Die Kritik war die gleiche: ungeeignet für den Gottesdienst. Im »Great Model« von 1673, auf das hin Wren zum Architekten von St. Paul's berufen und zum Ritter geschlagen wurde, ist – durchaus Antonio da Sangallos Projekt für Sankt Peter von 1546 vergleichbar – dem Zentralbau eine Vorhalle angefügt. Doch erst mit dem im Mai 1675 vorgelegten »Warrant Design« gelang es Wren, den König und den konservativen Klerus von St. Paul's endgültig auf seine Seite zu ziehen. Den Entwurf scheint Wren nicht gemocht zu haben, und er erwirkte, wie sein Sohn berichtet, vom König die Vollmacht (warrant), ohne Rücksprache Verände-

■ St. Paul's, Westansicht

■ Grundriss von St. Paul's

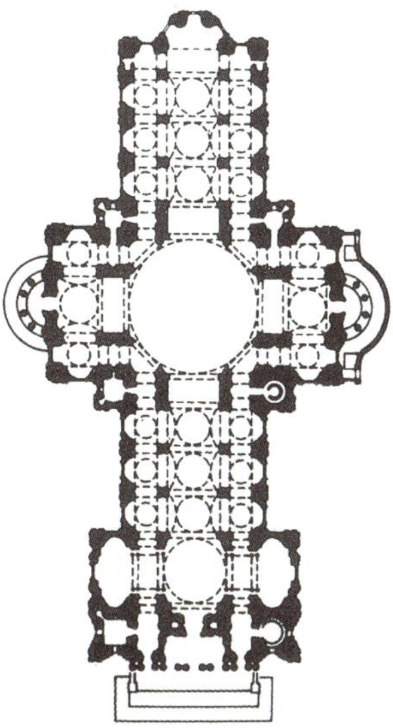

■ St. Paul's, Ansicht der Kuppel über dem Querhaus

rungen vornehmen zu dürfen. Diese Vollmacht nutzte Wren weidlich aus, sowohl bei der Vorlage des »Definitive Design«, nach dem am 15. Juli mit den Bauarbeiten begonnen wurde, wie auch während des ganzen Bauverlaufs.

Aufgrund seines Alters konnte Wren 1675 zunächst nicht mit der Vollendung von St. Paul's zu seinen Lebzeiten rechnen. So war er darum bemüht, seinen Entwurf möglichst früh im Bau festzulegen. Wren errichtete nicht, wie im Kirchenbau sonst üblich, als erstes den Chor oder die Kuppel. Er baute flächendeckend. Ein Baufortschritt war so über die Jahre kaum festzustellen, und »as slow as St. Paul's workmen« wurde zum geflügelten Wort in London.

Der Grundriss von St. Paul's ist traditionell, doch gibt sich die Kirche im Außenbau nicht als Basilika mit aus den Seitenschiffen ragendem Mittelschiff zu erkennen. Der Grund hierfür liegt in der Kuppel. Um ihr *optisch* Halt zu geben, benötigte Wren einen kompakt erscheinenden Unterbau, den er durch die Aufstockung der Seitenschiffe um ein Blendgeschoss erreichte. Das Unterscheiden zwischen Außen- und Innenwirkung, die seit der Renaissance übliche Berücksichtigung der Perspektive des Betrachters, setzt sich in der Kuppel fort. Sie erhebt sich etwa in der Mitte des Baukörpers, dort wo in englischen Kathedralen traditionell das Querhaus das Langhaus schneidet. Die Kuppel besteht nicht, wie die des Doms zu Florenz oder Sankt Peters, aus zwei, sondern drei, in ihrem Verlauf darüber hinaus voneinander unabhängigen Schalen. Der Tambour – das zylinderförmige Zwischenteil der Kuppel – ist leicht nach innen geneigt. Auf ihm ruht die innere Schale, während die mittlere die Neigung aufnimmt und als Kegel in die Höhe führt, um den Unterbau der Laterne zu bilden. Auf dem Kegel ruht dann das Balkengerüst der halbrunden äußeren Schale, womit die Kuppel von St. Paul's, als Ganzes gesehen, eine unerreichte technische Meisterleistung darstellt. Lob erntete Wren jedoch kaum. St. Paul's galt zum Zeitpunkt seiner Fertigstellung als un-englisch, wobei »englisch« (noch) nicht aus sich heraus definiert wurde; »englisch« war: nicht-französisch, nicht-barock und nicht-Wren.

DER BRAND VON OLD ST. PAUL'S

Zwei Tage und Nächte flogen die Steine von St. Paul's wie Granaten umher; die geschmolzenen Dachplatten aus Blei bilden einen kochendheißen See aus flüssigem Metall, der die Straße bedeckt, und das Straßenpflaster glüht rot, sodass kein Reiter oder Fußgänger passieren kann und keinerlei Hilfsleistungen möglich sind.

Der Augenzeuge John Evelyn in seinen Aufzeichnungen

ST. PAUL'S CATHEDRAL

BIOGRAPHIE

Christopher Wren wurde am 20. Oktober 1632 in East Knoyle in der Grafschaft Wiltshire geboren. Er besuchte die angesehene Westminster School in London und nahm danach eine Tätigkeit am Anatomischen Institut des College of Surgeons an. 1649 ging Wren zum Studium nach Oxford, wo ihn besonders die Naturwissenschaften interessierten und er auf den Kreis von Männern stieß, der 1660 die Royal Society gründen sollte. Ein Interesse an Architektur schien er relativ spät entwickelt zu haben. Zutage trat es erst in Vorlesungen, die Wren ab 1657 als Professor für Astronomie an der Londoner Universität hielt. Mehrfach zitierte er aus den Schriften Vitruvs. 1661 wechselte Wren nach Oxford, wo 1663 mit der Pembroke College Chapel und dem Sheldonian Theatre, einem Hörsaal, seine ersten Bauten entstanden. Im gleichen Jahr erreichte ihn der Ruf in die Kommission zur Restaurierung der Londoner Old St. Paul's Cathedral. 1665/66 unternahm Wren seine einzige Auslandsreise, die ihn vor allem nach Paris führte. Nur wenige Monate nach seiner Rückkehr fiel im September 1666 die Londoner City mit Old St. Paul's einem Stadtbrand zum Opfer. Auf Grundlage des Rebuilding Act von 1667 wurde Wren zum Surveyor (wörtlich: Baugutachter) und 1669 zum Surveyor General der königlichen Bauverwaltung ernannt. Sofort nach dem Brand machte er sich an Entwürfe von Gemeindekirchen. Von den etwa fünfzig von ihm entworfenen Kirchen waren 15 bereits 1670 und sieben Jahre später 30 im Bau. Für den Wiederaufbau von St. Paul's legte Wren im Zeitraum von 1670 bis 1675 fünf Entwürfe vor. Auf den dritten hin wurde er zum Architekten von St. Paul's berufen und zum Ritter geschlagen. Unter ständigen Änderungen entstand St. Paul's (bis 1711). Wren war ein ausgesprochener Kirchenbauspezialist, wurde aber auch mit der Errichtung von Profanbauten beauftragt. So entstanden nach seinem Entwurf ab 1676 die Bibliothek des Trinity College in Cambridge und ab 1681 der Tom Tower des Christ Church College in Oxford. Weiter errichtete Wren das Royal Hospital (Veteranenheim) in Chelsea, London, und war an der Errichtung des Greenwich Hospital (heute Royal Naval College) beteiligt. Von seinen An- und Umbauten für Winchester Palace (Hampshire), Whitehall Palace und Hampton Court (beide London) sind nur von letzterem Teile erhalten. Wrens Tätigkeit als Architekt war auf das engste mit der Förderung durch die Stuart-Könige verbunden. Unmittelbar nach der Thronbesteigung Georgs I. aus dem Haus Hannover 1714 wurde er aus der königlichen Bauverwaltung entlassen. Wren starb am 25. Februar 1723 in London und wurde in der St. Paul's Cathedral bestattet.

DATEN

Die Grundsteinlegung zu St. Paul's erfolgte am 15. Juli 1675. Um den Bau voranzutreiben, wurden Wrens Bezüge 1697 um die Hälfte gekürzt. 1698 war die Kirche bis auf die Westfassade, die Türme und die Kuppel vollendet. Der Schlussstein der Kuppel wurde am 20. Oktober 1710, Wrens Geburtstag, gesetzt. Im folgenden Jahr erklärte das Parlament die Bauarbeiten offiziell für beendet, und Wren wurden seine ausstehenden Bezüge gezahlt. Finanziert wurde St. Paul's, wie auch die Gemeindekirchen, durch eine Steuer auf alle im Hafen von London anlandende Kohle. Mit einer Länge von 152 m und eine bis in 111 m Höhe ragende Laterne ist St. Paul's nach Sankt Peter in Rom (132,50 m) und vor dem Dom zu Florenz (Kuppelscheitel in 82 m Höhe) der zweitgrößte Kirchenbau der Welt.

EMPFEHLUNGEN

Lesenswert:

Eric de Maré, *Wren's London*, London 1975

Geoffrey Beard: *The Work of Christopher Wren*, Edinburgh 1982

AUF DEN PUNKT GEBRACHT

Wie Sankt Peter in Rom entstand auch St. Paul's in London im Spannungsfeld von Tradition und Innovation. Es gelang Wren jedoch nicht in dem Maße, wie es in Rom gelungen war, Kuppel und Langhaus miteinander zu verschmelzen. Die Kuppel von St. Paul's ist weit stärker als die Sankt Peters auf Außenwirksamkeit berechnet und prägt, trotz bedrängender Hochhausbebauung, noch heute die Silhouette der Londoner City.

Oberes Belvedere

Wien (1721 – 1724) · Architekt: Johann Lukas von Hildebrandt

■ Bildnis des Prinzen Eugen, 1718, von Jacob van Schuppen, Öl auf Leinwand, Amsterdam, Rijksmuseum. Eugen auf dem Höhepunkt seiner Macht

1663 geboren, kleinwüchsig und aus diesem Grund für die geistliche und nicht die militärische Laufbahn bestimmt, Lebemann in Paris, von Ludwig XIV. im Januar 1682 bei einer Audienz abgewiesen, begann Prinz Eugen von Savoyen sein Glück außerhalb Frankreichs zu suchen. Er fand es in Wien, wo er die glänzendste Karriere seiner Zeit machte. Heimlich, da hoch verschuldet, hatte er im Juli 1683 Paris verlassen und war in die Dienste Kaiser Leopolds I. getreten. Die Türken belagerten Wien – Prinz Eugen war unter den Befreiern. 1686 eroberte er Buda (Budapest), die wichtigste ungarische Festung, und zwei Jahre später Belgrad. 1693, nach nicht einmal zehnjähriger Dienstzeit, erfolgte die Ernennung zum Feldmarschall. Zu europäischer Bedeutung stieg Prinz Eugen im Spanischen Erbfolgekrieg (1701–1714) auf. Es folgten erneut Auseinandersetzungen mit den Türken, von denen er 1718 siegreich, aber krank zurückkehrte. Österreich-Ungarn war endgültig zur europäischen Großmacht aufgestiegen und der Prinz nach dem Kaiser zum mächtigsten Mann im Staat geworden. Diese Stellung verlangte nach baulichem Ausdruck und fand ihn im Oberen Belvedere, dem »Wunderwürdigen Kriegs- und Siegs-Lager deß unvergleichlichen Heldens unserer Zeit«, wie es im Titel von Salomon Kleiners Belvedere-Publikation aus den 1730er Jahren heißt.

Wie bereits aus dem Titel Kleiners hervorgeht, war die Bautätigkeit Prinz Eugens in Wien auf das Engste mit seinen militärischen Erfolgen verknüpft. Auf die Ernennung zum Feldmarschall 1693 folgte der Kauf eines Hauses und dessen Umbau zum repräsentativen Stadtpalais; auf die Erhebung zum Reichsfeldmarschall 1707 die Erweiterung des Hauses, 1714 mit der Beendigung des Spanischen Erbfolgekrieges die Errichtung des Unteren Belvederes und mit dem Rückzug aus der aktiven militärischen Laufbahn 1721 schließlich die Errichtung des Oberen Belvederes; eine nochmalige Erweiterung des Stadtpalais erfolgte 1723. Bis auf den Umbau des Stadtpalais, der von Johann Bernhard Fischer von Erlach durchgeführt wurde, gingen sämtliche Wiener und auch zahlreiche auswärtige Aufträge des Prinzen an Lukas von Hildebrandt, Eugens »Leibarchitekten«. Eugen hatte Hildebrandt auf seinen

Kriegszügen in Oberitalien 1695/96 kennen gelernt. Als Feldingenieur, zuständig für Befestigungsanlagen, gehörte Hildebrandt zum Tross des Prinzen, auf dessen Rat hin er sich auch Ende 1696 in Wien niedergelassen haben dürfte.

Hildebrandt fasste sehr schnell Fuß in Wien. Bereits im Jahr nach seiner Ankunft errichtete er für den Grafen Mansfeld Fürsten Fondi ein Gartenpalais. Es trieb den Wiener Adel aus der engen ummauerten Stadt. Die Gefahr durch die Türken war gebannt, und das Glacis – ein aus Verteidigungsgründen unbebauter breiter Streifen entlang der Stadtmauer – wurde zur Bebauung frei gegeben; die Grundstücke waren günstig. Auch Prinz Eugen begann noch im Jahr seiner Ernennung zum Feldmarschall 1693 damit, Wiesen und Äcker zu erwerben, die er um 1700 in einen Garten verwandeln ließ. Früh muss er sich auch mit der Errichtung eines Palais beschäftigt haben. Spätestens 1702 schaltete er Hildebrandt ein. Ein Palais ist bereits auf einem Stadtplan von 1706 an jener Stelle eingezeichnet, an der Hildebrandt acht Jahre später das Untere Belvedere errichtete. Wie das benachbarte Gartenpalais Mansfeld-Fondi ist auch das Untere Belvedere der Straße ab- und dem Garten zugewandt, wodurch der nichtöffentliche, private Charakter des Baus betont wird. Doch mit dem Rückzug aus der aktiven Laufbahn stieg das Repräsentationsbedürfnis des Prinzen. Stadtpalais und Unteres Belvedere reichten nicht mehr. Hinzu kam der Wunsch, seinen Ruhm der Nachwelt zu überliefern. Ob es Eugen oder Hildebrandt war, der auf die ebenso naheliegende wie geniale Idee kam, den leicht ansteigenden Garten des

DER BAROCKE »BAUWURMB«
Am Anfang des 18. Jahrhunderts befiel den süddeutsch-österreichischen Adel eine schier unbezwingbare Baulust. Besonders stark vom »Bauwurmb« befallen war die Familie Schönborn, die, laut des Mainzer Kurfürsten Lothar Franz von Schönborn, in ihren Architekten »Baudirigierungsgötter« sah.

■ Hoffront des Oberen Belvedere

Lukas von Hildebrandt löste sich sehr schnell vom römischen Barock, den er in seiner Lehrzeit kennen gelernt hatte, und wurde mit Johann Fischer von Erlach zum Begründer einer eigenständigen Barockarchitektur in den süddeutsch-österreichischen Ländern. In seinem Spätwerk finden sich auch Anklänge an das Rokoko.

Unteren Belvederes durch einen Schlossbau auf dem Hügel zu krönen, ist nicht bekannt. Üblich wäre es gewesen, den Garten durch eine kleine Prospektarchitektur zu schließen. Doch gab es ein Wiener Vorbild für ein Höhenschloss, den Entwurf Fischers von Erlach für Schönbrunn, der 1721 publiziert wurde, Eugen und Hildebrandt aber sicher schon früher bekannt war. Breit gelagert und in der Höhe gestaffelt, schließt das Obere Belvedere den Garten ab. Grundsätzlich findet sich in ihm das durch Vaux-Le-Vicomte vorgeprägte Grundrissschema für das Barockschloss wieder. In der Achse des Haupteingangs liegen das Vestibül und der Gartensaal, im Obergeschoss der große Festsaal und die wichtigsten Repräsentationsräume. Schloss und Garten dienten nur einem Zweck: der Verherrlichung und Verbreitung des Ruhmes Prinz Eugens, seiner Person und seiner Taten. Die Themen für die Ausstattung des Schlosses und die Gartenskulptur gaben hauptsächlich zwei mythologische Gestalten vor: der alle Schwierigkeiten überwindende, stets siegreiche Herkules sowie der strahlende Apoll, der jedoch nicht (wie in Versailles) als Sonnengott angesprochen wurde, sondern als Führer der Musen. So ließ sich Prinz Eugen als erfolgreicher Kriegsherr und Förderer der Künste darstellen. Am Ende seines wie des Lebens eines jeden barocken Fürsten sollte die Apotheose, die Vergöttlichung, stehen. Als Herkules ließ Eugen sich 1718 von dem Dresdner Bildhauer Balthasar Permoser darstellen. Mit der Linken deckelt er die Öffnung der Posaune des Ruhmes – eine Geste der Bescheidenheit? –, während er über einen besiegten Türken zur Sonne, dem Symbol der Unsterblichkeit, aufsteigt. »Kriegs- und Siegs-Lager« nannte Salomon Kleiner das Obere Belvedere, und wie auf einem Feldherrenhügel liegt es über Wien, der Stadt, die Prinz Eugen von der Gefahr durch die Türken befreit hatte.

■ Vogelschau der Gesamtanlage, Stich, 1731, von Salomon Kleiner. Unteres und Oberes Belvedere mit links Kloster und Garten der Salesianerinnen und rechts dem Gartenpalais Mansfeld-Fondi, später Schwarzenberg

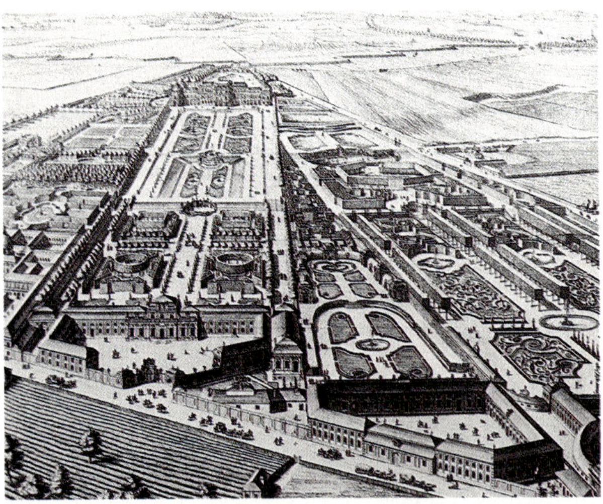

OBERES BELVEDERE

BIOGRAPHIE

Johann Lukas von Hildebrandt wurde am 14. November 1668 in Genua als Sohn eines österreichischen Hauptmanns und einer Italienerin geboren. Er lernte bei Carlo Fontana, der nach dem Tod Gianlorenzo Berninis 1680 zum führenden Architekten Roms aufgestiegen war, und bei einem Militäringenieur, in dessen Arbeitsbereich technische Bauten und Festungsbauten im weitesten Sinne fielen. Als Feldingenieur nahm Hildebrandt 1695/96 an den Kriegszügen Prinz Eugens von Savoyen im Piemont in Oberitalien teil. Ende 1696 ließ Hildebrandt sich in Wien nieder, wo der in der Stadt ansässige Adel zu seinem Hauptauftraggeber wurde. Mit dem am Rand der alten Stadt errichteten Gartenpalais Mansfeld-Fondi (heute Palais Schwarzenberg) entstand bereits im Jahr nach seiner Ankunft Hildebrandts erster bedeutender Bau. Erfolglos bemühte er sich 1699 um die Stelle eines Hofarchitekten, wurde aber im folgenden Jahr zum Hofingenieur ernannt. Um die gleiche Zeit beriefen ihn auch der Reichsvizekanzler Friedrich Karl von Schönborn und die Familie Harrach zu ihrem Bauinspektor und Architekten. Reisen und Aufträge führten Hildebrandt nach Franken, Böhmen, Mähren und bis nach Ungarn. 1713 musste Hildebrandt die Stelle als Hofingenieur an seinen Rivalen Johann Bernhard Fischer von Erlach abtreten, der ebenfalls aus der Fontana-Schule kam. Hildebrandts Karriere tat dies keinen Abbruch. Noch im gleichen Jahr begann er mit der Errichtung des Stadtpalais Daun-Kinsky in Wien und im folgenden Jahr mit dem Unteren Belvedere für Prinz Eugen, das neben dem Palais Schwarzenberg gebaut wurde. Etwa zur gleichen Zeit entwarf Hildebrandt das Treppenhaus des Schönborn-Schlosses in Pommersfelden (Franken), eines Baus Johann Dientzenhofers. Es folgten die heutige Priesterseminarkirche in Linz, der weitgehend unausgeführt gebliebene Entwurf zum Kloster Göttweig an der Donau und schließlich 1721 das Obere Belvedere in Wien. 1720 wurde Hildebrandt geadelt und nach dem Tod Fischers von Erlach 1723 zum Hofarchitekten ernannt, womit auch der Ausbau der Wiener Hofburg in seinen Zuständigkeitsbereich fiel. Ende des Jahrzehnts wurde Hildebrandt von Friedrich Karl von Schönborn zur Errichtung der fürstbischöflichen Residenz in Würzburg hinzugezogen. Der Hauptarchitekt war Balthasar Neumann, doch gehen die Gartenfassade und wahrscheinlich auch die des Ehrenhofes auf Entwürfe Hildebrandts zurück. In den 1730er Jahren sind mehrere Reisen Hildebrandts nach Würzburg belegt. Parallel zu den Arbeiten in Würzburg erweiterte Hildebrandt im Auftrag Prinz Eugens das Schloss Schlosshof in Niederösterreich. Hildebrandt starb am 16. November 1745 in Wien.

AUF DEN PUNKT GEBRACHT

Unteres und Oberes Belvedere bilden mit dem zwischen ihnen liegenden Garten eine untrennbare Einheit, ein Gesamtkunstwerk aus Architektur, geformter Natur und Ausstattung. Während das Untere Belvedere vorrangig bewohnt wurde, diente das Obere der Repräsentation und der Aufstellung der Kunst- und Büchersammlung Prinz Eugens.

DATEN

Das Untere Belvedere wurde von Johann Lukas von Hildebrandt 1714–1716 im Auftrag Prinz Eugens errichtet. Das Obere entstand in der erstaunlich kurzen Bauzeit von 1721 bis 1724. Nach dem Tod Prinz Eugens 1736 fiel sein Besitz an eine Nichte. Sie verkaufte die Sammlungen Eugens und überließ Unteres und Oberes Belvedere 1752 Kaiserin Maria Theresia gegen eine Leibrente. Unter der neuen Besitzerin tauchte erstmals die Bezeichnung Belvedere für die Anlage auf. 1766 zog die kaiserliche Gemäldegalerie ein. Sie war allgemein zugänglich, und mit ihr begann die museale Nutzung des Oberen und Unteren Belvederes. 1891 wurde die kaiserliche Sammlung in das neu eröffnete Kunsthistorische Museum übertragen. Heute befinden sich Unteres und Oberes Belvedere in der Nutzung der Österreichischen Galerie.

EMPFEHLUNGEN

Lesenswert:

Gottfried Mraz: *Prinz Eugen. Ein Leben in Bildern und Dokumenten*, München 1985

Prinz Eugen und das barocke Österreich, Katalog, Wien 1986

Schloss Sanssouci

Potsdam (1745–1748) · Architekt: Georg Wenzeslaus von Knobelsdorff, nach Angaben Friedrichs des Großen

■ Porträt Georg Wenzeslaus von Knobelsdorffs, 1738, von Antoine Pesne, Öl auf Leinwand. Stiftung Preußische Schlösser und Gärten Berlin-Brandenburg

Kaum König geworden, nahm Friedrich II. von Preußen mit seinem Architekten Wenzeslaus von Knobelsdorff auch schon den Ausbau Berlins und seiner Umgebung in Angriff. Geplant hatten sie in den Jahren zuvor in Neuruppin und Schloss Rheinsberg nordwestlich Berlins, wo Friedrich umgeben von Freunden die unbeschwertesten Jahre seines Lebens verbracht hatte. Das Charlottenburger Schloss und Monbijou wurden erweitert und umgebaut; es wurde mit dem Bau einer Oper als Teil einer großzügigen Platzplanung, dem Forum Fridericianum, begonnen und der Tiergarten neu gestaltet. Nach dem Tod Kaiser Karls VI. im Oktober 1740 geschah dann das, was kaum einer in Europa, vielleicht mit Ausnahme des Philosophen Voltaires, erwartet haben dürfte. Friedrich, der mit dem Philosophen freundschaftlich verbunden war und auf die »Herrschaftsanleitung« Niccolò Machiavellis von 1513 mit einem *Anti-Machiavel* geantwortet hatte, nutzte das Machtvakuum in Österreich und fiel in Schlesien ein, einem der reichsten Länder des Habsburgerreiches. Die rechtlichen Grundlagen waren, gelinde gesagt, dünn; Erbverträge von 1537 mussten geltend gemacht werden. Doch Friedrich verfügte mit der von seinem Vater, dem Soldatenkönig Friedrich Wilhelm I., übernommenen Armee über eine der schlagkräftigsten Europas und – was ebenso wichtig war – über gefüllte Staatskassen. Im Frieden von Berlin (Juli 1742) wurden ihm dann auch die größten Teile Schlesiens zugesprochen. Zu erwarten gewesen wäre jetzt, dass Friedrich diesen Gebiets- und damit Prestigegewinn durch einen Schlossbau gekrönt hätte, wie es etwa der von ihm hoch geachtete Prinz Eugen nach Beendigung der Tür-

> Der König »wird ich weiß nicht was für ein Abenteuer versuchen, und wenn er dann zu Fall kommt, wohlan, so wird er wieder Philosoph werden«. Voltaire, im Herbst 1740 nach dem erfolglosen Versuch, Friedrichs (Kriegs-)Pläne auszukundschaften. Das »Abenteuer« war der erste Schlesische Krieg.

kenkriege mit dem Oberen Belvedere in Wien getan hatte. Das tat Friedrich nicht. In Berlin wurde zwar weiter gebaut, doch wandte Friedrich sich verstärkt Potsdam zu, wo der Bau entstand, der wie kein anderer mit dem König verbunden ist – Sanssouci.

Erste Planungen zu Sanssouci lassen sich für den August 1743 nachweisen, ein Jahr nach dem Friedensschluss von Berlin. Am 20. des Monats ließ Friedrich 400 Feigenbäume und 300 Weinstöcke aus Marseille bestellen – sie sollten entlang der Terrassenmauern gepflanzt werden, die ab 1744 entstanden. Fünf Tage später schrieb Friedrich an seine Mutter: »Wir haben gestern auf dem Hügel gespeist, von dem aus die Sicht reizend ist.« Dass er »dem Hügel« schreibt (statt »einem Hügel«), deutet darauf hin, dass Friedrichs Mutter den Hügel kannte, in dem Brief also bereits die Rede von dem oberhalb des Marlygartens gelegenen späteren Sanssouci-Hügel ist. Im Frühjahr 1744 ließ Friedrich das Terrain ankaufen und skizzierte wahrscheinlich die Terrassenanlage und den Grundriss Sanssoucis. Knobelsdorff zeichnete die Skizzen ins Reine. Begonnen wurde im August mit der Terrassierung des Hügels, der Anfang 1745 die Errichtung des Schlosses folgte. Sämtliche Arbeiten waren im Mai 1747 so weit abgeschlossen, dass Sanssouci eingeweiht werden konnte.

Korinthische Pilaster gliedern die Nordfassade des Baus. Von der gleichen Ordnung sind die Säulen der Kolonnaden, die einen

■ Luftaufnahme von Schloss Sanssouci

■ Schloss Sanssouci. Ansicht von Süden mit Weinbergterrassen

■ Neues Palais im Park von Sanssouci

halbrunden Platz vor dem Schloss einfassen und ihm den Charakter eines Ehrenhofes verleihen. Deutlich ist so die Nordseite als die bedeutendere charakterisiert. Über die Säulen des Vestibüls und des Festsaals ist die korinthische Ordnung in den Bau gezogen, wodurch die Räume einen offiziellen Charakter erhalten. Statuen des Kriegsgottes Ares sowie des Merkur, Gott des Handels, empfingen den Besucher im Vestibül, aber auch der Weingott Bacchus und die Frühlingsgöttin Flora; im Festsaal dann erneut Kriegerisches, aber auch Darstellungen der Künste und Wissenschaften – als Hinweise auf die Gespräche, die man hier führen wollte. Seitlich schließen sich die auf das Reichste im verspielten Rokoko ausgestattete Wohnung Friedrichs sowie fünf Gästezimmer an. In diesen nach Süden gelegenen Räumen sind fast ausschließlich Fest- und Gartenthemen verarbeitet. Von diesen Räumen führen Fenstertüren direkt auf die Terrasse, wo das Gefolge des Weingottes, Bacchanten und Bacchantinnen, den Platz einnehmen, den auf der

MARLY: SCHLOSS UND KÜCHENGARTEN

»Mein Marly« nannte Friedrichs Vater, der Soldatenkönig Friedrich Wilhelm I., seinen 1715 angelegten Potsdamer Küchengarten in spöttischer Anlehnung an das Schloss Ludwigs XIV. Für Repräsentation hatte er nichts übrig. Sein Handeln prägten Sparsamkeit und Nützlichkeit. Friedrichs Schwester Wilhelmine berichtet von schrecklichen Stunden, die im Garten verbracht werden mussten: »Wir waren zweimal im Marly. Dort hatten wir das Vergnügen, in der Sonne zu braten, uns zu langweilen und zu hungern«, ließ sie Friedrich im Mai 1733 wissen.

Zugangsseite die korinthischen Pilaster haben. Mit seinem »Lust-Haus zu Potsdam« hatte Friedrich sich ein Maison de Plaisance, ein ländliches Lustschloss, als persönliches Refugium errichtet. Sanssouci – ohne Sorge – nannte er es. Siegreich, mit dem Beinamen »der Große«, war er im Dezember 1745 aus dem zweiten Schlesischen Krieg heimgekehrt. Knapp zehn Jahre sollte die weitgehend sorgenfreie Zeit andauern, während der der »Philosoph von Sanssouci«, wie Friedrich sich im Juli 1747 erstmals bezeichnete, die Sommermonate mit Freunden und Gelehrten, unter ihnen einige Jahre lang auch Voltaire, verbrachte. Gleichzeitig beschäftigte ihn der weitere Ausbau Sanssoucis. Bereits ab 1746 hatte er den westlich gelegenen Rehgarten mit dem Park von Sanssouci in Verbindung bringen und ausgestalten lassen. Nach Knobelsdorffs Tod 1753 entstanden das Chinesische Teehaus am Südrand des neuen Parkteils und, als Pendant zur seitlich unterhalb von Sanssouci gelegenen Orangerie, die Bildergalerie.

Für Friedrichs Umgangsfreunde war ein mäßiger Palast (die in den 1770er Jahren umgebaute Orangerie unterhalb Sanssoucis) auf einen Flintenschuß von seinem Sanssouci erbaut. Aber für die Hoheiten und die Durchlauchtigsten Besucher ließ er auf mehr als eines Kanonenschusses Weite das große neue Palais mit neunzig Zimmern bauen.
Johann Georg Büsch in *Praktische Darstellung der Bauwissenschaft*, 1800

1756 war es mit der Ruhe in Sanssouci vorbei. Friedrich erfuhr von dem Bündnis Frankreichs, Österreichs, Russlands und anderer Staaten gegen Preußen. Er handelte schnell. Um ihren Angriffsplänen zuvorzukommen, fiel er in Sachsen ein, womit der dritte Schlesische oder Siebenjährige Krieg entfacht war. Er brachte Preußen an den Rand des Untergangs. Nur das Ausscheren Russlands aus dem Bündnis Anfang 1762, nach dem Tod der Zarin Elisabeth, verhinderte diesen. Im Jahr darauf war der Krieg beendet. Er hatte weder nennenswerte Gebietsgewinne noch -verluste mit sich gebracht, doch zählte Preußen nun endgültig zu den europäischen Großmächten. Um zu zeigen, dass Preußen durch den Krieg nicht im Geringsten geschwächt worden war, begann Friedrich noch im Jahr des Friedensschlusses mit dem Bau eines großen Schlosses, dem Neuen Palais. Planungen zu einem solchen Bau hatten ihn bereits kurz vor dem Krieg beschäftigt. Er sollte unterhalb Sanssoucis in der Achse des Schlosses errichtet werden. Dieser Plan wurde nun verworfen, hätte er doch die Degradierung Sanssoucis zum Nebenschloss, vor allem aber ein Eindringen von Politik und Repräsentation in das persönliche Refugium des »Philosophen von Sanssouci« bedeutet. Erbaut wurde das Neue Palais abseits, am westlichen Ende der unterhalb der Sanssouci-Terrassen verlaufenden Querachse des Parks.

■ Das 1754–1756 im Park von Sanssouci errichtete Chinesische Teehaus

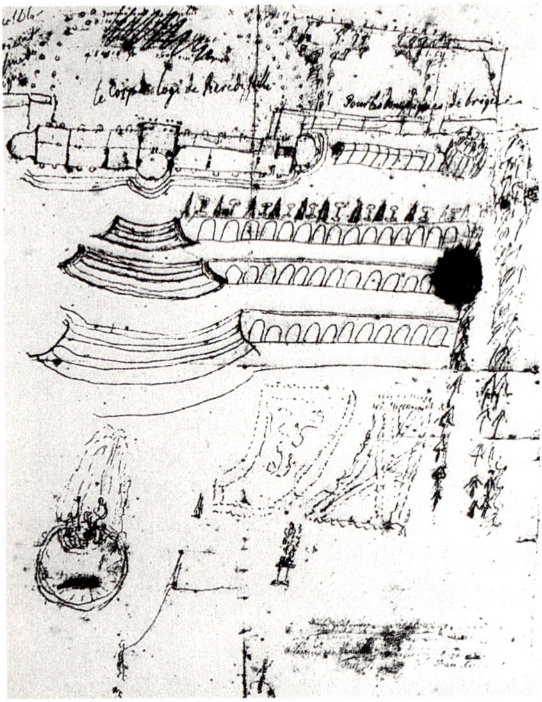

■ Friedrich der Große, Skizze zu Sanssouci, wohl erste Hälfte 1744, ehemals Schloss Monbijou, Hohenzollern-Museum, verschollen. Friedrich gibt in dieser Skizze drei statt der sechs ausgeführten Terrassen in perspektivischer Ansicht und das Schloss im Grundriss wieder.

Nochmals wurde Versailles zitiert und das ganze Programm barocker Repräsentation und Herrscherverherrlichung aufgefahren. Die Mitte des Baus krönt eine Kuppel. Ihren Abschluss bildet die preußische Krone. Drei Grazien tragen sie; ein englischer Reisender aus der Zeit Friedrichs meinte, preußische Grenadiere wären passender. Es sind die drei Herrscherinnen, gegen die Friedrich in den Siebenjährigen Krieg gezogen war: Zarin Elisabeth von Russland, Kaiserin Maria Theresia von Österreich und Madame de Pompadour, die Mätresse Ludwigs XV. von Frankreich. Friedrich selbst, der seine letzten Lebensjahre in weitgehender Zurückgezogenheit verbrachte und zum volkstümlichen »Alten Fritz« wurde, bezeichnete das Neue Palais in einem Gespräch 1780 schlicht als »Fanfaronade« – Angeberei. Barock und Rokoko hatten sich überlebt. Niemand redete über sein Neues Palais. Gesprächsstoff lieferte das Schloss Wörlitz, das sich gut hundert Kilometer südwestlich von Potsdam Leopold III. von Anhalt-Dessau nach englischen Vorbildern hatte errichten lassen. Mit Wörlitz begann das Bauen nach Andrea Palladio – Palladianismus und Klassizismus – auf dem Kontinent.

SCHLOSS SANSSOUCI

BIOGRAPHIE

Georg Wenzeslaus von Knobelsdorff wurde am 17. Februar 1699 in der Nähe des brandenburgischen, heute polnischen Crossen an der Oder (Krosno Odrzańskie) als ältester Sohn eines Landadeligen geboren. Mit 15 Jahren schlug er die standesgemäße militärische Laufbahn ein. 1729 wurde Knobelsdorffs Regiment nach Berlin verlegt, wo er vermutlich sehr bald mit dem preußischen Kronprinzen und späteren König Friedrich II., dem Großen, in persönlichen Kontakt trat. Aus gesundheitlichen Gründen quittierte Knobelsdorff noch im gleichen Jahr den Dienst und wandte sich der Malerei zu. Gleichzeitig eignete er sich bei verschiedenen Landbaumeistern Kenntnisse in der Architektur an. 1732 übersiedelte Knobelsdorff mit dem Kronprinzen nach Neuruppin nordwestlich von Berlin. Als erste Arbeit für Friedrich entstand dort 1735 der Amalthea-Garten. 1736/37 reiste Knobelsdorff nach Italien. Nach seiner Rückkehr nahm ihn Friedrich in seinen »Rheinsberger Freundeskreis« auf und übertrug ihm die Planungen zum Um- und Neubau des in der Nähe von Neuruppin gelegenen Schlosses. Am 31. Mai 1740 starb Friedrich Wilhelm I., der Soldatenkönig, und Friedrich bestieg den Thron. Die Ausgestaltung der Trauerfeierlichkeiten für seinen Vater legte er in die Hände Knobelsdorffs. Den bereits in Rheinsberg geplanten großzügigen Ausbau Berlins nahmen König und Architekt nun in Angriff. Noch im Todesjahr des Vaters wurde Schloss Charlottenburg um den rechten Neuen Flügel ergänzt, Schloss Monbijou in Berlin ausgebaut (zerstört) und der Bau der Hofoper (heute Staatsoper Unter den Linden) als Teil des Forum Fridericianum begonnen. Hinzu kamen die Umgestaltung des Tiergartens und die Einrichtung einer Wohnung für Friedrich im Berliner Stadtschloss (zerstört). 1742/43 begann Friedrichs Interesse an Berlin zu schwinden, und er wandte sich Potsdam zu. Nachweislich entstanden erste Planungen zu Sanssouci, und Knobelsdorff begann mit dem Umbau des Potsdamer Stadtschlosses (zerstört). Mit der Errichtung Sanssoucis wurde im Januar 1745 begonnen. Ein Jahr später schied Knobelsdorff als Bauverantwortlicher aus. Im Juli folgte die Suspendierung von allen bautechnischen Aufgaben, in erster Linie wohl aus gesundheitlichen Gründen und nicht, wie häufig angenommen wird, aufgrund eines Streits mit dem König. Friedrich beschäftigte Knobelsdorff bei der Gestaltung des Parks von Sanssouci wie auch beim Ausbau Potsdams weiter. Vermutet wird auch, dass Knobelsdorff an den Planungen zur Hedwigskathedrale am Forum Fridericianum und an denen zum Neubau des Berliner Doms am Lustgarten beteiligt war. Knobelsdorff starb am 16. September 1753 in Berlin.

AUF DEN PUNKT GEBRACHT

Sanssouci war das persönliche Refugium Friedrichs des Großen, des »Philosophen von Sanssouci«, wie er sich selbst bezeichnete. Von Friedrich und seinen Nachfolgern erweitert, bildet Sanssouci heute den Kern der ausgedehnten Park- und Schlösserlandschaft um Potsdam.

DATEN

Das Terrain, auf dem Sanssouci errichtet werden sollte, wurde im Frühjahr 1744 angekauft. Aus der ersten Hälfte des Jahres stammen wahrscheinlich Skizzen Friedrichs des Großen zur Terrassierung des Hügels und zum Grundriss des Schlosses. Nach Reinzeichnungen Knobelsdorffs wurde im August mit der Anlage der Terrassen und im Januar des folgenden Jahres mit der Errichtung des Schlosses begonnen. Mit der Fertigstellung des Festsaals im Juli 1748 waren die Bauarbeiten beendet. Die seitlich unterhalb des Schlosses gelegene Orangerie (heute Neue Kammern) und die Bildergalerie entstanden 1746/47 und 1755/56.

EMPFEHLUNGEN

Lesenswert:

Hans-Joachim Giersberg: *Friedrich als Bauherr. Studien zur Architektur des 18. Jahrhunderts in Berlin und Potsdam*, Berlin 1986

Hans-Joachim Kadatz: *Georg Wenzeslaus von Knobelsdorff. Baumeister Friedrichs des Großen*, Leipzig 1998

Potsdamer Schlösser und Gärten. Bau- und Gartenkunst vom 17. bis 20. Jahrhundert, Katalog, Potsdam 1993

Gert Streit, Peter Feierabend (Hg.): *Preußen. Kunst und Architektur*, Köln 2000

Carceri

(1750/1761) · *Architekt: Giovanni Battista Piranesi*

»Sie verachten meine Modernität, ich ihre Bescheidenheit.«
Giovanni Battista Piranesi

Kerker, italienisch »carceri«, machte Giovanni Battista Piranesi zum Thema seiner dritten, 1750 erschienenen Grafikfolge. Als »invenzioni capric«, »launige Erfindungen«, bezeichnete er sie. Bis auf wenige Ausnahmen werden die *Carceri* stets isoliert und als Sonderfall im Werk Piranesis betrachtet, was zu zahllosen, meist romantisierenden oder psychologisierenden Deutungsversuchen geführt hat. Doch sind die *Carceri* weder das Produkt eines genialen oder kranken Hirns, noch zeugen sie von Drogenkonsum, Depressionen oder einer schöpferischen Krise, sondern sie sind integraler Bestandteil eines von Piranesi seit seinen künstlerischen Anfängen verfolgten Programms. 1751, im Jahr nach ihrem Erscheinen, wurden die *Carceri* in einen Sammelband aufgenommen, dessen Titel – *Le Magnificenze di Roma* – zum ersten Mal Piranesis Zielsetzung benennt: Von der Großartigkeit und Herrlichkeit (der Architektur) des modernen, vor allem aber des antiken Roms sollten die Blätter künden. Doch dieses Rombild geriet in den 1750er Jahren ins Wanken. Neben die römische trat die griechische Antike, der die Gelehrten, allen voran Johann Joachim Winckelmann, schließlich den Vorzug gaben; sie gingen davon aus, dass der Ursprung der Antike, und damit auch der römischen Architektur und Kunst, in Griechenland lag, nicht in Rom. Vehement stellte Piranesi sich gegen diese Annahme und beschwor mit einer Folge von Darstellungen römischer Siegestrophäen, den *Trofei* von 1753 und den *Antichità Romane* von 1756, die Größe und Einzigartigkeit seiner Stadt. 1761 dann, in der polemischen Schrift *Della Magnificenza ed Architettura de' Romani*, versuchte Piranesi die etruskischen Wurzeln der römischen Kunst nachzuweisen. Es ist das Jahr, in dem die *Carceri* in zweiter Auflage erschienen.

■ Porträt Giovanni Battista Piranesis, Kupferstich und Radierung, 1750, von Felice Polanzani. Leipzig, Grassi-Museum

Die Darstellung von Kerkern ist keine Erfindung Piranesis. Kaum eine barocke Oper kam ohne Kerkerszene aus. Von der Bühne hat Piranesi das Prinzip der Scena per angolo, der übereck gestellten Szene, übernommen, das durch die Bühnenbildner der Familie Galli da Bibiena in ganz Europa Verbreitung fand; Piranesi hatte es in seinen frühen Jahren in Venedig ken-

nen gelernt. In der Scena per angolo ist der Bühnenraum nicht mehr frontal als Quasi-Verlängerung des Realraums ausgeführt, sondern übereck angeordnet, wodurch der Raum als unendlich erweiterbar erscheint. Dieses Verfahren steigerte Piranesi in den *Carceri*, indem er die Kerker nicht nur horizontal, sondern auch vertikal, nach oben und unten fortsetzbar darstellt. Im achten Blatt der *Carceri*, der »Treppe mit Trophäen«, steigen rechts Personen von einem tiefer gelegenen Verlies herauf. Weitere, im Vordergrund stehende Personen scheinen eine Entdeckung gemacht zu haben. Hinter ihnen führt eine breite palastartige Treppe empor. Mächtige Trophäen, wie Piranesi sie in seinen *Trofei* dokumentierte, markieren den Anfang der Treppe, deren rechter Lauf vor einem Pfeiler endet. Der Pfeiler nimmt, wie in der Scena per angolo üblich, etwa die Mitte des Blattes ein. Er geht in Bogen über, unter denen sich hölzerne Brücken befinden, die so wirken, als seien sie nachträglich eingezogen. Durch die Bogen fällt der Blick auf den hell erleuchteten Hintergrund, wo sich die Architektur in weitere Bogen, Bogenansätze, Brücken und steile Treppen in die Höhe und zu den Seiten hin verästelt.

Piranesis *Carceri* haben nichts mit wirklichen (antiken) Kerkern zu tun, wie etwa den Verliesen der Engelsburg oder dem Mamertinischen Kerker am Fuß des Kapitols, in dem der Legende nach Petrus gefangen gehalten wurde. Auf allen Blättern finden sich

■ links: Giovanni Battista Piranesi, *Die Treppe mit den Trophäen*, Blatt VIII der *Carceri d'invenzione*, 1761, Radierung mit Kupferstich, Staatsgalerie Stuttgart
■ rechts: Giovanni Battista Piranesi, Vorzeichnung (spiegelverkehrt) zu Blatt VIII

Der Einfluss, den die *Carceri* ausübten, war enorm, weniger auf die Architektur als vielmehr auf die Literatur der englischen und französischen Romantik und den Film, von Fritz Langs *Metropolis* 1927 bis zur Verfilmung von Umberto Ecos *Il nome della rosa (Der Name der Rose)* 1985/86.

■ Giovanni Battista Piranesi, Das Fundament der Engelsburg, Band 4, Tafel 9 aus *Antichità Romane*, 1756, Radierung, 70 × 45,7 cm. Stuttgart, Staatsgalerie, Graphische Sammlung.

Personen, meist winzig klein. Bei ihnen handelt es sich um Besucher, Touristen oder Bildungsreisende, keinesfalls jedoch um Opfer. Sie sind in doppelter Hinsicht von Bedeutung. Zum einen geben sie den Maßstab vor, anhand dessen die Ausdehnung der Räume erahnt werden kann. Zum anderen verdeutlichen die Personen durch ihr unbefangenes und neugieriges Umhergehen, dass die *Carceri* ohne Schrecken sind. Trotz martialischer Symbole – roh bearbeitete Quader und Balken, Trophäen, Fahnen, Ketten –, trotz der zum Teil extremen Unter- und Nahsicht der Architektur – von den *Carceri* geht kein Gefühl der Beklemmung aus. Sie künden vielmehr von der Größe und Herrlichkeit, oder, um ein Schlagwort der zeitgenössischen (englischen) Philosophie zu verwenden, von der »Erhabenheit« einer untergegangenen Epoche – der römischen Antike.

Im Jahr der zweiten Auflage der *Carceri* erschien *Della Magnificenza ed Architettura de' Romani*, und damit brach der bis dahin nur schwelende Streit zwischen Piranesi und den Gelehrten um Winckelmann, die in der griechischen Kunst das höchste zu erreichende Ideal sahen, offen aus. In Erwiderungen und bissigen Kommentaren verteidigte Piranesi seine Architekturauffassung und die Theorie von der etruskischen Kunst als der Herkunft der römischen. In den 1770er Jahren ebbte der Streit ab, und Piranesi bereiste die ehemaligen griechischen Kolonien in Süditalien, wo er die Tempel von Paestum besichtigte. In seinen Ansichten erscheinen diese griechischen Tempel dann ebenso erhaben und monumental wie seine römischen Bauten und die *Carceri*. Unterschiede in der zeichnerischen Auffassung der Bauten bestehen nicht. Es scheint, dass es Piranesi in dieser Zeit nicht mehr primär um die Frage nach dem Ursprung der römischen Kunst ging, sondern um die Ausdrucksqualität des »Erhabenen« als Gegenpol zu Winckelmanns Auffassung von der »edlen Einfalt und stillen Größe« griechischer Kunst. Mit der Einführung der Idee des »Erhabenen« befreite Piranesi die Architektur von ihrer Zweckgebundenheit. Piranesis Architektur erreicht ihre volle Wirkungskraft bereits im Bild. Von ihr führt ein direkter Weg zur autonomen Architektur eines Étienne-Louis Boullée.

CARCERI

BIOGRAPHIE

Giovanni Battista (Giambattista) Piranesi wurde am 4. Oktober 1720 in Mogliano bei Mestre (Venedig) als Sohn eines Steinmetz geboren. Früh entwickelte Piranesi ein Interesse an der Archäologie und Geschichte des antiken Roms, das ihn zeit seines Lebens nicht loslassen sollte. Mit 14 Jahren ging er bei seinem Onkel, einem venezianischen Architekten, in die Lehre. Weiter nahm er Unterricht bei einem Perspektivlehrer, Bühnenarchitekten und Radierer in Venedig. 1740 ging Piranesi nach Rom, wo mit den *Prima Parte di Architetture e Prospettive* 1743 seine erste Folge von Radierungen erschien. Es folgten 1745 die ersten Veduten (Ansichten) für den Sammelband *Varie Vedute di Roma antica e moderna*. Käufer dieses Bandes und der späteren von Piranesi eigenständig vertriebenen Blätter und Folgen waren reiche, meist adelige Bildungsreisende auf ihrer »Grand Tour«. 1748 entstanden die ersten großformatigen Blätter der *Vedute di Roma*, gefolgt 1750 von der ersten Fassung der *Carceri* und der *Opere varie di archittetura, prospettive, grotteschi, antichita*. 1752 heiratete Piranesi; die Mitgift seiner Frau investierte er in Kupferplatten. Drei seiner acht Kinder, darunter die Tochter Laura, arbeiteten später in seiner Werkstatt mit. Im Jahr nach der Heirat erschien mit den *Trofei* eine Folge von Darstellungen römischer Siegestrophäen, die Piranesi »als nützlich für Bildhauer und Architekten« anpries. 1756 folgten die aus 251 Radierungen bestehenden *Antichità Romane*. Sie machten Piranesi auf einen Schlag berühmt und brachten ihm die Mitgliedschaft in der Londoner Society of Antiquaries ein. Vehement wehrte Piranesi sich in den 1760er Jahren gegen die aufkommende Bevorzugung der griechischen gegenüber der römischen Antike und versuchte den Ursprung der römischen Kunst aus der etruskischen nachzuweisen. 1761 erschienen die *Carceri* in einer zweiten Fassung und, als Reaktion auf die Griechenverehrung Winckelmanns und anderer, *Della Magnificenza ed Archittetura de' Romani*. Es folgte 1762 die dem englischen Architekten Robert Adam gewidmete Serie *Il Campo Marzio dell' Antica Roma*. Drei Jahre später entstand Piranesis einziges architektonisches Werk, die Kirche Santa Maria del Priorato in Rom. Zum Ende des Jahrzehnts beteiligte Piranesi sich an Ausgrabungen in der Villa Hadriana bei Rom und reiste erstmals nach Süditalien. Größten Einfluss auf die Innendekoration, besonders in England und Frankreich, übten die *Diverse Maniere d'adornare i camini* von 1769 und die *Vasi, Candelabri, Cippi* von 1778 aus. Piranesi starb am 9. November 1778 in Rom. Von 1800–1807 ließen die Söhne Piranesis das Gesamtwerk ihres Vaters in Paris erscheinen (27 Bände).

DATEN

Die Vorzeichnungen zu den *Carceri* entstanden um 1745. Unter dem Titel *Invenzioni capric di carceri* erschienen sie erstmals 1750, möglicherweise auch bereits 1749. Zugunsten einer dramatischeren Helldunkelwirkung überarbeitete Piranesi die 14 Drucktafeln der ersten Fassung für die zweite, um zwei Tafeln erweiterte Fassung, die 1761 unter dem Titel *Carceri d'invenzione* erschien. Die *Carceri*-Blätter wurden von Piranesi lediglich nummeriert. Die heute gebräuchlichen Titel dienen der Unterscheidung der Blätter, ein Thema soll mit ihnen nicht angedeutet sein.

EMPFEHLUNGEN

Lesenswert:

Luigi Ficacci: *Giovanni Battista Piranesi. Gesamtkatalog der Kupferstiche*, Köln 2000

Corinna Höpner u. a.: *Giovanni Battista Piranesi. Die poetische Wahrheit*, Katalog, Stuttgart 1999

Alexander Kupfer: *Piranesis Carceri. Enge und Unendlichkeit in den Gefängnissen der Phantasie*, Stuttgart–Zürich 1992

Norbert Miller: *Archäologie des Traums. Versuch über Giovanni Battista Piranesi*, München–Wien 1978

AUF DEN PUNKT GEBRACHT

Die Carceri sind weder Ausdruck der Dämonie noch der Exzentrik Piranesis. Sie sind vielmehr eine Glorifizierung des antiken Roms, Ausdruck des »Erhabenen« und »Raumvariationen« auf dem Weg zu einer autonomen Architektur.

Kedleston Hall

Derbyshire, England (1759 – 1770) · Architekten: James Paine und Robert Adam

■ Porträt Robert Adams, Gemälde, 1773, von George Willison (Zuschreibung), London, National Portait Gallery

Als grenzenloser Bewunderer Andrea Palladios, mit dessen *Vier Büchern über Architektur* im Gepäck, kehrte Inigo Jones 1615 von seiner Italienreise nach England zurück. Konsequent brach er mit der letztlich immer noch der Gotik verpflichteten Architektur seiner Heimat und baute im Stil Palladios. Mit dem Queen's House in Greenwich, vor allem aber dem Banqueting House in London errichtete er Bauten, die ebenso gut in Vicenza stehen könnten. Nur unterschwellig lebte das von Jones eingeführte »Bauen nach Palladio« – der Palladianismus – nach seinem Tod fort; da aber selbst im Werk eines Christopher Wren, wenn auch nicht in St. Paul's Cathedral, so doch in den Londoner Gemeindekirchen und in den wenigen Profanbauten des Architekten. Zum eigentlichen Jahrhundert Palladios sollte nicht das 17., sondern das 18. werden. Der Durchbruch des Palladianismus (im englischsprachigen Raum Neo-Palladianismus) ist an einem Jahr und zwei Akteuren festzumachen. Das Jahr ist 1715, die Akteure sind Colen Campbell und Richard Boyle, dritter Earl of Burlington. 1715 erschienen Palladios *Vier Bücher über Architektur* mit neuen Illustrationen erstmals in englischer Übersetzung sowie der erste Band von Campbells *Vitruvius Britannicus* (die folgenden Bände 1717 und 1725). Der Name von Campbells Werk war Programm. In großformatigen Stichen stellte er als klassisch verstandene englische Bauten vor. Sie sollten beweisen, dass die englische Architektur mit Inigo

ADAM-STIL

Bis um 1760 waren die Innenausstattungen der palladianischen Landhäuser meist in Formen des Barock oder Rokoko gehalten. Erst Robert und James Adam begannen damit, unverwechselbare Einrichtungen für ihre Häuser zu schaffen. Vorbilder für ihre Wand- und Deckengestaltungen lieferten antike Dekorationen, wie die Brüder sie in Rom und Herculaneum gesehen hatten, sowie Piranesis Diverse Maniere d'adornare i camini *(1769) und* Vasi, Candelabri, Cippi *(1778). Verbreitung fand ihr Stil bis nach Russland und Skandinavien.*

Kedleston Hall, Nordseite

Jones, dem »englischen Palladio«, das Erbe der antiken und der Renaissance-Architektur angetreten hatte, während die italienische Architektur mit Borromini, Bernini und Fontana dem Verfall preisgegeben worden war. Beide Publikationen müssen Burlington kurz nach der Rückkehr von seiner Grand Tour, ebenfalls 1715, in die Hände gefallen sein. Er begann sich mit Architektur und mit Palladio auseinanderzusetzen. 1719 reiste Burlington erneut nach Italien. Ziel bei dieser Reise waren die Bauten Palladios.

Burlington, selbst als Architekt tätig, errichtete 1725 mit dem damals noch außerhalb von London gelegenen Chiswick House die zweite englische Villa Rotonda. Mit der ersten, Mereworth Castle in Kent, hatte Campbell zwei Jahre zuvor begonnen. Gemeinsam ist diesen Bauten, dass es sich bei ihnen um Aneignungen und nicht um Kopien der Villa Rotonda Palladios handelt. So passte Campbell in Mereworth dem Bau eine »Gallery« ein, und Burlington, der 1719 Zeichnungen Palladios erworben hatte, zog diese in Chiswick für die Gestaltung der Gartenfassaden und des Grundrisses heran. In diesen beiden Bauten, wie auch in dem Initialbau des Palladianismus, Campbells 1715 im *Vitruvius Britannicus* veröffentlichtem Wanstead House, zeigten sich bereits die Variationsmöglichkeiten und die Anpassungsfähigkeit, die Palla-

■ Der Eingangsbereich an der Südseite von Kedleston Hall, der sich am Konstantinbogen in Rom orientiert.

Ein Blick auf den Kontinent zeigt, wie sehr England im 18. Jahrhundert in der Architektur seinen eigenen Weg ging. Mereworth Castle und Chiswick House entstanden gleichzeitig mit dem Oberen Belvedere in Wien, und Kedleston Hall entstand gleichzeitig mit dem Neuen Palais Friedrichs des Großen in Potsdam. Einmal wahrgenommen, wurde der Palladianismus nach der Jahrhundertmitte zum Exportschlager, dem ersten englischen der Architekturgeschichte.

dios Architektur bot, ohne dass diese als Vorbild verloren ging. Letzteres war besonders wichtig, da das »Bauen nach Palladio« nicht in erster Linie eine ästhetische Entscheidung war, sondern die Beschreibung eines politischen Standpunkts. »Bauen nach Palladio« hieß, fortschrittlich und liberal gesinnt zu sein und in Opposition zum Hof und zur (korrupten) Regierung zu stehen. Diese Opposition ging quer durch die alten Parteien von Whigs und Tories und sammelte sich in der Country Party (Landpartei). Folgerichtig entstanden dann auch im Milieu der Country Party die ersten Landschaftsgärten, in denen anstelle der abgezirkelten Beete und beschnittenen Hecken des (höfischen) Barockgartens Wiesen und ungehindert wachsende Bäume traten.

Als Förderer und Verfechter des Palladianismus beherrschte Burlington bis zu seinem Tod 1753 das Architekturgeschehen Englands. Zu seinem Haupterben wurde Robert Adam, der um 1750 zu bauen begann, den Durchbruch aber erst nach seiner Grand Tour 1758 schaffte. Sehr schnell wurden er und sein Bruder James zu Modearchitekten und machten vor allem dem konservativen Landhausarchitekten James Paine Konkurrenz, den sie, wie beim Bau von Kedleston Hall geschehen, dann auch von der Bildfläche verdrängten. Der Auftrag zur Errichtung Kedlestons war 1759 an einen relativ unbekannten palladianischen Architekten gegangen und nach wenigen Monaten von Paine übernommen worden. 1760 ging der Auftrag an Robert Adam. Der Grundriss war zu diesem Zeitpunkt bereits weitgehend festgelegt. Wie schon für andere englische Landhäuser lieferte auch für Kedleston die unausgeführte, aber in den *Vier Büchern über Architektur* publizierte Villa Mocenico Palladios das Vorbild. Von ihr sind der kubische Hauptbaukörper und die zwei (der ursprünglich geplanten vier) im Viertelkreis geführten Gänge übernommen. Im Unterschied zum Vorbild, und auch zur Villa Badoer, verstecken die Gänge jedoch keine Wirtschaftstrakte mehr, sondern verbinden eigenständige Pavillonbauten mit dem Hauptbaukörper. Ebenfalls in der Villa Mocenico vorgebildet ist der frei stehende sechssäulige Eingangsportikus von Kedleston, der verkleinert und zurückgestuft zum Wandrelief auch die Fronten der Pavillons betont.

»Ich habe Geschäfte (Aufträge) in ganz England, die ich nur unter Schwierigkeiten zu meiner Ehre und zur Zufriedenheit meiner Auftraggeber bewältigen kann.«

Robert Adam in einem Brief vom Januar 1763

Gibt sich die Nordseite Kedlestons konventionell palladianisch, so liefert die Süd- oder Gartenseite die Überraschung schlechthin. Statt der gewohnten ausgewogenen Proportionen und eines klassischen Portikus sprengt hier ein monumentaler Triumphbogen nach dem Vorbild des Konstantinbogens in Rom die Fassade, über den sich dann auch noch die Kuppel des Pantheons schiebt. Triumphbogen und Kuppel könnten als »Würdeformeln« gedeutet werden, als Hinweis auf die Ernennung des Bauherrn Nathaniel Curzon zum Lord Scarsdale 1761, oder auch als Rückfall in den Barock, wo der Triumphbogen ein beliebtes Motiv im Schlossbau war. Beides trifft hier nicht zu. Zu fassen ist die Fassade vielmehr mit der philosophischen Kategorie des »Erhabenen«, das Edmund Burke in seiner Gefühlsästhetik *Philosophische Untersuchung über un-*

■ Grundriss von Kedleston Hall

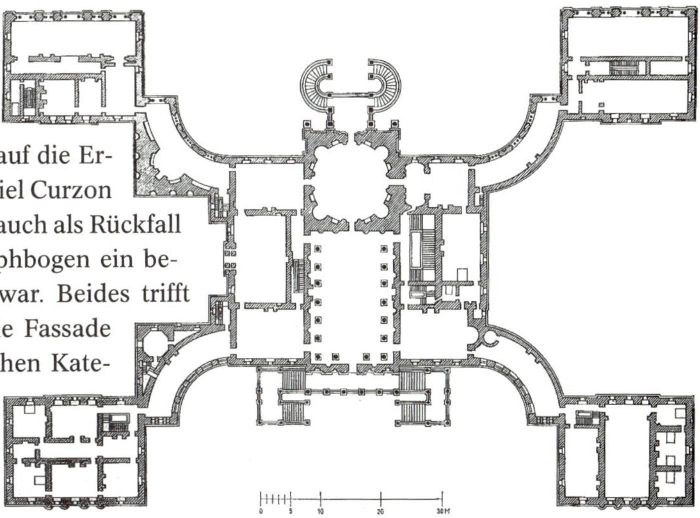

sere Idee vom Erhabenen und Schönen von 1757 als das Überdimensionale und Abwechslungsreiche, aber auch als das Bizarre, Dunkle und Chaotische beschrieb. Die Romantik kündigt sich an; es sind Gefühlswerte, die durch die Gartenfassade von Kedleston Hall angesprochen werden sollen, nicht der Verstand. Letzteres blieb der Eingangsseite vorbehalten.

Nach der Mitte des 18. Jahrhunderts fasste das »verstandesmäßige Bauen«, der Palladianismus, auch auf dem europäischen Festland und in Nordamerika Fuß. Zum Initialbau des kontinentalen Palladianismus wurde Schloss Wörlitz, das sich Leopold III. von Anhalt-Dessau ab 1769 bei Dessau errichten ließ. Vorausgegangen war die Grand Tour des Fürsten, die ihn zusammen mit seinem Architekten Friedrich Wilhelm von Erdmannsdorff nach Italien *und* England geführt hatte. Zur gleichen Zeit sprang der Palladianismus über den Atlantik nach Nordamerika. Es war kein Geringerer als Thomas Jefferson, der mit seinem Wohnhaus in Monticello in Virginia einen der ersten wichtigen palladianischen Bauten in der neuen Welt schuf. Anregungen bekam Jefferson, der zu diesem Zeitpunkt noch nicht in Europa gewesen war, aus Architekturpublikationen, etwa der englischen Palladio-Ausgabe von 1715. Mit seiner Wahl zum dritten Präsidenten der USA 1801 bezog er dann auch in Washington den wohl weltweit bekanntesten palladianischen Bau, das Weiße Haus. Doch mit Beginn der Verbreitung des Palladianismus hatte sich in dessen Mutterland bereits ein neues Bezugsfeld aufgetan, das sowohl das »Bauen nach Palladio« wie auch das seit der Renaissance vorherrschende Römische verdrängen sollte: die griechische Antike. Wieder waren es Bücher und Stiche, die am Anfang standen und den Palladianismus um 1800 zu einer Spielart des Klassizismus werden ließen.

▪ Kedleston Hall, Idealgrundriss mit den nicht ausgeführten Flügeln der Süd- oder Gartenseite

KEDLESTON HALL

BIOGRAPHIE

Robert Adam wurde am 3. Juli 1728 als Sohn des zu seiner Zeit führenden schottischen Architekten William Adam in Kirkcaldy nordöstlich von Edinburgh geboren. Wie seine Brüder John und James lernte auch Robert im Architekturbüro seines Vaters, besuchte darüber hinaus aber auch die Universität von Edinburgh. Selbstständig zu bauen begann Robert um 1750, doch sollte sein Durchbruch zu dem neben William Chambers wichtigsten Architekten Großbritanniens erst nach seiner Bildungsreise auf den Kontinent, der Grand Tour, erfolgen. Er trat sie 1754 an und reiste über Brüssel, Paris, Lyon, Genua, Pisa, Florenz und Siena nach Rom, dem obligatorischen Ziel jeder Grand Tour bis weit ins 19. Jahrhundert. Etwa zwei Jahre verbrachte Robert in Rom, wo er auf Giovanni Battista Piranesi traf und zusammen mit dem französischen Architekten Charles-Louis Clérisseau besonders die antiken Bauten studierte. (Die Ergebnisse der mit Clérisseau vermessenen Ruinen des antiken Diokletianspalastes in Split veröffentlichte Robert Adam 1764.) Kurzreisen führten ihn in die Umgebung der Stadt, zu den Ausgrabungen in Herculaneum und nach Ravenna. Zurück reiste er über Venedig, Split (Spalato) in Dalmatien, Vicenza, Verona, Frankfurt und Antwerpen. 1758 war Robert Adam in Großbritannien zurück, gründete in London ein Architekturbüro und wurde in die Society of Arts aufgenommen. Allein in den ersten drei Jahren bearbeitete er 25 Projekte, von denen die meisten ausgeführt wurden, darunter Kedleston Hall und Syon House (London, Umbau). 1761 wurde Robert Adam Mitglied in der Royal Society und, zusammen mit William Chambers, zum Architect of the King's Work ernannt. 1763 kehrte James Adam von seiner Grand Tour zurück und trat in das Büro seines Bruders ein. Bestimmend blieb jedoch Robert Adam. Wichtige um 1770 entstandene Londoner Arbeiten waren das Kenwood House (Umbau) sowie die Errichtung des Gebäudes der Royal Society of Arts und der Adelphi Terraces (abgerissen), einer Zeile von Luxusmiethäusern entlang der Themse. Das wahre Betätigungsfeld der Adams war jedoch der Bau von Landhäusern, die sie in ganz England und Schottland errichteten und in ihren *Works in Architecture* 1773 und 1778 veröffentlichten. In der Regel lieferten Robert und James Adam sowohl den architektonischen Entwurf sowie den für die Innenausstattung. Der weitaus größte Teil der Landhäuser der Adams ist, wie Kedleston Hall, dem Vorbild Palladios, dem Palladianismus, verpflichtet. Besonders in Schottland entstanden daneben aber auch Bauten im »castle style« (Burgenstil), die jedoch auf den ersten Blick als Bauten des Klassizismus zu erkennen sind. Robert Adam starb am 3. März 1792 in London.

AUF DEN PUNKT GEBRACHT

Robert Adam war der führende englische Landhausarchitekt der 2. Hälfte des 18. Jahrhunderts. Er verstand es, das Vokabular palladianischen Bauens virtuos zu handhaben, ohne in Konventionen zu verfallen. Neues – die Romantik – kündigt sich in der Gartenfassade von Kedleston Hall und seinen Landhäusern im Burgenstil an.

DATEN

Mit Planungen zu Kedleston Hall, das einen älteren Bau ersetzen sollte, wurde um die Jahreswende 1758/59 begonnen. Der erste Architekt war Matthew Brettingham. Ihm folgte noch 1759 der routinierte palladianische Architekt James Paine. Im Frühjahr 1760 übernahm Robert Adam den Bau. Er überarbeitete die Eingangsfassade und schuf die Gartenfassade sowie die Innenausstattung. Mit Ausnahme der Hall waren die Bau- und Ausstattungsarbeiten um 1770 abgeschlossen. Nicht ausgeführt wurden die Flügelbauten der Gartenseite. An Kedleston wurden seit seiner Vollendung kaum Veränderungen vorgenommen. Seit 1987 befinden sich das Haus und der Park im Besitz des National Trust.

EMPFEHLUNGEN

Lesenswert:

David King: *The Complete Works of Robert und James Adam*, Oxford 1991

Giles Worsley: *Classical Architecture in Britain. The Heroic Age*, New Haven-London 1995

Edmund Burke: *Philosophische Untersuchung über den Ursprung unserer Ideen vom Erhabenen und Schönen*, Hamburg 1980

Newton-Kenotaph

(1784) · *Étienne-Louis Boullée*

Newton machte die Welt zum Perpetuum mobile, in der Gott nur noch die Rolle des Primum movens, des ersten Bewegers, zufiel.

Trotz Verbot und Abschwörung – das heliozentrische Weltbild Nikolaus Kopernikus' und Galileo Galileis begann sich im 17. Jahrhundert durchzusetzen. Die Erde dreht sich um die Sonne und nicht umgekehrt. Immer weniger war man bereit, etwas Sichtbares wie Sterne und Planeten als von Gott gehalten oder gelenkt hinzunehmen. Die Phänomene wollten wissenschaftlich erklärt werden. Einen Meilenstein bedeuteten hier Isaac Newtons *Mathematische Grundlagen der Naturphilosophie* von 1687, in denen er das von ihm gefundene Gravitationsgesetz, nach dem Körper allein schon durch ihre Masse Kraft aufeinander ausüben, und seine drei Grundgesetze der Mechanik (die Newtonschen Axiome) zusammen darstellte. Die gleichzeitige Anwendung des Gravitationsgesetzes und der Axiome auf Himmelskörper ließ Newton zum Begründer der Himmelsmechanik, der Lehre von der Bewegung der Himmelskörper, werden. Es war kein göttlicher Wille, der die Gestirne lenkte, sondern sie folgten Gesetzmäßigkeiten, die unabhängig von Gott existierten. Für diesen Mann, der Gott aus der sichtbaren Natur verbannt und die Himmelsphänomene aus sich heraus erklärbar gemacht hatte, schuf Étienne-Louis Boullée sein berühmtestes Projekt, den Newton-Kenotaph.

Mit einem Hymnus, einer Anrufung – »Herrlicher Geist! Umfassendes tiefschürfendes Genie! Göttliches Wesen!« – eröffnete Boullée die Beschreibung des Newton-Kenotaphs in seiner theoretischen Schrift *Architektur. Abhandlung über Kunst*. Pathetisch begründet er sein Projekt mit der Entdeckung Newtons, dessen »erhabenes Genie

■ Newton-Kenotaph, Ansicht bei Tag

■ Szene aus dem Film *Der Bauch des Architekten* von Peter Greenaway aus dem Jahr 1987. In der Hauptrolle Brian Dehenny als Architekt Stourley Kracklite, der in Rom eine Ausstellung zu Étienne Boulée organisieren soll

die Gestalt der Erde bestimmt« habe. Newton zu ehren konnte für Boullée dann auch nichts anderes bedeuten, als ihn mit seiner »Entdeckung zu umhüllen«, denn, so Boullée weiter, außerhalb seiner gebe es nichts, was Newtons würdig wäre. Die Kugel war also die einzig mögliche Form für ein Denkmal Newtons. Diese Kugel ist begehbar; Boullée entwarf sie mit einem Durchmesser von mehr als 150 Metern. Auf vier großen Blättern ist sie in der Ansicht und im Schnitt, bei Tag und bei Nacht dargestellt. Die Kugel erhebt sich aus einem gewaltigen Ring von drei Mauern. Eine Seite ist betont. Der untere und zu einem geringen Teil der mittlere Ring sind hier geöffnet. Sphinxe bewachen den Eingang in den mittleren Ring. Treppenanlagen im Inneren des Rings führen auf eine um die Kugel verlaufende bepflanzte Plattform. Der Austritt befindet sich in der Achse des Eingangs. Über ihm erhebt sich eine gewaltige, von einem rauchenden Altar bekrönte Treppenanlage. Insgesamt vier Gänge führen von unten in das Innere der Kuppel. An der Stelle ihres tiefsten Punkts, leicht erhöht in dem riesigen leeren Raum, steht der eigentliche Kenotaph (wörtlich »leeres Grab«, Scheingrab). Licht fällt bei Tage durch Öffnungen in der Kuppelschale in den Raum. Newton ist umhüllt von seiner Entdeckung, dem Weltall. Bei Nacht ist der Raum in strahlendes Licht getaucht. Die Lichtquelle bildet eine »Grablampe«, bei deren Schaffung ebenfalls das »göttliche System« Newtons Anwendung fand. Diese Lampe ist die Sonne, umkreist von Planeten.

REVOLUTIONSARCHITEKTUR

Der missverständliche Begriff »Revolutionsarchitektur« wurde 1933 von Emil Kaufmann eingeführt. Mit ihm ist die Richtung des französischen, später auch europäischen Klassizismus bezeichnet, deren Bestreben darin lag, die Architektur auf ihre Grundformen zurückzuführen; er bezieht sich nicht auf die politische Ausrichtung der Architekten oder Bauherren. Ihren reinsten Ausdruck fand die Revolutionsarchitektur in den Projekten Boullées. Abgemildert erscheint sie dann in Bauten und Entwürfen von Claude-Nicolas Ledoux, Friedrich Gilly, Peter Speeth, Thomas-Jean de Thomon und zahlreichen anderen in den Jahren nach 1800 tätigen Architekten.

■ Isaac Newton. Schabkunstblatt, nach einem Gemälde von Godfrey Keller, 1702

Der Newton-Kenotaph gehört zu der Gruppe von etwa dreißig Projekten, die Boullée als Illustrationen für seine *Abhandlung über Kunst* schuf. Vorwürfe, die Boullée gemacht wurden, seine Projekte seien megaloman und unausführbar, prallten an ihm ab. Sein Ziel war es gerade, große, im Sinne des englischen Philosophen Edmund Burke »erhabene« Architektur zu schaffen. Auch der Vorwurf, die Projekte Boullées wären mit den konstruktiven und ökonomischen Mitteln seiner Zeit kaum auszuführen, entbehrt der Grundlage, da eine Ausführung von Boullée gar nicht intendiert war. »Auch ich bin ein Maler«, stellte er als Motto über seine *Abhandlung* und erklärte sich damit zum Maler von Architekturen, die – wie die Architekturen Piranesis – im Bild, nicht in der Ausführung, ihre Vollendung finden. Ein Projekt perspektivisch darzustellen und mit Licht- und Schatteneffekten zu versehen war im 18. Jahrhundert durchaus üblich. Doch ging Boullée wesentlich weiter. Er bettete seine Architekturen in Landschaften und in Stimmungen, in öde weite Gegenden oder wie den Newton-Kenotaph in dramatisches Mondlicht. Vermittler dieser Art von Architekturdarstellung war Boullées Lehrer Jean-Laurent Legeay, der lange in Rom gelebt hatte und selbst phantastische Architekturansichten schuf. Sein Vorbild wie auch das Boullées war Piranesi. Der Newton-Kenotaph und die anderen für die *Abhandlung* geschaffenen Projekte scheinen zeitlos. Doch liegen ihnen ohne Ausnahme konkrete historische Vorbilder zugrunde. Boullée selbst weist auf sie hin, wenn er etwa zum Newton-Kenotaph schreibt, dass er ihn »nach dem Vorbild der Alten ... mit Blumen und Zypressen« umgeben habe und so auf die ebenfalls als gestufte Rundbauten errichteten Mausoleen Augustus' und Hadrians (der heutigen Engelsburg) in Rom anspielt.

Wie Piranesi war Boullée von der »Erhabenheit« der antiken Architektur Roms überzeugt. Doch das, was bei Piranesi ein Hymnus auf vergangene Größe war, wendet Boullée in die Zukunft. Seinen Projekten gemeinsam ist die Reduktion der Architektur auf die Grundformen Kugel, Kegel, Kubus und Pyramide. Sie sind Ausdruck des neuen wissenschaftlich-mathematischen Weltbildes. Schiere Größe, das »Nicht-mehr-Vergleichbare« und das »Nicht-mehr-Messbare« (A. M. Vogt), zeichnet alle Projekte aus. Beim Newton-Kenotaph findet sie ihre Berechtigung in der Vorstellung von Newton als Weltbaumeister. Er war es, der die Welt verstanden, erkannt und begreifbar gemacht hatte. Sein Kenotaph ist Abbild der Welt – innen Sternenhimmel, außen Erdkugel.

»Indem ich, o Newton, dein göttliches System anwandte ... scheint mir, dass ich selbst zum Erhabenen fand.«
Étienne-Louis Boullée in *Architektur. Abhandlung über Kunst*

NEWTON-KENOTAPH

BIOGRAPHIE

Étienne-Louis Boullée wurde am 12. Februar 1728 als Sohn eines Architekten und Bauunternehmers geboren. 1740 begann er eine Malerlehre, die er jedoch nach kurzer Zeit abbrach, um auf Wunsch seines Vaters Architekt zu werden. Seine Lehrer waren der führende Theoretiker des französischen Klassizismus Jacques-François Blondel und Jean-Laurent Legeay, der seine Schüler mit den neuesten Entwicklungen in Rom bekannt machte. Letzteres war für Boullée, der Rom nie besuchen sollte, von besonderer Bedeutung. 1747 nahm Boullée eine Lehrtätigkeit an der École des Ponts et Chaussées auf. Anfang der 1750er Jahre begann er zu bauen. Gleichzeitig (1753) erschien Marc-Antoine Laugiers *Essai sur l'Architecture*, das als »Manifest des Klassizismus« von erheblichem Einfluss war. Boullée errichtete vor allem Stadtpalais, von denen als Einziges das Hôtel Alexandre in Paris von 1763 erhalten ist. Weiter schuf er zahlreiche Inneneinrichtungen. Unausgeführt blieben sein Entwurf für den Neubau der Pariser Münze (1762), der mit dem ersten Preis ausgezeichnet wurde und ihm die Mitgliedschaft in der zweiten Klasse der Académie Royale d'Architecture einbrachte, sowie der Entwurf zum Palais Bourbon in Paris (1764). Mitte der 1770er Jahre wurde Boullée Bauintendant des Comte d'Artois, eines Bruders Ludwigs XVI. Nach nur zwei Jahren gab er die Stelle auf und übernahm die Aufsicht über Bauarbeiten am Hôtel des Invalides und der École Militaire in Paris. 1780 erfolgte die Aufnahme Boullées in die erste Klasse der Académie. Erst jetzt, als Lehrer, Gutachter und Theoretiker, sollte er sich voll entfalten können. Waren die Entwürfe aus den 1760er Jahren noch durchaus zur Ausführung bestimmt, so waren es die nun folgenden nicht mehr. Sie sollten allein als Illustrationen für seine theoretische Schrift *Architektur. Abhandlung über Kunst* dienen. Den Anfang der etwa dreißig Projekte machte der Entwurf zu einem Um- oder besser Neubau Versailles von 1780. Es folgten bis um 1790 Entwürfe für eine Kathedrale, ein Stadion (um 1783), Kenotaphe, darunter der Newton-Kenotaph (1784), für mehrere Friedhöfe, ein Museum, einen Lesesaal der Nationalbibliothek (um 1785/1788), für den Palast eines Herrschers, der Nationalversammlung und der Justiz, für einen Leuchtturm, ein Fort, eine Stadtmauer, ein Stadttor und anderes. Seine Zeichnungen und das (unabgeschlossene) Manuskript seiner Abhandlung vermachte Boullée 1793 der französischen Nation. Von der Revolution blieb Boullée unbehelligt. Er gehörte 1795 zu den Gründungsmitgliedern des Institut de France, das die Nachfolge der königlichen Akademien antrat, und lehrte bis zu seinem Tod am 6. Februar 1799 in Paris.

AUF DEN PUNKT GEBRACHT

Nicht als praktischer Architekt, sondern als Theoretiker und Lehrer einer großen Zahl von Schülern entfaltete Boullée seine Wirksamkeit. Den Newton-Kenotaph, dessen Ausführung vom Architekten nie vorgesehen war, schuf Boullée für den zum Weltbaumeister aufgestiegenen Wissenschaftler.

DATEN

Das Projekt Newton-Kenotaph entstand 1784 und besteht (heute) aus sechs lavierten Federzeichnungen. Das Blatt *Äußeres bei Tage* ist bezeichnet mit »À Newton«, signiert und datiert. Die vier Hauptblätter, *Äußeres bei Tag und Nacht, Inneres mit Tag- und Nachteffekt*, sind etwa 40 x 65 cm groß, was dem üblichen Bogenformat entspricht. Die Wiedergabe nur des Inneren hat einen Durchmesser von etwa 59 cm (ein Streifen ist angeklebt), die Aufsicht auf den zur Hälfte geöffneten Kenotaph misst etwa 36 x 36 cm. Boullées *Architektur. Abhandlung über Kunst*, zu deren Illustration die Blätter gedacht waren, erschien erstmals 1953. 1987 wurde die deutsche Übersetzung veröffentlicht.

EMPFEHLUNGEN

Lesenswert:

Adolf Max Vogt: *Boullées Newton-Denkmal. Sakralbau und Kugelidee*, Basel–Stuttgart 1969

Helen Roenau: *Boullée and Visonary Architecture*, London–New York 1976

Étienne-Louis Boullée: *Architektur. Abhandlung über Kunst*. Hg. von Beat Wyss, Zürich–München 1987

Börse

Sankt Petersburg (1805–1810) · Architekt: Thomas-Jean de Thomon · Mitarbeit: Andrejan Sacharow

■ Petersburger Börse

An prominentester Stelle teilt die Petersburger Wassiljewski-Insel die Newa in zwei Arme. Nördlich der flussaufwärts gerichteten Inselspitze, der Strelka, liegen die Peter-und-Paul-Festung mit der Grabkirche der Zaren; südlich die Admiralität, von der, wie in Versailles, ein Dreistrahl von Straßen ausgeht, sowie der Winterpalast, der Wohnsitz der Zaren. Auf der Strelka, seit der Stadtgründung ein wichtiger Handelsplatz, begann der italienische Architekt Giacomo Quarenghi 1782 mit der Errichtung seines Börsenbaus. Er scheiterte an der städtebaulichen Situation. Ganz im Sinne des Barocks, der eine Zu- oder Unterordnung des Einzelnen unter das Ganze forderte, richtete er seinen Bau auf das südliche Newa-Ufer aus, von dem aus sich dann auch die einzig befriedigende Ansicht auf seinen Bau ergab. Die Festung mit der Kirche, in der sich das Zarentum ebenso manifestierte wie im Winterpalast, ignorierte er genauso wie die topographische Situation. Der Barock ging stets von einem Zentrum aus, das im Idealfall ein Schlossbau war. Mit Lösungen für das zweipolig angelegte Petersburg konnte er nicht aufwarten. Anders sah es im Klassizismus aus, dessen Ideal der Solitär, der frei stehende Bau, war, der sich in seiner Umgebung behauptete – der sich ein-, aber nicht unterordnete. Dies hatte Thomas-Jean de Thomon erkannt und schuf mit seiner Börse einen dritten Pol. Allein die Topographie bestimmte die Lage und Ausrichtung seines Baus. Thomons Börse nimmt die Inselachse auf, die dann auch die Ausrichtung der Front auf den Fluss und nicht auf die umgebende Bebauung vorgab.

Die Petersburger Börse mutet wie ein antiker Tempel an. Schwer proportionierte, an die griechischen Tempel im süditalienischen Paestum erinnernde Säulen erheben sich als Ringhalle über einem Granitsockel. Als Giebel, der im Gegensatz zu den antiken Tempeln die Ringhalle nicht unter sich aufnimmt, ragt das Dach des Hauptbaukörpers aus dem Säulenkranz hervor. Halbrunde so genannte Thermenfenster öffnen die Giebel und beleuchten den zweigeschossigen Börsensaal. Vorhallen führen von den Schmalseiten in den zusätzlich durch ein Oberlicht beleuchteten Saal. Wie in den Thermenfenstern zum Ausdruck gebracht, ist der Börsensaal tonnengewölbt. Seitlich schließen sich drei Geschosse mit Nebenräumen an. Wesentlich für die städtebauliche Wirkung der Börse sind der halbrund aufgeschüttete Vorplatz, in dem die Inselachse ausläuft, und die beiden seitlich vor ihr errichteten 32 Meter hohen Rostrasäulen. Sie dienten als Leuchttürme und sind nach antik-römischem Vorbild mit Schiffsschnäbeln (rostra) geschmückt.

Börsen, seien es die frühen Waren- oder die späteren Aktienbörsen, wurden nach dem immer gleichen, im 16. Jahrhundert geprägten Schema errichtet. In der Mitte liegt der Börsensaal, ursprünglich ein nicht überdachter Hof, mit Eingängen an den Schmalseiten sowie Büro- und Verwaltungstrakten an den Langseiten. »Börse« war auch das Thema eines Wettbewerbs, den die Pariser Académie Royale d'Architecture 1782 für Schüler ausschrieb. Obwohl Thomon zu dieser Zeit in Rom war, müssen ihm einige der Wettbewerbsentwürfe bekannt geworden sein. Mindestens zwei von ihnen zeigen Bauten, in denen die Petersburger Börse vorgeprägt ist. Gekannt haben muss Thomon auch den Entwurf Claude-Nicolas Ledoux' zu einer Kreditanstalt in Paris von 1788. Nicht nur, dass die Ringhalle und der zentrale Bau-

Skulpturen vor den Giebelfenstern weisen auf die Funktion der Petersburger Börse hin. Anders als Kirche und Schloss im Mittelalter und im 18. Jahrhundert fanden sich für die zahlreichen neuen Bauaufgaben des 19. Jahrhunderts nicht immer prägnante Formeln. Bis zu einem gewissen Grad konnten sich jedoch im späteren Börsen- und Museumsbau »Antike und Renaissance«, im Theaterbau »Tempelgiebel« und im Bahnhofsbau die Fassaden als »Abbild« der Bahnhofshalle durchsetzen.

■ Thomas-Jean de Thomon, Petersburg, Börse, Längsschnitt und Seitenansicht, 1804, Feder, aquarelliert, 64 × 95 cm. Berlin, Staatliche Museen Preußischer Kulturbesitz, Kunstbibliothek

■ *Merkwürdige Gebäude in St. Petersburg.* Das neue Börsengebäude. Kupferstich, altkoloriert. Aus: C. Bertuch, *Bilderbuch für Kinder*, 7. Bd., Weimar, 1810

körper der Petersburger Börse ihre direkten Vorbilder in dem Entwurf Ledoux' haben; der Bau verdeutlicht auch seine Verwurzelung in der französischen Revolutionsarchitektur, die nach 1800, nicht zuletzt durch Ledoux' Veröffentlichung *L'Architecture* von 1804, europaweit Verbreitung fand. Springt im Entwurf Ledoux' noch die von Étienne-Louis Boullée vollzogene Zurückführung der Architektur auf ihre Grundformen ins Auge, so ist diese in der Petersburger Börse heruntergeschraubt und nur noch behauptet. Ledoux' Entwurf wird als Kubus, die Petersburger Börse als Haus gelesen.

Standen bei der Schaffung des barocken Petersburgs noch italienische Architekten im Vordergrund, so waren es bei dem umfassenden Bauprogramm, das Alexander I. sofort nach seiner Thronbesteigung 1801 in Angriff nahm, französische (Thomon) und an der Pariser Akademie ausgebildete russische Architekten. Die Pariser Architekturakademie (École des Beaux-Arts) und nicht mehr Rom gab im klassizistischen Petersburg wie im späteren 19. Jahrhundert in ganz Europa und den USA den Ton an. Mit Ausnahme der Börse umfassten die Baumaßnahmen Alexanders und seines Nachfolgers ab 1825 ausschließlich staatstragende Bauten im Umfeld des Winterpalastes. Thomons Börse stand am Anfang des Programms, woraus zu schließen ist, dass Alexander in der städtebaulichen Neuordnung der Strelka das am dringendsten zu lösende Problem gesehen hatte. In der Börse nun ein Eindringen von Gedankengut der französischen Revolution in Russland zu sehen wäre jedoch falsch. Thomon war Royalist, und »Revolutionsarchitektur« ist ein reiner Stilbegriff, der auch auf die vor der Revolution entstandenen Bauten und Entwürfe Ledoux' und Boullées angewendet wird. Doch ist eine »Börse«, wie die meisten Bauaufgaben des 19. Jahrhunderts, eine grundsätzlich bürgerliche Angelegenheit, sodass im Petersburger Börsenneubau durchaus eine Manifestierung des Bürgerlichen im Zentrum zaristischer Macht gesehen werden kann. In seinen ersten Regierungsjahren stand Alexander liberalem Gedankengut durchaus aufgeschlossen gegenüber. Dies wandelte sich erst mit dem Wiener Kongress 1815, auf dem die durch Napoleon und die Revolution zerrütteten europäischen Machtverhältnisse wiederhergestellt wurden.

Noch nicht einmal hundert Jahre war Sankt Petersburg alt, als der französische Architekt Thomas-Jean de Thomon 1798 nach Russland kam. Die Stadt war von Zar Peter dem Großen gegründet und 1712 zur russischen Kapitale erklärt worden. Dies bedeutete eine Öffnung des Landes nach Europa.

BÖRSE

BIOGRAPHIE

Thomas-Jean de Thomon (auch Toma de Tomon) wurde am 21. Dezember 1754 in Nancy, oder, einer anderen Version nach, am 12. April 1760 in Bern geboren und an der Académie Royale d'Architecture in Paris ausgebildet. Wahrscheinlich war Thomon Schüler des Revolutionsarchitekten Claude-Nicolas Ledoux. 1780 ging Thomon für fünf Jahre nach Rom; hier und an anderen Orten Italiens zeichnete er vor allem nach antiker Architektur. Um 1785/86 kehrte er nach Paris zurück, verließ die Stadt aber mit Ausbruch der Revolution 1789 und folgte dem Comte d'Artois, einem Bruder Ludwigs XVI., ins Wiener Exil. In Wien förderte ihn Fürst Esterhazy, für den er wahrscheinlich in Eisenstadt (Burgenland) sowie auf dessen ungarischen Besitzungen tätig war. Möglicherweise auf Einladung eines russischen Fürsten ging Thomon 1798 nach Sankt Petersburg, seiner Hauptwirkungsstätte. Er etablierte sich schnell und wurde bereits 1800 in die Petersburger Akademie aufgenommen. Es folgten die Ernennung zum Hofarchitekten Anfang 1802 und die zum Akademieprofessor Ende des Jahres. Wahrscheinlich 1801 erhielt er den Auftrag zur städtebaulichen Neuordnung der Spitze (Strelka) der Wassiljewski-Insel zwischen dem Winterpalast am südlichen und der Peter-und-Paul-Festung am nördlichen Ufer der Newa. Nach seinen Entwürfen wurden die Ufer begradigt, und 1805 wurde mit dem Bau der Börse begonnen. 1810, mit Errichtung der beiden ursprünglich als Leuchttürme genutzten Rostrasäulen, wurden die Arbeiten an dem Ensemble abgeschlossen. Parallel zu den Strelka- und Börsenplanungen baute Thomon das Petersburger Große oder Bolschoi-Theater (1811 abgebrannt) nach dem Vorbild des 1779 in Paris errichteten Odéon-Theaters um. Weiter errichtete er in Petersburg einen Salzspeicher (zerstört) und wohl auch einige im Einzelnen nicht nachweisbare Stadt- und Landhäuser für den Adel und das reiche Bürgertum. Im Park von Pawlowsk, südlich von Sankt Petersburg, errichtete er eine Gedächtniskapelle für den 1801 ermordeten Zaren Paul I. sowie in Odessa (Ukraine) ein Theater und ein Hospital und in Poltawa (ebenfalls Ukraine) eine Siegessäule. Thomon war nicht nur als Architekt, sondern auch als Maler und Stecher (1806/1808 Herausgabe eigener Entwürfe) tätig. Wahrscheinlich schuf er, wie andere Petersburger Architekten auch, Entwürfe für die kaiserliche Porzellan-, Glas- und Tapisserie-Manufaktur. Thomon starb am 4. September 1813 und wurde auf dem Lazarus-Friedhof des Alexander-Newskij-Klosters beigesetzt. Auf diesem Friedhof sind die meisten der Architekten begraben – Ausländer wie Russen –, die das klassizistische Sankt Petersburg formten.

AUF DEN PUNKT GEBRACHT

Die Petersburger Börse ist einer der wichtigsten Bauten des Klassizismus. Wie zahlreiche Bauten des frühen 19. Jahrhunderts zeigt sich in ihr der Einfluss der vor allem durch Bauten und Entwürfe Ledoux' verbreiteten französischen Revolutionsarchitektur.

DATEN

Den Auftrag zur Ausgestaltung der Spitze der Wassiljewski-Insel erhielt Thomon wahrscheinlich 1801. Nachdem er mehrere Entwürfe vorgelegt hatte, wurde 1805 einer zur Ausführung bestimmt und mit den Bauarbeiten begonnen. 1810 war der Bau vollendet. Gleichzeitig wurden die Ufer begradigt, der Börsenvorplatz aufgeschüttet und die ursprünglich als Leuchttürme genutzten Rostrasäulen errichtet. Die Eröffnung der Börse erfolgte 1816. Anfangs diente der Bau dem reinen Warenhandel. Der Handel mit Aktien und Obligationen kam in den 1830er Jahren hinzu. Die Industrialisierung Russlands wurde im Wesentlichen von der Petersburger Börse gesteuert. Gehandelt wurde in ihr bis zum Ausbruch der Oktoberrevolution 1917. Seit 1940 dient die Börse als Marinemuseum.

EMPFEHLUNGEN

Lesenswert:

Adolf Max Vogt: *Russische und französische Revolutionsarchitektur 1917, 1789*, Braunschweig 1990

St. Petersburg um 1800. Ein goldenes Zeitalter des russischen Zarenreiches, Katalog, Essen 1990

Royal Pavilion

Brighton (1815–1823) · Architekt: John Nash · Bauherr: Georg IV. von England

■ Georg IV., um 1787

Kein gutes Haar ließ Meyer's Konversationslexikon von 1867 an Georg IV. Er sei ein »Spieler, Verschwender, Libertin« gewesen, habe drei Jahre nach seiner Volljährigkeit bereits 200 000 Pfund an Schulden angehäuft und sich den »tollsten Ausschweifungen« hingegeben. Ganz anderer Meinung waren Zeitgenossen wie Lord Byron und der Herzog von Wellington. »Prinny«, wie Georg als Prince of Wales genannt wurde, galt ihnen als vorbildlicher Gentleman, höflich und gebildet, als ein glänzender Unterhalter und herausragender Kunstkenner. Hinzu kam ein Hang zum Luxus und zur Exzentrik – in seinen Bauten wie in seinem Freundeskreis, zu dem auch »Beau« Brummell, das Urbild des Modegecks und Dandys, gehörte. Im Sommer traf man sich in Brighton, das sich Ende des 18. Jahrhunderts zum ersten Modebad entwickelt hatte. Das Baden und Trinken von Seewasser wurde von Ärzten als gesundheitsfördernd angepriesen. Zusätzliche Attraktivität erhielt der Ort durch einen Onkel Georgs, der sich wie sein Neffe nicht im geringsten um gesellschaftliche Konventionen scherte.

Der Royal Pavilion ist wirklich das Fabelhafteste, ja das Schönste … was je mit Abstraktion von jedem guten Geschmack und gesunden Menschenverstand geschaffen worden ist. Ein einziger Saal … kostete den König Georg IV. über 70 000 Pfund. Kronprinz Friedrich Wilhelm (IV.) von Preußen 1831

Georg kannte Brighton seit 1783 und mietete sich dort 1786, ein Jahr nach seiner heimlichen, dem königlichen Hausgesetz nach ungültigen Heirat mit der Katholikin Maria Fitzherbert, ein einfaches Haus. Im folgenden Jahr ließ er es durch Henry Holland, einem von Robert Adam und dem französischen Klassizismus beeinflussten Architekten, umbauen und erweitern. Mit dem traditionellen Bau dürfte Georg kaum zufrieden gewesen sein, doch für weitere Maßnahmen fehlte das Geld. Durch den Umbau, vor allem aber seinen aufwändigen Lebensstil, war Georg hoch verschuldet. Das Parlament versprach die Schulden zu tilgen, sobald Georg eine standesgemäße Ehe eingehen würde. 1795 beugte er sich und heiratete die Braunschweiger Prinzessin Caroline. Georg bekam eine Summe von 125 000 Pfund jährlich bewilligt, von der allerdings die Hälfte zur Tilgung seiner Verbindlichkeiten einbehalten wurde. Georg fühlte sich hintergangen. Er musste sich nach wie vor einschränken und die Erweiterung und Neuausstattung des Royal Pavilion erneut aufschieben. 1801 war es soweit.

Henry Holland erwähnt die Anfertigung von Entwürfen für chinesische Dekorationen, die bis 1804 ausgeführt wurden. Chinoiserien waren nichts Neues, eher schon überaltert. Ohne eine wirkliche Vorstellung von dem Land zu vermitteln, waren chinesische Zimmer, Parkbauten und Gärten feste Bestandteile im Schlossbau des Barock und Rokoko. Georg war ein später Vertreter des Ancien Régime. Mit der Wiederaufnahme des antiquierten Stils setzte er sich über die neuen geschmacklichen und gesellschaftlichen Konventionen hinweg. Dass er sie auch später nicht akzeptierte, führte er aller Welt mit dem Außenumbau des Royal Pavilion im indischen Stil vor Augen.

■ Ostansicht des Royal Pavilion aus John Nashs *Views of the Royal Pavilion*, Brighton 1826

Seit Jahrhunderten besaßen europäische Handelskompanien Niederlassungen in Indien. Doch von diesem Land war nie die Faszination ausgegangen, wie sie von China ausging, das von einem Kaiser regiert wurde und sich weitgehend verschlossen hielt. China bot dem 18. Jahrhundert Raum für Utopien, für die Vorstellung von einem idealen Staatswesen – das zerstrittene, unter schwachen Mogulherrschern stehende Indien nicht. So erwachte das Interesse an indischer Architektur erst relativ spät. Es war von vornherein wissenschaftlich orientiert. Indische Architektur wurde erst zum Ende des Jahrhunderts durch zwei Stichserien bekannt, William Hodges' *Select Views in India* und Thomas und William Daniells *Oriental Scenery*. Letztere bildete die Grundlage für den Entwurf des Landschaftsarchitekten Humphrey Repton von 1806 zu einem Außenumbau des Royal Pavilion im indischen Stil. Der Entwurf, der

■ Ansicht des Royal Pavilion

■ Dachlandschaft des Royal Pavilion mit Schornsteinen in Form von Miniaturminaretten

zahlreiche wörtliche Übernahmen aus der *Oriental Scenery* enthielt, kam ebenso wenig zur Ausführung wie kurz zuvor die Planungen zu einem Umbau im chinesischen Stil. Georg litt weiterhin unter chronischer Geldknappheit. Dies änderte sich 1811, als er die Regentschaft für seinen kranken Vater übernahm. Mittel konnten ihm nun nicht mehr verweigert werden. Mit John Nash wählte Georg dann einen Architekten für den Umbau, der in allen Stilen zu Hause war, ohne ihnen sklavisch zu folgen. Er wandte sie im Sinne des Picturesque (»Malerischen«) an. Nash belebte die Dachzone des Royal Pavilion mit Kuppeln und Minaretten, die durch die islamischen Mogulherrscher Eingang in die indische Architektur gefunden hatten, und umgab den Bau mit indisch anmutenden Arkaden, Balkonen und Zinnen. Der von seiner Struktur her europäische Bau verschwand unter einer exotischen Verkleidung.

Der Royal Pavilion war ein Anachronismus, weniger stilistisch – Indisches und Islamisches gehörte zum Stilrepertoire der Architektur des 19. Jahrhunderts – als mental. Landleben als höfisches Spiel, wie es Marie Antoinette gleichzeitig in ihrem im Park von Versailles errichteten Hameau (»Dörfchen«) betrieb, suchte Georg, als er sich 1786 das Haus in Brighton mietete. Diesem Spiel setzte in Frankreich die Revolution ein Ende. Georg spielte es weiter, und aus dem bescheidenen Haus wurde eine Folly-Architecture, eine »Verrücktheit«, entstanden aus einer extravaganten feudalen Laune im aufkommenden bürgerlichen Zeitalter. Doch war es nicht mehr der Adel, sondern das Bürgertum, das den Ton angab. Ideale wie Familie, Sparsamkeit, Fleiß machten auch vor den Toren der Schlösser keinen Halt. Georg kümmerte sich nicht darum. 700 000 Pfund soll der Royal Pavilion gekostet haben, den ein Kritiker, auch um Georg persönlich zu treffen, als »unbeschreibliches Monster« bezeichnete, das wie ein »verrücktes oder verrückt gewordenes Haus« daherkomme.

ORIENTALISMUS IN DER ARCHITEKTUR

Im 19. Jahrhundert wurden vor allem Vergnügungsbauten, Lustschlösser, Bäder, zoologische Gärten und Ähnliches in orientalischen oder exotischen, das heißt chinesischen, islamischen oder indischen Formen errichtet. Der meistzitierte Bau war die islamische Alhambra im spanischen Granada. In bevorzugt islamischen Formen entstanden die ersten großen Synagogenbauten nach 1850.

ROYAL PAVILION

BIOGRAPHIE

John Nash wurde 1752 in London geboren. Nash ging bei dem Londoner Architekten und Bauunternehmer Robert Taylor in die Lehre. Wenig erfolgreich versuchte er sich ab 1777 in der Bauspekulation. 1783 war er bankrott und ging nach Südwestwales, wo er für den Landadel Häuser im Stil Andrea Palladios errichtete. Anfang der 1790er Jahre geriet Nash unter den Einfluss des Picturesque (»Malerischen«) mit dessen Vorliebe für asymmetrische Grundrisse und Gruppierung von Bauten oder Bauteilen, wobei klassische ebenso wie Formen der Gotik angewendet wurden. 1795 kehrte er nach London zurück und ging für etwa fünf Jahre eine Partnerschaft mit dem Landschaftsarchitekten Humphrey Repton ein. Nach 1800 entstanden Nashs wichtiges Landhaus Cronkhill in der Grafschaft Shropshire mit einem asymmetrisch gesetzten Aussichtsturm und bei Bristol das Musterdorf Blaise Hamlet, beides im Stil des Picturesque. Um 1810 wurde der Prinzregent Georg (ab 1820 König Georg IV.) auf ihn aufmerksam. Für den persönlichen Gebrauch des Regenten errichtete Nash ab 1813 im Park von Windsor Castle ein künstlich rustikal gestaltetes Landhaus (Cottage orné), erweiterte und baute Carlton House (zerstört) in London und ab 1815 den Royal Pavilion in Brighton um. 1815 wurde Nash zum Architekten des Office of Works ernannt, in dessen Folge sich die bereits 1811 von ihm begonnene Umbauung des Regent's Park mit repräsentativen Reihenhäusern zu einer der damals größten städtebaulichen Maßnahmen Europas auswuchs. Sie reichte vom Park über die Regent Street mit dem Oxford und Piccadilly Circus, dem Waterloo Place und die Mall, bis zum Buckingham Palace, den Georg IV. nach seiner Thronbesteigung zur Stadtresidenz ausbauen ließ. Wichtige Anlagen am Regent's Park sind der Park Crescent von 1812, der Sussex Place von 1822 sowie die Chester und Cumberland Terraces von 1825. Sämtlich sind sie im klassizistischen Georgian Style errichtet, wobei Nash, wie auch bei der im gleichen Stil bebauten Regent Street, stets auf eine malerische Gesamtwirkung achtete. Hinzu kamen ab 1825 die etwas abseits vom Park gelegenen dörflichen Villensiedlungen Park Village East und West nach dem Vorbild von Blaise Hamlet. Ab 1826 beschäftigten Nash zwei weitere Stadtplanungen: der Strand und ein neuer Platz am Ende der Straße, der Trafalgar Square. Doch nur wenige Bauten entlang des Strand entstanden nach Entwürfen Nashs, und die Umbauung des Trafalgar Square geriet komplett in andere Hände. Grund war der Verlust der Stellung im Office of Works nach dem Tod Georgs IV. 1830. Nash zog sich noch im Todesjahr des Königs auf die Isle of Wight zurück, wo er am 13. Mai 1835 starb.

AUF DEN PUNKT GEBRACHT

Mit dem Royal Pavilion schuf sich Georg IV. eine luxuriös-extravagante Welt in einer immer stärker von bürgerlichen Idealen bestimmten Gesellschaft. Auch infolge des Royal Pavilion setzte das spätere 19. Jahrhundert Luxus und Vergnügen mit Exotik und Orient gleich.

DATEN

Der Royal Pavilion wurde 1815 bis 1823 nach den Regeln des Picturesque in indischen Formen umgebaut und erweitert. Vom Umbau weitgehend unberührt blieben die von 1802 bis 1804 im chinesischen Stil ausgestatteten Räume. Die neu hinzugekommenen Räume ließ Nash in einem nicht näher zu bestimmenden Exotismus ausstatten. Die Ausstattungsarbeiten wurden hauptsächlich von der Firma Frederick Craces ausgeführt. Bis zu 44 Assistenten Craces arbeiteten um 1820 gleichzeitig an einem Raum. 1850 verkaufte Königin Viktoria den Royal Pavilion für 53 000 Pfund (ein Bruchteil der Bausumme) an die Stadt Brighton. Er wurde in den 1980er Jahren weitgehend in seinen Originalzustand zurückversetzt und ist zu besichtigen.

EMPFEHLUNGEN

Lesenswert:

John Dinkel: *The Royal Pavilion Brighton*, Brighton 1983

John Summerson: *The Life and Work of John Nash, Architect*, London 1980

Stefan Koppelkamm: *Der imaginäre Orient. Exotische Bauten des achtzehnten und neunzehnten Jahrhunderts in Europa*, Berlin 1987

Glyptothek

München (1815–1830) · Architekt: Leo von Klenze

»Ich will der Stifter werden einer Sammlung antiker Produkte der Bildhauerkunst«, ließ der bayerische Kronprinz Ludwig 1806 verlautbaren, und zwei Jahre später: »Wir müssen auch zu München haben, was zu Rom Museo heißt«, und schließlich 1816: »Glyptothek, also nenne ich das, Bildhauerwerke alter und neuer Zeit enthaltende Gebäude«. Die Liebe zur Kunst, und besonders zur Skulptur und Architektur, war Ludwig nicht in die Wiege gelegt worden. Nach eigenen Worten öffnete ihm erst Antonio Canovas Statue der Hebe (Mundschenkin der Götter), die er auf seiner ersten Italienreise 1804/05 in Venedig sah, die Augen. In Hinsicht auf Skulpturen, besonders auf die antiken, war Rom dann eine Enttäuschung. Die wichtigsten – der Apoll vom Belvedere, der Laokoon – waren mit zahlreichen anderen Kunstwerken aus ganz Europa nach Paris verschleppt und im Musée Napoléon im Louvre zusammengefasst worden. Ludwig besuchte das Pariser Museum, für das er trotz seines Napoleonhasses höchstes Lob fand, erstmals 1806. »Die Ordnung, systematische Einrichtung eines jeden Kunstzweiges, der freie Zutritt« ließen es ihm als »Muster für alle Einrichtungen« (sprich Museen) erscheinen. Doch war an

■ Glyptothek

die Errichtung eines bayerischen »Museo« vor Beendigung der napoleonischen Ära nicht zu denken. Zwar war Bayern mit Frankreich verbündet, doch es wechselte gerade noch rechtzeitig 1813 die Fronten und schlug sich auf die Seite der Alliierten. Gleiches tat Leo von Klenze und floh nach dem Sturz seines Brotherrn König Jérôme Bonaparte aus Kassel. Klenzes Ziel war München, wo er Ludwig im Februar 1814 Entwürfe zu Befreiungsdenkmälern vorlegte. Sie scheinen weder Eindruck auf Ludwig noch auf die Teilnehmer des Wiener Kongresses gemacht zu haben, denen Klenze die Entwürfe Ende des Jahres zeigte. Klenze zog sich nach Paris zurück, in das die Alliierten nach der nun endgültigen Niederlage Napoleons im Juni 1815 erneut einzogen. Mit Klenze besuchte Ludwig Privatsammlungen und nochmals das sich in Auflösung befindende Musée Napoléon. Doch ließ die von Klenze erwartete Einladung nach Bayern auf sich warten. Um eine Entscheidung herbeizuführen, berichtete Klenze Ludwig im Oktober von einem angeblichen Angebot aus Hannover, das er anzunehmen gedenke. Ein solches Angebot bestand nie, doch war Ludwig nun unter Druck gesetzt. Wenig später bot er Klenze dann auch an, ihn auf eigene Verantwortung in seine persönlichen Dienste zu nehmen. Was folgte, war eine beispiellose Karriere. Klenze, im Januar 1816 zum Hofarchitekten berufen, unterstand schon zwei Jahre später mit seiner Ernennung zum Hofbauintendanten 1818 praktisch das gesamte bayerische Bauwesen.

> *Die 3 Kunstrichter, welche der König über die Wahl des Entwurfes zu Rathe zog, sind, wie ich erfahren, der Gallerie-Inspektor v. Dillis, der Staatsrath Frhr. v. Asbeck und der Baron Stengel; der erste ein falscher Jesuit, der zweyte ein bekannter Dummkopf, panier percé (Verschwender) und Kunstmäkler, waren gegen, der letzte, ein zwar eigensinniger, aber doch im allgemeinen gebildeter Mann, aber war enthusiastisch für meinen Entwurf, und mit ihm stimmte der Krprz. (Ludwig) überein.*
>
> Klenze in seinen *Memorabilien* (Denkwürdigkeiten) über die Dreierkommission

Die ersten Entwürfe zur Glyptothek kamen 1811/12 von Domenico Quarenghi aus Sankt Petersburg. Zwar wurden Quarenghis Entwürfe nicht ausgeführt, doch nahmen sie Einfluss auf das Programm eines Wettbewerbs, den Ludwig im Februar 1814 auch zur Glyptothek ausschreiben ließ. Für die Glyptothek sah das Programm einen eingeschossigen Bau mit fensterloser, auf einen öffentlichen Platz gerichteter Fassade »im reinsten antiken Stil« vor. Obwohl Klenze zum Zeitpunkt der Ausschreibung in München war, beteiligte er sich nicht. Dazu bedurfte es im Herbst 1815 erst der per-

■ Leo von Klenze, Porträtphoto, 1856, von Franz Hanfstaengel. München, Stadtmuseum

■ Leo von Klenze, Glyptothek, »Römischer« Wettbewerbsentwurf, Aufriss, 1815, aquarellierte Federzeichnung, 76,5 × 112 cm. München, Staatliche Graphische Sammlung

sönlichen Aufforderung durch Ludwig in Paris. Noch vor seiner Abreise nach München sandte Klenze *drei* Glyptothekentwürfe an Ludwig: einen griechischen, einen römischen (in dessen herber Strenge der Einfluss der französischen Revolutionsarchitektur deutlich wird) und einen im Stil der Renaissance. Die verschiedenen Stile begründet Klenze inhaltlich-historisch, wenn er schreibt, dass »griechische, römische und wahrscheinlich neue Kunstwerke« in dem Bau Platz finden werden. Mit Sicherheit kaschieren die Entwürfe aber auch Klenzes Unsicherheit darüber, was Ludwig unter »im reinsten antiken Stil« verstand. In München wurden die Entwürfe einer Jury vorgelegt – und fielen durch. Doch ernsthaft Sorgen musste Klenze sich nicht machen. Auf Ludwigs Wunsch überarbeitete er seinen griechischen Entwurf und passte ihn der erst jetzt gestellten Forderung nach einer Vierflügelanlage an. Der überarbeitete Entwurf wurde einer Dreierkommission vorgelegt – und fiel erneut durch, woraufhin Ludwig autoritär eingriff und den Entwurf kurzerhand zur Ausführung bestimmte.

Die Grundsteinlegung zur Glyptothek erfolgte im April 1816.

■ Glyptothek. Fassade zum Königsplatz

Viermal musste Klenze seinen Entwurf überarbeiten. Unlösbar war das Problem der Einbindung der beiden von Ludwig geforderten Festsäle. (Es war beliebt, sich Skulpturen nachts bei Fackelschein anzusehen.) Klenze legte die Festsäle in die Mitte des Rundganges, wo sie eine Zäsur bildeten. Weiter kam es zum Streit mit dem Bildhauer und Kunstagenten Ludwigs, Martin von Wagner, über die Art der Beleuchtung – Klenze forderte Seiten-, Wagner Oberlicht – und über die Aufstellung der Skulpturen. Klenze wollte sie nach modernen Kriterien chronologisch aufstellen – von den Ägyptern bis in die eigene Zeit –, nicht, wie Wagner, hierarchisch-thematisch – von den Götter abwärts – und auch nicht nach ästhetischen Gesichtspunkten, wie es in älteren Schlosssammlungen die Regel war. Klenze konnte seine Vorstellungen, und damit die Bildungsidee »Museum«, durchsetzen, die gleichzeitig auch in dem von Karl Friedrich Schinkel errichteten Berliner Alten Museum verwirklicht wurde.

■ Glyptothek. Saal des Diomedes

Die offizielle Eröffnung der Glyptothek fand am 13. Oktober 1830 statt – ohne Ludwig, der sich in Regensburg aufhielt, um am 18. Oktober bei Donaustauf den Grundstein zur Walhalla zu legen. Glyptothek und Walhalla haben gemeinsame, in das Jahr 1806 zurückreichende Wurzeln. Als unfreiwilliger Verbündeter Napoleons war Ludwig nach seiner Parisreise in Berlin eingezogen. Es waren »die Tage von Teutschlands tiefster Schmach«, wie Ludwig sich später gewollt altertümlich ausdrückte, in denen er den Plan zur Walhalla und damit zum damals bedeutendsten deutschen Na-

Mit den drei Stilvarianten für die Glyptothek – griechisch, römisch, Renaissance – lieferte Klenze ein frühes Beispiel historistischer Entwurfspraxis. Auf die gleiche Weise verfuhr Karl Friedrich Schinkel 1823 mit der Friedrich-Werderschen Kirche in Berlin. Auf Wunsch des preußischen Kronprinzen schuf Schinkel neben klassisch-antiken Entwürfen auch gotische Varianten für die Kirche, von denen eine ausgeführt wurde.

tionaldenkmal gefasst hatte, wenige Monate nach dem militärischen und moralischen Zusammenbruch Preußens in der Schlacht von Jena und Auerstedt.

Die ersten Walhallabüsten bestellte Ludwig noch im Januar 1807 bei dem Berliner Bildhauer Johann Gottfried Schadow. Die Wettbewerbsausschreibung erfolgte, zusammen mit der zur Glyptothek, sieben Jahre später. Wiederum erklärte Klenze sich erst nach persönlicher Aufforderung bereit, einen Entwurf zu liefern, der mit denen zur Glyptothek im Dezember 1815 nach München ging. Klenzes Entwurf sah einen Tempelbau nach dem Vorbild des Athener Parthenon vor, der dann, nachdem Klenze auch einen Rundbau nach dem Vorbild des Pantheon in Rom ins Gespräch gebracht hatte, 1830 der Ausführung zugrunde gelegt wurde.

■ Walhalla, Gesamtansicht der Ruhmeshalle bei Donaustauf nahe Regensburg, erbaut 1830–1842 unter Ludwig I. von Bayern.

Die Anlehnung an den Parthenon ist offensichtlich, doch handelt es sich bei der Walhalla um keine Parthenonkopie, sondern um einen zum Teil mit modernsten Mitteln (eiserner Dachstuhl, verglaste Oberlichter) errichteten germanisierten Parthenon. Die Walhalla ruht auf einem hohen Unterbau, in dem Motive altorientalischer und vorgriechischer Architektur aufgenommen sind. Wie der Walhallatempel finden sie ihre Begründung in Klenzes Theorie von der Verwandtschaft der Germanen mit den altorientalischen und antiken Völkern, für die er in der Architekturgeschichte, wie auch in der gerade aufkommenden Indogermanistik, Bestätigung fand. Glyptothek und Walhalla zeigen die absolute Gültigkeit griechischer Architektur im Werk Klenzes. Anders als Schinkel war Klenze weitgehend frei von romantischen und mittelalterlichen Anwandlungen, zeigte sich aber auch resistent gegenüber stilistischen und technischen Neuerungen. So war der eiserne Dachstuhl auch nicht seine Erfindung, sondern die Schinkels aus Berlin.

WALHALL

In der nordischen Mythologie heißt der paradiesische Aufenthaltsort gefallener Krieger »Walhall«. Mit der Benennung des »Ruhmestempels der Deutschen« als Walhalla unterstrich Ludwig dessen nationalen Charakter und setzte ihn von der international geläufigen Pantheonidee ab.

GLYPTOTHEK

BIOGRAPHIE

Leo von Klenze wurde am 28. Februar 1784 in Schladen am Rande des Harzes geboren. 1800 ging er nach Berlin, wo er die Allgemeine Bau-Unterrichts-Anstalt (die spätere Bauakademie) besuchte. Seine wichtigsten Lehrer waren David Gilly, der Vater des berühmten Friedrich Gilly, und der Archäologe Alois Hirt. Wie vor ihm bereits Karl Friedrich Schinkel kopierte auch Klenze nach Zeichnungen Friedrich Gillys. Den Sommer 1803 über hielt Klenze sich in Paris auf. Es folgte eine längere Italienreise 1806/07, die ihn bis nach Paestum in Süditalien führte. Noch in Italien erreichte ihn die Berufung zum Hofarchitekten König Jérôme Bonapartes, eines Bruders Napoleons, nach Kassel. Gebaut hat Klenze in Kassel kaum. Mit dem Sturz Jérômes floh er 1813 aus der Stadt und ging nach München. Politisch gewendet, stellte er sich mit Entwürfen zu Befreiungsdenkmälern dem bayerischen Kronprinzen, dem späteren Ludwig I., und wenig später den Fürsten auf dem Wiener Kongress vor. Erfolg war Klenze nicht beschieden, und er ging Ende 1814 nach Paris, wo ihm Ludwig im Herbst 1815 das Angebot machte, in seine persönlichen Dienste zu treten. Von Ludwig massiv unterstützt, wurde Klenze bereits 1816 zum bayerischen Hofarchitekten und 1818 zum Hofbauintendanten ernannt. Geprägt vom Staatsstil Napoleons, dem Empire, wandte Klenze sich unter dem Einfluss Ludwigs einem der griechisch-römischen Antike verpflichteten Klassizismus zu. Der Ausbau Münchens zum Isar-Athen konnte beginnen. Schwerpunkte der von Ludwig und Klenze gemeinsam vorangetriebenen und sich zum Teil über Jahrzehnte hinziehenden Planungen und Ausführungen waren der neu geschaffene Königsplatz mit Glyptothek (1816), einem Kunstausstellungsgebäude (Entwurf 1830/31) und Königstor (1854); der Odeonsplatz und das untere Ende der Ludwigstraße (1816) sowie die Residenz mit Allerheiligenhofkirche, Königsbau (beide 1826) und Festsaalbau (ab 1832). Weiter errichte Klenze in München die Alte Pinakothek (1826), den Monopteros im Englischen Garten (1832) und die Ruhmeshalle oberhalb der Theresienwiese (1843). Hinzu kamen Wohn- und Palaisbauten. Außerhalb Münchens verantwortete Klenze Um- und Neubauten von Schlössern, Kirchen- und anderen Gebäuden. Nach seinen Entwürfen entstanden die Walhalla bei Donaustauf (1830), die Neue Eremitage in Sankt Petersburg (1839) und die Befreiungshalle in Kelheim (1847). Weiter legte Klenze Entwürfe für ein Königsschloss in Athen (1834/35, auch Stadtplanung) und den Neubau des Berliner Doms (1843) vor. Reisen führten Klenze mehrfach nach Italien, nach Athen und Sankt Petersburg. Zeitlebens nicht immer zu Unrecht angefeindet, starb Klenze am 27. Januar 1864 in München.

AUF DEN PUNKT GEBRACHT

Die Glyptothek gilt als der erste selbstständige Museumsbau in Deutschland. Wegweisend für den nachfolgenden Museumsbau war das in ihm verwirklichte Prinzip des Rundgangs durch die Sammlung sowie die Aufstellung der Sammlungsstücke nicht unter thematischen oder ästhetischen Gesichtspunkten, sondern nach ihrer Chronologie.

DATEN

Der Plan zur Errichtung eines Skulpturenmuseums in München wurde 1806 vom bayerischen Kronprinzen Ludwig gefasst. Die Wettbewerbsausschreibung erfolgte im Februar 1814. Klenze lieferte im Dezember 1815 drei Entwürfe, von denen Ludwig den abgeänderten »griechischen« Entwurf im Frühjahr 1816 zur Ausführung bestimmte, der dann bis September 1818 noch vier Überarbeitungen erfuhr. 1830 war die Glyptothek fertig gestellt. Nach schweren Kriegszerstörungen wurde sie in den alten Formen bis 1972 wiederaufgebaut. Die Innenausstattung wurde nicht rekonstruiert.

EMPFEHLUNGEN

Lesenswert:

Winfried Nerdinger (Hg.): *Leo von Klenze. Architekt zwischen Kunst und Hof 1784–1864*, Katalog, München 2000

Adrian von Buttlar: *Leo von Klenze. Leben – Werk – Vision*, München 1999

Jörg Traeger: *Der Weg nach Walhalla. Denkmallandschaft und Bildungsreise im 19. Jahrhundert*, Regensburg 1987

Glyptothek München 1830–1980, Katalog, München 1980

Eastern State Penitentiary

Philadelphia (1823–1836) · Architekt: John Haviland

Der Einsamkeit ausgesetzt, … denkt (der Gefangene) nach. Allein gelassen, im Angesicht seines Verbrechens, lernt er es zu hassen; und wenn seine Seele noch nicht mit Verbrechen übersättigt ist und so jeden Geschmack an besseren Dingen verloren hat, dann ist es in der Einsamkeit, in der ihn die Reue packt.

Bericht an die französische Regierung 1831 von Alexis de Tocqueville und Gustave de Beaumont nach einem Besuch des Eastern State Penitentiary

John Howard wusste, worüber er in seinem 1777 (deutsch 1780) erschienenen Buch *Der Zustand der Gefängnisse in England und Wales* schrieb. Gefangenschaft hatte er 1756 am eigenen Leib erfahren, und nach seiner Ernennung zum High Sheriff von Bedfordshire 1773 inspizierte er Gefängnisse in seiner Grafschaft, wozu er dienstlich nicht verpflichtet war, und besichtigte Haftanstalten im Ausland. Allerorts traf er auf die gleichen Zustände: feuchte kalte Kerker und Gelasse mit ausgemergelten und kranken Insassen. Gefangenschaft bestand in der Regel in der Aufbewahrung der Angeklagten vor dem Prozess oder vor der Hinrichtung, und sie war Rache. Sie stand dem Bild, das die Aufklärung vom Menschen als einem vernunftbegabten, zum Guten und zur Besserung fähigen Wesen hatte, diametral entgegen. Howards Buch rüttelte auf. Es führte zu, wenn auch zaghaften, Reformen in der englischen Strafgesetzgebung und rief die Architekten auf den Plan. Ausführlich hatte Howard in seinem Buch über das 1775 bei Gent errichtete Maison de Force (Arbeits- und Zuchthaus) berichtet. Der Bau war streng rational organisiert. Den Kern bildete ein achteckiger, von den Gebäuden für die Aufseher eingefasster Hof. Die Zellenflügel gingen sternförmig von den Aufsichtsbauten ab. Wirtschaftstrakte verbanden die Enden der Flügel miteinander und schlossen die Anlage nach außen hin ab. Der Bau war revolutionär, ebenso wie die Unterbringung der Insassen. Getrennt nach Geschlechtern, arbei-

■ Ansicht des Eastern State Penitentiary. Stich, 1831

teten sie tagsüber in Gruppen und wurden nachts in Einzelzellen eingeschlossen. Unverständlich bleibt jedoch, warum Howard in der Genter Maison de Force kein Mustergefängnis sah. Er propagierte einen älteren Typ, wie er zu seiner Zeit mit dem Londoner Newgate-Gefängnis entstand, bei dem die Zellentrakte um mehrere, nicht zentral einsehbare Höfe gruppiert waren. Anders die Architekten, die die Maison de Force aufgriffen und aus ihr das so genannte Radialsystem für den Gefängnisbau entwickelten, bei dem an die Stelle des zentralen Hofs der Überwachungsturm trat, von dem nun die Zellenflügel ausstrahlten. Die Flügel wurden in der Regel nicht mehr miteinander verbunden; das ganze Gefängnis wurde frei stehend auf einem ummauerten Areal errichtet. Anfangs noch in Konkurrenz zum Panoptikumsystem, bei dem die Zellentrakte im Kreis um den Überwachungsturm gelegt wurden, trat das Radialsystem mit dem Eastern State Penitentiary von John Haviland seinen weltweiten Siegeszug an.

■ Blick in einen Gang des Eastern State Penitentiary

Der Boden für einen modernen Gefängnisbau war bei Havilands Ankunft 1816 in Philadelphia, der Hauptstadt des US-amerikanischen Bundesstaats Pennsylvania, bestens vorbereitet. Religiös begründete Humanität und Toleranz waren die ideellen Eckpfeiler des 1682 gegründeten Quäkerstaats. Ideen der Aufklärung, und wohl auch die Schriften Howards, fanden hier rasch Anhänger. 1787 trafen sich im Haus Benjamin Franklins Mitglieder der »Gesellschaft zur Linderung der Missstände in öffentlichen Gefängnissen«. Ihr Ziel war es, in Philadelphia einen Gefängnisbau durchzusetzen, in dem das Prinzip der Besserung an die Stelle des Einsperrens und Aufbewahrens treten sollte. Mehr als dreißig Jahre brauchte die Gesellschaft, um die Regierung von ihrem Vorhaben zu überzeugen. 1821 wurde der Wettbewerb ausgerichtet. Haviland gewann ihn auf Anhieb, doch erhoben sich Widerstände in der Baukommission, sodass es erst 1823 zur Genehmigung des Entwurfs kam. Zu neu und beispiellos war sein Projekt. Ecktürme, Öffnungen wie Schießscharten, Zinnenkränze und eine massive Toranlage gaben dem Eastern State Penitentiary ein wehrhaftes Aussehen. Sieben Zellenflügel wurden errichtet und durch Gänge mit dem Überwa-

Weltweit wurden bis ins 20. Jahrhundert hinein mehr als 300 Gefängnisse nach dem Muster des Eastern State Penitentiary errichtet, darunter La Petite Roquette in Paris, das so genannte Model Prison in Pentonville bei London und Moabit in Berlin.

■ Eastern State Penitentiary, Vogelschau der Gesamtanlage. London, Royal Institute of British Architects

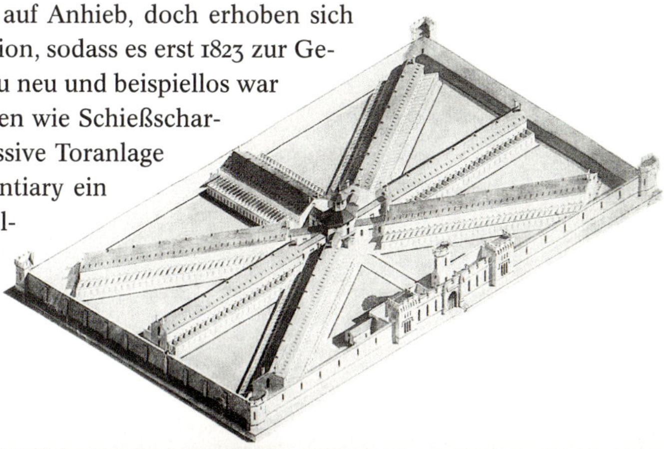

■ Blick in eine Gefängniszelle des Eastern State Penitentiary

chungsturm verbunden. Beiderseits eines Mittelgangs lagen die Zellen. Vor jeder Zelle gab es einen kleinen ummauerten Hof. Tageslicht fiel durch Oberlichter in die Räume. Fenster gab es keine. Die ersten Zellenblöcke wurden 1829 bezogen.

Besserung des Gefangenen war das erklärte Ziel der Quäker-Reformer bei der Errichtung des Eastern State Penitentiary. Zu diesem Zweck erhielt jeder Insasse eine eigene Zelle, die er während der gesamten Gefängniszeit so gut wie nie verließ. Geschah dies doch, dann nur mit übergezogener Kapuze. Der Gefangene war absolut anonym, von der Außenwelt und den Mitgefangenen isoliert. Es gab keine Gemeinschaftsarbeit wie in anderen Gefängnissen, die zwar grundsätzlich unter Sprechverbot erfolgte, aber doch Blick- und andere Kontakte möglich machte. (Spätestens 1834 begannen sich die Gefangenen durch Klopfen an Leitungen untereinander zu verständigten.) Der Verkehr mit den Aufsehern war auf ein Minimum beschränkt. Durch Isolation und Stille sollte der Gefangene zum Nachdenken über sein Verbrechen und zur Reue (engl. penitence, daraus penitentiary) gebracht werden. Gelang dies nicht, so war da immer noch der Schrecken der Isolation, der ihn in Zukunft von Verbrechen abhalten würde. Fanden anfangs Architektur und Haftmethoden des Eastern State Penitentiary höchstes Lob, so war es nach wenigen Jahren nur noch die Architektur. 1842 besuchte Charles Dickens das Gefängnis und schrieb: »Ich bin fest davon überzeugt, dass es von seiner Absicht her gut, menschlich und als Verbesserung gemeint war, aber ich bin ebenso überzeugt, dass diejenigen, die dieses System der Gefängnisdisziplin entwarfen, und die wohlwollenden Gentlemen, die dieses System zur Anwendung bringen, nicht wissen, was sie tun. … Ich halte diese langsame und tägliche Beeinflussung … des Gehirns für unendlich schlimmer als jede körperliche Qual, und weil ihre entsetzlichen Zeichen und Male für das Auge nicht so offensichtlich sind, … prangere (ich) sie umso mehr an«. – 1860 wurde das System der Isolationshaft im Eastern State Penitentiary abgeschafft.

LUXURIÖSE UNTERBRINGUNG 1829–1929

Zu einem Zeitpunkt, als das Weiße Haus in Washington noch ohne fließendes Wasser und nur durch Kaminfeuer zu heizen war, verfügte das Eastern State Penitentiary bereits über eine zentrale Heizungsanlage und Wassertoiletten in jeder Zelle. Dem »Luxus« setzte Al Capone 1929 die Krone auf und ließ seine Zelle mit Antiquitäten, Teppichen und Gemälden ausstatten.

EASTERN STATE PENITENTIARY

BIOGRAPHIE

John Haviland wurde am 15. Dezember 1792 in der Nähe von Taunton im südwestenglischen Somerset geboren. Möglicherweise nach einer praktischen Ausbildung im Baugewerbe wurde Haviland 1811 Lehrling des Londoner Architekten und Architekturschriftstellers James Elmes. Elmes setzte sich theoretisch mit dem Gefängnisbau auseinander und dürfte Havilands Blick als Erster auf diese Bauaufgabe gelenkt haben. Spätestens 1815 lernte Haviland in London den russischen Marineminister Morduinow kennen, der mit dem 1790 verstorbenen Philanthropen und einflussreichen Gefängnisreformer John Howard befreundet gewesen war. Auf Einladung des russischen Marineministers, der ihm wahrscheinlich Hoffnungen auf eine Aufnahme ins kaiserliche Ingenieurcorps machte, ging Haviland 1815 nach Sankt Petersburg. Am Hof Zar Alexanders I. traf Haviland auf den Botschafter und späteren Präsidenten der USA, John Quincy Adams, sowie auf den aus Philadelphia stammenden Admiral und General in russischen Diensten, George von Sonntag. Beide dürften Haviland die Einwanderung in die USA empfohlen haben. 1816 ließ Haviland sich in Philadelphia nieder, wo er eine Schule für architektonisches Zeichnen gründete und, nachdem er 1821 den Wettbewerb zum Eastern State Penitentiary für sich entschieden hatte, zum gefragten Architekten wurde. Parallel zum Eastern State Penitentiary errichte er die Taubstummenanstalt in Philadelphia (heute Philadelphia College of Art), das Franklin Institute (Atwater Kent Museum) und in Pottville die Miners' Bank (zerstört). Hinzu kamen Kirchen und Privathäuser. Überregionale und internationale Bedeutung erlangte Haviland jedoch nur als Gefängnisarchitekt. Sein Radialsystem wurde das maßgebliche Muster für den Gefängnisbau in den USA, Nord- und Mitteleuropa, Japan, China und den britischen Kolonien. Anfang der 1830er Jahre erhielt Haviland den Auftrag, das von seinem Rivalen William Strickland nach dem Panoptikumsystem begonnene Western Penitentiary in Pittsburgh durch einen Bau nach dem Vorbild des Eastern State Penitentiary zu ersetzen. Es folgten, ebenfalls nach dem Vorbild des Eastern State Penitentiary, Gefängnisbauten in Trenton (Staat New York, verändert) und in New York City (»The Tombs«, zerstört). Weiter entwarf Haviland Gefängnisse für Missouri, New Jersey, Arkansas und Louisiana. Ende der 1830er Jahre scheint der Bedarf an Gefängnisgroßbauten an der Ostküste der USA gedeckt gewesen zu sein. Vergeblich bot Haviland seine Dienste in England, Frankreich und Mexiko an. In den 1840er Jahren errichtete er noch mehrere kleinere Gefängnisse in Pennsylvania. Haviland starb am 28. März 1852 in Philadelphia.

DATEN

1821 schrieb die Regierung von Pennsylvania den Wettbewerb für das Eastern State Penitentiary aus. John Haviland ging als Sieger hervor. 1823 wurde mit dem Bau des Gefängnisses begonnen, und 1829 wurden die ersten Zellenblöcke eröffnet. Die Bauarbeiten waren 1836 abgeschlossen. Eine Zelle maß knapp 3 × 4 m. Hinzu kam ein kleiner, etwa 3 m hoch ummauerter Hof. Ursprünglich eingeschossig und für 250 Insassen geplant, wurden die Zellenblöcke ab 1831 zweigeschossig errichtet und die Zahl der Zellen auf 400 erhöht. Ab 1870 entstanden weitere Zellenblöcke. 1971 wurde das Eastern State Penitentiary geschlossen. Ein Verein kümmert sich um den Erhalt des Gefängnisses und bietet Besichtigungen an.

EMPFEHLUNGEN

Lesenswert:

Robin Evans: *The Fabrication of Virtue. English Prison Architecture, 1750–1840*, Cambridge 1982

Michel Foucault: *Überwachen und Strafen. Die Geburt des Gefängnisses*, Frankfurt am Main 2001

Website zum Eastern State Penitentiary:
http://www.easternstate.org

AUF DEN PUNKT GEBRACHT

Das Eastern State Penitentiary war der weltweit einflussreichste Gefängnisbau. Das in ihm verwirklichte Radialsystem mit zentralem Überwachungsturm und sternförmig ausstrahlenden Zellenflügeln fand bis ins 20. Jahrhundert Anwendung.

Bauakademie

Berlin (1832–1836) · Architekt: Karl Friedrich Schinkel

■ Bildnis Karl Friedrich Schinkels, 1832, von Carl Friedrich Ludwig Schmid, Öl auf Leinwand, Rundbild, Durchmesser 48 cm. Berlin, Staatliche Museen Preußischer Kulturbesitz, Nationalgalerie

Die Bauakademie war ihrer Zeit ebenso voraus wie die Faguswerke in Alfeld an der Leine oder das Bauhaus in Dessau von Walter Gropius im 20. Jahrhundert.

Anfang 1826 bat Karl Friedrich Schinkel seinen obersten Dienstherrn König Friedrich Wilhelm III. von Preußen um die Erlaubnis, nach Paris und London zu reisen. Wie Leo von Klenze in München, war auch Schinkel in Berlin mit der Errichtung eines Museums befasst (dem Alten Museum am Lustgarten), für dessen Einrichtung er sich im ehemaligen Musée Napoléon, in den Londoner Sammlungen und im gerade begonnenen Neubau des British Museum Anregungen holen wollte. Doch lieferte der Berliner Museumsbau nur den äußeren Anlass für die Reise. Im Vordergrund stand Schinkels Wunsch, England, das modernste und auf wirtschaftlichem Gebiet führende Land Europas kennen zu lernen. Im April brach Schinkel zusammen mit dem Leiter des Berliner Gewerbeinstituts, Peter Christian Beuth, auf; aber was anfangs noch durchaus den Charakter einer »Grand Tour« hatte, wurde nach dem Besuch Londons für Schinkel zu einer Studienreise auf dem Gebiet der Technik und des Industriebaus. Nicht die alten Städte Englands, Landhäuser oder große Kunstsammlungen bestimmten die weitere Reiseroute, sondern die frühen Industriestandorte mit ihren Fabriken und Manufakturen. Schinkel und Beuth waren jedoch nicht überall gern gesehene Gäste. Zu einigen Produktionsstätten wurde ihnen der Zutritt verwehrt – nicht ganz zu Unrecht, dürfte gelegentlich Industriespionage vermutet worden sein. Doch wo überhaupt nur möglich, sog Schinkel die bautechnischen und konstruktiven Neuerungen auf, besonders den Einsatz von Eisen und Glas am Bau, wovon die Skizzen, Beschreibungen und Kommentare in seinem Tagebuch zeugen. Den Bauten selbst stand er jedoch zwiespältig gegenüber. Erschienen ihm die Schornsteine der Eisenwerke von Dudley bei Birmingham noch als ein »grandioser Anblick von Tausenden Obelisken« (Tagebuch, 20. Juni 1826), so verwarf er die Fabrikbauten Manchesters als »ungeheure Baumasse von nur Werkmeistern ohne Architektur und fürs nackteste Bedürfnis allein … aufgeführt« (17. Juli).

Im August kehrten Schinkel und Beuth nach Berlin zurück. Von den Anregungen, die Schinkel für den Berliner Museumsbau bekommen hatte, konnte er kaum eine umsetzen. Aus Kostengrün-

■ *Bauakademie*. Gemälde, 1868, von Eduard Gaertner, Öl auf Leinwand

den lehnte der König die meisten Änderungswünsche ab. Anders sah es mit den in den Fabriken beobachteten neuen Baumethoden aus. Sie sollten Schinkel nicht mehr loslassen und in seinem – nach Neuer Wache, Schauspielhaus, Friedrich-Werderscher Kirche und Museum – fünften wichtigen Bau im Zentrum Berlins, der Bauakademie, mustergültig eingesetzt werden. Eine Allgemeine Bau-Unterrichts-Anstalt war bereits 1799 in Berlin gegründet worden, aus der mit Schinkel und Klenze zwei der bedeutendsten Architekten der ersten Hälfte des 19. Jahrhunderts hervorgegangen waren. Jahrzehntelang war sie nur beengt und provisorisch untergebracht. Der Plan zur Errichtung eines eigenen Gebäudes entstand erst mit der Ernennung Schinkels zum Oberbaudirektor 1830 und der Ernennung Beuths zum Direktor der Bau-Unterrichts-Anstalt 1831. Erstaunlich schnell, innerhalb nicht einmal eines Monats, stimmte der sonst eher zögerliche Friedrich Wilhelm III. im März 1831 den Entwürfen Schinkels zu, die dann in überarbeiteter Form dem Bau zugrunde gelegt

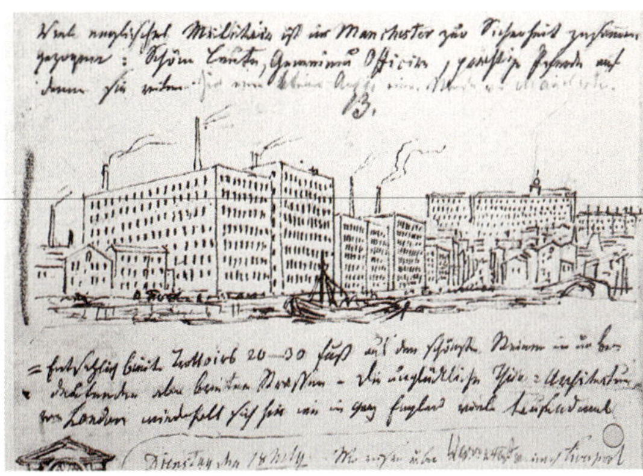

■ Karl Friedrich Schinkel, Baumwollspinnereien in Manchester, aus dem Tagebuch der Englandreise, Juli 1826

■ *Die Königliche Bau-Akademie in Berlin.* Blick von der Schlossfreiheit über die Spree auf Bauakademie und Friedrich-Werdersche Kirche. Farblithographie, um 1850, von Ludwig Eduard Lütke

wurden. Der Bauverlauf und die Bautechnik dürfte das interessierte Publikum in Staunen versetzt haben. Phantastische Züge muss der Rohbau besessen haben, denn die Bauakademie entstand nicht, wie sonst üblich, als Mauerwerks-, sondern als Gerüst- oder Skelettbau. Als Erstes wurden die tragenden Pfeiler über ein dem Bau zugrunde gelegtes quadratisches Raster bis zum Abschlussgesims in Höhe des vierten Stocks aufgemauert. Ein System von Bogen und dem Schub entgegenwirkenden eisernen Verstrebungen versteifte die Pfeiler und gab ihnen Halt. Erst als dieses Trägergerüst stand, wurden die Decken und die nicht tragenden Füllwände eingezogen. Ganz am Schluss fügte man die Fensterrahmungen aus Terrakotta ein und verkleidete den Bau mit Ziegeln. Konsequent zeichnete sich an den vier gleich gestalteten Fassaden der Bauakademie die Konstruktion ab. Die vordere Schicht bildeten die Pfeiler. Mit dem Sockel durch die über sie hinweglaufenden Streifen aus violett glasierten Ziegeln verschmolzen, verliefen sie vor den drei übrigen Geschossen und wurden erst wieder durch das Abschlussgesims an den Bau gebunden. Hochrechteckig gerahmte Felder auf den Stirnseiten der Pfeiler betonten das Aufsteigen, quadratisch gerahmte das Aufliegen der Decken, deren genaue Lage Schinkel durch hinter den Pfeilern verlaufende Gesimse aus übereck gemauerten Ziegeln markierte. In dieses Gerüst war die Wand eingespannt. Horizontale Streifen aus glasierten Ziegeln gaben der Wand einen »textilen« Charakter, ließen sie schwerelos erscheinen und erweckten den Eindruck, als

■ Karl Friedrich Schinkel, Lageplan, Grundrisse und Schnitt. Aus: Karl Friedrich Schinkel, *Sammlung architektonischer Entwürfe*, 1833

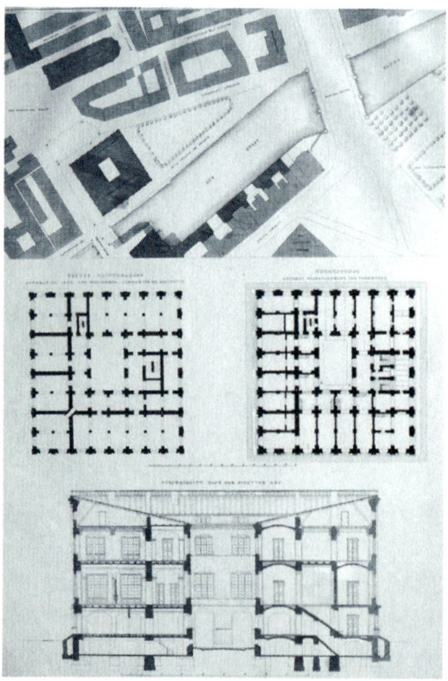

verlaufe die Wand hinter den Pfeilern durch.

Obwohl die Bauakademie frei von historischen Zitaten und Anspielungen ist, hat sie doch ihre Vorbilder in der Architekturgeschichte. Ihr an die Seite zu stellen wäre etwa Norwich Castle, ein dem Londoner Tower vergleichbarer Bau aus dem 12. Jahrhundert. Schinkel kannte Norwich Castle nicht aus eigener Anschauung, doch zeichnete er es 1826 nach einem Stich.

Mit der Bauakademie schuf Schinkel einen »Zweckbau« wie die englischen Industriebauten und zeigte gleichzeitig, dass solch ein Bau, frei von historischen Zitaten und Anspielungen, nicht zwangsläufig »ohne Architektur und (nur) fürs nackteste Bedürfnis« sein muss. Anders als das Museum am Lustgarten – nach der damaligen Terminologie ein »Werk der höheren Baukunst« – bestimmten das Erscheinungsbild der Bauakademie die nach außen gekehrte Konstruktion und das Material, die Ziegel. Schinkel wollte den mit der Bauakademie eingeschlagenen Weg weiterverfolgen, was nicht nur der 1829 hinter dem Museum errichtete Packhof und die Entwürfe zu einer Bibliothek von 1835 beweisen, sondern auch die thematische Wendung, die sein *Architektonisches Lehrbuch* um 1830 nahm. Mit der Arbeit an dem (nie abgeschlossenen) Lehrbuch hatte Schinkel 1804 auf seiner ersten Italienreise begonnen. Nach längerer Pause nahm er sie, während das Museum im Bau war, wieder auf. Es entstand die »klassizistische Fassung«, der sich um 1830 die »technizistische Konzeption« anschloss, in der hinter Sätzen wie »Jedes Kunstwerk, welcher Art es auch sei, muss eigentlich immer ein neues Element, ein lebendiges Mehr in der Kunstwelt enthalten« oder »In der Architektur muss alles wahr

■ Blick vom Stadtschloss auf den Lustgarten und das Alte Museum. Photographie, koloriert, 1898

Schinkel verschloss nicht die Augen vor den negativen Auswirkungen des extremen Wirtschaftsliberalismus. Über den Geburtsort des »Manchestertums« berichtet er in seinem Reisetagebuch (17. Juli 1826) von 6000 entlassenen Arbeitern, die auf Kosten der Stadt nach Irland zurückgebracht werden sollten, von 16-stündigen Arbeitstagen bei Hungerlöhnen und von Fabrikanlagen, die 500 000 Pfund gekostet und nunmehr nur noch 5000 Pfund wert seien. Auch registrierte er die mit der Industrialisierung einhergehende Umweltverschmutzung.

sein, jedes Maskieren, Verstecken der Konstruktion ist ein Fehler« unverkennbar die Bauakademie steht. Gerade durch die Visualisierung der Konstruktion und deren Nicht-»Verstecken« hatte Schinkel ihr ein »lebendiges Mehr« gegeben. Allerdings wollte Schinkels »Mitstreiter«, der preußische Kronprinz Friedrich Wilhelm, »seinem« Architekten hier nicht folgen und bog die »technizistische Konzeption« des Lehrbuchs um. Friedrich Wilhelm war architektonisch ambitioniert, nahm auf zahlreiche Projekte Schinkels Einfluss und regte auch selbst mehrere an. Das höchste Ziel beim Bauen war für ihn, den zukünftigen König Preußens, mit Hilfe von »höherer Architektur« Sinnbilder für Macht und Herrschaft zu liefern. So besteht denn auch die 1835 unter dem Einfluss Friedrich Wilhelms entstandene letzte, so genannte »legitimistische Fassung« des *Architektonischen Lehrbuchs* einzig aus dem Entwurf zur Residenz eines Fürsten. Der Residenz sind die beiden anderen großen, ebenfalls im Auftrag Friedrich Wilhelms in den 1830er Jahren entstandenen utopischen Projekte Schinkels an die Seite zu stellen – der Entwurf zu einem Schloss für Otto von Griechenland auf der Athener Akropolis und der zu einem Zarenschloss auf der Krim. Gemeinsam ist den Projekten, dass sie ohne den Einsatz moderner Konstruktionsmethoden nicht zu errichten gewesen wären; doch nichts lag Friedrich Wilhelm – und seiner Zeit – ferner, als diese zu veranschaulichen.

■ Bauakademie. Ansicht des nordöstlichen Eckstücks der im Jahr 2000 wiederaufgebauten Musterfassade. Im Vordergrund das Denkmal von Karl Friedrich Schinkel, im Hintergund der Neubau des Auswärtigen Amtes

BAUAKADEMIE

BIOGRAPHIE

Karl Friedrich Schinkel wurde am 13. März 1781 in Neuruppin nordwestlich von Berlin geboren. 1794, der Vater war bereits gestorben, zog die Mutter mit ihren Kindern nach Berlin, wo Schinkel das Gymnasium zum Grauen Kloster besuchte. Unter dem Eindruck von Friedrich Gillys Entwurf zu einem Denkmal Friedrichs des Großen traf Schinkel 1797 den Entschluss, Architekt zu werden, und wurde Schüler des Vaters von Friedrich Gilly, David Gilly. 1799 trat Schinkel in die Allgemeine Bau-Unterrichts-Anstalt ein (die spätere Bauakademie). Wie wenig später auch Leo von Klenze kopierte Schinkel nach Zeichnungen Friedrich Gillys und führte nach dessen Tod 1800 seine Bauten fort. Mit Ausnahme des Pomona-Tempels (ein Gartenhaus) bei Potsdam gelangte von den eigenen Entwürfen Schinkels zu dieser Zeit kaum einer zur Ausführung. Von 1803 bis 1805 reiste Schinkel nach Italien. Bei seiner Rückkehr lag das preußische Bauwesen fast ganz danieder; Grund waren die napoleonischen Kriege. Bis 1815 wandte Schinkel sich dem Malen von monumentalen Bildern (Dioramen) zu, in denen historische Ereignisse, Stadtansichten und anderes einem zahlenden Publikum in Begleitung von Musik und Beleuchtung vorgeführt wurden; 1809 kamen Tafelbilder hinzu (häufig gotische Dome in Landschaften) und ab 1816 Bühnenbilder, von denen gleich das erste (zur Zauberflöte) das berühmteste wurde. Seine Tätigkeit als Maler beendete Schinkel 1830. Er war 1810 in der preußischen Bauverwaltung angestellt worden, zu deren Leiter er bis 1830 aufstieg. Seinen Durchbruch als Architekt schaffte Schinkel 1816 mit der Unter den Linden errichteten Neuen Wache. Sie eröffnete die Folge von Bauten, mit der Schinkel das Zentrum Berlins – wie Klenze München – zum Spree-Athen umprägte: Schauspielhaus am Gendarmenmarkt (1818), Schlossbrücke (1819), Museum am Lustgarten (1823), Friedrich-Werdersche Kirche (1824), Packhof auf der Museumsinsel (1829; abgerissen) und Bauakademie (1832). Hinzu kamen Palaisbauten in der Wilhelmstraße (sämtlich zerstört) und Kirchenbauten, vor allem im Wedding. Am Rande Berlins und in Potsdam entstanden Schloss Tegel, Glienicke, Babelsberg und im Park von Sanssouci Charlottenhof sowie zahlreiche weitere Bauten. Als Leiter der Bauverwaltung nahm Schinkel darüber hinaus Einfluss auf das Bauwesen sämtlicher Provinzen Preußens vom Rhein bis nach Königsberg. Reisen führten ihn 1824 erneut nach Italien und 1826 nach England. Auf Wunsch des preußischen Kronprinzen Friedrich Wilhelm entstanden in den 1830er Jahren die (utopischen) Entwürfe zu einem Schloss auf der Athener Akropolis, der Residenz eines Fürsten und zum Schloss Orianda auf der Krim. Schinkel starb nach längerer Krankheit am 9. Oktober 1841 in Berlin.

AUF DEN PUNKT GEBRACHT

Die Bauakademie kommt ohne historische Zitate und Anleihen aus. Die Konstruktion ist in der Fassade visualisiert und das Material sichtbar belassen, wodurch die Bauakademie zum prä-modernen, auf die Moderne des 20. Jahrhunderts weisenden Bau wurde.

DATEN

Die Bauakademie wurde von 1832 bis 1836 als Sitz der preußischen Bauverwaltung (Oberbaudeputation) und der Allgemeinen Bau-Unterrichts-Anstalt errichtet. 1848 zog die Bauverwaltung aus, 1879 auch die Bau-Unterrichts-Anstalt, die in der Berliner Technischen Universität aufging. Es folgten verschiedene Nutzungen. Nach schweren Schäden 1945 wurde 1952 mit dem Wiederaufbau der Bauakademie begonnen. 1961/62 erfolgte der Abbruch zugunsten des Außenministeriums der DDR. 1995 ereilte das Ministerium das gleiche Schicksal. Zwischenzeitlich ist eine Ecke der Bauakademie wiederaufgebaut. Der vollständige Wiederaufbau wird diskutiert.

EMPFEHLUNGEN

Lesenswert:

Andreas Haus: *Karl Friedrich Schinkel als Künstler. Annäherung und Kommentar*, Berlin 2001

Harald Bodenschatz: *»Der rote Kasten«. Zu Bedeutung, Wirkung und Zukunft von Schinkels Bauakademie*, Berlin 1996

Jonas Geist: *Die Bauakademie. Eine Vergegenwärtigung*, Frankfurt/Main 1993

Houses of Parliament

London (1840–1865) · Architekt: Sir Charles Barry · Mitarbeit: Augustus Welby Pugin

■ Bildnis Sir Charles Barrys, 1849, von Henry William Pickersgill, Öl auf Leinwand. London, Palace of Westminster (Houses of Parliament)

In Westminster, in sicherer Entfernung von den Bewohnern der Londoner City, errichtete Eduard der Bekenner im 11. Jahrhundert seinen Regierungspalast. Mehrfach erweitert und umgebaut, brannte Westminster Palace unter Heinrich VIII. 1512 erstmals ab. Heinrich zog nach Whitehall, doch behielt das nur notdürftig wieder aufgebaute Westminster den Status eines königlichen Palastes und blieb Sitz des Parlaments. Als Tagungsorte im Westminster Palace wurden dem »House of Lords« (Oberhaus) die so genannte »White Chamber« zugewiesen und der Vertretung der Städte und Grafschaften, dem »House of Commons« (Unterhaus), die alte St. Stephen's Chapel. Länger als 300 Jahre hatte dieses Provisorium Bestand, an dem sich, wie es scheint, nur gelegentlich Architekten gestört haben, wie etwa Robert und James Adam, die um 1762 den Entwurf zu einem Neubau schufen. Zu stark war die Geschichte des Parlaments, und damit Englands und Großbritanniens, mit dem Palace und seinen Bauten verbunden. Zwar waren immer wieder Um- und Anbauten vorgenommen worden, zuletzt von John Soane, dem Clerk of the Works (Baumeister) von Westminster Palace ab 1791; auch wurden Anfang der 1830er Jahre Wünsche nach einem neuen Unterhaus laut – doch einen kompletten Neubau dürfte bis zum Brand vom 16. Oktober 1834 niemand für möglich gehalten haben. Das verheerende Feuer brach am späten Nachmittag aus, fraß sich rasend schnell durch den Gebäudekomplex und verschonte nur die mittelalterliche Westminster Hall. Der Rest wurde bis auf die Mauern zerstört. In sicherer Entfernung vom gegenüberliegenden Ufer der Themse aus beobachteten die Londoner den nächtlichen Brand ihres Parlaments. Unter ihnen befanden sich auch der Maler William Turner und der Architekt Charles Barry. Turner hielt den Brand in einem Gemälde fest. Fasziniert von dem Licht, zeigt er die Themse und die Westminster Bridge im Widerschein des Feuers, aus dem nur schemenhaft die Chorwand der St. Stephen's Chapel und die Türme der Westminster Abbey ragen. Ganz anders reagierte Barry auf den Brand. Er war Realist, erkannte die einmalige Gelegenheit, nahm einen Briefumschlag und skizzierte auf der Rückseite den

Nun, Gentlemen; nun, ihr jungen Architekten, da ist eine einmalige Chance für Sie; das Haus des Parlaments steht in Flammen.

Der Pförtner der Royal Academy am Abend des Brands zu Studenten

■ Die Gebäude der Houses of Parliament vor dem Brand. Westminster Hall und Westminster Abbey (hinten links). Radierung, um 1650, von Wenzel Hollar

ersten Entwurf zum Neubau des Parlaments. Mit der Zerstörung des Westminster Palace war der Regierungssitz der führenden Industrienation und größten Kolonialmacht der Welt neu zu errichten – eine Chance, wie es sie seit dem Bau der St. Paul's Cathedral für Architekten in England nicht mehr gegeben hatte.

Sehr schnell wurde der Neubau des Westminster Palace, oder den Houses of Parliament, zu einer nationalen Angelegenheit, und ein Aufschrei ging durch die Presse, als im Februar 1835 das Gerücht in Umlauf kam, Robert Smirke habe bereits einen Neubau entworfen. Ob es nun die Befürchtung war, Smirkes Entwurf könnte, wie sein British Museum, im Stil des Greek Revival gehalten sein, oder ob man die Art der Auftragsvergabe für die Aufgabe nicht angemessen und unzeitgemäß hielt – einhellig forderte die Presse einen offenen und anonymen Wettbewerb. Das Parlament folgte der Forderung und schrieb im Juni einen Wettbewerb aus, an dem sich jeder Architekt mit einem namentlich nicht zu kennzeichnenden Entwurf beteiligen konnte. Festgelegt

■ Houses of Parliament, London. Photopostkarte, koloriert, um 1910

■ Houses of Parliament. Big Ben (errichtet 1858/59). Teilansicht mit Uhren

waren der Bauplatz und der Stil. Entweder in der als national verstandenen (Tudor-)Gotik oder – in Anspielung auf den Aufstieg Englands zur Weltmacht – im Stil der Zeit Elisabeths I. waren die Houses of Parliament zu errichten. 97 Entwürfe lagen bei Wettbewerbsschluss am 1. Dezember vor. Wie es bei Wettbewerben ohne Zulassungsbeschränkung üblich werden sollte, waren unter den Einreichungen zahlreiche Beiträge von jungen und unbedeutenden Architekten, die in der Anonymität ihre Chance zum Durchbruch sahen. Gelegentlich gelang ihnen dies auch, doch den ersten Preis bei den Houses of Parliament trug der Entwurf des etablierten Architekten Charles Barry davon. Seinen Sieg verdankte Barry zu einem guten Teil der Mitarbeit des Gotikspezialisten Augustus Welby Pugin. Barry selbst war alles andere als ein Fachmann in historischen Stilen, die er grundsätzlich intuitiv und nicht nach eingehendem Detailstudium anwandte. Treffend bringt Pugin dann auch die Aufgabenverteilung in seinem saloppen Kommentar zu den Houses of Parliament zum Ausdruck: »… alles griechisch, Sir; Tudor-Dekor an einem klassischen Baukörper«. Pugin war für alles vom Fassadendetail bis zur Gestaltung der Tintenfässer verantwortlich, Barry für die Raumaufteilung und die Verteilung der Baumassen.

Klassisch ist die Anordnung der Haupträume auf der Mittelachse und die Gliederung der Themsefront. Die Mitte ist betont, und Kopfbauten fassen sie ein. Im Zusammenspiel mit den Türmen ist sie Abbild des englischen Parlamentarismus. Die Kopfbauten deuten die Eckpfeiler britischer Politik an, das »House of Lords« und das »House of Commons«. Hinter der betonten Fassadenmitte liegen die Lobbys der Häuser und die gemeinsame »Central Lobby«, deren Turm, dem Vierungsturm einer englischen Kathedrale gleich, aus dem Baukörper ragt. Zwei weitere Türme bestimmen die Silhouette. Zum einen ist es der in Richtung Buckingham Palace (seit 1837 Stadtresidenz) gelegene Victoria Tower auf der Seite der Lords. In ihm klingen Erinnerungen an den White Tower Wilhelms des Eroberers nach. Zum anderen ist es der zur City und damit zum bürgerlichen Zentrum gelegene »moderne« Uhrturm Big Ben auf der Seite der Commons. Hinzu kommen die den Bau umspannende und ihn durchziehende Gotik als Symbol nationaler Einheit und der das Zentrum einnehmende Vierungsturm als Zeichen der Einheit im Glauben.

DIE BRANDURSACHE

Reichlich verspätet, erst 1826, war man im Parlament dazu übergegangen, die Finanzbuchhaltung mit dem mittelalterlichen Kerbholzsystem (Einnahmen und Ausgaben wurden durch Kerbungen in Holzstöckchen angegeben) durch modernere Buchführungsmethoden zu ersetzten. Beim Verbrennen der alten Kerbhölzer geriet das Feuer außer Kontrolle, griff auf Stapel der alten Hölzer und schließlich auf den ganzen Bau über.

HOUSES OF PARLIAMENT

BIOGRAPHIE

Charles Barry wurde am 23. Mai 1795 in London als Sohn eines Schreibwarenhändlers geboren. Seine schulische Ausbildung beschränkte sich auf das Notwendigste. 1810 begann er eine Lehre in einem mittelmäßigen Londoner Architekturbüro, wo ihm kaum mehr als die praktischen Grundlagen seines späteren Berufs vermittelt wurden. An Selbstbewusstsein mangelte es ihm jedoch nicht. Mit dem wichtigsten englischen Architekten um 1800, John Soane, und dessen Schüler Robert Smirke, beide dem Klassizismus zuzurechnen, wollte er konkurrieren. Eine Erbschaft ermöglichte Barry 1817 eine Mittelmeerreise, die ihn über Paris nach Rom, Athen, Konstantinopel (Istanbul), Ägypten und Palästina führte. 1820 kehrte er nach London zurück. Kontakte, die er auf seiner Reise geknüpft hatte, verschafften ihm 1821 den Auftrag zu zwei Kirchenbauten in Manchester, denen 1823 der Auftrag zur St. Peter's Church in Brighton folgte. Entstanden die Kirchen in einer freien, wenig an den mittelalterlichen Vorbildern geschulten Gotik, so errichtete Barry ab 1824 das heutige städtische Museum in Manchester im Greek Revival, einer Spielart des englischen Klassizismus. Wenig später begann er sich der italienischen Renaissance zuzuwenden. Für die Edward VI Grammar School (zerstört) in Birmingham war 1832 wieder Gotik gefordert. Wie in die anderen Stile hatte Barry sich nun auch gut in die Gotik eingearbeitet, doch fiel es ihm nach wie vor schwer, ihr sklavisch bis ins Detail zu folgen, sodass er im Frühjahr 1835 den Gotikspezialisten Augustus W. N. Pugin hinzuzog und ihm Entwurfdetails und Ausstattung übertrug. 1836 ging Barry als Sieger aus dem Wettbewerb zum Neubau des Palace of Westminster, bekannter als Houses of Parliament, hervor. Wie der Entwurf entstand auch der 1840 begonnene neugotische Bau in enger Zusammenarbeit mit Pugin, der wiederum für die Details und die Ausstattung verantwortlich zeichnete. Während die Houses of Parliament im Bau waren, stieg Barry zu einem bevorzugten Architekten des Adels auf. Nach dem Vorbild des elisabethanischen Landhauses Wollaton errichtete Barry ab 1837 Highclere Castle in Hampshire. In anderen Land- und Stadthäusern, etwa dem Reform Club auf der Pall Mall in London von 1841, adaptierte Barry die italienische Renaissance, ohne den Umweg über das Elisabethanische zu gehen. Zwangsläufig musste sein Blick so auf Inigo Jones und Christopher Wren fallen, deren Architektur er in seiner Jugend vehement abgelehnt hatte. Unverkennbar »Wren« ist das Rathaus von Halifax in West Yorkshire, Barrys letzter, von seinem Sohn Edward M. Barry vollendeter Bau. Hoch geehrt, starb Charles Barry am 12. Mai 1860 in London.

DATEN

Die Houses of Parliament wurden von 1840 bis 1865 von Charles Barry unter Mitarbeit von Augustus Welby Pugin errichtet. Kleinere Arbeiten führte nach Barrys Tod 1860 sein Sohn Edward M. Barry durch. Die Ausstattungsarbeiten zogen sich bis in die 1880er Jahre hin. Das Parlamentsgebäude beinhaltet mehr als 1000 Räume und 3 km Flure. Bomben zerstörten 1941 das House of Commons. Leicht abgewandelt wurde es bis 1950 wieder aufgebaut.

EMPFEHLUNGEN

Lesenswert:

Christine Riding, Jacqueline Riding: *The Houses of Parliament. History – Art – Architecture*, London 2000

Robert Cooke: *The Palace of Westminster – Houses of Parliament*, London 1987

AUF DEN PUNKT GEBRACHT

Wie im Versailles Ludwigs XIV. das absolutistische System zum Ausdruck gebracht ist, so zeigt sich in den Houses of Parliament der in Jahrhunderten gewachsene englische Parlamentarismus. Die als »englisch« verstandene Gotik des Baus steht für die Nation und veranschaulicht das einende Band, innerhalb dessen die politische Auseinandersetzung stattfindet.

Albert Dock Warehouses

Liverpool (1841–1846) · Ingenieur-Architekt: Jesse Hartley

Am 19. Juli 1843 wurde das zu seiner Zeit größte Dampfschiff der Erde, die Great Britain, in Bristol vom Stapel gelassen. Der Konstrukteur des Schiffes, dessen eiserner Rumpf 98 Meter in der Länge und 15 Meter in der Breite maß, war der Ingenieur Isambard Kingdom Brunel, der nicht nur als Schiffs-, sondern auch als Brücken- und Tunnelbauer einen hervorragenden Ruf genoss. Er konstruierte die Clifton-Hängebrücke bei Bristol, leitete den Bau der Great-Western-Eisenbahn von London nach Bristol und saß 1850/51 in der Baukommission für den Londoner Kristallpalast. Brunel war Ingenieur, kein Architekt, und hatte sich ganz dem modernen Industrie- und Zweckbau verschrieben. Seine Great Britain warf jedoch ein Problem auf. Sie war schlichtweg zu groß für die Docks des Hafens von Bristol. Die Schiffseigner wichen auf Liverpool, eine der wichtigsten Hafenstädte des 19. Jahrhunderts, aus, von wo aus die Great Britian im Linienverkehr nach New York eingesetzt wurde. Seinen Aufstieg verdankte Liverpool in erster Linie dem Nordamerikahandel. In Liverpool landete die Baumwolle an, die in Manchester und Leeds verarbeitet und als Fertigprodukt wieder exportiert wurde. Die ersten Docks, schützende Becken zum Be- und Entladen der Schiffe, waren in Liverpool bereits um 1750 entstanden. Lagerhäuser in Nähe der Docks gab es hier, wie auch in anderen Hafenstädten, lange Zeit nicht. Eine kleine Sensation war da die Errichtung des St. Katharine's Dock in London, östlich des Towers, wo der Ingenieur Thomas Telford und der Architekt Philip Hardwick erstmals Lagerhäuser direkt am Kai bauten.

■ Luftaufnahme der Albert Dock Warehouses

Mit dem Bau des St. Katharine's Dock war 1824 begonnen worden. Im gleichen Jahr erfolgte die überraschende Berufung Jesse Hartleys zum Dock-Ingenieur und Hafenbaumeister von Liverpool. Hartley, der keinerlei Erfahrungen im Wasserbau hatte, machte sich sofort ans Werk und legte noch 1824 einen Plan zur Verbesserung und Erweiterung der Li-

verpooler Hafen- und Dockanlagen vor. Der Plan bildete die Grundlage für die Errichtung des Clarence Dock 1830, des ersten allein Dampfschiffen vorbehaltenen Liverpooler Docks. Aus Sicherheitsgründen legte Hartley es in einiger Entfernung zu den alten Dockanlagen an. Es folgte das Brunswick Dock und bis 1836 die Verbindung des Clarence Dock mit den alten Anlagen über Waterloo, Trafalgar und Victoria Dock. Nach 1836 kam der Dockbau in Liverpool für einige Jahre zum Erliegen. Etwas für Liverpool Neues entstand dann mit dem Albert Dock und seinen Warehouses (Lagerhäusern). Neu war, dass auf die Waren, solange sie im Dock blieben, kein Zoll erhoben wurde. Neu war aber auch der Stellenwert, den Hartley der Feuersicherheit und – in Anlehnung an die Lagerhäuser des St. Katharine's Dock in London – der Architektur und Gestaltung der gesamten Anlage beimaß. So ließ er vor Baubeginn Brandversuche durchführen, um festzustellen, wie lange eine eiserne Deckenverkleidung unter einem hölzernen Fußboden Feuer standhält; vierzig Minuten war das Ergebnis. Offensichtlich nicht lange genug, denn Hartley verwandte bei den Albert Dock Warehouses ausschließlich Naturstein, Ziegel und Eisen als Baumaterialien. 1841 wurde mit den Bauarbeiten zum Albert Dock begonnen. An die 14 000 Fundamentpfähle waren in den Boden zu rammen. Um sich Rat hinsichtlich der Lage und inneren Organisation der Lagerhäuser zu holen, schaltete Hartley 1843 Hardwick ein. Zeit war Geld. Möglichst ohne großen Kraftaufwand, schnell und reibungslos waren die anlandende Baumwolle, der Tabak und der Rum zu löschen und in die fünfgeschossigen Lagerhäuser einzubringen. Die Wege hat-

■ Außenansicht der Albert Dock Warehouses

Mit den Albert Dock Warehouses zeigte Jesse Hartley, dass auch Zweckbauten mit künstlerischem Anspruch errichtet werden können. Kommerziell waren die Albert Dock Warehouses kein Erfolg. Bereits bei ihrer Eröffnung erwiesen sich die Einfahrten als zu klein für Überseeschiffe.

■ Innenansicht der Albert Dock Warehouses

ten kurz zu sein, und ebenso schnell und reibungslos wie eingebracht sollten die Güter die Lagerhäuser zum Weitertransport auf dem Landweg verlassen können. Wie Hardwick in London, rückte auch Hartley die fünf Lagerhäuser des Albert Dock bis unmittelbar an die Kais und legte im Erdgeschoss einen Gang an, wobei hier wie dort gusseiserne Säulen die Last des aufragenden Mauerwerks übernehmen. Das Heranrücken an den Kai, der Gang und die auffälligen Bögen in den Kolonnaden (nur beim Albert Dock) sind praktisch begründet. So wurde es möglich, Güter über Kranbalken direkt vom Schiff in die oberen Geschosse der Lagerhäuser zu schaffen, zwischen den Schiffen und Lagerhäusern schnell zu kommunizieren und am Boden schwenkbare Kräne einzusetzen. Tore und Luken an der Rückseite ermöglichten die einfache Verladung auf Wagen und Fuhrwerke und den Weitertransport auf dem Landweg.

Die Albert Dock Warehouses sind Zweckbauten *und* anspruchsvolle Architekturen in einem. Historische Anleihen sind so gut wie keine zu finden. Als Gestaltungsmittel zog Hartley nur ein ihm vom Zweck vorgegebenes Mittel heran: die Fenster- und Lukenöffnungen. Allein mit ihrer Stellung, mal gebündelt, mal weiter im Abstand, verstand er es, die Fassaden zu gliedern und ihnen Spannung zu verleihen. Besondere Bedeutung kamen dabei den Bogenöffnungen in den Kolonnaden zu. Sie gaben den Rhythmus der Dockfassaden vor. Über den Bogenscheiteln stehen Luken, die dadurch, dass sie bis auf den Boden reichen, vertikale Akzente setzen und die Fassaden abschnittsweise zentrieren. Die Lagerhausblöcke werden als Reihung von Häusern wahrgenommen, wobei ein »Haus« in der Regel einem durch Brandschutzmauern abgetrennten Abschnitt eines Blocks entsprach. Hartley zeigte, dass Zweckbauten nicht zwangsläufig als »ungeheure Baumasse ... fürs nackteste Bedürfnis allein« errichtet werden müssen, wie Karl Friedrich Schinkel zwanzig Jahre vor Inbetriebnahme des Docks vernichtend über die Fabrikbauten Manchesters geurteilt hatte. Doch die Entwicklung nahm andere Wege. Für die großen Überseeschiffe bereits bei der Eröffnung zu klein, blieben architektonisch gestaltete Zweckbauten wie die Albert Dock Warehouses die Ausnahme.

PRINZ ALBERT

Liberal erzogen und allem Neuen aufgeschlossen, vermied Albert, der Mann von Königin Viktoria, ein direktes politisches Eingreifen, gewann aber als Ratgeber der Königin großen Einfluss. In der Öffentlichkeit engagierte Albert sich vor allem für den technischen Fortschritt. So war er 1843 Taufpate von Brunels Schiff Great Britain, weihte 1845 die Albert Dock Warehouses ein und half 1850/51 die erste Weltausstellung durchzusetzen.

ALBERT DOCK WAREHOUSES

BIOGRAPHIE

Jesse Hartley wurde am 21. Dezember 1780 in Pontefract in Yorkshire als Sohn eines Steinmetzen, der gleichzeitig Architekt und Brückenmeister war, geboren. Die biographischen Daten zu Hartley sind dünn, was für einen auf den Zweckbau spezialisierten Ingenieur und Architekten seiner Zeit eher die Regel als die Ausnahme ist. Aus dem familiären Hintergrund und seinem späteren Werdegang ist zu schließen, dass Hartley eine Steinmetz- und Maurerlehre absolvierte. Eine akademische Ausbildung zum Architekten oder Ingenieur scheint er dagegen nicht erhalten zu haben. Er lernte in erster Linie aus der Praxis und profitierte von den Erfahrungen seines Vaters, in dessen Fußstapfen er trat. Anfangs noch unter der Leitung des Vaters, spezialisierte Hartley sich auf die Konstruktion und den Bau von gemauerten Brücken. Sehr schnell wurde er zum gefragten Brückenbaufachmann. Brückenbauten Hartleys sind nicht nur in seiner Heimat Yorkshire und in Lancashire belegt, sondern auch in Irland und London. Als Bauleiter und nicht entwerfend war Hartley um 1800 weiter an der Errichtung einiger spätpalladianischer Landhäuser des Architekten John Carr in Yorkshire beteiligt. In der gleichen Funktion dürfte er später auch für William Atkinson tätig gewesen sein, der sich auf die Gotik und den »castle style« (Burgenstil) spezialisiert hatte. Anfang 1824 wurde Hartley zum Dock-Ingenieur oder Hafenbaumeister von Liverpool berufen, damals einer der größten und wichtigsten Hafenstädte der Erde. Hartley verfügte über keinerlei Erfahrungen im Hafenbau, legte aber bereits knapp acht Monate nach seiner Berufung einen Plan zur Verbesserung und Erweiterung der Hafen- und Dockanlagen vor, die in den folgenden Jahrzehnten von ihm sukzessive vorgenommen wurden. Insgesamt 16, bis auf wenige Ausnahmen tidenfreie, teilweise mit Warenspeichern und Lagerhäusern versehene Docks entstanden nach Entwürfen Hartleys entlang des Westufers des Mersey, darunter das Clarence Half-tide Dock 1830, das Brunswick Dock 1832, das Waterloo Dock 1834, das Trafalgar Dock 1836, schließlich die Albert Dock Warehouses 1846 und als eines der letzten von Hartley errichteten das Queen's Dock 1855. Hinzu kamen Häuser für die Verwaltung und die Dockaufseher, Wassertürme, die für den nötigen Druck zum Betrieb hydraulischer Anlagen sorgten, sowie Leucht- und Uhrtürme. Unter Hartley wuchs die Länge der Kais des Hafens von Liverpool auf etwa 15 km. Als Beteiligter am Bau des Liverpool-Leeds-Kanals und als beratender Ingenieur der Liverpool-Manchester-Eisenbahngesellschaft sorgte er für eine gute Anbindung des Hafens an das Hinterland. Hartley starb 1860 in Liverpool.

AUF DEN PUNKT GEBRACHT

Die Albert Dock Warehouses sind keine Ziegelungetüme wie die Fabriken von Manchester, sondern – und hier hätte Karl Friedrich Schinkel zum höchsten Lob angesetzt – Architekturen, in denen der Zweck veredelt zum Ausdruck gebracht ist.

DATEN

Die Pläne für die Albert Dock Warehouses lagen 1839 vor. Zwei Jahre später wurde mit dem Bau des 3 ha großen Docks begonnen. Die Lagerhäuser, fünf Blöcke zu je fünf Geschossen mit 120 000 m² Bruttogeschossfläche, entstanden 1844/45 und wurden von Prinz Albert eingeweiht. 1848 erfolgte der Einbau hydraulischer Lastenaufzüge. Da die Lagerhäuser als Stapelplatz für Stückgüter angelegt waren, bedeutete die nach 1945 aufkommende Containerschifffahrt das Aus. 1972 wurden die Albert Dock Warehouses geschlossen und dem Verfall preisgegeben. Anfang der 1980er beschloss man ihre Umnutzung und Restaurierung. In den alten Lagerhäusern entstanden Büros, Luxuswohnungen und ein Hotel. Des Weiteren zogen die Tate Gallery Liverpool, das örtliche Schifffahrtsmuseum und die Beatles-Story-Ausstellung ein.

EMPFEHLUNGEN

Lesenswert:

Gordon Jackson: *The History and Archaeology of Ports*, Kingswood 1983

Nancy Ritchie-Noakes: *Jesse Hartley. Dock Engineer to the Port of Liverpool 1824–60*, Liverpool 1980

Kristallpalast

London (1850/51) · Architekt: Sir Joseph Paxton · Ingenieure: Fox & Henderson

■ Allegorie auf Paxton aus einer zeitgenössischen Publikation

Mehr als doppelt so viele Entwürfe wie beim Wettbewerb zum Neubau der Houses of Parliament gingen im Frühjahr 1850 für das Hauptgebäude der ersten Weltausstellung in London ein – genau 233. Die Idee zu einer solchen internationalen Leistungsschau war gestohlen. Zwei englische Beobachter hatten auf der im Jahr zuvor in Paris veranstalteten Nationalausstellung von entsprechenden französischen Planungen erfahren und setzten sofort alles daran, Frankreich zuvorzukommen. Noch in Paris organisierten sie eine Lobby aus englischen Industriellen und Bankiers. Schnell wurde auch Prinz Albert, der Ehemann von Königin Viktoria, für das Unternehmen gewonnen. Ein prominenter Fürsprecher war nötig, denn sofort nachdem im Oktober 1849 bekannt geworden war, dass die Weltausstellung im Londoner Hyde Park abgehalten werden sollte, formierte sich Widerstand. Dem konservativen Adel war die Ausstellung als Plattform zur Selbstdarstellung des liberalen Großbürgertums, das gesellschaftlich sowieso schon den Ton angab, sus-

■ Außenansicht des Kristallpalastes, errichtet im Hyde Park 1851. Holzstich. Aus: *Official Descriptive and Illustrated Catalogue*, London 1851

■ Außenansicht des Kristallpalastes, wiederaufgestellt in Sydenham. Photographie um 1855, P. H. Delamotte zugeschrieben

pekt, und die Anwohner fürchteten schlichtweg um ihre ruhige Wohngegend und ihren Reitpark im vornehmen Londoner Westen. Das Gespenst des Kommunismus wurde an die Wand gemalt; einer der führenden Ausstellungsgegner, Colonel Sibthorp, fürchtete, »gottlose kommunistische Ausländer« könnten nach London strömen. Einer dieser Gottlosen, Karl Marx, befand sich bereits seit August 1849 in London. Von einer ganz anderen Warte aus kritisierte er die Ausstellung. Sie war ihm ein »Examen«, zu dem die »englische Bourgeoisie ... ihre sämtlichen Vasallen von Frankreich bis China« zusammengerufen habe. Marx' Stimme wurde nicht gehört und Sibthorp beruhigt, indem ihn die zur Vorbereitung und Durchführung der Ausstellung gegründete Royal Commission Anfang Juli 1850 kurzerhand zu ihrem Mitglied machte.

Die Zeit drängte. Anfang Juli, ein knappes Jahr vor Ausstellungseröffnung, war weder die Finanzierung des Projekts geklärt, noch lag offiziell ein zur Ausführung bestimmter Entwurf vor. Das Parlament hatte von vornherein sowohl eine finanzi-

GRENZENLOSER OPTIMISMUS

Bringt die Nationen Europas zu einer gemeinsamen Ausstellung ihrer verschiedenen Arbeiten im Hyde Park oder auf den Champs-Élysées zusammen, und sie werden umso eher ihre alten Abneigungen vergessen. Sie werden sicher über etwas anderes nachdenken, über eine andere Rivalität – über die Rivalität auf zivilisierte Art anstelle der alten Rivalität strategischer Fähigkeiten und brutaler Gewalt.

The Times, 20. Oktober 1849

■ Innenansicht des Kristallpalastes. Photographie, koloriert, um 1900

elle Beteiligung als auch eine staatliche Bürgschaft abgelehnt, und in den von der Royal Commission gegründeten Fonds zur Finanzierung der Ausstellung war bei weitem nicht genug eingezahlt worden. Die Rettung sollte erst am 12. Juli der Scheck eines Eisenbahnspekulanten über 50 000 Pfund bringen. Hinzu kam, dass keiner der mehr als 200 eingesandten Entwürfe zum Hauptgebäude das Kostenlimit von 100 000 Pfund einhielt, woraufhin sich das von der Royal Commission eigens eingesetzte Baukomitee entschloss, selbst einen Entwurf zu erstellen. Mit dem Architekten der Houses of Parliament, Sir Charles Barry, und den Ingenieuren Robert Stephenson und Isambard Kingdom Brunel war es hochkarätig besetzt. Am 9. Mai legte das Komitee seinen Entwurf zu einem Ausstellungsgebäude vor, das eine Kuppel, größer als die der Peterskirche in Rom, krönen sollte. Auch die Ausführung des Komitee-Entwurfs dürfte nie ernsthaft erwogen worden sein. Er überschritt ebenfalls das Kostenlimit und wäre, zum Teil als Mauerwerksbau geplant, bis zur Eröffnung kaum zu realisieren gewesen. Bei seiner Veröffentlichung in den *Illustrated London News* vom 22. Juni 1850 war er längst zu den Akten gelegt und der Wettbewerb zur Farce geworden.

Nach eigenem Bekunden will Joseph Paxton, den Gewächshausbauten für seinen Freund, den sechsten Duke of Devonshire, berühmt und Spekulationen beim Eisenbahnbau reich gemacht hatten, erst am 7. Juni vom Ausgang des Wettbewerbs und dem Entwurf des Baukomitees erfahren haben. Sicher ist, dass Paxton Anfang Juni seine Beziehungen ins Spiel brachte und veranlasste, dass Unternehmer in der *Illustrated London News* nicht nur aufgefordert wurden, Preisangebote für den Komitee-Entwurf abzugeben, sondern auch die Möglichkeit erhielten, bis zum 10. Juli eigene Entwürfe nebst Kostenvoranschlag einzureichen. War schon der erste Ausschreibungszeitraum von vier Wochen extrem knapp bemessen, so schrumpfte der des im Juni erneut eröffneten Wettbewerbs auf nicht einmal mehr drei Wochen. Und Paxton will erst am 11. Juni während einer Sitzung, quasi aus Langeweile, auf einem Löschblatt die erste Skizze zu dem geschaffen haben, was das Satiremagazin *Punch* »Crystal Palace« – Kristallpalast – taufen sollte, sodann innerhalb von acht Tagen allein Pläne ausgeführt und diese Robert Stephenson am 20. Juni vorgestellt haben? Kaum wahrscheinlich. Vielmehr dürfte es so gewesen sein, dass Paxton, und mit ihm seine Eisenbahningenieure, schon länger an dem Entwurf zum Kristallpalast gearbeitet hatten, Paxton dann Anfang Juni nach London reiste, um die Neueröffnung des Wettbewerbs durchzusetzen, Stephenson am 20. den Entwurf zeigte und diesen im weiteren den Wünschen des Baukomitees anpasste. Am 24. Juni folgte eine Unterredung mit Prinz Albert, und bis zum Ende des Monats fanden Treffen mit den Eisenbahnunternehmern und späteren Ausführenden Fox & Henderson sowie dem Glasproduzenten Chance statt. Mit der Vertragsunterzeichnung am 29. Juni traten Fox & Henderson gemäß der Bestimmung des neu ausgeschriebenen Wettbewerbs als Unternehmer mit eigenem Entwurf auf, der, noch mehrfach abgeändert, am 26. Juli von der Royal Commission zur Ausführung bestimmt wurde.

Paxton saß in den Aufsichtsräten zahlreicher Eisenbahngesellschaften und war ein äußerst erfolgreicher Spekulant. 1845 belief sich sein Kapital in Eisenbahnen auf 35 000 Pfund, ein Jahr später waren es bereits 101 750 Pfund. Spöttisch bemerkte Charles Dickens dazu: »Paxton gebietet über alle Eisenbahninteressen in England und in Übersee, ausgenommen der Great Western von London nach Bristol.«

Von der Errichtung des Bauzauns am 30. Juli 1850 bis zur Eröffnung der Weltausstellung am 1. Mai 1851 vergingen gerade einmal neun Monate. Nur in Großbritannien war die Errichtung des Kristallpalastes innerhalb eines derart knapp bemessenen Zeitraums möglich. Das Land verfügte über die leistungsfähigste Industrie seiner Zeit, über genügend qualifizierte und an Serienabläufe gewöhnte Arbeiter sowie über ausreichende Erfahrungen in der Transport- und Baulogistik, der bei einem Bau wie dem Kristallpalast besondere Bedeutung zukam. Dem Kristallpalast war ein Rechteckraster von 20×24 Fuß (etwa 6,10 × 7,30 m) zugrunde

■ Paxtons angeblich am 11. Juni 1850 entstandene Löschblattskizze. London, Victoria and Albert Museum

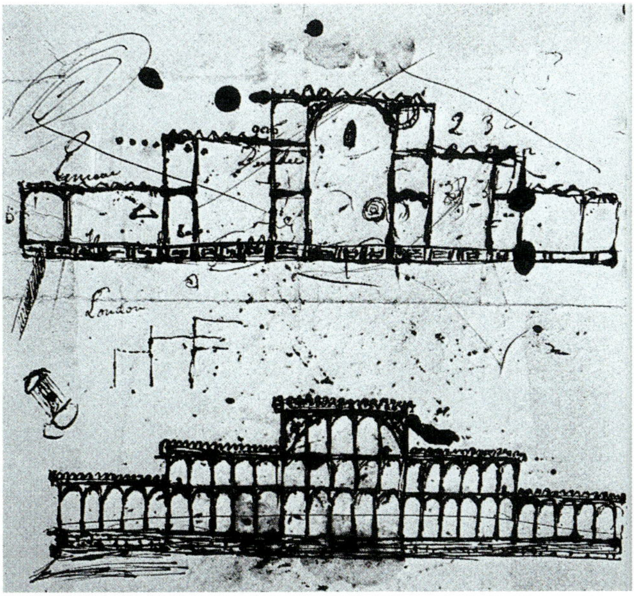

gelegt, was der Größe entsprach, bis zu der Glasscheiben hergestellt werden konnten. Soweit möglich, kamen sämtliche guss- und schmiedeeiserne Bauteile vorgefertigt auf die Baustelle, wo sie nur noch montiert wurden. Die Arbeitsvorgänge waren weitgehend rationalisiert. Das Skelett des Kristallpalastes – eiserne Säulen und Träger – wurde von der Mitte aus zu den Enden hin errichtet. Der Aufbau erfolgte ohne Standgerüste; es gab nur hängende Arbeitsplattformen, etwa zur Verglasung der Wände. Als das eiserne Skelett des Kristallpalastes stand, arbeiteten sich spezialisierte Gruppen, immer der Längsrichtung des Baus folgend, wie am Fließband vor. Ganz zum Schluss kamen die Maler, die noch arbeiteten, während die ersten Ausstellungsstücke bereits angeliefert wurden.

Der Kristallpalast war die Sensation der Weltausstellung. An ihm entzündeten sich die Geister. Von den einen gefeiert, waren es vor allem Architekten, die »the structure«, wie Paxton den Kristallpalast einmal bezeichnete, ablehnten. Ihnen wie auch der zeitgenössischen Architekturtheorie war der Kristallpalast ein Ingenieur- oder Zweckbau, der allein aufgrund der verwendeten Materialien – Glas und Eisen – keine Architektur, schon gar keine »höhere Baukunst«, sein konnte. Diese negative Einstellung gegenüber den neuen Baumaterialien sollte sich erst zum Ende des Jahrhunderts ändern. Was aber die Besucher gleichermaßen faszinierte und verstörte, war ein völlig neues Raumerlebnis, das der kompromisslose Einsatz von Glas und Eisen im Kristallpalast möglich gemacht hatte. Der Raum war entgrenzt. Paxton und die beteiligten Ingenieure hatten die seit Jahrhunderten als Raumgrenze inszenierte »Wand« in ein filigranes Netzwerk aus symmetrischen Linien aufgelöst und damit die bis dahin eindeutige Scheidung von Innen- und Außenraum aufgehoben.

■ Aus einer zeitgenössischen Publikation. Die Verglasung des »Ridge-and-Furrow«-Daches des Kristallpllastes von einem mobilen Arbeitswagen aus

KRISTALLPALAST

BIOGRAPHIE

Joseph Paxton wurde am 3. August 1803 als Sohn eines Kleinbauern bei Woburn in der englischen Grafschaft Bedshire geboren. Zum Architekten wurde Paxton nicht ausgebildet. Er absolvierte vielmehr eine Gärtnerlehre und arbeitete anschließend in den Parks verschiedener Landhäuser. 1823 stellte die englische Gartenbaugesellschaft Paxton für ihren neuen Garten in Chiswick ein, wo ihn 1826 der sechste Duke of Devonshire kennen lernte. Von Paxtons Fähigkeiten beeindruckt, bat er ihn, die Stelle des Obergärtners von Chatsworth zu übernehmen und den vernachlässigten Park umzugestalten (vereinfacht erhalten). Ab 1831 publizierte Paxton über den Park in botanischen Zeitschriften, wodurch er, wie auch der Park von Chatsworth, in weiten Kreisen bekannt wurde. Gemeinsam besuchten Paxton und Devonshire Paris und unternahmen 1838/39 eine Reise ans Mittelmeer. Um 1840 baute Paxton das in der Nähe von Chatsworth gelegene Dorf Edensor zu einem Modelldorf um und war beratend für die Königlichen Gärten tätig, einschließlich des botanischen Gartens in Kew. Gleichzeitig begann er sich durch Spekulationen beim Eisenbahnbau ein Vermögen zu erwerben. In Chatsworth errichtete er etwa zwanzig Gewächshäuser, von denen das Glass Conservatory von 1836 (auch Great Stove, 1920 zerstört) und das Lily House von 1850 (für die aus Südamerika stammende Riesenseerose Victoria amazonica) international bekannt wurden. Unverständnis erregte, dass Paxton hölzerne Einzelrahmen denen aus Eisen vorzog. Holzrahmen waren zwar wesentlich günstiger und leichter zu reparieren, doch schluckten sie Licht, da sie breiter sein mussten. Das Lichtproblem löste Paxton dadurch, dass er die Dächer seiner Gewächshäuser in schmale Streifen mit je einem eigenen First einteilte, wodurch die zu verglasende Fläche erhöht wurde. Dieses »Ridge and Furrow« (»Rippe und Furche«) genannte Dach ließ Paxton sich 1850 patentieren. Er wandte es ebenso beim Lily House wie beim Londoner Kristallpalast an, der 1850/51 für die erste Weltausstellung errichtete wurde. Paxton entwarf zwei weitere Glaspaläste, 1851 für New York und 1861 für Paris. Daneben entstanden nach seinen Entwürfen vor allem in nordenglischen und schottischen Städten öffentliche Parkanlagen. Weiter baute Paxton Landhäuser um und errichtete zwei für Mitglieder der Familie Rothschild: 1850 eins in Buckinghamshire nach dem Vorbild elisabethanischer Landhäuser, namentlich Wollaton, mit einem »Ridge-and-Furrow«-Dach über der Halle, sowie 1853 eins im Stil der französischen Renaissance östlich von Paris. Paxton starb am 9. Juni 1865 in Sydenham, Kent.

AUF DEN PUNKT GEBRACHT

Der Londoner Kristallpalast eröffnete die Folge der großen gläsernen Ausstellungspaläste der zweiten Hälfte des 19. Jahrhunderts. Durch die Auflösung der Raumgrenzen »Wand« und »Decke« in Glas und ein Gespinst aus eisernen Stäben boten die Glaspaläste ein völlig neues Raumerlebnis. Gleichzeitig machte ihre Errichtung die Vorfabrikation und Entwicklung von industriellen Standards auch für die Architektur notwendig.

DATEN

Der Kristallpalast wurde von August 1850 bis April 1851 für die erste Weltausstellung im Londoner Hyde Park errichtet. Mehr als sechs Millionen Besucher zählte die vom 1. Mai bis zum 11. Oktober 1851 dauernde Ausstellung. Der Kristallpalast war 563 m lang und 124 m breit (im Querschiff etwa 300 m). Das Mittelschiff war 19,50 m hoch (im Querschiff 41 m). Die Nutzfläche betrug etwa 90 000 m^2. Knapp 84 000 m^2 Glas und 4500 Tonnen Eisen wurden verbaut. Bis zu 2200 Arbeiter waren gleichzeitig am Bau beschäftigt. Nach dem Ende der Weltausstellung wurde der Kristallpalast abgetragen und 1854 in Sydenham in Kent als Attraktion eines Vergnügungsparks (verändert) wiederaufgebaut. 1936 brannte der Kristallpalast ab.

EMPFEHLUNGEN

Lesenswert:

Jeffrey A. Auerbach: *The Great Exhibition of 1851. A Nation on Display*, New Haven–London 1999

John McKean: *Crystal Palace. Joseph Paxton and Charles Fox*, London 1994

Chup Friemert: *Die gläserne Arche. Kristallpalast London 1851 und 1854*, Dresden 1984

Neue Synagoge Oranienburger Straße

Berlin (1859 – 1866) · Architekt: Eduard Knoblauch

■ Eduard Knoblauch und seine Frau Julie um 1859

Stets nur geduldet, auf Gedeih und Verderb dem Wohlwollen des Landesherrn oder der Stadtoberen ausgeliefert, begann sich die rechtliche Lage der Juden West- und Mitteleuropas um 1800 langsam zu verbessern. Ein erster Schritt war die Erklärung der Menschenrechte 1789 in Paris, die nach heftigen Debatten – zu tief saßen die Vorurteile – auch den Juden in Frankreich zugestanden wurden. In der napoleonischen Ära folgte, auch in anderen europäischen Staaten (in Preußen 1812), die bürgerliche Gleichstellung der Juden. Chancengleichheit war damit noch lange nicht gegeben. Es war nur ein erster Schritt in Richtung Emanzipation und gesellschaftlicher Anerkennung. Assimilation, wörtlich »Ähnlichmachung«, wurde zum Schlagwort. Doch wie weit durfte die »Ähnlichmachung« und damit die Anpassung aus der Perspektive der Juden gehen? Durften die alten gottesdienstlichen Gewohnheiten aufgegeben werden, ja, durften überhaupt große prächtige Synagogen gebaut werden – Fragen, die nicht nur die Berliner jüdische Gemeinde in einen orthodoxen Flügel, der an der religiösen und kulturellen Überlieferung festhielt, und einen Reformflügel spaltete, der unter Judentum nur noch die religiöse Bindung und nicht mehr die Volkszugehörigkeit verstanden wissen wollte. Die Reformflügel setzten sich in aller Regel durch, auch in Berlin, wo ein Heer von Arbeitssuchenden ohne Unterlass aus den ländlichen Gebieten vor allem im Osten in die aufstrebende Industriestadt strömte und neben den christlichen auch die jüdische Gemeinde rasch anwachsen ließ. Die alte, 1712 in der Nähe des Hackeschen Markts errichtete Synagoge konnte die Zahl der Gläubigen schon bald nicht mehr fassen, was dazu führte, dass zahlreiche Juden, vor allem aus dem Reformflügel, auf Bethäuser auswichen. Der Zusammenhalt der Gemeinde drohte zu zerbrechen. Der Bau einer neuen Synagoge, als Zentrum der Gemeinde und Symbol ihrer Anerkennung, war zwingend notwendig.

> *Das neue Gotteshaus ist ein Stolz der jüdischen Gemeinde Berlins, aber noch mehr ist sie eine Zierde der Stadt, eine der beachtenswertesten Schöpfungen der modernen Architektur im maurischen Stil und eine der vornehmsten Bauunternehmungen, die in den letzten Jahren die norddeutsche Residenzstadt ausgeführt hat.*
>
> Die *Nationalzeitung* vom 6. September 1866 anlässlich der Einweihung

Erste Planungen zum Neubau einer Berliner Hauptsynagoge wurden 1841 in Angriff genommen, ein Jahr nach der Thronbesteigung Friedrich Wilhelms IV., die ganz Preußen in eine schnell wieder abflauende Aufbruchstimmung versetzt hatte. Diese Planungen, wie auch die von 1846/47, scheiterten an der Grundstücksfrage, die erst zehn Jahre später mit dem Erwerb der Oranienburger Straße 30 geklärt wurde. Das Grundstück war ungünstig geschnitten, doch es lag inmitten des jüdischen Viertels der Spandauer Vorstadt. 1857 schrieb die Gemeinde den Wettbewerb aus. Die Jury setzte sich aus Mitgliedern des Berliner Architektenvereins unter dem Vorsitz Eduard Knoblauchs zusammen. Knoblauch selbst beteiligte sich am Wettbewerb – und machte den ersten Preis. In überarbeiteter Form gelangte sein Entwurf ab 1859 zur Ausführung. In Grund- und Aufriss folgte die Neue Synagoge dem aus dem christlichen Kirchenbau geläufigen Typ der Basilika mit hohem Mittelschiff, niedrigen Seitenschiffen und einer Apsis als Ostabschluss. Einhelliges Lob erfuhr die Konstruktion – die große Kuppel über der Vorhalle, der Dachstuhl und die Deckenkonstruktion waren aus Eisen –, doch am Stil und an der Pracht schieden sich die Geister.

■ Straßenansicht der Neuen Synagoge

Mit dem Aufkommen von illustrierten Architekturzeitschriften war um die Mitte des 19. Jahrhunderts praktisch jeder Stil verfügbar geworden. Zwar sollte es bis zum Ende des Jahrhunderts auch weiterhin die klassische zeitliche Abfolge der Stile – Neo-Renaissance, Neo-Barock und Neo-Romantik – geben, doch hielt sich ein Stil kaum länger als wenige Jahrzehnte. Hinzu kam die bis zum Ende des 18. Jahrhunderts unbekannte Bindung eines Stils an eine Bauaufgabe: Gotik für Kirchen, Renaissance (gleich bürgerlich) für Museen, Theater, Rathäuser, Bankpaläste und Ähnliches, sowie Barock (repräsentativ) und Romantik (deutsch-national und kaiser-

■ Innenansicht der Neuen Synagoge, aus *Illustrated London News*, 22. September 1866, nachträglich koloriert

lich) für staatstragende Bauten. Prägende historische Vorbilder für Synagogen gab es nicht. Von wenigen Ausnahmen abgesehen waren sie, wie die Berliner Alte Synagoge, stets als kleine, schlichte und anspruchslose Bauten errichtet worden. Große, stadtbildprägende Synagogen entstanden erst nach dem Revolutionsjahr 1848. Doch in welchem Stil sollten sie errichtet werden? Mit sämtlichen geläufigen europäischen Stilen war Unterdrückung und Verfolgung verbunden. Das Einverständnis der Gemeinden immer vorausgesetzt, besannen sich die ausnahmslos christlichen Architekten der Synagogen auf den Orient und damit auf Palästina als der biblischen Heimat der Juden. Als Vorbilder geeignete bauliche Zeugnisse waren nicht überliefert, und man orientierte sich an islamischer Architektur, wobei immer wieder die Alhambra, ein Palastbau aus dem 13. Jahrhundert im spanischen Granada, angeführt wurde. Beispiel hierfür ist nicht nur die Berliner Neue Synagoge, sondern sind auch die bereits früher, in den 1850er Jahren, errichteten Synagogen in Wien, Budapest und Köln sowie die um 1880 in Florenz und Sankt Petersburg entstandenen Bauten. Der als maurisch oder maurisch-byzantinisch bezeichnete Stil stand für Modernität und für ein bis dahin unbekanntes jüdisches Selbstbewusstsein. Ziel der Reformflügel jüdischer Gemeinden war es, Akzeptanz zu schaffen. Dafür war man bereit, Traditionen aufzugeben und den Gottesdienst zu modernisieren, was in Berlin dazu führte, dass die orthodoxen Juden in der Alten Synagoge verblieben. Der Reformflügel war stolz auf das Erreichte, wovon die Größe, Pracht und die anlässlich der Eröffnung 1866 in der Presse auch betonte stadtbildprägende Wirkung der Neuen Synagoge zeugte. Es bestand jedoch keine Bereitschaft, die Bindung an den Glauben und damit die eigene Identität aufzugeben. Doch gerade dies war es, was nach der Reichsgründung 1870/71 verlangt wurde, wobei sich antisemitisch gefärbte Polemiken mit Vorliebe an der Berliner Neuen Synagoge und ihrem maurischen Stil entzündeten.

Fremdheit betonen die Juden, welche trotz ihrer (Wünsche), den Deutschen gleichgestellt zu werden …, durch den Stil ihrer Synagoge alle Tage selbst auf die auffälligste Weise. Was soll es bedeuten, Ansprüche auf den Ehrennamen eines Deutschen zu erheben, und die heiligsten Stätten, die man hat, in maurischem Stil zu bauen, um nur ja nicht vergessen zu lassen, dass man Semit, Asiat, Fremdling ist?

Der Orientalist und Philosoph Paul de Lagarde in den *Preußischen Jahrbüchern* vom Februar 1881

NEUE SYNAGOGE ORANIENBURGER STRASSE

BIOGRAPHIE

Carl Heinrich Eduard Knoblauch wurde am 25. September 1801 als Sohn eines hoch angesehenen Seidenwarenfabrikaten und -händlers in Berlin geboren. Ab 1814 besuchte Knoblauch das Friedrich-Wilhelm-Gymnasium seiner Heimatstadt. Seinen Neigungen entsprechend nahm er zusätzlich Zeichen- und Mathematikunterricht und legte als Voraussetzung für die Aufnahme eines Architekturstudiums 1818 die Feldmesserprüfung ab. 1819 bezog Knoblauch die zu der Zeit mit der Kunstakademie verbundene Berliner Allgemeine Bau-Unterrichts-Anstalt (Bauakademie), wo er auf den gleichaltrigen Friedrich August Stüler traf und sich mit ihm anfreundete. 1824 gehörten beide zu den Gründungsmitgliedern des einflussreichen, in seinen ersten Jahrzehnten maßgeblich von Knoblauch geprägten Berliner Architektenvereins. Nachdem Knoblauch bereits Anfang der 1820er Jahre eine Studienreise durch Deutschland gemacht hatte, reiste er nach bestandener Baumeisterprüfung 1828 erneut durch Deutschland sowie in die Niederlande, nach Frankreich und zusammen mit Stüler nach Italien. Anschließend etablierte Knoblauch sich als Privatarchitekt in Berlin. Erste praktische Erfahrungen im Bauen hatte Knoblauch bereits nach bestandener Feldmesserprüfung bei der Erweiterung einer Schleuse und dem Bau der Langen Brücke über die Havel in Potsdam 1820/21 erworben. 1823 errichtete er nach einem Entwurf Karl Friedrich Schinkels die Ehrenpforte für den Einzug des preußischen Kronprinzenpaares in Berlin. Bekannt wurde Knoblauch nach 1830 als Architekt von Privathäusern, Villen und Stadtpalais, die nach seinen Entwürfen im spätklassizistischen und im Stil der Schinkelschule vor allem in und um Berlin entstanden (größtenteils zerstört). Weiter verantwortete Knoblauch Um- und Neubauten von Gutshäusern auch außerhalb Preußens sowie Bahnhofsbauten in Bromberg, Danzig und Königsberg. In den 1840er und 1850er Jahren nahm er an mehreren wichtigen Wettbewerben teil, so zu Börsenbauten in Frankfurt und Berlin, zur Nikolaikirche in Hamburg sowie zu den Rathäusern in Hamburg und Berlin. In die zweite Hälfte der 1850er Jahre fallen die Arbeiten für die jüdische Gemeinde im alten Berliner Zentrum, der Umbau der Alten Synagoge in der Heidereutergasse, die Errichtung des jüdischen Krankenhauses in der Auguststraße (beide zerstört) und der Bau der teilweise erhaltenen Neuen Synagoge in der Oranienburger Straße. Aus Krankheitsgründen legte Knoblauch 1862 seine Arbeit und zahlreiche Ämter nieder. Den Bau der Neuen Synagoge übergab er an seinen Sohn Gustav und an Stüler, der die Innenausstattung entwarf. Eduard Knoblauch starb am 29. Mai 1865 in Berlin, nur wenige Wochen nach Stüler.

AUF DEN PUNKT GEBRACHT

Die Neue Synagoge in Berlin war bei ihrer Eröffnung die größte Synagoge der Welt und bis zu ihrer Zerstörung eine der bedeutendsten Europas. In ihrer Architektur war sie Ausdruck erreichter gesellschaftlicher Anerkennung der Juden, Ausdruck von Anpassung, aber auch von jüdischer Identität.

DATEN

Die Neue Synagoge wurde von 1859 bis 1866 von Eduard Knoblauch und Friedrich August Stüler (Ausstattung) errichtet und fasste mehr als 3000 Personen. Die veranschlagte Bausumme in Höhe von 125 000 Taler wurde um das Sechsfache überschritten. Aufgrund des beherzten Eingreifens eines Polizisten überstand die Synagoge die Pogromnacht vom 9. auf den 10. November 1933 fast unbeschadet. Gottesdienste fanden bis 1940 statt. Bis zu ihrer Zerstörung 1943 diente die Synagoge dann als Lager. Die Reste des Hauptraums wurden im Sommer 1958 gesprengt. Der beschädigte Kopfbau zur Straße blieb erhalten und wurde auf Initiative der 1988 gegründeten Stiftung Neue Synagoge – Centrum Judaicum als Begegnungsstätte und Museum wiederhergestellt.

EMPFEHLUNGEN

Lesenswert:

Carol Herselle Krinsky: *Europas Synagogen. Architektur, Geschichte und Bedeutung*, Stuttgart 1988

Stefan Koppelkamm: *Der imaginäre Orient. Exotische Bauten des achtzehnten und neunzehnten Jahrhunderts in Europa*, Berlin 1987

www.synagogen.info

Gare du Nord

Paris (1861 – 1866) · Architekt: Jakob Ignaz Hittorff auf Grundlage anonymer Entwürfe

■ Jakob Ignaz Hittorff. Zeichnung, 1829, von J.-A.-D. Ingres

■ Zugang zur Metrostation am Pariser Ostbahnhof von François Duquesney, 1847–1852. Photo 1944

Schon wenige Jahre nach seiner Eröffnung 1846 platzte der erste Pariser Nordbahnhof aus allen Nähten. Sämtliche Prognosen hatten sich als falsch erwiesen. Weder konnte der Bahnhof das rasant steigende Personen- und Güteraufkommen bewältigen, noch war das Straßennetz dem Verkehr gewachsen, zumal in unmittelbarer Nähe 1852 der Pariser Ostbahnhof eröffnet wurde. Ständig waren die Straßen südöstlich des Montmartre verstopft. Zudem stieg, wie häufig in der Umgebung von Bahnhöfen, die Kriminalität an. Es hagelte Proteste von Reisenden und Hausbesitzern, die mitansehen mussten, wie die Mieteinnahmen sanken und ihre Häuser an Wert verloren. Im November 1854 nahm sich die *Revue Municipale* der Probleme an und forderte mit Seitenhieben auf die mitverantwortlichen städtischen Behörden die Erweiterung oder den Neubau des Nordbahnhofs. Die Forderung drang bis zu Kaiser Napoleon III. und seinem im Jahr zuvor ernannten Stadtpräfekten, Georges Eugène Haussmann, vor. Auch ein junger unbekannter Architekt nahm sich der Probleme an und legte zur ersten Pariser Weltausstellung 1855 den Entwurf für einen Straßendurchbruch zum Nordbahnhof vor. Zwei Jahre später erhielt die Nordbahngesellschaft endlich die Genehmigung zur Erweiterung ihres Bahnhofs. Doch es geschah nichts. Zwar hatte Napoleon den jungen Architekten mit einer Medaille geehrt, aber der Boulevard wurde nicht angelegt. Und auch die Bahngesellschaft hatte es sich zwischenzeitlich anders überlegt und sich auf den kompletten Neubau des Nordbahnhofs verlegt. Die Grundzüge des neuen Bahnhofs wurden 1858 vorgestellt. Er sollte zwölf Gleise mit einer quer vor ihnen liegenden, 200 Meter langen Wandelhalle aufweisen. Im Mitteltrakt des Bahnhofsgebäudes waren der Salon des Kaisers und Wartesäle unterzubringen und in den Seitentrakten, getrennt nach Abfahrt und Ankunft, die Personen-, Gepäck- und Güterabfertigung. 1860 kam es

■ Außenansicht der Gare du Nord. Photographie, um 1900

noch zu einer wesentlichen Planänderung: »Damit das Gebäude seine Funktion auf den ersten Blick preisgibt«, wurde die Verwaltung der Gesellschaft aus dem Bahnhof ausgegliedert.

Die Architekten und Ingenieure der Nordbahngesellschaft, an den Neubauplanungen von Anfang an beteiligt, hatten auf Grundlage der globalen Festlegungen von 1858 und des Beschlusses von 1860 mehrere Entwürfe vorgelegt. Die Direktoren der Bahngesellschaft bestimmten jedoch keinen von den hauseigenen Entwürfen zur Ausführung, sondern schalteten mit Jakob Ignaz Hittorff einen renommierten Architekten ein. Es war allerdings nicht die Errichtung des gesamten Bahnhofs, die Hittorff im Januar 1861 vertraglich überantwortet wurde, sondern nur der Entwurf der Fassaden und der Publikumsräume. Die Verantwortung für sämtliche administrativen Aufgaben, und anfangs auch für die Errichtung der Bahnsteighalle, verblieb bei der Gesellschaft. Erst eine

Die Bahnhöfe werden zweifellos eines Tages zu den bedeutendsten Bauwerken zählen, und die Architektur wird alle ihr zur Verfügung stehenden Mittel einsetzen müssen, um ihnen einen monumentalen Charakter zu verleihen. So werden die Bahnhöfe eine ähnliche Stellung einnehmen wie die weiträumigen, prachtvollen Bauten, in denen die Römer ihre Bäder einrichteten.

César Daly, Chefredakteur der *Revue Générale de l'Architecture*, 1845/46

■ Stoßzeit in der Gare du Nord. Photo um 1930

Die Reaktionen, die die Gare du Nord in der Architekturkritik hervorrief, konnten kaum unterschiedlicher sein. Sie reichten vom völligen Verriss in der *Encyclopédie d'Architecture* von 1863 bis hin zur Lobeshymne und Bezeichnung als »wahrer Tempel der Dampfmaschine« im *Magazin Pittoresque* von 1866.

Vertragsänderung im Frühjahr 1861 ermöglichte es Hittorff, auch Einfluss auf die Halle zu nehmen, womit die zunächst vorgenommene Trennung zwischen repräsentativer Architektur und Ingenieurbau zumindest abgemildert wurde. Obwohl Hittorff Erfahrungen im Umgang mit dem Baumaterial Eisen hatte, zog er für den Hallenentwurf seinen Sohn Charles mit heran, der sich mehrfach in England aufgehalten hatte und so mit den neuesten Entwicklungen auf dem Gebiet vertraut war. Auch zehn Jahre nach der Errichtung des Londoner Kristallpalastes war Großbritannien in der Eisenverarbeitung immer noch führend. Größere Eisenelemente stellte dann auch eine Glasgower Gießerei her.

Über die prinzipielle Gestaltung der Fassade des Pariser Nordbahnhofs machte Hittorff sich keine Gedanken. Er übernahm sie von den Entwürfen, die die Bahngesellschaft von ihren Architekten hatte anfertigen lassen. Nicht neu, und bereits in den Entwürfen der Bahnarchitekten beachtet, war auch der Gedanke, dass »die neue Gestaltung der Hauptfassade … die innere Gliederung des Bauwerks deutlich sichtbar« ankündigte, wie Hittorff in einem Brief vom Mai 1861 Haussmann gegenüber betonte. Doch die Fassade des zweiten Pariser Nordbahnhofs verdeckt vielmehr, als dass sie ankündigt. Die Rückansicht offenbart die Fassadenmaskerade. Zwar finden die drei Hallen ihre Entsprechung in den Mittel- und Nebentrakten der Bahnhofsfassade, doch haben bereits die Nebenbauten nichts mehr mit den Eckpavillons der Front zu tun. Eine nicht zu überbrückende Diskrepanz besteht auch

Dass Hittorff nur der Fassadenentwurf für den Pariser Nordbahnhof übertragen wurde, macht zwei Dinge deutlich: erstens die Trennung des Ingenieurberufs von dem des Architekten und zweitens die – vereinzelt schon bei Leo von Klenze und Karl Friedrich Schinkel zu beobachtende – im Historismus der zweiten Hälfte des 19. Jahrhunderts fortschreitende Tendenz der strukturellen Lösung der Fassade vom Baukörper. Am Ende stand, besonders ausgeprägt im Villen- und Mietshausbau, die fast vollständige Beliebigkeit der Stile.

zwischen den filigranen Stützen der Haupthalle und ihren Entsprechungen an der Fassade, die Hittorff Haussmann als »stark hervortretende Strebepfeiler, die den Giebel der großen Halle auffangen« beschrieb. Einzig die großen verglasten Flächen der Front lassen hinter der Fassade des Nordbahnhofs einen Hallenbau vermuten. Allmächtig war das Diktat der in klassizistischen Konventionen verharrenden Pariser École des Beaux-Arts. So teilen die nur optisch, nicht statisch zu begründenden »Strebepfeiler« die breite Mittelhalle des Bahnhofs in drei Abschnitte, wodurch der Eindruck einer Kirchenfassade entsteht. Hinzu kommen den Pfeilern paarweise vorgeblendete und durch Gebälkabschnitte miteinander verbundene Pilaster. Sie wirken wie Versatzstücke. Heiligen gleich, bekrönen Statuen – profane Stadtdarstellungen – die Pfeiler. Mit den überlieferten Mitteln ließ sich die neue Bauaufgabe »Bahnhof« kaum repräsentativ *und* ästhetisch befriedigend gestalten.

Nur selten lässt sich der Zeitpunkt der Entstehung einer neuen Bauaufgabe so exakt bestimmen wie beim Bahnhofsbau. Der erste war mit der Crown Station in Liverpool 1830, nur 15 Jahre vor dem ersten Pariser Nordbahnhof, entstanden. Er prägte den Typ des Durchgangsbahnhofs, bei dem das Bahnhofsgebäude parallel zum Gleiskörper liegt. Fünf Jahre später, 1835, folgte mit Philip Hardwicks und Robert Stephensons Euston Station in London die Errichtung des Pioniers eines vor den Gleisen liegenden Kopfbahnhofs. Mit der Euston Station

■ Innenansicht der Haupthalle der Gare du Nord mit Glasfassade und filigranen Stützen

eröffnete Hardwick die Suche nach adäquaten Formen für die neue Bauaufgabe. Er ging auf die Funktion des Bahnhofs als modernes Stadttor ein und errichtete die Kopfbauten der Euston Station in Anlehnung an die Propyläen der Athener Akropolis (Stephenson war als Ingenieur nur für die Bahnsteighalle und die Gleisanlagen verantwortlich). Hardwicks Idee wurde weiter verfolgt, konnte sich aber letztlich nicht durchsetzten. Ebenso erging es dem 1846 errichteten ersten Pariser Nordbahnhof, bei dem zwei Flügel nach dem Vorbild des Barockschlosses einen Hof einfassten und so die Empfangssituation betonten. Gänzlich anders sah es beim 1852 in Betrieb genommenen Pariser Ostbahnhof und dem zweiten Pariser Nordbahnhof aus. Nah miteinander verwandt, wurden sie typenbildend. Beim Ostbahnhof ist die Hofsituation noch angedeutet, doch tritt zwischen den Flügelbauten des Bahnhofs das in Erscheinung, was zum wichtigsten Motiv des Kopfbahnhofs werden sollte: die auf die Fassadengestaltung wirkende und sie schließlich bestimmende Bahnsteighalle. Ein Bogenfenster als Abbild der Halle nimmt beim Pariser Ostbahnhof fast die ganze Breite des Giebels ein, wobei die Form und die Verstrebungen des Fensters von den großen maßwerkgefüllten Rundfenstern gotischer Kathedralfassaden abgeleitet sind. Eine Variante stellt die in mehrere Schiffe geteilte Fassade des Nordbahnhofs dar. Vergleichbare Fassaden finden sich später vor allem an breit gelagerten Bahnhöfen mit mehreren parallelen Bahnsteighallen. Der Pariser Ostbahnhof führte zu Bauten wie dem Anhalter Bahnhof in Berlin von Franz Schwechten und dem fast gleichzeitig errichteten Westbahnhof in Budapest – geplant und entworfen von keinem Geringeren als Gustave Eiffel.

■ Vogelschau des im Zweiten Weltkrieg zerstörten Anhalter Bahnhofs von Franz Schwechten in Berlin, 1874–1880. Photo um 1935

GARE DU NORD

BIOGRAPHIE

Jakob Ignaz (Jacques Ignace) Hittorff wurde am 20. August 1792 in Köln geboren. Vom Vater zum Architekten bestimmt, begann Hittorff früh zu zeichnen und sich mit Mathematik zu beschäftigen. Er absolvierte eine Maurerlehre und ging 1810 zur weiteren Ausbildung aus dem zu der Zeit noch französischen Köln nach Paris, wo er 1811 ein Studium an der kaiserlichen Kunstakademie (später École des Beaux-Arts) aufnahm. Nebenher arbeitete er im Büro des Staatsarchitekten Napoleons, Charles Percier, und beteiligte sich an der Ausführung der von François-Joseph Bélanger entworfenen eisernen Kuppel der Halle au Blé (Kornhalle) in Paris. Infolge der Niederlage Napoleons 1814 wurden die Rheinlande Preußen angegliedert, und Hittorff verlor seine französische Staatsbürgerschaft. Ein weiteres Studium in Paris war nicht möglich, doch blieb Hittorff in der Stadt und arbeitete an Dekorationen mit, die Bélanger als Inspekteur der königliche Feste und Zeremonien für die wieder installierten Bourbonen schuf. Nach dem Tod Bélangers 1818 übernahmen Hittorff und Joseph Lecointe das Amt. Gemeinsam entwarfen sie die Dekorationen für die Beerdigung Ludwigs XVIII. 1824 in Saint-Denis und für die Krönung Karls X. 1825 in Reims. In dieser Zeit führten Studienreisen Hittorff nach England, Berlin, wo er sich mit Karl Friedrich Schinkel traf, und Italien, wo ihn vor allem die Frage nach der Farbigkeit antiker Architektur beschäftigte. Hittorffs erster bedeutender Bau wurde die Pariser Kirche Saint-Vincent-de-Paul, die er 1831 von seinem Schwiegervater Jean-Baptiste Lepère übernommen hatte. Es folgten erste Entwürfe zur Neugestaltung der Place de la Concorde (Ausführung ab 1836) sowie die Ernennung zum Architekten der Champs-Élysées, die unter dem Bürgerkönig Louis Philippe in den 1840er Jahren zum eleganten Boulevard ausgebaut wurden. Nach Entwürfen Hittorffs entstanden Vergnügungsbauten, mehrere Zirkusse und ein Panorama sowie Restauranteinrichtungen. Auch in dem nach der Februarrevolution 1848 installierten Zweiten Kaiserreich unter Napoleon III. blieb Hittorff einer der führenden Architekten in Paris. Er errichtete 1851/52 den Cirque Napoléon (Cirque d'Hiver), erhielt 1852 den Auftrag zur Neugestaltung des Bois de Boulogne und, wohl in Konkurrenz zum Londoner Kristallpalast, den Auftrag zum Entwurf eines Industriepalastes. 1854 folgte der Auftrag zu Fassadenentwürfen für die Bauten um die Place de l'Etoile. Für die Bebauung der Rue de Rivoli ging Hittorff im gleichen Jahr eine Architektengemeinschaft ein. 1861 erreichte ihn der Auftrag für seinen letzten Bau, die Pariser Gare du Nord. Hittorff starb am 25. März 1867 in Paris.

AUF DEN PUNKT GEBRACHT

Trotz aller Kritik an seiner Fassade stellt der zweite Pariser Nordbahnhof eine wichtige Station auf der Suche nach neuen, der Bauaufgabe »Bahnhof« angemessenen Ausdrucks- und Repräsentationsformen dar.

DATEN

Den ersten Pariser Nordbahnhof errichtete 1845/46 der Ingenieur-Architekt François-Leonce Reynaud. Planungen zum Neubau setzten spätestens 1857 ein. Bis 1860 schufen Architekten und Ingenieure der Nordbahngesellschaft mehrere Entwürfe, von denen jedoch keiner ausgeführt wurde. Im Januar 1861 beauftragte die Gesellschaft Jakob Ignaz Hittorff mit dem Entwurf der Fassade. Mit Beginn der Bauarbeiten im April 1861 wurde ihm auch die Gestaltung der Bahnsteighalle übertragen. 1864 fand die Einweihung des Bahnhofs statt, 1866 erfolgte der Abschluss der Bauarbeiten. Der Nordbahnhof wurde in den 1990er Jahren restauriert und ist bis heute in Betrieb.

EMPFEHLUNGEN

Lesenswert:

Steven Parissien: *Bahnhöfe der Welt. Eine Architektur- und Kulturgeschichte*, München 1997

Jakob Ignaz Hittorf. Ein Architekt aus Köln im Paris des 19. Jahrhunderts, Katalog, Köln 1987

Ulrich Krings: *Bahnhofsarchitektur. Deutsche Großstadtbahnhöfe des Historismus*, München 1985

Michael Kiene: *Die Alben von Jakob Ignaz Hittorff. Die Bauprojekte 1821–1858*, Köln 1996

Bibliothèque Nationale

Paris (Lesesaal 1862–1868) · Architekt: Henri Labrouste

Labrouste verstand Architektur als Spiegel der Gesellschaft. Der gleichen Auffassung war der Schriftsteller Victor Hugo, der noch einen Schritt weiter ging und Architektur, wie die Literatur, als eine Form von Kommunikation betrachtete.

Nur provisorisch, verteilt auf mehrere Stadtpalais in unmittelbarer Nähe der ab 1862 errichteten Oper, war die ehemals königliche, dann kaiserliche und schließlich Nationalbibliothek in Paris untergebracht. Es war ein Zustand, den bereits der Architekt Étienne-Louis Boullée für unhaltbar hielt. Seit der Anordnung Franz' I. von 1537, dass von jedem in Frankreich gedruckten Buch ein Exemplar an die königliche Bibliothek abzuliefern sei, wuchsen die Bestände kontinuierlich an. 1688 waren es 43 000 Bände, zu Zeiten Boullées um 1785 bereits 300 000 und Anfang der 1850er Jahre 800 000 Bände. Alles ließ zu wünschen übrig. Die Bücher waren unzureichend untergebracht – von Feuersicherheit, bequemer Benutzbarkeit, Überwachung der Nutzer zur Vorbeugung von Diebstählen konnte keine Rede sein. Boullée wollte die Probleme mit der Schaffung einer riesigen tonnengewölbten Halle lösen, einer »Arena des Wissens«. Wie die Ränge eines antiken Amphitheaters sind die Bücherregale an den Langseiten gestaffelt und in mehreren Etagen angebracht. Wenige Nutzer versammeln sich in Gruppen auf dem »Kampfplatz« in der Mitte, wo sie, gekleidet wie antike Philosophen, diskutieren. Boullées Entwurf veranschaulicht die Idee der Bibliothek, jedoch keinen realisierbaren oder wirklich nutzbaren Bau. Ganz anders sah dies bei dem Entwurf zu einer öffentlichen Bibliothek aus, den der nicht näher bekannte Leopoldo della Santa 1816 publizierte. Della Santa nahm keine Saal- oder Einraumbibliothek mehr an, wie noch Boullée, sondern eine Magazinbibliothek, in der die Funktionen räumlich voneinander getrennt sind. Die Bibliothek della Santas weist im wesentlichen drei Bereiche auf: den Lesesaal und um diesen herum – möglichst nah, zur Vermeidung langer Wege – die dem Nutzer nicht zugänglichen Magazinräume sowie ein Zimmer für den Katalog. Die Bereiche wurden im Laufe der Entwicklung weiter ausdifferenziert, doch hatte della Santa mit dem in der Mitte liegenden, von Magazinen umgebenen Lesesaal das grundsätzliche Vorbild für den Bibliotheks-

■ Die Decke des Lesesaals in der Pariser Nationalbibliothek

■ Der Lesesaal der Bibliothèque Nationale

bau bis ins 20. Jahrhundert geliefert. Nur ein kleiner Schritt war es dann zur Bibliothek im Rund, wie sie 1835 für einen Neubau der königlichen Bibliothek in Paris entworfen wurde. Doch die Pariser Bibliotheksplanungen, wie auch die wenig später in Angriff genommen Planungen zum Neubau einer Oper, versandeten. Ernsthaft sollte beides erst in den 1850er Jahren unter Napoleon III. und Georges Eugène Haussmann in Angriff genommen werden. Für die Oper wurde ein großer Wettbewerb veranstaltet, aus dem Charles Garnier als Sieger hervorging; für die Bibliothek kam nur ein Architekt infrage – Henri Labrouste.

Die Ernennung Labroustes zum Architekten der nunmehr kaiserlichen Bibliothek erfolgte 1854. Wenige Jahre zuvor hatte er den Neubau der Bibliothek des Pariser Klosters Sainte-Geneviève abgeschlossen. Der Bau sorgte für internationale Aufmerksamkeit, weniger wegen seiner inneren Organisation – sie folgt noch dem Vorbild der Saalbibliothek – als vielmehr wegen seines Erscheinungsbildes. Von innen wie von außen gibt sich die Bibliothek als Zweckbau zu erkennen. Der Eingang liegt unbetont in der Mitte des lang gestreckten, nur sparsam gegliederten Baukörpers. Im Lesesaal ist das eiserne Skelett, das den ganzen Bau durchzieht, sichtbar belassen und – künstlerisch behandelt, womit Labrouste als einer der Ersten bewies, dass Eisen, wie die herkömmlichen Baustoffe Holz und Stein auch, über eigene Ausdrucksqualitäten verfügt. Entsprechend ging Labrouste bei der Nationalbibliothek

Ich wiederhole ihnen (den Schülern) immer wieder, dass die Künste Kraft genug haben, alles schön zu machen; aber ich verlange von ihnen das Verständnis dafür, dass in der Architektur die Form stets der Funktion entsprechen muss, für die sie bestimmt ist.

Schreiben Henri Labroustes vom November 1830 an seinen Bruder, aus dem deutlich wird, dass das Prinzip »Form follows function« keine Erfindung der Architektur des 20. Jahrhunderts ist

■ oben: Die Salle des Estampes um 1900

■ unten: Das Zentralmagazin um 1900

mit ihrer zurückhaltenden Straßenfassade und dem ebenfalls vom Baustoff Eisen bestimmten Lesesaal vor. Doch wandte er bei ihr das Prinzip der Magazinbibliothek nach dem Vorbild della Santas und der gerade entstehenden Bibliothek des British Museum in London an, die Labrouste im Jahr ihrer Eröffnung 1857 besuchte. Den neuesten Erkenntnissen entsprach auch das Magazin der Pariser Nationalbibliothek. Es war selbsttragend, das heißt das Regalsystem mit seinen Zwischendecken aus Eisenrosten wurde in den durch Oberlichter erhellten Raum eingestellt. Entsprechend verfuhr Labrouste beim Lesesaal. Zwölf *vor* massiven Pfeilern und vier frei im Raum stehende, nur 30 cm dicke und 10 m hohe gusseiserne Säulen sind durch bogenförmige, ebenfalls eiserne Träger miteinander verbunden. Sie bilden ein von den Umfassungsmauern unabhängiges Gerüst, in das die neun, den oberen Raumabschluss bildenden Kuppeln wie eingehängt wirken. Die Kuppelschalen sind aus dünnen Terrakottaplatten und durch Oberlichter geöffnet. Unwillkürlich ruft der Raum Erinnerungen an byzantinische Kreuzkuppelkirchen wach, mit ihren ebenfalls neun Kuppel- oder Gewölbejochen. Bestätigung findet der Eindruck von Sakralität in der leicht erhöhten apsisartigen Erweiterung des Raumes zum Magazin hin.

Spielten Bibliotheken jahrhundertelang nur als Teil von Klöstern und Schlössern eine Rolle, wo sie besonders im Barock als prächtige Schausammlungen gestaltet wurden, so fand im 19. Jahrhundert, einhergehend mit der Verwissenschaftlichung der Welt, eine Versachlichung bei ihrem Bau und ihrer Einrichtung statt. Bücher wurden nicht mehr präsentiert, sondern magaziniert. Zum wichtigsten Ort wurde der Lesesaal. Den der British Library schließt eine Kuppel, deren Durchmesser in etwa dem des Pantheons und dem Sankt Peters in Rom entspricht. Die Kuppelsäle der Library of Congress in Washington und der Staatsbibliothek Unter den Linden in Berlin folgten dem noch schlichten Vorbild des Londoner Lesesaals. Wie der Lesesaal der Pariser Nationalbibliothek strahlten beide sakrale Würde aus und unterstrichen so den Stellenwert, den das 19. Jahrhundert der Aneignung von Wissen beimaß.

BIBLIOTHÈQUE NATIONALE

BIOGRAPHIE

Pierre-François-Henri Labrouste wurde am 11. Mai 1801 in Paris geboren. Ursprünglich wollte Labrouste Maler werden, folgte dann aber doch seinem Vater Alexandre und dem älteren Bruder Théodore und wurde Architekt. Labrouste trat 1818 in ein Architektenbüro ein und besuchte im folgenden Jahr die École des Beaux-Arts. 1824 gewann er den von der Schule ausgeschriebenen Prix de Rome und damit ein fünfjähriges Stipendium an der in Rom ansässigen Académie de France. In Rom wandte er sich vom doktrinären Klassizismus der École des Beaux-Arts ab. Er untersuchte die antiken Bauten nicht mehr nur nach formalen Gesichtspunkten, sondern begann auch ihre ideologischen, historischen und sozialen Entstehungsbedingungen zu hinterfragen. Wie der zehn Jahre ältere Jakob Ignaz Hittorff löste Labrouste sich vom Dogma der »weißen Antike« und rekonstruierte die griechischen Tempel in Paestum farbig. Mit Blick auf den historischen Hintergrund ihrer Entstehung versah er sie darüber hinaus in seinen Zeichnungen mit etruskisch beeinflussten ornamentalen Details. 1830 kehrte Labrouste nach Paris zurück, wo er nach der Julirevolution beauftragt wurde, ein Ausbildungsatelier für Architekten zu eröffnen. Das Atelier wurde zu einem Zentrum anti-akademischer rationalistischer Architektur in Frankreich. In der zweiten Hälfte der 1830er Jahre gewann Labrouste die Wettbewerbe zu einem Invalidenhaus in Lausanne und einem Gefängnis in der Nähe von Turin. Doch weder das Invalidenhaus, bei dem er sich an der 1775 bei Gent errichteten Maison de Force (Arbeits- und Zuchthaus) orientierte, noch der Turiner Gefängnisbau, in dem das Radialsystem von John Havilands Eastern State Penitentiary nachwirkte, entstanden nach Labroustes Entwürfen. Den Durchbruch bedeutete erst die Ernennung zum Architekten der Bibliothèque Sainte-Geneviève in Paris 1838. Der bis 1851 errichtete Bau war epochal. Erstmals wurde in einem als »höhere Architektur« verstandenen Monumentalbau unverkleidetes Eisen verwandt. Es folgte die Übernahme des von einem lokalen Architekten begonnen Neubaus des Priesterseminars von Rennes 1853 und 1854 die Ernennung zum Architekten der Bibliothèque Impériale, der späteren Nationalbibliothek. Wie die Oper gehörte auch der Neubau der größten Bibliothek Frankreichs zu den Prestigeobjekten der von Napoleon III. und Georges Eugène Haussmann durchgeführten Neuordnung von Paris. Weiter errichtete Labrouste mehrere Stadtpalais und Villen in und um Paris, bei denen er sich an Andrea Palladio ebenso wie an der französischen Architektur des 17. und 18. Jh. orientierte. Labrouste starb am 24. Juni 1875 in Fontainebleau.

AUF DEN PUNKT GEBRACHT

In der Architektur Labroustes kommen der Rationalismus und die technischen Aspekte der Industriegesellschaft zum Tragen. Er bewies, dass Eisen, dem dies zuvor abgesprochen wurde, über nur ihm eigene architektonische Ausdrucksqualitäten verfügt.

DATEN

Der von Labrouste errichtete Trakt der Nationalbibliothek an der Rue de Richelieu entstand ab 1854. Er umfasst einen Ehrenhof, den von 1862 bis 1868 entstandenen Lesesaal und das an ihn angeschlossene Magazin. Von den zahlreichen Umbau- und Erweiterungsarbeiten bis in die 1960er Jahre blieb der Lesesaal weitgehend verschont. Mitte der 1990er Jahre zog der größte Teil der inzwischen auf 10 Millionen Bücher und 350 000 Zeitschriften angewachsenen Bestände der Nationalbibliothek in einen Neubau im Pariser Osten. Im Altbau verblieben die Spezialabteilungen Handschriften, Noten, Karten, Drucke und Photographie. Der Lesesaal wird weiterhin genutzt. Er ist nur mit Lesekarte zugänglich.

EMPFEHLUNGEN

Lesenswert:

David van Zanten: *Designing Paris. The Architecture of Duban, Labrouste, Duc and Vaudoyer*, Cambridge, Massachusetts 1987

Robin Middleton (Hg.): *The Beaux-Arts and Nineteenth-Century French Architecture*, New York 1982

Oper Paris (Palais Garnier)

Paris (1862–1875) · Architekt: Charles Garnier

Durch das zweischalig gemauerte Fundament entstand unter der Pariser Oper ein See, der seitdem die Phantasie beflügelt. Er gab dem Schriftsteller Gaston Leroux den Stoff zu seinem Roman *Das Phantom der Oper* (1910), den Andrew Lloyd Webber als Vorlage für sein weltberühmtes Musical (1986) nahm.

Mit der Parole »Enrichessez-vous« – Bereichert euch! – begann der Bürgerkönig Louis Philippe in den 1830er Jahren das Pariser Groß- und Finanzbürgertum auf seine Seite zu ziehen. Die Nähe zur Macht sollte es nicht wieder verlassen. Zum Spiegelbild der Verhältnisse wurde die Regierung des Bürgerkönigs, die Alexis de Tocqueville eine korrupte Aktiengesellschaft nannte. Die Revolution von 1848 fegte Louis Philippe hinweg, nicht jedoch das finanzkräftige Bürgertum. Es folgte das kurze Zwischenspiel der Zweiten Republik, der 1851 durch einen Staatsstreich ihres eigenen Präsidenten Louis Bonaparte, eines Neffen Napoleons, ein Ende gesetzt wurde. Im folgenden Jahr ließ Louis sich als Napoleon III. zum Kaiser ausrufen. Rückhalt fand er, wie sein Vorgänger, beim Großbürgertum. Doch auch das Zweite Kaiserreich war nicht von Dauer. Es wurde durch den Deutsch-französischen Krieg von 1870/71 beendet. Es folgte die Dritte Republik mit der Ende Mai 1871 von Regierungstruppen blutigst niedergeschlagenen Pariser Kommune. Herrschende Klasse auch in der Dritten Republik blieb das Besitzbürgertum, und allen Revolutionen und Umstürzen zum Trotz wuchs von 1862 bis 1875 der zentrale Ort bürgerlicher Repräsentation im 19. Jahrhundert heran: die Oper, das Palais Garnier in Paris.

Die Pariser Oper sollte die Krönung der von Napoleon III. und seinem 1853 ernannten Stadtpräfekten Georges Eugène Haussmann durchgeführten Neuordnung der Stadt werden, mit der, wenn auch zaghaft, bereits unter Louis Philippe begonnen worden war.

■ Die Pariser Oper. Kupferstich

■ Die Eingangsfront der Pariser Oper

Jakob Ignaz Hittorff gab der Place de la Concorde ihre heutige Gestalt und baute die Champs-Élysées zu einem Boulevard mit Orten bürgerlicher Vergnügen wie Zirkus, Panorama und Restaurant aus. Nicht in Angriff genommen wurden die grundsätzlichen Probleme, die der mittelalterliche Stadtkern hinsichtlich Hygiene, Sicherheit und Verkehr aufwarf. Die Lösung dieser Probleme blieb Napoleon III. und Haussmann vorbehalten. Haussmann war ein erfahrener Verwaltungsbeamter, der es verstand, die gesetzlichen Voraussetzungen und geeignete Finanzierungsmöglichkeiten für ein solches Unternehmen zu schaffen. Ihm ist die Anlage der großen, für einen zügigen Verkehrsfluss nötigen Boulevards durch das Zentrum zu verdanken, die Paris noch heute prägen. Entlang der Boulevards entstanden darüber hinaus attraktive Grundstücke für den Bau bürgerlicher Mietwohnungen. Durchaus erwünscht war dabei die Verdrängung der eingesessenen ärmeren Bevölkerung an den Stadtrand. Hinzu kam die Schaffung von strahlenförmigen Plätzen, der Place de l'Etoile um den Arc de Triomphe, der Place de la Bastille und der Place de l'Opèra.

Obwohl Paris um die Jahrhundertmitte in der Musikgattung Oper europaweit den Ton angab, verfügte die Stadt über kein repräsentatives Opernhaus. Eine der ersten, noch im Jahr seiner Ernennung ergriffenen Maßnahmen Haussmanns war dann auch die Wiederaufnahme der ebenfalls bereits unter Louis Philippe begonnen Planungen zur Errichtung einer Oper.

■ Charles Garnier, Lithographie, 1879, nach einem Gemälde von Paul Baudry

■ Blick in das große Treppenhaus der Pariser Oper

STILCHAOS
Am Anfang ist man geblendet von diesem Babel aus Kuppeln, Fassaden, Hallen, Arkaden und Säulen aller Stile und Ordnungen. ... Ein oder zwei Gänge (durch die Ausstellung) genügen, um diese Projekte, Kristallpaläste, Alhambras, Pagoden ... als undurchführbar und Hirngespinste zu entlarven.
Der Dichter und Kritiker Théophile Gautier im *Moniteur* vom 11. Februar 1861 über die ausgestellten Entwürfe

Als monumentaler öffentlicher Bau kam der Oper eine zentrale Stellung in seinem städtebaulichen Konzept zu. Mit ihr plante – und gelang – Haussmann die Aufwertung des ganzen Stadtviertels zwischen dem Louvre und der Gare Saint-Lazare. Die Vorplanungen dauerten bis Ende 1860. Die Oper sollte die Mitte eines Platzes einnehmen, und von ihrer Front sollte eine Straßenachse auf den Louvre zulaufen. Bis Ende Januar 1861 gingen 171 Entwürfe ein, darunter, wie es bei offenen Wettbewerben die Regel war, zahlreiche Entwürfe junger und unbekannter Architekten, die auf einen Durchbruch hofften. Heftige Pressekritik löste das nur knapp gefasste Programm des Wettbewerbs aus. Um Zweifel an der Ernsthaftigkeit des Wettbewerbs zu entkräften, wurden die Entwürfe im Februar öffentlich ausgestellt. Sämtliche architektonische Richtungen waren vertreten, doch die Mitglieder der Jury, darunter auch Hittorff, waren allesamt Anhänger der konservativen klassizistischen Architekturrichtung, die von der École des Beaux-Arts propagiert wurde. Am Ende der Auswahl wurden fünf Preise verteilt. Charles Garnier, in der Öffentlichkeit völlig unbekannt, erhielt den fünften. Doch keiner der prämierten Entwürfe gelangte zur Ausführung. Vielmehr wurde unter den Preisträgern ein neuer, jetzt mit detaillierten Bestimmungen versehener Wettbewerb ausgeschrieben, aus dem schließlich Garnier als Sieger hervorging. Trotz Kritik, vor allem an der Zusammensetzung der Jury, muss der Wettbewerb alles in allem als gerecht bezeichnet werden. Weder Haussmann noch die Kaiserin, die den Entwurf Eugène-Emmanuel Viollet-le-Ducs favorisierte, noch der Direktor der Oper hatten über das Votum der Jury hinweg ihre Kandidaten aus dem Januar-Wettbewerb durchsetzen können.

Mit dem Ankauf und der Räumung des Baugrunds hatte Haussmann bereits vor der Eröffnung des Opernwettbewerbs im Dezember 1860 begonnen. Widerstände von Mietern verzögerten die Übergabe des Grundstücks bis in den August 1861. Mit der Aushebung der Baugrube wurde begonnen, während Garnier noch mit einem Stab von Zeichnern und Mitarbeitern dabei war, sein Projekt zu bearbeiten, das erst im Frühjahr 1862 endgültig zur Ausführung vorlag. Die Fundamentierung gestaltete sich äußerst schwierig. Beim Ausheben der Baugrube war man auf wasserführende Schichten gestoßen, sodass Brunnen gebohrt und Dampfmaschinen zum Leerpumpen der Grube installiert werden mussten. Um ein Aufsteigen von Feuchtigkeit zu verhindern, wurde das Fundament der Oper in Form von Gewölben auf einer Betonplatte aufgemauert. Geplant war eine Fertigstellung bis 1867, doch wurden für die Oper vorgesehene Mittel immer wieder für die Errichtung eines Krankenhauses bei Notre-Dame abgezweigt. Aus Propagandagründen sollte das Hôtel-Dieu früher vollendet sein als der »Vergnügungstempel« Oper. Deren Eröffnung erfolgte dann auch erst 1875 unter einem neuen Regime. Aus dem »Monument impérial« war ein »Monument national« geworden, und die Presse feierte den Opernbau als ein nationales Ereignis, mit dem Frankreich nach dem verlorenen Krieg von 1870/71 sein Prestige, erste Kulturnation Europas zu sein, wiederherstellte.

Die Modernität der Pariser Oper liegt in ihrem Treppenhaus. Die unter der neobarocken Pracht liegende Eisenkonstruktion machte ein Gefüge zueinander geöffneter und gleichzeitig versperrter Räume möglich, wie es bis dahin nur aus Piranesis *Carceri*-Stichen bekannt war. Seinen Höhepunkt fand das Prinzip des Zu- und Gegeneinanders von Räumen in Treppenhallen von Justizpalästen und Gerichtsgebäuden vom Ende des 19. und Anfang des 20. Jahrhunderts.

■ Blick vom großen Treppenhaus in das Vestibül

■ Ansicht der Oper um 1885

Der Neubau der Pariser Oper war der größte und repräsentativste Auftrag, der im Paris des 19. Jahrhunderts vergeben wurde. Die Oper war die Welt des schönen Scheins, in der sich das Großbürgertum mit Vorliebe selbst feierte. Überschwänglich ist die Pracht der sich am Barock orientierenden Ausstattung. Sie will den konsequenten Einsatz von Eisen als Trägermaterial und die rationale Organisation des Baus vergessen machen. Der Opernbesuch war in erster Linie gesellschaftliches Ereignis, bei dem das Treppenhaus eine bis dahin im Theaterbau weitgehend unbekannte, nur mit den Treppenhäusern barocker Schlösser vergleichbare Bedeutung erhielt. Hier wie dort diente die Treppe dem feierlichen Aufstieg. Neu war der Moment des Sehens und Gesehenwerdens. Garnier thematisierte dies in seinem Treppenhaus, wobei er sich an einer Raumphantasie Giovanni Battista Piranesis aus der *Carceri*-Folge – der *Treppe mit Trophäen* – orientierte. Das klingt erstaunlich, doch entfernt man das Beiwerk – Piranesis martialische Elemente auf der einen und Garniers barocke Ausstattung auf der anderen Seite –, so wird deutlich, was beide beschäftigte: die Verschränkung und Durchdringung von Räumen. Mit Rang und Loge folgte der Zuschauerraum der Pariser Oper dem im höfischen Theaterbau des 18. Jahrhunderts vorgegebenen Muster. Er ist Abbild der Gesellschaft. Zwar konnten auch die kleinbürgerlichen Besucher – sie hatten die billigen Plätzen auf dem obersten Rang – einen Blick auf das Geschehen im Treppenhaus werfen, doch waren dort, wo der Bürger sich niederließ, die gesellschaftliche Trennung und Abschottung wieder perfekt.

Beim Bau des ein Jahr nach der Pariser Oper eröffneten Bayreuther Festspielhauses kam ein Theaterkonzept zum Tragen, wie es kaum entgegengesetzter hätte sein können. Errichtet nur für die Aufführung der Hauptwerke Richard Wagners, wurde im Außenbau auf jeglichen Schmuck verzichtet. Es gibt keine prächtigen Foyers oder Treppenhäuser und keine Trennung der Besucher in Schichten. Der Zuschauerraum ist nach dem Vorbild des griechischen Theaters ein einziges ansteigendes Parkett. Das Konzept Wagners fand nur wenig Nachahmung. Prägend für den Theaterbau bis zum Ersten Weltkrieg blieb das Modell der Pariser Oper.

OPER PARIS

BIOGRAPHIE

Jean-Louis-Charles Garnier wurde am 6. November 1825 in einem Pariser Armenviertel geboren. Garnier machte einen Schulabschluss, was für Angehörige der unteren Schichten die Ausnahme war, und besuchte von 1838 bis 1841 Kurse an der École de Dessin et des Mathématiques (ab 1877 École des Arts Décoratifs). Der bedeutendste seiner Lehrer war Eugène-Emmanuel Viollet-le-Duc, der zahlreiche, vor allem mittelalterliche Bauten in Frankreich restaurierte und in der gotischen Architektur die gleichen Prinzipien angewandt sah wie im aufkommenden Eisenskelettbau. Parallel zum Besuch der Schule arbeitete Garnier ab 1841 als Zeichner für verschiedene Architekten, darunter auch für Viollet-le-Duc. 1842 erfolgte die mit der Belegung von Kursen in der École de Dessin angestrebte Aufnahme in die École des Beaux-Arts, der bedeutendsten und einflussreichsten Architektenschmiede des 19. Jh. Der in der Schule gelehrte und zur Doktrin erhobenen Klassizismus stand im eklatanten Gegensatz zu der Architekturauffassung Viollet-le-Ducs. Garnier folgte der Auffassung der Schule und gewann mit dem Entwurf zu einem Konservatorium der Künste und des Handwerks 1848 den von der École des Beaux-Arts ausgeschrieben Prix de Rome, womit er für fünf Jahre zum Stipendiat der Académie de France wurde. Reisen führten ihn von Rom aus bis nach Sizilien, Athen und Konstantinopel (Istanbul). 1854 kehrte Garnier nach Paris zurück. Die Stadt war im Umbruch. Die Stadt, seit 1852 Hauptstadt des Zweiten Kaiserreichs, war im Umbruch. Napoleon III. und sein Stadtpräfekt Georges Eugène Haussmann bauten Paris zur Metropole des 19. Jh. um. Garnier fand Anstellung in der Bauverwaltung. 1856 brach er erstmals unter der Arbeitslast zusammen. Weitere Nervenzusammenbrüche folgten, die seine Karriere jedoch nicht beeinträchtigten. Garnier verdiente gut, heiratete 1858, stieg sozial auf und wurde, ohne vorher nennenswert als Architekt in Erscheinung getreten zu sein, 1861 Sieger des Wettbewerbs zum Neubau der Pariser Oper. Während der Hauptbauzeit der Oper nahm Garnier keine weiteren Aufträge an. 1872 errichtete er sich eine Villa in der Nähe von Nizza. Um 1880 entstanden nach seinen Entwürfen das Casino und Theater in Monte Carlo und, in Zusammenarbeit mit Gustave Eiffel, die Sternwarte in Nizza. Es folgten weitere kleinere Arbeiten in Paris, so die Gräber der Komponisten Georges Bizet und Jacques Offenbach, die Ausstattung für das Staatsbegräbnis von Victor Hugo, die Beteiligung an der Weltausstellung von 1889 mit einem Wohnhaus der Renaissance und schließlich Mitte der 1890er Jahre die Errichtung eines Kulissenmagazins für die Oper. Garnier starb am 3. August 1898 in Paris.

AUF DEN PUNKT GEBRACHT

Die Pariser Oper ist der größte Bau, der im 19. Jahrhundert in Paris errichtet wurde. Sie ist die glanzvolle Verkörperung des Zweiten Kaiserreichs und setzte wie kein anderer Bau Maßstäbe für den Theaterbau bis zum Ersten Weltkrieg.

DATEN

Mit den Bauarbeiten zur Pariser Oper wurde im August 1861 begonnen. 1870 war das Gebäude im Rohbau vollendet. Die Folgen des Deutsch-französischen Krieges von 1870/71 führten zu einer Bauunterbrechung. 1875 wurde die mit Ausnahme des Kaiserpavillons und des Restaurants vollendete Oper eröffnet. Für die Ausführung seines Projekts hatte Garnier 34 Millionen Francs veranschlagt. Bewilligt wurden ihm 15 Millionen. Der Bau ist 155 m lang, 101 m breit und bis zu 60 m hoch. Der in Parkett und vier Ränge geteilte Zuschauerraum bietet 2100 Besuchern Platz. Das ursprüngliche Deckengemälde des Raums wurde in den 1960er Jahren durch ein Werk Marc Chagalls ersetzt.

EMPFEHLUNGEN

Lesenswert:

Christopher Curtis Mead: *Charles Garnier's Paris Opéra: Architectural Empathy and the Renaissance of French Classicism*, New York 1991

Monika Steinhauser: *Die Architektur der Pariser Oper. Studien zu ihrer Entwicklungsgeschichte und ihrer architekturgeschichtlichen Stellung*, München 1969

Schloss Neuschwanstein

Bei Füssen (1869–1886) · Bauherr: Ludwig II. von Bayern · Architekt: Eduard Riedel

■ Erster Entwurf für den Sängersaal im Schloss Neuschwanstein. Zeichnung, 1868, von Christian Jank

■ Ludwig II., König von Bayern, Gemälde, 1865, von Ferdinand Piloty d. J.

Die Gegend um Neuschwanstein kannte Ludwig II. von Bayern bereits seit seiner Kindheit. Sein Vater Maximilian II. Joseph hatte 1832 die in Sichtweite liegende Burgruine Hohenschwangau gekauft. Zum Leidwesen Ludwigs I., der mit Leo von Klenze dabei war, München zum Isar-Athen umzugestalten, hatte er sie in den folgenden Jahren »teutsch«, also mittelalterlich, wiederaufbauen lassen.

Seit alters her war die Sage um den Schwanenritter Lohengrin mit dem Schwangau verbunden. Wie eine Offenbarung muss es den 16-jährigen Ludwig getroffen haben, als er 1861 erstmals Richard Wagners Oper *Lohengrin* hörte, deren Text er längst auswendig kannte. Mit dem *Tannhäuser* kam eine zweite Sage und eine zweite Oper Wagners hinzu, die Ludwig zutiefst beeindruckte. 1837 feierte der Verfasser einer anonym erschienenen Schrift das Schloss Maximilians als »die Wiege einer neuen Romantik« und forderte, die Ruinen von Vorder- und Hinterhohenschwangau, das spätere Neuschwanstein, als »großen einfachen Fest- und Sängersaal« zu errichten. Das Vorbild für einen solchen Sängersaal fand sich auf der Wartburg in Thüringen. Von dem dort 1260/1270 ausgetragenen Sängerkrieg handelte Wagners *Tannhäuser*. Die Oper kam 1845 heraus; Ludwig hörte sie erstmals 1862. Zwei Jahre später bestieg er den bayerischen Thron und holte Wagner nach München. Ludwig sah in eine frohe Zukunft. Im Juni 1865 wurde *Tristan und Isolde* in München uraufgeführt, und Wagner fertigte für ihn den ersten Prosaentwurf des *Parsifals* an. Doch die Stimmung in der Bevölkerung und am Hof war gegen Wagner. Als dieser, angestachelt durch eine Intrige, auch noch begann, sich in die Politik einzumischen, musste Ludwig Ende 1865 dem Druck seines Kabinetts nachgeben und Wagner auffordern, Bayern zu verlassen. Ludwig stürzte in eine tiefe Krise und trug sich mit Gedanken an Abdankung und Selbstmord. Er begann, München den Rücken zu kehren und sich immer mehr in die Welt seiner Ideale zu begeben: in die Welt des Schwanenritters Lohengrin, der als Retter gekommen war und aufgrund existenziellen Treuebruchs wieder verschwand, in die Welt des Grals, aber auch in die Welt der Herrschaft Ludwigs XIV. und die des Orients.

Bereits die erste Baumaßnahme, die Ludwig nach seiner Thronbesteigung in Angriff nahm, stand in Beziehung zu Opern Wagners. Ludwig ließ den Gang, der in der Münchner Residenz zu seiner Wohnung führte, mit dreißig Freskenbildern aus dem *Ring des Nibelungen* schmücken. Spätestens im Sommer 1867 kam der entscheidende Anstoß zur Errichtung Neuschwansteins. Inkognito besuchte Ludwig am 31. Mai die gerade restaurierte Wartburg und tauchte in die Welt des Sängerkrieges ein. Aktenkundig wurden die Neuschwanstein-Planungen im April 1868. Enthusiastisch berichtete Ludwig Wagner von seiner Unternehmung und sandte seinen Sekretär sowie den Architekten Eduard Riedel und den Theatermaler Christian Jank zur Besichtigung auf die Wartburg. Das Gelände Neuschwanstein erlaubte jedoch keine Wartburg-Kopie, sodass neu konzipiert werden musste. Der Sängersaal blieb. Mehrfach überarbeitete Riedel seine Pläne, die Jank für Ludwig in malerische Ansichten unter Einbeziehung der Landschaft umsetzte. »Ich will nicht wissen, wie etwas gemacht wird, ich will nur die Wirkung sehen«, soll Ludwig einer frühen Biographie zufolge gesagt haben. Wie auf einer Bühne – Ludwig wollte mit Neuschwanstein und seinen anderen Schlossbauten die perfekte Illusion, und er bekam sie.

■ Postkarte mit einer Ansicht von Schloss Neuschwanstein, 1910

Ich habe die Absicht, die alte Burgruine Hohenschwangau (Neuschwanstein) … neu aufbauen zu lassen im echten Stil der alten deutschen Ritterburgen. … Der Punkt ist einer schönsten, die zu finden sind, heilig und unnahbar, ein würdiger Tempel für den göttlichen Freund, durch den einzig Heil und wahrer Segen der Welt erblühte. Auch Reminiszenzen aus Tannhäuser … und Lohengrin … werden Sie dort finden.

Ludwig II. an Richard Wagner in einem Brief vom 13. Mai 1868

Die französische Revolution und Napoleon hatten das Selbstverständnis der europäischen Herrscher bis in seine Grundfesten erschüttert. Kaum jemand war noch bereit, Herrschaft ohne weiteres

■ Schloss Neuschwanstein im Bau. Photographie, 1875

als gottgewollt zu akzeptieren, wodurch die Herrscher unter einen bis dahin unbekannten Zwang zur Rechtfertigung gerieten – vor sich selbst wie vor der Öffentlichkeit. Das, was zur Rechtfertigung ins Feld geführt werden konnte, war in erster Linie Geschichte: das Alter der Dynastie und die Dauer der Herrschaft. Man besann sich auf seine Herkunft, forschte in seinen Stammbäumen, renovierte und baute Burgen, mit denen Geschichtlichkeit transportiert, aber auch konstruiert wurde. Den noch spielerischen Anfang machten Parkburgen wie die in den 1790er Jahren errichtete Löwenburg in Kassel-Wilhelmshöhe oder die Franzensburg im Park von Schloss Laxenburg bei Wien. Nach dem Wiener Kongress nahm man sich dann konkreter historischer Orte an. Als Manifestationen des Staates Preußens und der Dynastie wurden die Marienburg bei Danzig und die Burg Hohenzollern in Schwaben wiederhergestellt. Mit Realpolitik hatte dies genauso wenig zu tun wie die vom preußischen Kronprinzen Friedrich Wilhelm initiierten Schlossprojekte Karl Friedrich Schinkels aus den 1830er Jahren. Die Schlossprojekte Schinkels waren in ihrer Zeit allesamt nicht zu errichten, doch sie zeigten den Weg zu den Schlössern Ludwigs auf. Es ist der Weg vom Schloss auf der Athener Akropolis – mit durchaus konkreten historischen Bezügen – über Orianda auf der Krim mit seiner konstruierten Geschichte hin zur orts- und geschichtslosen Residenz eines Fürsten. Realität und Geschichte verloren zusehends ihr Fundament, nicht nur bei Ludwig, dessen reales verfassungsgebundenes Königtum sich sukzessive in ein ästhetisches wandelte, in dem unumschränkte Herrschaft nur noch als Idee möglich war. Einer Konfrontation mit der Realität hätte dieses »ästhetische Königtum« nicht standgehalten. Ludwigs Schlösser entstanden auf einem Felssporn – »umweht von Himmelsluft«, wie Ludwig am 13. Mai 1868 an Wagner schrieb –, in einem abgelegenen Tal, auf einer Insel. Neuschwanstein wurzelt in der Welt der Sagen, wie sie Ludwig vor allem über die Opern Richard Wagners vermittelt wurde. Wagners tragische Helden und Heldinnen bevölkern das Schloss. Ludwig selbst sah sich als einen der ihren – als Schwanenritter Lohengrin.

LUDWIGS FINANZEN

Ludwig standen etwa 1,5 Millionen Mark jährlich für seine Schlossbauten zur Verfügung, was bei weitem nicht ausreichte. 1875 hatte Ludwig sein Privatvermögen aufgebraucht und eine halbe Millionen Mark ungedeckter Verbindlichkeiten, 1884 waren es dann 7 und bei seinem Tod 1886 über 14,3 Millionen Mark. Der bayerische Finanzminister brauchte bis 1899, um die Schulden vollständig zu tilgen.

SCHLOSS NEUSCHWANSTEIN

BIOGRAPHIE

Ludwig II. von Bayern wurde am 25. August 1845 in München geboren. Bereits sein Großvater Ludwig I. (Umgestaltung Münchens zum Isar-Athen) und sein Vater Maximilian II. Joseph (Idee, einen Zeitstil in der Architektur zu erfinden, den Maximiliansstil) waren als Bauherren hervorgetreten. Ludwig wurde streng und spartanisch erzogen. Als Zwölfjähriger stieß er auf Schriften Richard Wagners und begann, die Operndichtungen des Komponisten auswendig zu lernen. Wenige Wochen nach seiner Thronbesteigung 1864 ließ Ludwig Wagner nach München kommen, wo der Komponist Planungen zur Einrichtung eines Münchner (Richard-Wagner-) Festspielhauses anstieß. Aufgrund öffentlicher Kritik musste Wagner Bayern Ende 1865 verlassen. Weiterhin von Ludwig unterstützt, ging er in die Schweiz und 1872 nach Bayreuth, wo Ludwig sich finanziell an der Errichtung des Bayreuther Festspielhauses beteiligte. Die Abreise Wagners führte bei Ludwig zu Abdankungs- und Selbstmordabsichten. Schlagartig war ihm klar geworden, dass sich seine Vorstellung von einem »Königreich der Kunst« nicht durchsetzen ließ. Ludwig begann sich zurückzuziehen. Die 1867 mit einer Schwester der österreichischen Kaiserin Elisabeth (»Sissi«) eingegangene Verlobung wurde noch im gleichen Jahr wieder gelöst. Nach seiner Thronbesteigung entfaltete Ludwig eine rege Bau- und Planungstätigkeit. Als Erstes ließ er den Zugang zu seiner Wohnung in der Münchener Residenz mit Freskenbildern aus Wagners *Ring des Nibelungen* schmücken. Es folgt die Neuausstattung der Wohnung in üppigen Barockformen und die Errichtung eines Wintergartens mit zum Teil maurischen Architekturen auf dem Dach des Festsaalbaus (alles zerstört). 1869 begann die Errichtung von Neuschwanstein gegenüber der von Ludwigs Vater ausgebauten Burgruine Hohenschwangau. In die gleiche Zeit fällt die Entwicklung zweier weiterer Großprojekte durch Georg Dollmann, das Projekt zu einem byzantinischen und das zu einem Barockschloss. Beide waren zwischen Neuschwanstein und dem Kloster Ettal geplant. Letzteres nannte Ludwig Tmeicos-Ettal, ein Anagramm aus dem »L'état c'est moi« (Der Staat bin ich) Ludwigs XIV. Errichtet wurde von 1874 bis 1879 nur Schloss Linderhof, das wie das Marly Ludwigs XIV. ursprünglich als Rückzugsmöglichkeit vom Hauptschloss Tmeicos-Ettal geplant war. Die Planungen zu Tmeicos-Ettal fanden jedoch Fortsetzung in denen zu Schloss Herrenchiemsee, das ab 1878 als »Versailles-Kopie« auf der gleichnamigen Insel entstand (unvollendet). Letzte Projekte Ludwigs waren der Ausbau der Burgruine Falkenstein bei Neuschwanstein und die Errichtung eines chinesischen Schlosses bei Linderhof. Am 9. Juni 1886 entmündigt, fand Ludwig unter ungeklärten Umständen vier Tage später den Tod im Starnberger See.

DATEN

Mit den Planungen zu Neuschwanstein wurde spätestens 1868 begonnen. Nach Studien auf der Wartburg fertigte der Architekt Eduard Riedel die Entwürfe an, die vom Theatermaler Christian Jank für Ludwig II. von Bayern als Ansichten ausgeführt wurden. Im September 1869 erfolgte die Grundsteinlegung. 1874 übernahm Georg Dollmann die Bauleitung. In seine Amtszeit fallen mehrere Planänderungen, die vor allem die Ausstattung betrafen. Nach dem Tod Ludwigs 1886 wurde Neuschwanstein bis 1892 in reduzierter Form vollendet und der Öffentlichkeit zugänglich gemacht.

EMPFEHLUNGEN

Lesenswert:
Georg Baumgartner: *Königliche Träume. Ludwig II. und seine Bauten*, München 1981

Sehenswert:
Ludwig II. Regie: Luchino Visconti, I/F/BRD 1972

AUF DEN PUNKT GEBRACHT

Neuschwanstein ist Ausdruck der Persönlichkeit Ludwigs II. von Bayern wie auch der Krise des Königtums im 19. Jahrhundert. Der Schlüssel zum Verständnis des Bauherrn wie des Baus als Gralsburg liegt im Werk Richard Wagners, allen voran in den Opern *Lohengrin*, *Tannhäuser* und *Parsifal*.

Home Insurance Building

Chicago (1884/85) · Ingenieur-Architekt: William Le Baron Jenney

»Wir bauen so hoch, dass wir dem Turmbau zu Babel Konkurrenz machen.« William Le Baron Jenney, 1883

Wie Phoenix stieg Chicago aus der Asche des Stadtbrandes vom Oktober 1871 empor. Der Brand hatte drei Tage gewütet und ein Drittel der Einwohner zu Obdachlosen gemacht. Erinnerungen an die alte Pionierzeit wurden wach. Noch bis um 1800 war Chicago Indianergebiet gewesen, und lediglich zur Sicherung eines Handelsweges war 1803 an der Südwestspitze des Michigansees das Fort Dearborn angelegt worden. Nichts deutete darauf hin, dass mit ihm die Keimzelle zu einem Ort geschaffen worden war, der innerhalb von nicht einmal hundert Jahren zum größten Handels- und Industriezentrum der Erde aufsteigen sollte. Im Gegenteil, das Fort wurde 1812 bei einem Aufstand zerstört und erst 1816 wieder aufgebaut. Vermehrt nach der Eröffnung des Eriesee-Kanals 1825, durch den Chicago eine direkte Schiffsverbindung zum Atlantik erhielt, ließen sich Händler im Schutz des Forts nieder. 1830 wurde beschlossen, die entstehende Siedlung als Planstadt über einem rechtwinkligen Straßenraster zu errichten. Sieben Jahre später, mit gut 4 100 Einwohnern, erhielt Chicago das Stadtrecht. Im Namen lebt die alte indianische Bezeichnung der Gegend »Checagou« fort. Immer noch unterschied den Ort kaum etwas von den Städten, wie sie zu Dutzenden an den Demarkationslinien zu den Indianern im Westen entstanden. Dies änderte sich 1848, als Bürger Chicagos die weltweit erste Warenterminbörse gründeten. Innerhalb von zwanzig Jahren verzehnfachte sich die Zahl der Einwohner auf 300 000. Nicht einmal die Brandkatastrophe von 1871 konnte den Boom dämpfen, und 1890 überschritt die Einwohnerzahl die Millionenmarke.

Der Brand Chicagos, der neben großen Wohngebieten auch das Geschäftszentrum der Stadt zerstörte, hat mit Sicherheit die Entwicklung des Hochhauses gefördert. Wichtiger waren jedoch der kommerzielle

■ Home Insurance Building

■ Jenneys Faire Store in Chicago von 1890/91 im Bau. Das Eisenskelett bietet ein Maximum an innerer Flexibilität, doch ästhetisch traute Jenney ihm auch hier nicht. Vorgeblendete Pilaster und Gesimse sorgen für den Eindruck eines soliden Mauerwerks. Stich aus *Industrial Chicago*, 1891

Geist der Einwohner und die finanzkräftigen Großunternehmen, die sich in der Stadt niedergelassen hatten. Der Weizen des Mittleren Westens war Haupthandelsgut an der Chicagoer Warenterminbörse. Mit ihm ging die Ansiedlung einer gigantischen fleischverarbeitenden Industrie einher, die wiederum, zum Transport ihrer leicht verderblichen Waren in die Großstädte der Ostküste, den Ausbau der Eisenbahn vorangetrieben hatte. Der Brand hatte in großem Umfang die Verwaltungssitze der Großunternehmen zerstört. Schnellstmöglich, und vor allem preisgünstig, musste neuer Büroraum her, in einer Stadt, in der gleichzeitig die Bodenpreise ins Astronomische stiegen. Mit dem Wiederaufbau Chicagos wurde sofort begonnen, und bis zum Ende des Jahrzehnts entstanden jährlich annähernd 1300 Neubauten. Allein das zu bewältigende Bauvolumen machte die Stadt zu einer einmaligen Chance für Architekten und Ingenieure wie William Le Baron Jenney, der sich wenige Jahre vor dem Brand in Chicago niedergelassen hatte. Jenneys wahrscheinlich erstes Bürohaus entstand 1872 mit dem siebengeschossigen Portland Block. Es war eine Mischung aus Mauerwerks- und Gerüstbau. Die Außenwände waren noch tragend, das Gewicht noch nicht von dem inneren Gerüst aus gusseisernen Stützen und Trägern übernommen. Auch verwandte Jenney beim Portland Block Holz für die Deckenkonstruktion, womit er bautechnisch sowohl hinter Karl Friedrich Schinkels Berliner Bauakademie von 1836 als auch hinter Jesse Hartleys Albert Dock Warehouses in Liverpool von 1846 zurückblieb. Dies änderte sich 1879 mit dem ursprünglich fünf-, spä-

■ William Le Baron Jenney, zeitgenössischer Stich

■ Ansicht von Chicago vor dem Brand vom See aus, Holzstich, 1871

ter siebenstöckigen First Leiter Building. Die Außenwände waren von ihrer tragenden Funktion vollkommen entlastet. Die Fenster reichten vom Boden bis zur Decke. Seitlich wurden sie von Wandpfeilern begrenzt, die auch nicht trugen. Die den Pfeilern vorgeblendeten Pilaster machten dies deutlich. An den Ecken waren sie nicht herumgeführt, sondern nur aneinander geschoben und durch eine senkrechte Naht voneinander getrennt. Durch diese simple Naht verhinderte Jenney, dass der Eindruck von Volumen und Masse entstand, was »Tragen« bedeutet hätte. Die Konstruktion ist buchstäblich nach außen gekehrt.

Mit seiner weitgehend verglasten Fassade war das First Leiter Building der Zeit um Jahre, wenn nicht Jahrzehnte voraus. Das Tragegerüst bestand jedoch immer noch teilweise aus Holz. Der entscheidende Schritt zum vollständig eisernen Gerüst war noch nicht getan. Ihn vollzog Jenney fünf Jahre nach dem First Leiter Building mit dem Home Insurance Building, einem der ersten reinen Eisenskelettbauten, und mit seinen zehn, später zwölf Geschossen einer der ersten Wolkenkratzer der Welt. Statisch und bautechnisch war das Problem der Höhe gelöst und der Weg für zwanzig-, dreißiggeschossige und noch wesentlich höhere Bauten frei gemacht. Doch wie die Höhe ästhetisch bewältigen? Aus heutiger Sicht hätte sich für das Home Insurance Building eine Fassade nach dem Vorbild des First Leiter Building angeboten. Doch eine gleichförmig geras-

In ihrer Ausgabe vom 8. August 1884 listete die Chicagoer Architekturzeitschrift *Real Estate and Building Journal* zehn als Wolkenkratzer bezeichnete Gebäude der Stadt auf. Das Home Insurance Building wird nicht genannt. Es ragte erst zwei Stockwerke aus dem Boden. Wäre es 1884 bereits fertiggestellt gewesen, hätte die Zeitschrift es mit aufnehmen müssen. Drei Bauten übertrafen aber bereits die Höhe, die der Bau Jenneys erreichen sollte.

terte Fassade ohne Geschossdifferenzierung mochte in den Augen der Zeit für einen verhältnismäßig kleinen Bau angehen, der aufgrund seines kubischen Äußeren allein schon als Haus wahrgenommen wurde. An einem Gebäude wie dem Home Insurance Building hätte sie nur Unverständnis hervorrufen können. Die Höhe sprengte das, was man als Haus zu akzeptieren bereit war, bei weitem. Um seinen Bau dennoch zum »Haus« zu machen, griff Jenney auf die seit der Renaissance übliche horizontale Dreiteilung in Sockel, Hauptgeschoss und Mezzanin zurück und passte sie der Fassade an. Für das Home Insurance Building bedeutete das einen Sockel von zwei, ein Hauptgeschoss von sieben und ein Mezzanin von einer Etage. Die Konstruktion des Home Insurance Building verschleierte Jenney fast vollständig. Sie kam nur noch in den Wandpfeilern zwischen den Fenstern zum Ausdruck. Er versah die Sockelgeschosse mit einer Rustika, setzte an die Ecken des Baus konstruktiv völlig unsinnige Pfeiler und teilte die Fassade durch Pilaster in drei Abschnitte. Weiter zog er den Balkon über dem Haupteingang auf die Höhe von drei Geschossen und fasste die sieben Etagen des Hauptgeschosses durch Gesimse zu zwei- und dreigeschossigen Einheiten zusammen. Nirgends findet sich eine durchgehende Vertikale. Jenney tat alles, um den Höhenzug zu unterdrücken und die Fassade als tragend erscheinen zu lassen.

Von seiner Grundhaltung her war Jenney Klassizist. Die Fassaden des First Leiter Building wie die des Home Insurance Building organisierte er nach dem im antiken Tempelbau entwickel-

■ Die Lake Street in Chicago nach dem Großbrand von 1874

■ Das Guaranty Building von Adler & Sullivan in Buffalo, New York, 1894/1895

ten und von der Renaissance wieder aufgenommenen Prinzip des Tragens und Lastens. Aufgrund seiner Tendenz zur Betonung der Horizontalen war die Befolgung dieses Prinzips zwar für einen fünfstöckigen Bau wie das First Leiter Building geeignet, lief jedoch der Idee des Hochhauses entgegen. Die Gotik mit ihrer Vertikaltendenz bot das geeignetere Formprinzip. Die Wende hin zu diesem Prinzip markieren zwei Hochhäuser Louis Sullivans, der in den 1870er Jahren kurze Zeit in Jenneys Büro gearbeitet hatte. Es sind das Wainwright Building in Saint Louis von 1891 und das Guaranty Building in Buffalo von 1895. Die Vertikale dominiert. Die Horizontale ist zurückgenommen. In einem Zug laufen die verblendeten Stützen durch und fassen die Hauptetagen zu einer Einheit zusammen. Nicht mehr auf einer Ebene, sondern hinter den Stützen liegen die in sie eingehängten und ebenfalls verblendeten Fensterstürze und Träger. Die Konstruktion ist wieder ablesbar. Die optische Verstärkung der Ecken behielt Sullivan ebenso bei wie die Dreiteilung in Sockel, Hauptgeschoss und Mezzanin. Modifiziert lebt sie im Hochhaus- und Wolkenkratzerbau bis heute fort. Innerhalb von nicht einmal zwanzig Jahren hatten Jenney und Sullivan drei Grundprinzipien des Baus von Hochhäusern und Wolkenkratzern entwickelt: weitgehende oder vollständige Verglasung der Fassaden, Skelettbauweise und Vertikalität.

Bauten erklimmen den Himmel mit ihren achtzehn, mit ihren zwanzig Geschossen. Der Architekt, der sie baute … hat die Bedingungen, die ihm der Spekulant auferlegte, aufrichtig akzeptiert. … Dieser gewöhnliche Zwang der Notwendigkeit ist … ein Grundsatz der Schönheit, und in diesen Bauten ist diese Notwendigkeit so deutlich manifestiert, dass, wenn man sie betrachtet, sich einem ein einzigartiges Gefühl offenbart. Es entsteht der Eindruck einer neuen Kunst, einer demokratischen Kunst, gemacht von der Masse für die Masse.

Der französische Schriftsteller Paul Bourget in *Outre Mer* über einen Chicago-Besuch in den 1890er Jahren

HOME INSURANCE BUILDING

BIOGRAPHIE

William Le Baron Jenney wurde am 25. September 1832 als Sohn eines erfolgreichen Geschäftsmannes in Fairhaven, Massachusetts, geboren. Jenney besuchte die Phillips Academy in Andover, Massachusetts, und ging von 1853 bis 1856 nach Paris, wo er an der praxisorientierten École Centrale des Arts et Manufactures studierte, nicht, wie es üblich gewesen wäre, an der akademischen École des Beaux-Arts. Anschließend arbeitete Jenney für eine französische Eisenbahngesellschaft in Mexiko und begann, in die USA zurückgekehrt, 1859 ein Ingenieurstudium an der Lawrence Scientific School der Harvard-Universität. Bei Ausbruch des amerikanischen Bürgerkriegs 1861 trat Jenney in ein Ingenieurkorps der Nordstaaten-Armee ein, aus der er 1866 im Rang eines Majors entlassen wurde. 1867 ließ er sich in Chicago nieder und eröffnete im folgenden Jahr ein auf die Errichtung von Büro- und Speichergebäuden spezialisiertes Architekturbüro. Junge Architekten wie Louis Sullivan, William Holabird, Martin Roche und Daniel H. Burnham drängten in sein Büro. Sie wurden später zu den Köpfen der Chicago School of Architecture und prägten die Entwicklung des Chicagoer Hochhauses maßgeblich mit. Wie an keinem anderen Ort wurde in Jenneys Büro die Entwicklung moderner Baukonstruktion vorangetrieben. Bereits der wahrscheinlich erste Bürobau Jenneys, der siebengeschossige Portland Block von 1872 (zerstört), erregte Aufsehen. Das Bürohaus entstand noch in einer Mischung aus Mauerwerks- und Gerüstbau, doch ermöglichte die teilweise Verlagerung des Gewichts in das Gebäudeinnere bereits verhältnismäßig große Fensterflächen. Es folgte 1879 das First Leiter Building und schließlich 1885, unter Mitarbeit des Ingenieurs George B. Whitney, das Home Insurance Building, dessen Skelett vollständig aus Eisen bestand (beide zerstört). Die Fassade war nur noch Verkleidung. Das Home Insurance Building gehört, ebenso wie das um 1890 entstandene Second Leiter Building, das sechzehnstöckige Manhattan Building, der Montgomery Ward (später Faire) Store (zerstört) und das Ludington Building, seiner Bauweise nach zu den Frühwerken der modernen Architektur. Die beiden zuletzt genannten Bauten entstanden bereits in Bürogemeinschaft mit William B. Mundie (Jenney & Mundie). Beide gehörten der Architektenkommission für die 1893 in Chicago veranstaltete Weltausstellung an. Die Weltausstellung zeigte Wirkung auf die Architektur des Büros. Die Fassaden, etwa des Morton Building von 1896 oder des Chicago Garment Center von 1904/05, wurden mit klassizistischen, aber auch Jugendstilornamenten versehen. 1905 setzte Jenney sich zur Ruhe und zog nach Los Angeles, wo er am 15. Juni 1907 starb.

AUF DEN PUNKT GEBRACHT

Mit seinen ursprünglich zehn, später zwölf Geschossen gehörte das Home Insurance Building zu den ersten Wolkenkratzern weltweit. Darüber hinaus war es einer der ersten konsequent durchgeführten Eisenskelettbauten mit nichttragenden Außenwänden.

DATEN

Das Home Insurance Building wurde von 1884 bis 1885 von William Le Baron Jenney unter Mitarbeit des Ingenieurs George B. Whitney an der Ecke La Salle und Adams Street in Chicago errichtet. Bauherr war die gleichnamige Versicherung. Das Home Insurance Building hatte zehn Stockwerke und war 55 m hoch. Die Baumaterialien waren Eisen für das Skelett sowie Ziegel und Haustein als Verkleidung. 1891 wurde das Gebäude um zwei Stockwerke erhöht. 1931 wurde das Home Insurance Building abgerissen.

EMPFEHLUNGEN

Lesenswert:

John Zukowsky (Hg.): *Chicago Architektur 1872–1922. Die Entstehung der kosmopolitischen Architektur des 20. Jahrhunderts*, München 1987

Johann N. Schmidt: *Wolken-Kratzer. Ästhetik und Konstruktion*, Köln 1991

Paul Goldberger: *Wolkenkratzer. Das Hochhaus in Geschichte und Gegenwart*, Stuttgart 1984

Carl W. Condit: *The Chicago School of Architecture. A History of Commercial and Public Building in the Chicago Area, 1875–1925*, Chicago–London 1964

Eiffelturm

Paris (1887–1889) · Idee: Maurice Koechlin und Émile Nouguier · Architektonische Überarbeitung: Stephen Sauvestre · Unternehmer: Gustave Eiffel

Eisen war das Baumaterial des 19. Jahrhunderts. Verschmäht, versteckt unter Putz und Stuck in Monumentalbauten wie der Pariser Oper, feierte es seine ersten Triumphe in Bauten für die Masse, im Londoner Kristallpalast und seinen Nachfolgebauten ebenso wie in den Gleishallen der Bahnhöfe. Doch es brauchte Jahrzehnte, bis es sich an den Bahnhofsfassaden durchsetzte und einen Raum wie den der Pariser Nationalbibliothek bestimmen konnte. Eisen wurde zum Synonym für wirtschaftlichen wie politischen Fortschritt, sodass zum Ende des Jahrhunderts der französische Schriftsteller Paul Bourget die Hochhäuser und Wolkenkratzer Chicagos mit ihren eisernen Skeletten als »demokratische Kunst, gemacht von der Masse für die Masse« feiern konnte. Mindestens drei eiserne Turmbauten in der magischen Höhe von 1000 Fuß (gut 300 Meter) wurden im 19. Jahrhundert geplant. Gemeinsam war ihnen nicht nur das Material, sondern auch der Zweck. Mit ihnen sollte an Meilensteine in der Entwicklung der neuzeitlichen Demokratie erinnert werden: an die Unabhängigkeitserklärung der USA 1776, an die Französische Revolution 1789 und an die »Reform Bill« in Großbritannien von 1832, mit der das traditionelle Übergewicht der grundbesitzenden Aristokratie im Parlament eingeschränkt wurde. Den Anfang machte der von dem Ingenieur Richard Trevithick entworfene »Turm der Reform Bill«. Trevithick wollte ihn aus durchbrochenen Gusseisenplatten errichten. Nach dem Vorbild von Andrea Palladios »demokratischer« Villa Rotonda umstehen vier Tempelfronten den Fuß des Turms. Gut vierzig Jahre später, anlässlich der Weltausstellung in Philadelphia 1876, sollte der »Turm der Unabhängigkeit« entstehen. In der Zeitschrift *Scientific American* stellten die Ingenieure Clarke und Reeves 1874 ihr Projekt vor. Das ideelle Vorbild war der biblische Turmbau zu Babel (Moses, 1. Buch, 2. Kapitel). »Wir wollen

■ Gustav Eiffel (oben) auf der Wendeltreppe des Eiffelturms um 1889

Blick auf den Eiffelturm

die ersten Nachkommen Noahs nachahmen«, schreiben Clarke und Reeves, »die älteste der alten Nationen formte Ziegel und machte Mörtel und baute einen Turm zur Erinnerung an ihre Existenz. Wir, die jüngste der modernen Nationen, werden uns einen Turm aufstellen, um das erste volle Jahrhundert unserer Nation zu feiern.« Unrealistisch war das Projekt nicht, doch auch der »Turm der Unabhängigkeit« blieb Papier. Stattdessen erhielten die USA zu ihrer Hundertjahrfeier ein Geschenk aus Paris, die Freiheitsstatue, oder wie sie richtig heißt, »Die Freiheit, die die Welt erleuchtet«. Die 46 Meter hohe Statue besteht aus einzeln geformten Elementen und Platten aus Kupfer, die von einem eisernen Gerüst getragen werden. Den Entwurf zur Statue lieferte der Bildhauer Auguste Bartholdi, das Gerüst die Firma Gustave Eiffels. Das dem Gerüst zugrunde gelegte Prinzip war einfach. Eiffel hatte es schon an Dutzenden Brücken erprobt und wandte es auch beim Eiffelturm an. Es war das des Gittermastes, bei dem ein Rahmenwerk aus geraden oder gebogenen Stäben im Dreiecksverband miteinander verbunden ist.

Die Idee, die Hundertjahrfeier der Französischen Revolution 1889 mit einer Weltausstellung in Paris zu feiern, lag Mitte der 1880er Jahre in der Luft. Argwöhnisch von den Monarchen Europas und den Royalisten im eigenen Land beobachtet, konnte die Republik mit der Weltausstellung in einem Zug die wiedererlangte Großmachtrolle Frankreichs wirksam zur Geltung bringen und gleichzeitig von innenpolitischen Problemen ablenken. Nichts lag näher, als die Ausstellung mit einem modernen eisernen, »demokratischen« Turmbau zu krönen. Bereits 1881 war der Ingenieur Sébillot mit Plänen zu einem 300-Meter-Turm aus den USA

Der Turm kann würdig erscheinen, die Kunst des modernen Ingenieurs und das Jahrhundert von Industrie und Wissenschaft zu verkörpern, dessen Gleise durch die Revolution von 1789 vorbereitet wurden – ihr zu Ehren würde dies Monument errichtet werden, als Zeugnis der Anerkennung Frankreichs.

Gustave Eiffel, aus der Rechtfertigung des Projekts von 1885

■ Im Februar 1987 wurde mit der Errichtung des Eiffelturms begonnen. Am 10. August 1887 waren bereits erste Teile montiert, am 15. März 1888 stand der gesamte untere Teil bis zur ersten Plattform.

zurückgekehrt. Als steinerner Sonnenturm sollte er mit einem riesigen Scheinwerfer bestückt werden, um das nächtliche Paris zu beleuchten. Ohne Wissen ihres Chefs und ohne dass die Ausrichtung der Weltausstellung 1889 bereits beschlossene Sache war, machten sich 1884 zwei Ingenieure aus der Firma Eiffels, Maurice Koechlin und Émile Nouguier, an die Planung zu einem 300-Meter-Turm. Die erste Idee zu dem Turm hielt Koechlin in einer auf den 9. Juni 1884 datierten Skizze fest. Mit seinen vier gespreizten, in der Spitze zusammenlaufenden und durch Träger verbundenen Gittermasten zeigte die Skizze bereits das Grundsätzliche des späteren Turms. Um die Höhe des Turmes vorstellbar zu machen, stapelte Koechlin neben ihn die Fassade von Notre-Dame, die Freiheitsstatue, den Arc de Triomphe, drei Säulenmonumente und einen weiteren Bau übereinander. Der Turm Koechlins und Nouguiers wirkt zerbrechlich. Mit Wissen Eiffels, jedoch ohne dass er Einfluss nahm, wurde die Skizze zur Bearbeitung an den Architekten

Schwere Geschütze führten Künstler wie Charles Gounod, Guy de Maupassant und Alexandre Dumas der Jüngere in dem am 14. Februar 1887 in *Le Temps* erschienenen Artikel »Protest der Künstler« gegen den Eiffelturm ins Feld. Von »bedrohter französischer Kunst und Geschichte« durch einen »Turm von Schwindel erregender Lächerlichkeit« ist dort die Rede. In Pamphleten schmähte Léon Bloy den Eiffelturm als »wahrhaft tragischen Laternenpfahl«, Paul Verlaine bezeichnete ihn als »Skelett«, und Joris-Karl Huysmans sprach von einem »grässlich vergitterten Strommast«.

■ Stand der Bauarbeiten am 10. Mai 1888 (l.) und am 10. Juli 1888 (r).

der Firma, Stephen Sauvestre, weitergegeben, der den reinen Ingenieurbau »architektonisierte«, das heißt, ihm optisch Stabilität verlieh. Er fügte zwischen die Stützen monumentale Bogen, die gleichzeitig als Eingangstor zur Ausstellung dienen konnten, und betonte die horizontalen Verbindungen zwischen den Gittermasten. Aus der Skizze war ein Entwurf geworden, der im Herbst auf der Pariser Kunstgewerbeausstellung gezeigt werden sollte. Kurz vor Eröffnung der Ausstellung bekam Eiffel den Entwurf erstmals zu Gesicht. Er wurde sofort tätig. Auf den eigenen und den Namen seiner beiden Ingenieure meldete er ein Patent an »für ein neues Verfahren, das es erlaubt, Metallpfeiler und Metallpylonen von einer Höhe zu bauen, die 300 Meter übersteigen kann«. Als sich kurz darauf im Oktober 1884 das Handelsministerium für die Veranstaltung einer Weltausstellung in Paris 1889 aussprach, kaufte Eiffel Koechlin und Nouguier die Rechte ab. Sie waren weiter finanziell beteiligt, doch strich Eiffel ein Vielfaches dessen ein, was er seinen Mitarbeitern an vertraglich zugesicherter Prämie zahlen musste.

Eiffel war Großunternehmer, und als solcher handelte er auch seinen Mitarbeitern gegenüber. Sie hatten die Idee zu dem Turm, er die Erfahrungen, die finanziellen Mittel, die Beziehungen und den Einfluss, um sie durchzusetzen. Reine Formsache war der im Mai 1886 ausgeschriebene Ideenwettbewerb. Die Bedingungen

■ Der Aufzug von Roux-Combaluzier & Lepape zur ersten Plattform wurde im Mai 1889 in Betrieb genommen.

des Wettbewerbs waren so gestaltet, dass nur der unter Eiffel/Sauvestre firmierende Turmentwurf gewinnen konnte. Es kam, wie es kommen musste. Nach der Entscheidung hagelte es Kritik und Schmähungen. Eröffnet wurde der Reigen der Anfeindungen vom Organ der französischen Architekten, der Zeitschrift *La Construction Moderne,* im Juni 1886. Ihren Höhepunkt erreichten sie in dem »Protest der Künstler«, den die Zeitung *Le Temps* im Februar 1887 kurz nach Baubeginn veröffentlichte. Wirklich gefährdet war das Projekt jedoch nie. Pünktlich zur Weltausstellung 1889 war der Eiffelturm fertig.

Der Eiffelturm war der größte Publikumsmagnet der Weltausstellung von 1889. Knapp zwei Millionen Menschen besuchten ihn. Er war Jahrmarktsattraktion und Denkmal in einem: Denkmal der Revolution von 1789, der Technik und des Fortschritts, wie auch seiner selbst. Die Kritik verstummte bei seinem Anblick. Nie zuvor war ein so riesiges Eisenskelett, ein so hohes Bauwerk errichtet worden. Mit ihm hatte Eiffel den Raum in der Vertikalen erobert – William Le Baron Jenneys Home Insurance Building in Chicago war 55 Meter hoch, Notre-Dame in Paris 66 Meter und Sankt Peter in Rom 132,50 Meter. Ein völlig neues Weltbild eröffnete sich von den Aussichtsplattformen des Turms. Die Proportionen und Größenverhältnisse verschwammen. Der Eiffelturm markiert eine Epochenwende. Im Aufbau folgte er dem Vorbild der Säule mit Basis, Schaft und Kapitell. Doch die in der Säule verkörperte antike Vorstellung vom Menschen als dem Maß aller Dinge galt für ihn nicht mehr.

ZAHLEN

Für die Errichtung des Eiffelturms wurden 700 Ingenieurzeichnungen und 3000 Werkstattzeichnungen angefertigt. 40 Zeichner und Rechner arbeiteten zwei Jahre an ihnen. Alle Teile wurden auf den Zehntelmillimeter genau gezeichnet. Der Turm besteht aus rund 18 000 Montageteilen, von denen die schwersten 3 Tonnen wiegen. 2,5 Millionen Nieten verbinden die Teile miteinander. 7 300 Tonnen Eisen sind im Eiffelturm verbaut, 60 Tonnen Farbe für einen Anstrich notwendig.

EIFFELTURM

BIOGRAPHIE

Gustave Alexandre Eiffel wurde am 15. Dezember 1832 in Dijon geboren. Er machte ein sprachlich-naturwissenschaftliches Abitur und ging 1850 nach Paris, um an der École Polytechnique zu studieren. Gleich im ersten Jahr fiel er durch mehrere Prüfungen und wechselte an die École Centrale des Arts et Manufactures, wo er 1855 ein Chemiestudium mit Diplom abschloss. Familiäre Streitigkeiten verhinderten den geplanten Eintritt in die Chemiefabrik eines Onkels. Stattdessen trat Eiffel in das Eisenwerk seines Schwagers ein, das er aber bald wieder verließ, um in verschiedenen Konstruktionsbüros zu arbeiten. 1857 wurde er leitender Ingenieur beim Bau der Eisenbahnbrücke über die Garonne in Bordeaux. Mit weiteren Brückenbauten und ersten Bahnhofshallen erwarb Eiffel sich innerhalb weniger Jahre den Ruf eines soliden Konstrukteurs. 1866 gründete er eine eigene Firma am Rand von Paris und war mit ihr äußerst erfolgreich. Er beteiligte sich an der Pariser Weltausstellung von 1867 und errichtete bis 1869 vier große Eisenbahnviadukte in Südfrankreich. Ab den 1870er Jahren kamen Aufträge aus dem Ausland hinzu. Der Verkaufsschlager über Jahrzehnte waren kleine demontierbare eiserne Brücken, die weltweit, besonders nach Indochina und Südamerika, exportiert wurden; hinzu kamen Großaufträge – Brückenbauten in Chile und Rumänien 1872, eine Gasfabrik in Bolivien 1874, der Westbahnhof in Budapest, eiserne Gerüste für Kirchenbauten auf den Philippinen und in Peru 1875 und anderes. Eiffel lieferte die eisernen Elemente, die vor Ort nur noch montiert wurden. In Paris baute er die Effektenhalle der Bank Crédit Lyonnais am Boulevard des Italiens und die Treppen und Galerien des Kaufhauses Bon Marché. Weiter war Eiffel einer der wichtigsten Mitarbeiter der Pariser Weltausstellung von 1878. Mitte der 1880er Jahre fertigte seine Firma das Tragegerüst der Freiheitsstatue in New York, die Kuppel der von Charles Garnier errichteten Sternwarte in Nizza (nach einem patentierten Entwurf Eiffels) und schließlich für die Pariser Weltausstellung von 1889 den Eiffelturm. Eiffels Pläne von 1890 für eine U-Bahn in Paris und zur Untertunnelung des Ärmelkanals wurden ignoriert. 1893 kam es zu einem Prozess gegen Eiffel. Grund war der Konkurs der Gesellschaft zum Bau des Panamakanals. Eiffel hatte für den Kanal zehn Schleusen liefern sollen, was nur zum Teil geschehen war. Dennoch gehörte er zu den wenigen, die an dem vorerst gescheiterten Projekt verdient hatten. Der Prozess schadete vor allem Eiffels Ruf. Er zog sich aus seiner Firma zurück und begann sich mit Meteorologie, Telegraphie und Aerodynamik zu beschäftigen. 1917 konstruierte er einen Flugzeug-Prototyp. Eiffel starb am 27. Dezember 1923 in Paris.

AUF DEN PUNKT GEBRACHT

Mit dem Eiffelturm setzte sich Eisen als architektonisches Gestaltungsmittel endgültig durch. Vierzig Jahre lang, bis zur Errichtung des Chrysler Building und des Empire State Building in New York, war der Eiffelturm das höchste Bauwerk der Welt. Kein anderer Bau nach ihm hat den Rekord so lange gehalten.

DATEN

Die Idee zum Eiffelturm hatten die für Gustave Eiffel tätigen Ingenieure Maurice Koechlin und Émile Nouguier. Seine Gestalt erhielt er durch den ebenfalls für Eiffel arbeitenden Architekten Stephen Sauvestre. Eiffel trat in erster Linie als Unternehmer in Erscheinung. Der Eiffelturm entstand in 26-monatiger Bauzeit und wurde am 15. Mai 1889 eröffnet. Die veranschlagte Bausumme wurde um das Zweieinhalbfache überschritten. Dennoch war der Turm ein finanzieller Erfolg. Er amortisierte sich schon während der Weltausstellung. Da Eiffel einen Teil des finanziellen Risikos übernommen hatte, waren ihm die Nutzungsrechte bis 1910 übertragen worden. Der Vertrag wurde um 70 Jahre verlängert. Seit 1980 befindet sich der Eiffelturm im Besitz der Stadt Paris.

EMPFEHLUNGEN

Lesenswert:

Bertrand Lemoine: *Die phantastische Geschichte vom Eiffelturm*, Rennes 1998

Charles von Büren: *Der 300-Meter-Turm*, Zürich 1988

Bertrand Lemoine: *Gustave Eiffel*, Basel–Boston–Berlin 1988

Kaufhaus GUM

Moskau (1889–1893) · Architekt: A. N. Pomeranzew · Ingenieure: W. G. Suchow und A. F. Lolejt

■ Wladimir Grigorjewitsch Suchow, 1886

Bis weit in die zweite Hälfte des 19. Jahrhunderts war der Rote Platz in Moskau alles andere als repräsentativ. Im Süden stand zwar die Basilius-Kathedrale Iwans des Schrecklichen, im Norden jedoch nur das alte, 1755 der Universität zur Verfügung gestellte Moskauer Rathaus. Und im Osten, zwischen Kathedrale und Universität? Auf einer Länge von 250 m ein Chaos aus Verkaufsbuden, Speichern, Höfen und Gassen – das Moskauer Händlerviertel. Notdürftig hatte man das Viertel nach 1815 zum Platz hin mit einer Ladenreihe abgeschirmt. Dahinter war alles beim Alten geblieben. Wie die Potemkinschen Dörfer, mit denen Katharina der Großen 1787 auf einer Krimreise Wohlstand des Landes vorgespiegelt wurde, täuschte auch die Ladenreihe ein geordnetes Gefüge nur vor. Jahrzehntelang blieben Forderungen ungehört, das Viertel durchgreifend zu reorganisieren, so wie es nach 1850 mit den Innenstadtvierteln in Paris geschah. Druck übte erst das Ausbleiben der Käufer aus, wofür auch die Kritik an den hygienischen Zuständen im Viertel verantwortlich war. Hinzu kam die Errichtung des Historischen Museums anstelle des Rathauses 1883. Erst jetzt scheint die Moskauer Kaufmannschaft tätig geworden zu sein. Die verworrenen Besitzverhältnisse im Händlerviertel wurden geklärt, eine Aktiengesellschaft gegründet und 1888 ein Wettbewerb zur Errichtung der Neuen Handelsreihen ausgeschrieben. Zum Wettbewerb zugelassen waren nur russische Architekten. Trotzdem erstaunt die geringe Anzahl von nur 23 Beteiligungen. Reizvoll war die Aufgabe allemal. Immerhin war ein gut zwei Hektar großes Gelände in bester städtischer Lage zu bebauen. Den ersten Preis gewann Alexander N. Pomeranzew, der gerade als Lehrer an die Petersburger Kunstakademie berufen worden war, jedoch noch nichts Nennenswertes gebaut hatte. Innerhalb von zwei Monaten nach der Preisvergabe hatte Pomeranzew seinen Entwurf im Detail auszuarbeiten, statisch zu berechnen und mit Kostenvoranschlag der ausführenden Baugesellschaft einzureichen. Spätestens jetzt, im Zuge der Überarbeitung, wurde aus Pomeranzews Entwurf eine Gemeinschafts-

■ Der Haupteingang des Kaufhauses

arbeit. Bauspezialisten – die Ingenieure Wladimir G. Suchow und A. F. Lolejt – traten hinzu.

Pomeranzews Neue Handelsreihen, die erst nach der Revolution in GUM (Staatliches Universalkaufhaus) umbenannt wurden, zeichnet eine absolute Rationalität in der Grundrissbildung und Erschließung aus. Die Schauseite zum Roten Platz lässt dies kaum erahnen. In Anlehnung an die benachbarte Basilius-Kathedrale ist sie in Formen der russischen Renaissance errichtet. Ein Mittelportal und zwei untergeordnete Seitenportale führen in das Innere der Handelsreihen. Die Ecken sind blockartig betont, wodurch der Eindruck einer befestigten Stadt entsteht. Der Eindruck täuscht nicht. Pomeranzews Neue Handelsreihen sind eine Stadt in der Stadt. Drei senkrecht und drei parallel zu der Schauseite verlaufende glasüberdachte Straßen – Passagen – bilden die Wege zwischen den insgesamt 16 Blöcken. Pomeranzew entwickelte seine »Stadt« jedoch nicht nur horizontal, sondern auch vertikal. Vor dem ersten, in den meisten Passagen auch vor dem zweiten Obergeschoss verlaufen der Öffentlichkeit zugängliche, durch elegant

EISEN- UND STAHLBETON

Bei Versuchen, unzerbrechliche Blumenkübel herzustellen, kam der französischen Gärtner Joseph Monier auf die Idee, in die Zementwände der Kübel Drahtnetze einzufügen. 1867 ließ er sich die Methode patentieren. 1877 folgte das Patent auf Stützen und Balken aus Beton mit Eiseneinlagen, wobei der Beton für Druck- und das Eisen (Moniereisen) für Zugfestigkeit der Elemente sorgt. Ohne Eisen- oder Stahlbeton wäre die Architektur des 20. Jahrhunderts undenkbar.

■ Eine Passage im GUM

Diese Passagen, eine neuere Erfindung des industriellen Luxus, sind glasgedeckte, marmorgetäfelte Gänge durch ganze Häusermassen, deren Besitzer sich zu solchen Spekulationen vereinigt haben. Zu beiden Seiten dieser Gänge, die ihr Licht von oben erhalten, laufen die elegantesten Warenläden hin, sodass eine solche Passage eine Stadt, ja eine Welt im Kleinen ist.
Aus einem Paris-Führer vom Ende des 19. Jh.

geschwungene Brücken miteinander verbundene Galerien. Die Brücken, wie auch die tragenden Innenwände, entwarf Lolejt in Eisenbeton, der gerade einmal gut zehn Jahre zuvor in Frankreich patentiert worden war. Im Inneren der Blöcke übernehmen Stützen die Last, wodurch die Größe der Läden variiert werden konnte. Noch jünger als der Eisenbeton war die Entwicklung der Dachkonstruktion über den Passagen. Sie war das Ergebnis von Suchows grundsätzlicher Beschäftigung mit der Konstruktion von Dachwerken seit Mitte der 1880er Jahre. Suchows Ziel war es, möglichst leichte, materialsparende und damit kostengünstige Dächer für Industrie, Verkehr und Handel zu entwickeln. Extrem dünne, in sich unstabile eiserne Bogen überwölben die Passagen der Handelsreihen. Festigkeit erhielten sie erst durch diagonal verspannte dünne Eisenstäbe. Vom Boden aus kaum sichtbar, füllen sie den Raum der Glaswölbung. Rippen, wie bei älteren Glasdächern, gibt es nicht mehr. Das Dach läuft gleichförmig durch. Tageslicht, gestreut durch das Netz der Eisenstäbe, tritt fast ungehindert in die Passagen und erhellt über im Fußboden eingelassene Glasprismen selbst noch das Kellergeschoss, von dem aus die Läden versorgt wurden. In dieses führt eine befahrbare Rampe an der Rückseite des Gebäudes. Über Treppen, nicht, wie zu vermuten, über Lastenaufzüge, gelangten die Waren in die Verkaufsgeschosse. Gleichzeitig enden im Keller die Schächte, die zum Herabschaffen des Schnees von den Glasdächern dienen.

Nichts bereitete dem Bürgertum im 19. Jahrhundert größeres Unbehagen als das Ungeordnete und Unbekannte. Eine Reaktion auf dieses Unbehagen war die Passage. »Erfunden« in Paris, stellte sie, wie die Fabrik mit ihren vorhersehbaren Abläufen, einen geordneten Mikrokosmos im ungeordneten Makrokosmos »Stadt« dar. In der Passage war der Bürger von bekannten Dingen aus der von ihm geschaffenen Warenwelt umgeben. Die Passagen, letztlich nach innen gekehrte, überdachte Straßen, wurden zum Interieur. Ständiger Bewohner dieses Interieurs war der nun nicht mehr adelige, sondern bürgerliche Müßiggänger, der Flaneur. Ihm war die Passage, wie nach der Jahrhundertmitte auch der Boulevard, Zuhause, ein Ort des Aufenthalts und der Kommunikation. Doch bewegte sich der Flaneur wie der Bürger in einer Scheinwelt. Der gestalterische Aufwand, der beim Bau der Passagen und der Einrichtung der Läden betrieben wurde, galt nicht ihnen, sondern einzig der Profitsteigerung.

KAUFHAUS GUM

BIOGRAPHIEN

Alexander Nikanorowitsch Pomeranzew wurde am 30. Dezember 1848 in Moskau geboren. Pomeranzew besuchte die Moskauer Schule für Malerei, Skulptur und Architektur und ging 1874 zum Studium an die Kunstakademie in Sankt Petersburg. Seine Abschlussarbeit wurde mit der Goldenen Medaille prämiert. An die Auszeichnung war ein Reisestipendium gebunden, das Pomeranzew 1879 antrat. Er hielt sich bis 1886 im Ausland, darunter längere Zeit in Italien auf. 1888 wurde er als Lehrer an die Petersburger Kunstakademie berufen. Im gleichen Jahr gewann er den Wettbewerb zum Bau der Neuen Handelsreihen (Kaufhaus GUM), die er von 1889 bis 1893 unter Beteiligung der Ingenieure W. G. Suchow und A. F. Lolejt errichtete. In Zusammenarbeit mit Suchow entstanden weiter mehrere Bauten für die Allrussische Kunst- und Industrieausstellung 1896 in Nishni Nowgorod (zerstört). In der aufstrebenden Industriestadt Rostow am Don errichtete Pomeranzew die Duma, das städtische Handelszentrum und das Hotel Groß Moskau. Weiter entstanden nach seinen Entwürfen Kirchen in Sofia (Alexander-Newskij-Kirche, ab 1904), in Cetinje in Montenegro und in Moskau (Gedächtniskirche an der Mjusskaja Ploschtschad, ab 1911, zerstört). Pomeranzew starb am 27. Oktober 1918 in Sankt Petersburg. **Wladimir Grigorjewitsch Suchow** wurde 1853 in einer Kleinstadt im südrussischen Gebiet Belgorod geboren. Er studierte am fortschrittlichen Moskauer Polytechnikum, schloss sein Studium 1876 mit Auszeichnung ab und besuchte noch im gleichen Jahr die Weltausstellung in Philadelphia. Ab 1878 arbeitete er für ein Moskauer Baubüro im Erdölgebiet um Baku, Aserbaidschan, wo er die erste russische Erdölpipeline baute. 1880 wurde Suchow nach Moskau zurückberufen und zum Chefingenieur ernannt. Er konstruierte 1883 die ersten rationellen Metallbehälter für die Lagerung von Erdöl überhaupt und 1885 die ersten russischen Tankschiffe. Suchows Auseinandersetzung mit der Konstruktion von Dachwerken ab Mitte der 1880er Jahre führte auch zu den extrem leichten, durch diagonale Zugelemente verspannten Bogenkonstruktionen, wie er sie beim Moskauer Kaufhaus GUM und Bauten der Kunst- und Industrieausstellung 1896 in Nishni Nowgorod anwandte. Weiter entwickelte Suchow das »Netzdach« (Patentantrag 1895) und nach dem gleichen Prinzip Gittertürme, deren höchster ein 1919 für Moskau geplanter 350 m hoher Sendeturm werden sollte. Errichtet wurde eine kleinere, 152 m hohe Variante. Die letzte bautechnische Arbeit Suchows war 1932 die Wiederaufrichtung eines durch Erdbeben in Schieflage geratenen Minaretts des 15. Jh. in Samarkand, Usbekistan. Suchow starb im Februar 1939 in Moskau.

AUF DEN PUNKT GEBRACHT

Die Passage als solche ist ein Phänomen des 19. Jahrhunderts. Meist als private Bauspekulation errichtet, stand sie am Beginn der Reorganisation des öffentlichen Stadtraums und dessen Vereinnahmung durch das Bürgertum und den Kommerz.

DATEN

Die Neuen Handelsreihen wurden von 1889 bis 1893 nach einem Entwurf des Architekten A. N. Pomeranzew errichtet. Beteiligt waren die Ingenieure W. G. Suchow (Glasdächer über den Passagen) und A. F. Lolejt (Mauern und Brücken aus Eisenbeton). Die Handelsreihen wurden auf einer Fläche von etwa 250 x 90 m errichtet und waren mit einer Verkaufsfläche von 47 000 m^2 zum Zeitpunkt ihrer Entstehung eine der größten Passagen der Welt. Nach der Revolution 1917 wurden die Handelsreihen in das Staatliche Universalkaufhaus GUM umgewandelt. In den 1930er Jahren ließ Stalin das GUM schließen. Im Krieg diente es als Lazarett. Nach Stalins Tod 1953 wurde das GUM wieder eröffnet. Zahlreiche Ladeneinrichtungen sind noch im Original erhalten.

EMPFEHLUNGEN

Lesenswert:

Institut für Auslandsbeziehungen, Stuttgart, Ščusev-Architekturmuseum, Moskau (Hg.): *V. G. Ščuchov Kunst der Konstruktion*, Stuttgart 1990

Johann Friedrich Geist: *Passagen.* Ein Bautyp des 19. Jahrhunderts, München 1979

GLOSSAR

Ädikula
(lateinisch: Häuschen) Ursprünglich kleine, der Rahmung von Statuen dienende Architekturen. Ädikulen bestehen meist aus zwei ▸ Säulen oder ▸ Pilastern, die einen Giebel in Dreieck- oder Segmentform tragen. Häufig wurden Ädikulen auch als Rahmung von Nischen, Fenstern oder Türen verwendet.

Antike
Bezeichnung für das griechisch-römische Altertum, das etwa im 6. Jh. v. Chr. beginnt. Der Übergang von der Antike zum Mittelalter ist fließend. Eckdaten sind die Absetzung des letzten weströmischen Kaisers 475/76 n. Chr. und die Schließung der Platonischen Akademie im Osten 529 n. Chr.

Apsis, Apside
(griechisch: Rundung, Bogen) Ein meist über einem halbkreisförmigen ▸ Grundriss errichteter und mit einer Halbkuppel überdeckter Raumteil. Die Apsis ist immer ein herausgehobener Ort und findet sich in der römischen Baukunst, besonders in der ▸ Basilika, von der sie in den christlichen Kirchenbau übernommen wurde. In der Apsis nahm die Geistlichkeit Platz, und in ihrem Scheitel wurde der Altar aufgestellt. Zur Apsis als Abschluss des ▸ Mittelschiffs können kleinere Nebenapsiden treten. Aus der Apsis entwickelte sich der ▸ Chor.

Archaik
(griechisch: alt) Frühstufe der griechischen Kunst und Architektur des 7. und 6. Jh. v. Chr. In der Archaik vollzog sich der Übergang von der Kleinskulptur zur lebensgroßen Skulptur und vom hölzernen ▸ Tempel zum steinernen. Die Archaik wurde von der ▸ Klassik abgelöst.

Architekturtheorie
Theoretische Auseinandersetzung mit Architektur. Am Anfang der Architekturtheorie standen die Formulierung von Bauvorschriften und der Versuch, sie in Gesetze oder Gesetzmäßigkeiten zu fassen. Die einflussreichste Architekturtheorie schrieb um 30 v. Chr. Vitruv. Angenommen wird, dass Vitruvs Theorie im Mittelalter zumindest vereinzelt in Ausschnitten bekannt war. Zur Wiederentdeckung Vitruvs kam es in der ▸ Renaissance. Bis ins 19. Jh. hinein stellen sämtliche neuzeitlichen Architekturtheorien, angefangen bei denen von Leon Battista Alberti (1452/1485), Sebastiano Serlio (um 1550) und Andrea Palladio (1570), Auseinandersetzungen mit Vitruvs Theorie dar.

Architrav
Der auf den Säulen ruhende Hauptbalken. Der Architrav gehört zum ▸ Gebälk eines ▸ Tempels.

Arkade
(lateinisch: Bogen) Bogenstellung über ▸ Pfeilern oder ▸ Säulen. Die Arkade findet sich bereits in der antiken römischen Baukunst und wurde zu einem der wichtigsten Gestaltungselemente im Kirchenbau. Ohne die Räume zu trennen, scheidet sie das Mittelschiff von den Seitenschiffen (▸ Schiff). Weiter dienten vorgeblendete Arkaden der Wandgliederung. Besonders in der ▸ Renaissance wurden Arkaden auch entlang von Straßen und mehrgeschossig um Innenhöfe errichtet.

Atrium
(lateinisch: Vorhalle, Innenhof) Erster Hof und Kern des antiken ▸ römischen Hauses. Als Atrium werden auch die im frühen Kirchenbau vorkommenden, von Säulengängen umgebenen Vorhöfe von Kirchen bezeichnet.

Attika
Mauerstreifen als oberer Abschluss einer ▸ Fassade. Eine Attika setzt meist über einem ▸ Gebälk oder ▸ Gesims an und verdeckt das Dach. Sie kann auch als durchbrochene Balustrade gebildet und mit Statuen geschmückt sein. Die Attika findet sich bereits in der ▸ römischen Architektur und dann besonders ab der ▸ Renaissance bis zum ▸ Klassizismus.

Aufriss
Darstellung einer ▸ Fassade oder eines Wandabschnitts in Normalprojektion, das heißt ohne optische Verzerrung. Jedes Element und jeder Punkt sind beim Aufriss in senkrechter Aufsicht wiedergegeben.

Ausstellungsarchitektur
Bauten für Ausstellungszwecke. Ausstellungsbauten entstanden vor allem im 19. Jh., wobei zwischen Bauten, die für ständige oder wiederkehrende Ausstellungen (Museums- und Messebauten) errichtet

wurden, und Bauten für eine einmalige Ausstellung zu unterscheiden ist. Letztere entstanden besonders für die großen Welt- und Industrieausstellungen. In der Regel sollten sie nach dem Ende der Ausstellung abgetragen werden, was nicht immer geschah (Kristallpalast in London, Eiffelturm in Paris).

Baptisterium
(griechisch: Schwimmbecken) Meist als ▸ Zentralbauten errichtete Taufhäuser. Ihre Bezeichnung rührt von den meist im Boden eingelassenen Becken her, in der im frühen Christentum durch das Untertauchen des ganzen Körpers getauft wurde. Baptisterien entstanden meist in unmittelbarer Nähe großer Kirchen und sind typisch für die ▸ frühchristliche Architektur. Im Mittelalter findet sich der Bautyp vor allem in Italien. Berühmt sind die Baptisterien von Florenz und Pisa.

Barock
(von portugiesisch »barocco«: unregelmäßig) Auf die Spätrenaissance und den Manierismus (▸ Renaissance) folgender Stil in Europa und Lateinamerika. Der Barock entstand um 1600 in Rom und herrschte bis um die Mitte des 18. Jh. Er ist Ausdruck des politischen Systems des Absolutismus. Grundlage des Barock bildet das aus der ▸ römischen Architektur überlieferte und von der Renaissance weiter entwickelte Formvokabular. Typisch für den Barocks sind kraftvolle Formen, geschwungene Linien im ▸ Grund- wie im ▸ Aufriss, die Unterordnung des Einzelnen unter das Ganze und, besonders im Kirchenbau, die Tendenz zur Verschmelzung von Räumen. Der Barock erfuhr zahlreiche regionale und nationale Ausprägungen, etwa in Süddeutschland und Österreich oder in Frankreich und England, wo er auch als Barockklassizismus bezeichnet wird. Wie alle über einen längeren Zeitraum gültigen Stile wird auch im Barock zwischen einer Früh-, Hoch- und Spätphase unterschieden. Die Spätphase des Barock wird teilweise mit dem ▸ Rokoko gleichgesetzt.

Basilika
(griechisch: Königshalle) In der ▸ römischen Architektur der große, meist aus mehreren ▸ Schiffen bestehende rechteckige Hallenbau zu Markt-, Versammlungs- oder Gerichtszwecken. Im Zusammenhang mit Palästen konnten Basiliken auch als Thronsäle dienen. Die römische Basilika wurde vom christlichen Kirchenbau übernommen und zum am weitesten verbreiteten Kirchenbautyp. Als Basilika, deren Raum im Gegensatz zum ▸ Zentralbau einseitig gerichtet ist, werden drei- und fünfschiffige Kirchen mit erhöhtem Mittelschiff bezeichnet.

Basis
Der »Fuß« der ▸ Säule zwischen Schaft und Standplatte.

Bauhütte
Bezeichnung für die Werkstattverbände, die in der ▸ Gotik auf den Baustellen zahlreicher großer Kathedralen bestanden. In den Bauhütten waren alle am Bau Tätigen zusammengefasst. Die Bauhütten waren übernational, was wesentlich zur Ausbreitung der Gotik beitrug. Weiter sicherten sie die Durchführung eines einmal gefassten Entwurfs über Generationen hinweg durch Ausbildung ihrer zukünftigen Mitarbeiter.

Belfried
Glockenturm der mittelalterlichen ▸ Tuchhallen in Flandern (Belgien).

Belvedere
(italienisch: schöner Ausblick, französisch »Bellevue«) Als Belvedere werden Kleinarchitekturen in landschaftlich reizvoller Lage bezeichnet oder Dachaufbauten, von denen sich eine schöne Aussicht ergibt. Aufgrund ihrer Lage tragen auch mehrere Schlossbauten den Namen Belvedere.

Bergfried
Hauptturm, besonders der deutschen Burg, der während einer Belagerung als letzte Zuflucht diente. Im Gegensatz zum französischen ▸ Donjon war der Bergfried nicht als ständiger Wohnsitz ausgebaut.

Bibliothek
(griechisch: Büchergestell) Bezeichnung für eine Büchersammlung wie auch für den Ort ihrer Aufbewahrung. Die älteste bekannte Bibliothek ist die in Nippur (heute Irak) gefundene Sammlung von Tontafeln aus dem 3. Jahrtausend v. Chr. Die berühmtesten Bibliotheken der ▸ Antike waren die von Alexandria und Pergamon. Von einer eigentlichen Bibliotheksarchitektur kann man erst seit der ▸ Renaissance sprechen (Florenz, Biblioteca Laurenziana). Typisch für den ▸ Barock sind prächtig ausgestattete Bibliotheksräume (Saalbibliotheken) in ▸ Klöstern und ▸ Schlössern. Eigenständige Bibliotheksgebäude (Magazinbibliotheken) entstanden erst im 19. Jh.

Byzantinische Baukunst
Grundlage der byzantinischen Baukunst bildete die spätantike ▸ römische und ▸ frühchristliche Architektur. Wie in der frühchristlichen Architektur war auch in der byzantinischen Baukunst der Kirchenbau die wichtigste Bauaufgabe. Typisch für die byzantinische Baukunst ist die Kreuzkuppelkirche, die über neun zum Quadrat angeordneten ▸ Jochen errichtet und mit einer oder mehreren Kuppeln bekrönt wurde. Die byzantinische Architektur endete mit der Eroberung Konstantinopels 1453 durch die Türken. Der Typ der Kreuzkuppelkirche wurde in den orthodoxen Kirchen, besonders Griechenlands und Russlands, weiter tradiert.

Campanile
(von italienisch »campana«: Glocke) Frei stehender Glockenturm, besonders italienischer Kirchen. Berühmt sind die Campanile des Doms von Florenz und von San Marco in Venedig sowie der Schiefe Turm in Pisa.

Cella
(lateinisch: Kammer) Hauptraum eines ▸ Tempels, in dem das Götterbild aufgestellt war.

Chinoiserie
Nachbildungen und freie Interpretationen chinesischer Kunst. Als chinesisch verstandene Raumdekorationen und Kleinbauten in Parks waren sie besonders im 18. Jh. beliebt.

Chor
(griechisch: Tanz- und Sängergruppe) Der häufig erhöhte und architektonisch hervorgehobene Altarraum der Kirche. Ursprünglich wurde mit Chor nur der für den Klerus reservierte Platz vor dem Altar bezeichnet (Mönchschor). Heute ist mit Chor der Altarraum einer Kirche gemeint, wobei, wie bei der ▸ Apsis, zwischen Haupt- und Nebenchören unterschieden wird.

Dienst
Steinerner Stab oder eine überschlanke ▸ Säule. Die Verwendung von Diensten ist typisch für die ▸ Gotik. Die Dienste steigen vom Boden oder über den ▸ Pfeilern gotischer Kirchen auf und »bedienen« die ▸ Rippen, ▸ Schild- und ▸ Gurtbogen.

Donjon
(von lateinisch »domus dominiationis«: Haus der Herrschaft) Der französische Wehrturm, der, anders als der ▸ Bergfried deutscher Burgen, zum ständigen Wohnsitz ausgebaut war.

Ehrenhof
(französisch »cour d'honneur«) Der vor dem Hauptbau liegende, von ▸ Flügeln eingefasste Empfangshof eines Schlosses. Unverzichtbarer Bestandteil des Schlossbaus waren Ehrenhöfe im ▸ Barock. Im 19. Jh. finden sich Ehrenhöfe auch vor bedeutenden öffentlichen Gebäuden.

Eisenarchitektur
Bauten, bei denen als Baustoff vorwiegend Eisen verwendet ist. Das erste komplett aus Eisen errichtete Bauwerk ist die Iron Bridge von 1779 in Coalbrookdale bei Birmingham. Schnell setzte sich der Einsatz von Eisen für tragende Bauteile durch. Die ersten bedeutenden Glas-Eisen-Architekturen entstanden mit den um 1830 von Joseph Paxton errichteten Gewächshäusern in Chatsworth, England, dem Kristallpalast von 1850/51 in London und mit zahlreichen Bahnhofshallen aus der Mitte des 19. Jh. Vorläufer waren die Orangerien und Gewächshäuser des 18. Jh. Mit der Pariser Nationalbibliothek begann sich sichtbar belassenes Eisen in den 1860er Jahren auch in der ▸ höheren Baukunst durchzusetzen. Seinen höchsten Triumph feierte die Eisenarchitektur mit dem Pariser Eiffelturm.

Eklektizismus
Der unschöpferische Rückgriff auf Stile vergangener Epochen. In der Architektur bezeichnet Eklektizismus auch das Auftreten von Elementen verschiedener Stile an einem Bauwerk, besonders im 19. Jh. Gleichzeitig wird der Begriff negativ für den ▸ Historismus verwendet.

Empire
(französisch: Kaiserreich) Spielart des französischen ▸ Klassizismus etwa ab 1800. Das am besten als Staatsstil Napoleons zu charakterisierende Empire hielt sich in Frankreich über den Sturz des Kaisers 1815 hinaus.

Entasis
(griechisch: Anspannung) Die Schwellung des Säulenschaftes beim griechischen ▸ Tempel. Durch die Entasis wird der ▸ Säule ihre Starre genommen und der Anschein erweckt, sie leiste dem auf ihr lastenden Gewicht Widerstand.

Fassade
(italienisch »facciata«: äußere Erscheinung, Gesicht) Ansicht eines Baus. Entsprechend der Ausgestaltung und Lage wird zwischen der Schauseite oder Hauptfassade, der Nebenfassade und der Hof- und Gartenfassade unterschieden. Fassaden können die Gliederung des hinter ihnen liegenden Baus widerspiegeln oder verschleiern (Blendfassaden). An der Fassade sind meist am besten Entstehungszeit und Stil eines Baus abzulesen.

Flügel
Meist im rechten Winkel an einen Hauptbau angefügter Baukörper. In der Regel sind die Flügel dem Hauptbau untergeordnet. Typisch für den Schlossbau des ▸ Barock ist die Dreiflügelanlage, bei der die Flügelbauten den ▸ Ehrenhof einfassen.

Fries
Waagerechte, plastische oder gemalte streifenartige Verzierung zur Belebung oder Gliederung einer Wandfläche.

Frühchristliche Architektur
Eine eigentlich christliche Architektur entstand erst im 4. Jh. Wichtigste, wenn nicht einzige Aufgabe frühchristlicher Architektur war die Errichtung von Kirchen, zu denen gelegentlich Taufhäuser (▸ Baptisterien) traten. Wichtigster Kirchenbautyp war die ▸ Basilika. Die Epoche der frühchristlichen Architektur endet im 6. Jh. Im Osten bildete sie eine der Wurzeln der ▸ byzantinischen Baukunst.

Gebälk
Teil der ▸ Säulenordnung. Ein Ge-

bälk besteht in der Regel aus dem ▸ Architrav, einem ▸ Fries und einem ▸ Kranzgesims.

Gebundenes System
▸ Quadratischer Schematismus

Gesims
Waagerechter hervortretender Streifen zur Wandgliederung. Gesimse dienten meist der Stockwerksteilung.

Gewölbe
Gekrümmte steinerne Decke eines Raums. Eine der einfachsten und ältesten Formen des Gewölbes ist das Tonnengewölbe. Sein Querschnitt kann die Form eines Halbkreises, eines Kreisausschnitts (Segmenttonne) oder eines Spitzbogens (Spitztonne) annehmen. Durch ▸ Gurtbogen kann ein Tonnengewölbe in ▸ Joche unterteilt werden. Durchdringen sich zwei Tonnengewölbe gleichen Zuschnitts, entsteht ein Kreuzgratgewölbe. Werden die Grate verstärkt, um die Last des Gewölbes aufzunehmen, spricht man vom Kreuzrippengewölbe, der wichtigsten Gewölbeform der ▸ Gotik. Die zwischen den Graten und Rippen entstehenden Felder sind die Kappen. Besonders in der Spätgotik wurden zahlreiche weitere Gewölbeformen entwickelt.

Glas-Eisen-Architektur
▸ Eisenarchitektur

Gotik
Europäischer, sich in Italien allerdings nur schwer durchsetzender Stil von der Mitte des 12. bis ins 16. Jh. Der Begriff stammt von dem italienischen Maler und Kunstschriftsteller Giorgio Vasari, der ihn um die Mitte des 16. Jh. zur Beschreibung des Stils im Sinne von »barbarisch, nicht antik« verwandte und so seiner Verachtung für die Kunst des Nordens (der Goten) zum Ausdruck brachte. Die Gotik wird in drei Abschnitte geteilt, in die Frühgotik, die mit dem Bau des ▸ Chores der Kirche Saint-Denis bei Paris um 1140 einsetzte und etwa 60 Jahre anhielt, in die Hochgotik von etwa 1200 bis 1300 und in die in einigen Ländern bis ins 16. Jh. dauernde Spätgotik, in der es zu zahlreichen regionalen und nationalen Ausprägungen kam. Kennzeichnend für die Gotik sind der Spitzbogen und das ▸ Maßwerk, die Steigerung der Höhe der ▸ Schiffe, die großen farbig verglasten Fenster und die Auflockerung des Umrisses der Kirche durch ▸ Strebebogen und Strebepfeiler.

Greek Revival
Bezeichnung für die Richtung des englischen Neoklassizismus (▸ Klassizismus), dem einzig die griechische Architektur als vorbildlich galt.

Grundriss
Waagerechter Schnitt durch ein Gebäude, um es zu veranschaulichen. Üblich ist der Schnitt in Höhe der Fenster. Der Grundriss veranschaulicht Größe und Lage der Räume, der Türen, Fenster, Treppen und anderer Raumteile. Häufig ist bereits am Grundriss der Zweck eines Gebäudes und die Entstehungszeit abzulesen.

Gurtbogen
Ein den Raum überspannender und quer zur Hauptrichtung des ▸ Gewölbes verlaufender Bogen. Der Gurtbogen betont die Gliederung des Gewölbes in ▸ Joche.

Hellenistische Kunst
Auf die ▸ Klassik folgende letzte Epoche der griechischen Kunst und Architektur vom späten 4. bis zum 1. Jh. v. Chr. Die hellenistische Baukunst geht ohne deutliche Zäsur in die ▸ römische Architektur über.

Historismus
Stil oder Tendenz zur Wiederaufnahme historischer Stile. Der Historismus wuchs um 1840 aus dem ▸ Klassizismus hervor und hielt bis um 1900 und zum Beginn des Ersten Weltkriegs an. Die Wiederaufnahme der Stile erfolgte in einer gewissen zeitlichen Folge und führte mit Überschneidungen von der Neo-Renaissance um 1840 über den Neo-Barock um 1870 zur Neo-Romanik um 1880. Gleichzeitig waren die Stile mehr oder weniger fest an Bauaufgaben gebunden. So war etwa die Gotik der bevorzugte Stil im Kirchenbau, die Renaissance beim Bau von Museen, Theatern, öffentlichen Bauten.

Hochhaus
Ein vielgeschossiges Gebäude ab etwa einer Höhe von 25 m. Die ersten, bereits zeitgenössisch als Wolkenkratzer bezeichneten Hochhäuser entstanden um 1880 in Chicago und New York. Die Voraussetzung für den Bau von Hochhäusern war die Erfindung des Aufzugs (1857 Errichtung des ersten Geschäftshauses mit einem Personenaufzug in New York) und der ▸ Skelettbau. In den ersten Jahrzehnten ihrer Entwicklung wurden Hochhäuser nur als Verwaltungs- und Bürogebäude errichtet. Wohnhochhäuser entstanden erst ab Anfang der 1930er Jahre.

Höhere Baukunst
Im 19. Jh. gebräuchliche Bezeichnung für Repräsentationsbauten wie Kirchen, Schlösser, große Theater oder Verwaltungsbauten.

Hospital
(lateinisch »hospitalis«: gastlich) Krankenhaus, Altersheim oder Herberge in mittelalterlichen Städten oder ▸ Klöstern.

Ingenieurbauten
Bauten und Anlagen, zu deren Errichtung besondere technische Kenntnisse erforderlich sind. Frühe herausragende Ingenieurleistungen stellen die römischen Wasserleitun-

gen, Tunnel, aber auch die Wölbung des Pantheons und die Bäder (Thermen) dar. Zahlreiche Architekten des ▸ Barock, wie Johann Lukas von Hildebrandt, begannen ihre Laufbahn als Militär- oder Feldingenieure. Nachdem in der ersten Hälfte des 19. Jh. gelegentlich Ingenieur-Architekten auftraten, kam es in der zweiten Hälfte zur Herausbildung des Berufsbildes des Ingenieurs. Fortan sollte der Architekt für die ▸ Fassaden und den ▸ Grundriss zuständig sein und der Ingenieur für die Statik und die Ausführung des jeweiligen Baus.

Interkolumnium
Der in Säulendurchmessern angegebene Abstand von ▸ Säule zu Säule.

Joch
In der Antike bezeichnet Joch den Abstand der ▸ Säulen von Säulenachse zu Säulenachse. In der mittel- und nachmittelalterlichen Architektur wird mit Joch der einem Gewölbefeld (▸ Gewölbe) entsprechende Raumabschnitt bezeichnet.

Kapelle
(von mittellateinisch »capella«: kleiner Mantel) Kleiner selbstständiger Kultraum in oder als Anbau an Kirchen, Klöstern, Burgen, Schlössern; auch für kleine Kirchen ohne Pfarrrecht. Der Begriff wurde von einem kleinen Betraum in der Pariser Pfalz abgeleitet, in dem seit dem 7. Jh. eine Hälfte vom Mantel des Heiligen Martin aufbewahrt wurde.

Kapitell
(von lateinisch »capitulum«: Köpfchen) Der »Kopf« oder die Bekrönung einer ▸ Säule.

Kappe
Feld zwischen den Graten oder Rippen eines ▸ Gewölbes.

Karolingische Kunst
Die Kunst in dem von Karl dem Großen geschaffenen Reich vom späten 8. bis ins 10. Jh. Die karolingische Kunst stellt die früheste Stufe der mittelalterlich-abendländischen Kunst dar. Erstmals seit der ▸ Antike entstanden nördlich der Alpen wieder monumentale Steinbauten. Triebfeder der karolingischen Kunst war der Anspruch Karls des Großen auf die Erneuerung des römischen Kaisertums. Programmatisch wurden spätantike und frühchristliche Formen wieder aufgenommen und ▸ Spolien in der Architektur verwendet. Die karolingische Kunst war die erste ▸ Renaissance des Abendlandes. Im 10. Jh. ging sie in die ▸ Romanik über.

Kassettierung
Die Gestaltung einer Decke durch vertiefte Felder (Kassetten). Kassettierungen kommen in der ▸ römischen Architektur (Kuppelschale des Pantheon) und dann wieder seit der ▸ Renaissance vor.

Klassik
Bezeichnung für die auf die ▸ Archaik folgende Epoche der griechischen Kunst und Architektur des 5. und 4. Jh. v. Chr. Den Höhepunkt der Epoche bildet die Parthenonzeit (447–432). Abgelöst wurde die Klassik von der ▸ hellenistischen Kunst. Bereits den Römern galt die Kunst und Architektur des 5. und 4. Jh. v. Chr. als klassisch im Sinne von erstrangig und mustergültig. Direkt auf die Prinzipien und später auch auf Bauten der Klassik berief sich der ▸ Klassizismus.

Klassizismus
Im englischsprachigen Raum die um 1620 einsetzende erste Rezeption der Architektur Andrea Palladios (▸ Palladianismus); im deutschsprachigen Raum die um 1750 von England ausgehende Orientierung am Vorbild der griechischen ▸ Klassik des 5. und 4. Jh. v. Chr. (in England wird der Zeitraum entsprechend als Neo-Klassizismus bezeichnet). Der Klassizismus von 1750 entstand als Reaktion auf den ▸ Barock und das ▸ Rokoko. Kennzeichnend für die Bauten des Klassizismus sind eine als griechisch verstandene strenge Monumentalität und der anfangs nur sparsame Einsatz von Dekor. Nach 1800 wird das Dekor reicher und treten neben die strengen, meist öffentlichen oder staatstragenden Bauten, gefälligere und elegantere Privatbauten. In Frankreich kommt es unter Napoleon zu einer Orientierung an der römischen Kaiserzeit, aus der um 1800 das ▸ Empire hervorgeht. Um 1840 geht der Klassizismus in den ▸ Historismus über.

Kloster
(lateinisch »claustrum«: das Verschlossene) Eine gegenüber der Außenwelt abgeschlossene, von Mönchen oder Nonnen bewohnte Anlage. Klöster gibt es nicht nur im Christentum. Die Grundlage für den abendländischen Klosterbau bildeten die Ordensregeln des Heiligen Benedikt von Nursia aus dem 6. Jh. Sie spiegeln sich idealtypisch im Sankt Gallener Klosterplan von 820 wider. Die wichtigsten Bauten eines Klosters sind die Kirche und der meist im Süden an das ▸ Langhaus angebaute Kreuzgang, der den Mönchen oder Nonnen vorbehalten war. Beim Kreuzgang handelt es sich um einen Hof, der von einem gedeckten Umgang umgeben ist. An seinen freien Seiten befinden sich die Haupträume des Klosters, der Versammlungsraum der Mönche oder Nonnen (Kapitelsaal), darüber der Schlafsaal (Dormitorium), der Speisesaal (Refektorium), die Wärmestube, die auch als Sprechraum dienen konnte, und Wirtschaftsgebäude. Um diesen festen Kern eines Klosters lagen meist noch zahlreiche weitere Gebäude und Wirtschaftstrakte.

Kolonnade
Säulenreihe, die ein ▸ Gebälk trägt. Kolonnaden wurden wie ▸ Arkaden

verwandt. Kolonnaden sind jedoch seltener, da sich mit dem geraden Gebälk nicht so weite Intervalle bilden ließen wie mit einem Bogen.

Kranzgesims
Oberer Abschluss des ▸ Gebälks. Besonders in der ▸ Renaissance dienten Kranzgesimse auch als Abschluss von ▸ Fassaden.

Kreuzgang
▸ Kloster

Krypta
(lateinisch: gedeckter Gang, Gewölbe) Unterirdischer, meist unter dem ▸ Chor liegender Kirchenraum, in dem Reliquien aufbewahrt wurden und in dem Heilige, später auch weltliche Würdenträger bestattet werden konnten. Die Blütezeit der Krypten war die ▸ Romanik. In der ▸ Gotik wurde ihre Errichtung unüblich.

Langhaus
Lang gestreckter Bauteil einer nicht als ▸ Zentralbau konzipierten Kirche. Das Langhaus besteht aus den ▸ Schiffen und endet vor der ▸ Apsis oder dem ▸ Querhaus.

Loggia
Offene, frei stehende, an oder vor einem Gebäude errichtete Bogenhalle. Loggien finden sich vor allem an italienischen Palastbauten der ▸ Renaissance.

Manierismus
(von italienisch »maniera«: Art und Weise) ▸ Renaissance.

Maßwerk
(»das gemessene Werk«) Geometrisch konstruiertes Bauornament der ▸ Gotik. Das Maßwerk diente ursprünglich nur zur Unterteilung der Spitzen großer Fenster. Besonders in der Spätgotik wurde es dann auch, innen wie außen, zur Gliederung von Wandflächen und im ▸ Gewölbe verwendet.

Mausoleum
Bezeichnung für ein monumentales Grabmal nach dem um 350 v. Chr. errichteten Grabmal des Königs Mausolos in Halikarnassos, Kleinasien.

Metope
Bildfeld zwischen zwei ▸ Triglyphen. Metopen finden sich nur in der dorischen ▸ Säulenordnung.

Mezzanin
(von italienisch »mezzano«: der Mittlere) Niedriges Zwischen- oder Halbgeschoss, meist zwischen dem Erd- und Hauptgeschoss oder über dem Hauptgeschoss liegend. Besonders im Schlossbau des ▸ Barock dienten Mezzanine zum Ausgleich zwischen den Wohnräumen und den häufig anderthalb Geschoss hohen Repräsentationsräumen.

Mittelschiff
▸ Schiff

Monopteros
Antiker Rundtempel mit Säulenkranz, jedoch ohne ▸ Cella. Im ▸ Barock und ▸ Klassizismus wurden Gartentempel gerne in Form eines Monopteros errichtet.

Narthex
(griechisch: Kästchen) Schmale, lang gestreckte Vorhalle frühchristlicher und byzantinischer Kirchen.

Norman Style
(Normannischer Stil) Die bereits kurz vor der Machtübernahme durch Wilhelm den Eroberer 1066 einsetzende spezifisch englische Ausprägung der ▸ Romanik ab der Mitte des 11. Jh. In der 2. Hälfte des 12. Jh. wurde der Norman Style von der ▸ Gotik verdrängt.

Obergaden
Der sich über den Dächern der Seitenschiffe (▸ Schiff) erhebende, mit Fenstern versehene oberste Wandabschnitt des Mittelschiffs.

Orientalismus, Orientalisierende Architektur
Die besonders im 19. Jh. praktizierte Aufnahme von Motiven und Bauformen chinesischer, japanischer, indischer und islamischer Architektur. Im erweiterten Sinne sind zum Orientalismus auch die ▸ Chinoiserien des 18. Jh. und die durch Napoleons Ägyptenfeldzug hervorgerufene Ägyptenmode am Anfang des 19. Jh. zu zählen.

Palast
(französisch »Palais«, italienisch »Palazzo«, englisch »Palace«) Der Begriff leitet sich wie ▸ Pfalz vom Palatin, dem Hügel Roms mit den antiken Kaiserpalästen, her. Mit Ausnahme der italienischen Stadtpaläste der ▸ Renaissance werden in der Regel nur fürstliche Wohnsitze als Paläste bezeichnet.

Palladianismus
Architekturrichtung, die auf die Bauten und Veröffentlichungen Andrea Palladios zurückgeht. Der erste Vertreter des Palladianismus war Inigo Jones, der in England ab 1620 Bauten im Stil Palladios errichtete. Zusammen mit Jones wurde Palladio am Anfang des 18. Jh. wieder entdeckt. Von England ausgehend wurde der Palladianismus zu einer wichtigen Strömung innerhalb der Architektur des ▸ Barock und des ▸ Klassizismus. Bauten des Palladianismus entstanden bis zum Anfang des 19. Jh. vor allem in Deutschland, Skandinavien, Russland und den USA.

Pavillon
Kleines frei stehendes Gebäude in einem Park oder Garten. Weiter wird im Schlossbau des ▸ Barock ein vorspringender Bauteil als Pavillon bezeichnet, der sich, anders als der ▸ Risalit, durch ein eigenständiges Dach vom Hauptbaukörper absetzt. Wie beim Risalit wird dann wieder zwischen Mittel-, Seiten- oder Eckpavillons unterschieden.

Perpendicular
Die englische Spätgotik von etwa 1330 bis ins 16. Jh.

Pfalz
(nach dem Palatin, dem Hügel mit den antiken Kaiserpalästen in Rom) Über das ganze Reich verstreute Höfe und befestigte Anlagen, die den fränkischen und deutschen Königen und Kaisern des Mittelalters als Residenz dienten. Feste Regierungssitze waren bis zum späten Mittelalter unbekannt. Um Versorgungsproblemen zu entgehen, aber auch um Präsenz zu zeigen, zog der Hof von Pfalz zu Pfalz. Von den zahlreichen, in Quellen und Urkunden genannten Pfalzen sind nur noch wenige, wie die Aachener Pfalz Karls des Großen, in Resten erhalten.

Pfeiler
Einfache Stütze über quadratischem, rechteckigem oder polygonalem Grundriss, die mit keiner ▸ Säulenordnung verbunden ist.

Picturesque
(englisch: malerisch) Von England ausgehende Strömung innerhalb des ▸ Klassizismus. Das Picturesque legte Wert auf malerische Ansichten und ebensolche Aussichten von Gebäuden. Es hatte eine Vorliebe für asymmetrische ▸ Grundrisse und die Gruppierung von Bauten oder Bauteilen. Zum Einsatz kamen dabei klassische wie auch gotische Formen.

Pilaster
Rechteckige, meist nur wenig hervortretende Wandvorlage. Pilaster dienten der Wandgliederung. Sie treten bereits in der antiken Baukunst (Kolosseum) auf und wurden entsprechend der ▸ Säulenordnung behandelt. Eine Wandvorlage, die wie der ▸ Pfeiler nicht mit einer Säulenordnung verbunden ist, nennt man Lisene.

Portikus
(lateinisch: Halle) Offener, den Haupteingang eines Gebäudes betonender Vorbau. Meist ist der Portikus als ▸ Tempelfront gestaltet.

Profanbau
Im Gegensatz zum ▸ Sakralbau ein Bau, der nicht-kultischen Zwecken dient. In größerem Umfang erhalten sind Profanbauten erst aus der ▸ römischen Architektur und seit dem späten Mittelalter. Gleichberechtigt neben dem Sakralbau trat der Profanbau erst wieder in der ▸ Renaissance auf. Seit dem 19. Jh. bestimmt er das Baugeschehen. Innovationen gehen seitdem nicht mehr vom Sakralbau aus. Zu den Profanbauten zählen Burgen, Schlösser sowie die Bauten für Handel, Wissenschaft, Unterhaltung, Verwaltung oder Verkehr. Grabbauten werden sowohl zum Sakral- wie zum Profanbau gerechnet.

Proportion
In der Architektur das Maßverhältnis an einem Bauwerk, durch das die Größe einzelner Bauteile wie auch deren Verhältnis zum Ganzen festgelegt ist. In der ▸ Antike war das einem Bau zugrunde gelegte Grundmaß (Modul) in der Regel der halbe untere Durchmesser einer ▸ Säule. Die Maße für sämtliche Bauteile waren Vielfache (etwa die Höhe der Säule) oder ein Teiler (etwa die Höhe des ▸ Kranzgesimses) dieses Grundmaßes. Auch können die Maßverhältnisse in einem Bau auf Grundfiguren wie Kreis, Quadrat und Dreieck beruhen oder auf musikalischen Prinzipien, wie sie in Bauten Andrea Palladios zu finden sind. Liegt letzteres vor, spricht man von harmonischen Proportionen.

Quadratischer Schematismus
Von einem Quadratischen Schematismus spricht man, wenn, wie nach 1000 in Sankt Michael in Hildesheim geschehen, eine quadratische ▸ Vierung die Größe der ▸ Joche des Mittelschiffs und des Querhauses bestimmt. Greift dieses System auch auf die Joche der Seitenschiffe ▸ Schiff) über, das heißt entsprechen einem quadratischen Mittelschiffsjoch je zwei quadratische Seitenschiffsjoche von halber Kantenlänge, liegt ein Gebundes System vor. Quadratischer Schematismus und Gebundes System wurden in der ▸ Romanik entwickelt und bildeten eine Voraussetzung für die systematische Wölbung (▸ Gewölbe).

Querhaus
Quer gelagerter Raum zwischen ▸ Langhaus auf der einen und ▸ Apsis oder ▸ Chor auf der anderen Seite.

Renaissance
(italienisch »rinascita«: Wiedergeburt) Um 1550 von dem italienischen Maler und Kunstschriftsteller Giorgio Vasari geprägter Begriff, mit dem zunächst nur die Überwindung der mittelalterlichen Kunst und Architektur gemeint war. Von den so genannten Protorenaissancen abgesehen (▸ Karolingische Kunst und Tendenzen in der italienischen ▸ Romanik des 11. und 12. Jh.), setzt die neuzeitliche Renaissance um etwa 1420 gleichzeitig in der Architektur, Malerei und Skulptur in Florenz ein. Die Grundlage der Renaissance war ein neues, am Diesseits orientiertes Menschen-, Natur- und Weltbild. In der Architektur bedeutete Renaissance die Wiederaufnahme antiker Bauelemente, besonders der ▸ Säule, wie sie anhand überlieferter antiker Bauten und Ruinen vor allem in Rom studiert werden konnten. Großen Einfluss hatte Vitruvs um 30 v. Chr. verfasste ▸ Architekturtheorie. Die bis etwa 1500 andauernde Frührenaissance kennzeichnet die Suche nach allgemeinverbindlichen Prinzipien, die sich in der bis etwa 1525/1530 anhaltenden Hochrenaissance verfestigten und dogmatisiert wurden. Der

Schwerpunkt verlagerte sich von Florenz nach Rom. Die folgende von der Aufweichung und dem Spiel mit den Regeln gekennzeichnete Hochrenaissance (häufig, unter Betonung der Eigenständigkeit, auch als Manierismus bezeichnet) geht um 1600 in den ▸ Barock über. In den nichtitalienischen Ländern setzte die Renaissance später ein und dauerte zum Teil erheblich länger an. Auch hatte sie es dort schwerer, sich gegen die ▸ Gotik durchzusetzen.

Revolutionsarchitektur
Irreführender, 1933 eingeführter Begriff zur Benennung der Architektur Étienne-Louis Boullées, Claude-Nicolas Ledoux' und anderer. Die Revolutionsarchitektur stellt keine direkte Reaktion auf die französische Revolution dar, sondern bezeichnet mit ihrer Reduzierung von Bauten oder Bauteilen auf die Grundformen Kugel, Kegel, Kubus und Pyramide vielmehr eine Revolution innerhalb der Architektur. Ihre Hauptvertreter wirkten bereits vor der Revolution. Die Revolutionsarchitektur ist eine Spielart des ▸ Klassizismus und fand Eingang auch in die Architektur des monarchischen Europas bis ins 19. Jh.

Rippen
▸ Gewölbe

Risalit
Ein in ganzer Höhe leicht vorspringender Bauteil. Unterschieden wird zwischen dem meist betonten Mittel- oder Hauptrisalit, dem Seiten- und dem Eckrisalit. Besonders im ▸ Barock waren Risalite ein wichtiges Motiv zur Gliederung der ▸ Fassade.

Rokoko
(von französisch »Rocaille«: Muschelwerk) Um 1720 in Frankreich entstandener Dekorationsstil, der sich auch auf die Architektur auswirkte. Das Rokoko war eine Reaktion auf die Monumentalität des ▸ Barock und hielt bis etwa 1770 an. Gekennzeichnet ist der Stil von der Hinwendung zum Intimen und Persönlichen. Typisch für das Rokoko sind kleine Schloss- und Parkbauten, eine im Vergleich zum Barock zurückhaltende Gliederung der ▸ Fassaden und elegante Ausstattungen. Als Gegenbewegung zum Barock und Rokoko entstand um 1750 der ▸ Klassizismus.

Romanik
Europäischer Stil ab etwa 1000. Der Begriff wurde im ersten Drittel des 19. Jh. in Frankreich eingeführt und verweist auf die Verwandtschaft mit der ▸ römischen Architektur. Hauptkennzeichen der Romanik ist die komplette Wölbung und klare Gliederung des Kirchenraums. Die ▸ Schiffe werden in rhythmische Abschnitte (▸ Joche) geteilt, die einzelnen Räume und Raumabschnitte durch einfache Maßverhältnisse (▸ Quadratischer Schematismus) aufeinander bezogen. Von dem Kloster Saint-Denis bei Paris ausgehend, wurde die Romanik ab Mitte des 12. Jh. von der ▸ Gotik verdrängt. In Deutschland hielt sich die Romanik bis in die Mitte des 13. Jh.

Römische Architektur
Die durch die Aufnahme etruskischer, seit dem 2. Jh. v. Chr. auch ▸ hellenistischer Kunst entstandene Architektur der römischen Republik und Kaiserzeit in Italien und des Römischen Reichs. Die römische Architektur nahm die von den Griechen bekannten Bauaufgaben und Bauelemente, besonders die ▸ Säule, auf, passte sie an und entwickelte sie weiter. Innovativ war die römische Architektur mit der Entdeckung des Innenraums als Thema der Baukunst, auf dem Gebiet der Bautechnik (Wölbung) und in neuen Bauaufgaben wie dem Amphitheater, dem Triumphbogen, der Wasserleitung und anderem. Die römische Architektur endete im 4. Jh. Sie wurde nur partiell in der ▸ frühchristlichen Architektur fortgesetzt.

Römisches Haus
(auch pompejanisches Haus) Typ des Privathauses in der ▸ römischen Architektur. Dem römischen Haus, sei es als ▸ Villa oder als herrschaftliches Stadthaus, lag ein immer gleiches Grundrissschema zugrunde. Auf den Eingang (Vestibulum) folgte ein erster Hof (Atrium) mit Küche, Wirtschaftsräumen, Schlafzimmern und den Flügelräumen (Alae) zur Aufbewahrung der Ahnenbilder. Den Flügelräumen schloss sich das Empfangszimmer (Tablinum) an der Stirnseite des Atriums an. Es bildete den Übergang zum säulenumstandenen Gartenhof (Peristyl) mit den Speisezimmern (Triklinen) und Festräumen.

Rustika, Rustizierung
(von lateinisch »rusticus«: ländlich, bäuerlich) Mauerwerk aus bewusst grob (in Bosse) belassenen Steinen oder Quadern, um Massivität und Wehrhaftigkeit zu demonstrieren.

Sakralbau
Im Gegensatz zum ▸ Profanbau ein Bau, der kultischen Zwecken dient. In der Regel sind Sakralbauten, da sie als Erste in Stein errichtet wurden, die frühesten erhaltenen Bauten einer Kultur.

Säule
Eines der wichtigsten Architekturglieder überhaupt. Säulen waren bereits in der vorgriechischen, etwa der ägyptischen Architektur bekannt. Die griechische Antike brachte die drei Grundtypen der ▸ Säulenordnungen hervor. In der römischen Antike kamen zwei weitere Ordnungen hinzu. Mit Ausnahme der dorischen Säule, die ohne ▸ Basis direkt auf dem ▸ Stylobat steht, setzt sich die Säule aus Basis, Schaft und ▸ Kapitell zusammen. Neben der frei stehenden Säule gibt es auch die teilweise in der Wand

verschwindende Halb- oder Dreiviertelsäule. In der mittelalterlichen Architektur treten Säulen nur gelegentlich auf und werden in der Regel anders als in der Antike eingesetzt. Im eigentlichen Sinne wieder aufgenommen wurde die Säule erst von der ▸ Renaissance. Seit Beginn des 20. Jh. spielt sie in der Architektur kaum noch eine Rolle.

Säulenordnung
Die Antike kannte fünf Säulenordnungen, die sie auch systematisierte. Die drei von den Griechen entwickelten Ordnungen waren die dorische, ionische und korinthische. Die Römer fügten die toskanische und komposite Ordnung hinzu. Zu unterscheiden sind die Ordnungen am besten an ihrer Bekrönung, dem Kapitell. Die einfachsten Kapitelle weisen die toskanische und dorische Ordnung auf. Das ionische Kapitell zeichnen die schneckenförmigen Voluten (Einrollungen) aus und das korinthische der Kelch aus Akanthusblättern (eine Distelart). Das komposite Kapitell stellt eine Zusammensetzung aus ionischen Voluten und korinthischem Akanthuskelch dar. Die Säulenordnung hat auch Auswirkungen auf die Form des ▸ Gebälks. Bereits in der Antike wurden die Säulen hierarchisiert und anthropomorph (menschenähnlich) erklärt. Als die niedrigsten Ordnungen (männlich, kräftig) galten die toskanische und die dorische Säule, gefolgt von der (fraulichen) ionischen und den höchsten Ordnungen (jungfräulich, göttlich) der korinthischen und kompositen Säule. Die Säulenordnung war das Thema zahlreicher ▸ Architekturtheorien der ▸ Renaissance und des ▸ Barock. Versuche des Barock, eine neue, etwa eine französische Ordnung zu etablieren, waren wenig erfolgreich.

Schiff
Bezeichnung für die längsrechteckigen, durch ▸ Säulen oder ▸ Pfeiler voneinander geschiedenen Raumteile einer Kirche. Ist das Mittelschiff höher als die Seitenschiffe, spricht man von einer ▸ Basilika, sind die Schiffe gleich hoch, dann von einer Hallenkirche, besteht die Kirche nur aus einem Schiff, von einer Saalkirche. Die Schiffe zusammen bilden das ▸ Langhaus. Besonders bei größeren Kirchen ist zwischen das Langhaus und den Altarraum ein ▸ Querhaus oder Querschiff gelegt, wodurch die Kirche eine kreuzförmige Gestalt erhält.

Schildbogen
An der Wand verlaufender Bogen, der das ▸ Joch seitlich begrenzt.

Schloss
Aus dem ▸ Donjon im 16. Jh. entwickelter unbefestigter repräsentativer Wohnbau des Adels, vor allem des Landesfürsten. Die Anfänge und Entwicklung des Schlossbaus gingen von Frankreich aus. Frühe Schlossbauten haben oft noch einen wehrhaften Charakter. Der klassische Schlossbautyp entwickelte sich im 17. Jh. und besteht aus drei ▸ Flügeln, die einen ▸ Ehrenhof einfassen.

Schub
Die von einem ▸ Gewölbe ausgehende seitlich nach außen wirkende Kraft. Schub geht von allen Gewölbekonstruktionen aus. Man begegnete ihm durch Belastung des Aufsatzpunktes des Gewölbes oder durch Aufnahme und Ableitung des Schubs mit Hilfe von ▸ Strebebogen und Strebepfeiler.

Seitenschiff
▸ Schiff

Skelettbau
Bauten, bei denen ein innen liegendes Gerüst die Last der Decken und Wände aufnimmt. Die Skelettbauweise, anfangs mit einem eisernen, später einem stählernen Skelett, wurde im 19. Jh. entwickelt und ist die wesentliche technische Voraussetzung für den Bau von ▸ Hochhäusern.

Sockel
(von lateinisch »socculus«: kleiner Schuh) Bezeichnung für den Unterbau einer Säule oder das vorspringende Erdgeschoss eines Gebäudes, dessen Massivität und Standfestigkeit durch eine ▸ Rustika betont ist.

Spolie
Ursprünglich die dem erschlagenen Gegner abgenommene Rüstung. In der Architektur werden wieder verwendete, häufig geraubte Bauteile als Spolien bezeichnet. Spolien, wie die von Karl dem Großen von Ravenna nach Aachen verschleppten Säulen oder die Säulen an den Außenwänden von San Marco in Venedig, wurden meist symbolisch eingesetzt, etwa um den Anspruch auf Herrschaft oder Nachfolge zu unterstreichen.

Strebebogen und Strebepfeiler
Beide sind typisch für die ▸ Gotik. Anders als in der ▸ Romanik waren die dünnen, stark durchfensterten Mauern der Mittelschiffe gotischer Kathedralen nicht mehr in der Lage, dem ▸ Schub der extrem hoch liegenden ▸ Gewölbe standzuhalten. Der Schub wird von den Strebebogen aufgenommen und über die Strebepfeiler abgeleitet.

Stylobat
(griechisch: Säulenstuhl) Oberste Stufe des Unterbaus eines Tempels.

Supraposition
Die Anbringung von ▸ Säulen übereinander. Die Supraposition diente meist der Gliederung von ▸ Fassaden (Kolosseum), wobei die Säulen entsprechend ihrer Stellung inner-

halb der ▸ Säulenordnung angewendet wurden.

Tambour
(französisch: Trommel) Runder oder polygonaler Mauerring unter einer Kuppel.

Tempel
Grundsätzlich die Bezeichnung für einen Kultbau. Tempel gehören in allen Kulturen zu den bedeutendsten Ausformungen der Architektur. Im Gegensatz zur christlichen Kirche diente der Tempel der griechisch-römischen ▸ Antike nicht als Versammlungsort einer Gemeinde, sondern ausschließlich der Aufbewahrung des Götterbildes. Er war das Haus des Gottes. Der Altar stand vor dem Tempel.

Tempelfront
Die sich in der Regel aus sechs oder acht ▸ Säulen, zugehörigem ▸ Gebälk und einem Giebel aufbauende Front eines Tempels. Bereits in der Antike wurde die Tempelfront vom Baukörper gelöst und, wie beim Pantheon in Rom, in Form eines ▸ Portikus anderen Bauten vorgeblendet. Die ▸ Renaissance nahm die Tempelfront wieder auf. Als Portikus oder Wandrelief findet sie sich bis ins 19. Jh. an Kirchen, Villen, Schlössern und öffentlichen Bauten.

Tonnengewölbe
▸ Gewölbe.

Triforium
(lateinisch: Drillingsbogen) Wichtiges Motiv der Wandgliederung im Mittelschiff (▸ Schiff) gotischer Kirchen. Das Triforium, hinter dem häufig ein Gang verläuft, liegt zwischen den zu den Seitenschiffen überleitenden ▸ Arkaden und dem ▸ Obergaden.

Triglyphe
(griechisch: Dreischlitz) Teil des ▸ Architravs der dorischen ▸ Säulenordnung. Die Triglyphe stellt einen in Stein übersetzten Balkenkopf dar und wechselt mit dem Bildfeld der ▸ Metope ab.

Tuchhalle
In Flandern (Belgien) entstandener mittelalterlicher Gebäudetyp zur Herstellung, Lagerung und zum Verkauf von Tuchen. Als Symbol städtischer Selbstbestimmung waren die flandrischen Tuchhallen ein wichtiges Vorbild für den Rathausbau im 19. Jh.

Umgang
Ein in Verlängerung der ▸ Seitenschiffe um den ▸ Chor gelegter Gang. Umgänge sind typisch für die großen Kirchen und Kathedralen der ▸ Gotik. Häufig sind an den Außenseiten der Umgänge Kapellen angefügt (Umgangs- oder Radialkapellen).

Tudorstil
Stil der Zeit der Tudor-Könige von 1485 bis 1603. In diese Zeit fällt der Übergang von der ▸ Gotik zur ▸ Renaissance in England.

Vierung
Raum, der entsteht, wenn das ▸ Querhaus nicht durchläuft, sondern von dem ▸ Mittelschiff gekreuzt wird. Ist die Vierung vom Mittelschiff und vom Querhaus abgegliedert, spricht man von ausgeschiedener Vierung.

Villa
(lateinisch: Landhaus, Landgut) In der ▸ römischen Architektur war die Villa das Herrenhaus des Landeigentümers. Es gab aber auch palastartige kaiserliche Villen. In der ▸ Renaissance wurde der Bautyp wieder aufgenommen. Die Vorläufer der neuzeitlichen Villa waren, wie beim ▸ Schloss, befestigte Anlagen. Eine erste Blüte erlebte die Villenarchitektur im 16. Jh. um Venedig. Parallel entstanden in Rom die ersten vorstädtischen Villen ohne landwirtschaftliche Nutzung. Dieser Typ hatte seine Blüte im 19. Jh., als großbürgerliche Villenviertel am Rand zahlreicher Städte entstanden.

Wolkenkratzer
▸ Hochhaus.

Zentralbau
Ein Bau, bei dem alle Teile auf einen Mittelpunkt bezogen sind. Der Raum eines Zentralbaus ist, im Gegensatz zu dem der ▸ Basilika, nicht gerichtet. In der ▸ römischen Architektur und im Mittelalter wurden gelegentlich Gräber und Baptisterien (Taufhäuser) als Zentralbauten errichtet. Im Tempel- und Kirchenbau ist der Zentralbau selten (Pantheon und Pfalzkapelle Aachen). Der ▸ Renaissance galt der Zentralbau als die höchste Bauform. Zahlreiche Architekten setzten sich (theoretisch) mit ihm auseinander.

Zweckbau
Bezeichnung des 19. Jh. für Bauten, die im Gegensatz zur ▸ höheren Baukunst praktischen Zwecken dienten, wie Fabriken, Lagerhäuser, Schulen, Kasernen und anderes. Lange galt der Zweckbau als einem Architekten nicht würdiges Arbeitsfeld.

PERSONENREGISTER

Fiktive Personen sind *kursiv* gesetzt.

GEBÄUDEREGISTER

BILDNACHWEIS

Der Verlag dankt allen, die uns Bilder zur Verfügung gestellt haben, für die freundliche Genehmigung zum Abdruck. Leider war es uns nicht in allen Fällen möglich, die Rechteinhaber ausfindig zu machen; alle Ansprüche bleiben gewahrt.

AKG Berlin: S. 1, 3, 8, 10, 11 und Buchrücken, 18 unten und U1, 19, 22 oben und unten, 26 oben, 30, 38 unten, 48 unten, 50 unten, 57 unten, 58, 60, 64, 67 unten, 78, 88, 90, 96, 100, 102 und 5, 104, 106, 108 unten, 116 oben, 127 oben, 128, 130, 133, 135, 136, 145, 152, 154, 155, 184, 188, 205 oben, 206 oben und unten, 207, 211 und 5, 218 unten, 219 und U1, 220, 225, 229, 230, 232, 236 oben und unten, 238, 239 oben, 244 oben und unten, 245 und 4, 250, 251, 254, 256–258 /Paul Almasy: S. 228 unten /Orsi Battaglini: S. 83 unten, 92 unten /Richard Booth: S. 160 und 5 /British Library: S. 76 /Cameraphoto: S. 35 unten, 129 /Peter Connolly: S. 9, 31 unten und U1 /Jérôme da Cunha: S. 153 oben, 246 /Stefan Diller: S. 80 oben /S. Domingie: S. 82, 93, 122 /Stefan Drechsel: S. 44 unten, 45, 148 und U4 /Werner Forman: S. 32 /Walter Grunwald: S. 125 /Heiner Heine: S. 52 /Hilbich: S. 51, 54, 73 rechts, 111 unten, 194, 196 unten, 197, 198 · /Dieter E. Hoppe: S. 208 /Günter Lachmuth: S. 27, 41 /Erich Lessing: S. 20 und U4, 21 oben, 25 unten, 38 oben, 40 und 5, 46, 50 oben und U1, 63 oben, 84, 87, 110, 163, 241, 242 /Joseph Martin: S. 74 oben, 240 /Gilles Mermet: S. 72 /Robert O'Dea: S. 212 /Pirozzi: S. 31 oben und 4, 34 /Rabatti-Domingie: S. 81, 119 oben, 120 /Jürgen Raible: S. 36 /Jost Schilgen: S. 156 /Schütze/Rodemann: S. 56 · Alex Birner: S. 39 und U4, 42 · Bridgeman Art Library: S. 142, 144, 146 /John Bethell: S. 143 oben, 177 · John Cahill/Skyscrapers.com: S. 252 · Chicago Historical Society: S. 248 · Collection of Eastern State Penitentiary: S. 200 · /Randall Wise: S. 201 oben, 202 · dpa Hamburg: S. 14, 48 oben, 62, 73 links, 111 oben, 114, 153 unten, 159 oben, 167 oben und 4, 168 · © Edition Lidiarte: S. 134, 182 /Susanne Mocka: S. 99 unten und 5, 103 oben · © Giovanni Giaconi: S. 126/127 unten · Udo Haafke: S. 61, 63 unten, 191 unten, 192 · Erhard Hehl: S. 7 oben, 24, 25 oben und 4 und U4, 55 oben, 57 oben, 108 oben, 115, 167 unten, 169, 255 und 4 · Markus Hilbich: S. 49, 99 oben, 138, 139, 150 und U4, 231, 234, 235 · Jauch und Scheikowski, Porep: S. 28, 183 · © Ron Jones/Merseyside Photo Library: S. 214 und U1, 215, 216 · National Trust Photo Library/Matthew Antrobus: S. 178 · © prof.mkoob: S. 68 · Hildegard Rupeks-Walter: S. 261, 262 · Peter Y. Sobolev: S. 186 · Toerisme Ieper/Daniel Leroy/Frans Pyck: S. 77

IMPRESSUM

Bibliografische Information Der Deutschen Bibliothek
Die Deutsche Bibliothek verzeichnet diese Publikation in der Deutschen Nationalbibliografie; detaillierte bibliografische Daten sind im Internet über http://dnb.ddb.de abrufbar.

Gestaltung und Satz: typocepta, Wilhelm Schäfer, Köln
Satz aus der Berthold Concorde und der DTL Caspari
Druck und Bindung: Canale, Torino
Printed in Italy
ISBN 3-8067-2533-0